NOTES
ÉTYMOLOGIQUES

**Héraldiques,
Généalogiques, Historiques et Critiques**

NOTES

ÉTYMOLOGIQUES

Héraldiques,
Généalogiques, Historiques et Critiques

SUR

DES NOMS DE FAMILLE ET DE LIEU DE L'ANCIEN TOURNAISIS,
DU HAINAUT, DE LA FLANDRE ET DE LA PÉVELE

PAR

le Comte du CHASTEL de la HOWARDERIE-NEUVIREUIL

Truth for ever!

ÉTABLISSEMENTS CASTERMAN
LIBRAIRES-ÉDITEURS
TOURNAI

M. CM. X.

NOTES

ÉTYMOLOGIQUES

HÉRALDIQUES,
GÉNÉALOGIQUES, HISTORIQUES ET CRITIQUES.

Avant-propos.

Sous un titre un peu long, mais nécessaire, nous espérons pouvoir utiliser des notes recueillies dans divers dépôts d'Archives tant publics que particuliers où il nous a été permis de pénétrer.

Notre intention est de donner :

1° Les Etymologies admises par la raison ;

2° Les Armoiries que nous avons trouvées ;

3° Des Généalogies encore inédites ;

4° Des faits de la Petite Histoire, la plupart inconnus ;

5° Enfin des articles de critique : peu sur les œuvres d'autrui et beaucoup sur les nôtres.

Cet ouvrage est destiné à compléter et à corriger les Notices généalogiques tournaisiennes, ainsi qu'à fournir de nombreux renseignements nouveaux.

Espérant être encore, par cette publication, de quelque utilité aux amateurs d'histoire locale, nous ne craignons que l'ennui dont les choses anciennes décrites en nos pages seraient cause pour le lecteur.

ABAUMONT (Fief de la Cour d'). — La famille des seigneurs de Rassoncamp à Maulde, lez Barry, en Hainaut, était une branche de la Maison de Maulde, car en 1288 vivait « Jakemes de Rassoncamp, fius Rogier de Maude » (1). Or, en 1382, un autre Jaquemes ou Jacques de Rassoncamp donna son fief de *la Cour d'Abaumont* à Mademoiselle *Isabeau* DE WATRIPONT, damoiselle douairière de Maulde et à *Hues* DE MAULDE,

---

(1) ARCHIVES DE TOURNAI. *Greffe de Saint-Brice*. Layette de 1288.

son fils (1). Le qualificatif *Demoiselle* donné à Isabeau prouve que nous avons eu tort de qualifier chevalier, Hugues de Maulde, son époux, à la page 574 du tome II des Notices généalogiques tournaisiennes. Il ne fut qu'écuyer.

La cour féodale d'Abaumont relevait de la cour et seigneurie de Grandmetz. Elle fut partagée au milieu du XV° siècle, car Marguerite de Maulde, l'une des filles de Hugues, sire de Maulde et de Marie de Haudion, dite de Ghiberchies (2), est qualifiée damoiselle du tiers de ladite Cour dans son contrat de mariage passé le 10 octobre 1449 pardevant Ernoul Lefèvre et Jehan Gallois, hommes de fief de Hainaut, lorsqu'elle épousa Jorge de Cordes, écuyer, seigneur de Popuelles. La dernière de Maulde qui posséda le fief d'Abaumont fut Guillemette de Maulde qui en présenta le rapport et le dénombrement le 14 avril 1528, à Nicolas van de Woestyne, écuyer, seigneur de Grandmetz. — Guillemette fut deux fois mariée. Elle épousa, en premières noces, Jehan de Ricamez, chevalier, seigneur dudit lieu, etc., veuf de Catherine de Barbançon-Canny(-sur-Matz), et en secondes noces. Hector de Clèves-Ravenstein, chevalier, fils naturel de Philippe issu de maison souveraine, sire de Ravenstein, chevalier de la Toison d'or, etc., et de Passchyne van der Marcke. En 1548, c'est Guillemette de Clèves-Ravenstein qui est apanagée de la Cour d'Abaumont (3). Elle épousa Arnould de Harchies, chevalier, seigneur de Milomez (à Anvaing) et autres lieux, grand prévôt de Tournai en 1567, mort vers 1580, inhumé à Hallennes.

A partir de cette époque, les documents sur ce fief nous font défaut. Nous avons pourtant vu que Guillemette de Ricamez, sœur utérine aînée de Guillemette de Clèves, fut à certain moment dame de la Cour d'Abaumont. Cette autre Guillemette fut successivement Madame de Stavayer et

(1) BIBLIOTHÈQUE NATIONALE DE FRANCE. *Cabinet des titres*, volumes reliés, n° 1235. DOM CAFFIAUX. *Extraits d'archives du Nord de la France*, folio 73, verso.

(2) La mère de Marie de Haudion ne fut pas Marie du Bois de Fiennes ni Antoinette de Haussy, mais Jehenne d'Antoing, dite de Briffeuil.

(3) ARCHIVES DE LA FAMILLE DE MAULDE DE LA TOURELLE Récépissé de Rapport et dénombrement donné le 17 octobre 1548, au nom de Nicolas de la Woestyne, écuyer, seigneur de Grandmetz, par son bailli dudit lieu, Philippe de Cordes, écuyer, seigneur du Ruyelle (Ruwez, au Mont-Saint-Aubert).

Madame de Renty-Curlu. Un Abaumont se trouve aussi en France où une famille BOYER porte le titre de *baron d'Abaumont*, ce qui nous est signalé par Rietstap en son Armorial général.

ABBAYE (Fief de l'). Ce fief situé à Mourcourt était tenu de la Trésorerie du Chapitre de N. tre-Dame de Tournai. Les de Cordes qui avaient ce fief le transmirent aux Luytens. Jean-Baptiste *Luytens* en présenta le rapport et dénombrement au nom de sa femme Catherine *de Cordes*. Ces époux léguèrent ce fief à leur fille Magdeleine qui, à son tour, le donna à son neveu Philippe-Joseph Luytens (1). Une cense dite de l'Abbaye, appartenant autrefois à l'abbaye du Saulchoir, se trouve à Béclers.

ABBAYE, DE L'ABBEYE (DE L'). — Cette famille porta des armoiries timbrées et cimées. Son surnom *de Sémeries* nous fait penser qu'elle est un rameau d'une branche cadette de la Maison de Lalaing qui posséda le fief de Sémeries à Meslin l'Evêque, terre relevant de la Seigneurie du Manaige-au-Bois. En 1537, Charles de l'Abeye, dit de Semories, écuyer, était bailli de Flobecq et de Lessines. Son sceau fruste laisse voir encore une bordure engrêlée autour de l'écusson qui a un chef chargé d'une aigle. Du cimier on ne voit plus qu'une partie d'un vol (2). Un Jacques de l'Abbeye était en 1577, l'un des échevins de la seigneurie de Warmé ou Warmez à Grandmetz (3). Une famille *de la Bye*, dont le nom traduit complètement signifierait peut-être *de l'Abeille*, portait *d'azur à trois croissants montants d'or* (4), alors que la famille *de l'Abbeye*, dite *de Sémeries* devrait porter, selon nous : *De gueules à dix losanges d'argent, accolés en fasce et aboutés en pal, 3, 3, 3 et 1 ; au chef d......, chargé d'une aigle d......, à la bordure engrêlée d......, autour de l'écu.*

ABELEY, dit ABLAY. — Nous avons donné la généalogie de cette famille dans le tome I des

---

(1) COMTE DE SAINT-GENOIS. *Mémoires généalogiques*, Amsterdam, 1781, t. 2, p. 389.

(2) TH. DE RAADT. *Les Sceaux armoriés des Pays-Bas*, t. I, p. 158, col. 2.

(3) Emile PRUD'HOMME, *Les Echevins et leurs actes dans la province de Hainaut*, p. 395.

(4) DE VEGIANO. *Nobiliaire des Pays-Bas*. Edition du Bon de Herckenrode, p 368.

Notices gén. tourn . p. 107. Son nom peut s'expliquer de deux manières, car si ABLAY a beaucoup de ressemblance avec le roman *Ablais*, dépouille d'un champ de céréales, ABELEY n'en a pas moins avec *Abelheid*, mot flamand qui signifie *habileté, capacité*. Le premier connu de cette famille, Paul Abeley, avait ses biens situés vers la Flandre. Ses fiefs de Wambecque et de Winghe étaient à Dottignies (1), et le premier, tenu de Raincheval, seigneurie sise en la même paroisse, relevait médiatement du Vieux-Bourg de Gand. Bien que Bozière fasse de ce riche marchand (2), un soldat de Henri VIII, nous avons constaté sa présence à Tournai en 1512 (3). La fille aînée de Paul, Marguerite, suivit à Anvers, son époux, le négociant Jehan Bulteau ou Bulteel, frère de Philippe et de Jacques Bulteel. La cadette, Geneviefve est dite veuve de Jehan *David* en 1561, et en 1563, elle demeurait en l'Hôpital de Marvis (4).

Honorable homme Quentin Ablay, bourgeois de Tournai, fils et hoir féodal de Paul, mourut avant 1567, laissant huit enfants : Paul, Thiéri, Quentin, Jacques, Simon, Gérard, Catherine et Jeanne. Nous n'avons pas trouvé Pierre Ablay, qui vivait marié en 1593, parmi les partageants des biens de Quentin, dans le compte de tutelle rendu le 20 octobre 1568, par les tuteurs, Guillaume de le Ghutte (van der Ghutte) et Mr M^{tre} Jehan de Gauley, conseiller et avocat du Roi au bailliage (5). C'est donc une erreur que nous avons commise en mêlant Pierre à la descendance de Quentin dont il n'était que le collatéral. Voici quelques détails nouveaux sur cette descendance :

Le deuxième fils devait son prénom Theodericus ou Thiéri à l'un de ses parents Cocquiel ; — le troisième, Quentin II, l'homme d'armes, était en 1577, époux d'Hélayne *Merlin* dite aussi de Merlain (6), veuve de Michel De Wattre (De Water) ; — en 1590, les héritier de Jacques, le qua-

---

(1) ARCHIVES DE TOURNAI. *Comptes d'exécution testamentaire, tutelle*, etc., 6 août 1560, compte de l'exécution du testament de Paul *Abeley*; 13 août 1560, compte de tutelle des enfants Bulteel, où l'on voit que l'une des D^{lles} Bulteel avait épousé Nicolas Vermeille.

(2) Idem. *Chirographe de 1528*. Pol Ablaie, marchand.

(3) Idem. *Chir*. de 1512.

(4) ARCH. DE TOURNAI. *Chirographes*. Layette de 1561 et 1563.

(5) Idem. *Comptes de tutelle*. Paquet de 1568. — Le fief de Wambecque fut vendu le 1er novembre 1569, à Jehan Carette, bailli de Herseaux.

(6) Idem. *Chirographes*. Layettes de 1577 et 1579.

trième fils, vendirent leurs droits à une rente aux seigneurs de la Howardrye (Nicolas du Chastel) et de Haucron (Charles Malet) ; — quant à Gérard, le sixième fils, il fut « maistre d'habits » et se maria en Italie, avec *Benedetta* (Benoîte) DE LAYSAR, fille de Buon-Augustin-Pompeo de Laysar, natif de Pesaro, port sur la mer Adriatique. Il mourut avant le 25 avril 1625, jour où sa veuve étant malade à l'hôpital Saint-Julien de Rome, y donna procuration à sa belle-sœur, Jeanne Ablay, veuve de Nicolas Roty, pour sauvegarder les droits qu'avait sa fille, *Théodora* ABLAYS (*sic*) dans les biens tournaisiens de la famille (1).

Nous revenons au cinquième fils, Simon Ablay, le continuateur de la famille à Tournai. Il fut teinturier de Bourettes (2), et son usine située rue de la Tasnerie (Quai Vitquin) était évaluée à mille florins carolus de 20 patars chacun, en 1613, lorsque le 26 février, Michel van Arde, charpentier (3) rendit compte de l'exécution du testament de son beau-père. Des neuf enfants donnés à Simon par Marie de Regnaucourt, son épouse, il n'en restait que cinq : David, Aliénore, Pierre et Adrienne qui se voient dans la Notice imprimée, et Clara, née vers 1599-1600, années pour lesquelles, il n'est plus de registre de baptême de la paroisse de Saint Piat, ce qui ne nous a pas permis de connaître plus tôt l'existence de cette fille. Les tuteurs des mineurs de cette génération furent Simon *Robert* et Gérard *Hardy* (4). Pierre, le deuxième fils, et Clare la quatrième fille devenue la troisième en 1613, vendirent chacun leur cinquième en la teinturerie à leur frère David, l'un le 19 décembre 1620, l'autre le 28 janvier 1623 (5).

Adrienne Ablay, veuve de Pierre Filtier, avait déjà convolé avant le 18 novembre 1617, avec Thomas Haluin, hautelisseur (6). David Ablay fut

---

(1) Idem, ibidem. Layette de 1625. C'est dans un acte du 4 novembre 1625 que se trouve la procuration donnée à Rome, le 20 avril de ladite année, indiction VIIIe, 2e année du pontificat de S.S. Urbain VIII).

(2) Idem, *Greffe de Saint-Brice*, Chirographes, Layette de 1600.

(3) *Michel* VAN ARDE épousa en premières noces, Marie *Tieffries*, et en secondes, Aliénore *Ablay*. Du premier lit vinrent : A. Marie, femme 1° de M^{tre} Jacques Liébart, et 2° de Charles de Gaest, écuyer, seigneur de Corbry ; B. Agnès. Du second lit, vinrent : Simon, Jean, David, Augustin, Jeanne et Catherine. — ARCH. DE TOURNAI, *Saint-Brice*, Chirog., Layette de 1627.

(4) ARCH. DE TOURNAI. *Comptes de tutelle*, etc., Paquet de 1613.

(5) Idem. *Greffe de Saint-Brice*, chirog., Layettes de 1620 et de 1623. Clara *Ablay* est dite âgée de 23 ans en 1623.

(6) Idem, ibidem. Chirographes, Layette de 1617.

teinturier comme son père, mais son fils Nicaise se fit plombier et chaudronnier (1), métiers que continuèrent ses fils et petit-fils. Le dernier, prénommé Jean-Baptiste, alla se fixer à Mons, où son fils, François-Joseph fut aussi chaudronnier-plombier. Celui-ci, en outre de son fils Guillaume formant le degré IX, fut encore père d'*André-Nicolas* ABLAY, né à Mons le 9 mai 1765, ordonné prêtre le 29 mai 1790, puis successivement curé de Vellereille-le-Sec et de Saint-Symphorien, paroisse où il mourut le 19 décembre 1831. C'est de la fin du XVIII° siècle que date l'illustration militaire des Ablay, qui donnèrent au XIX°, trois lieutenants-généraux à la Belgique.

Cette famille porta pour armoiries, d'abord : *De sable à trois têtes et cols de destrier d'argent*, puis, en souvenir de son ancêtre Catherine de Hellem, femme de David Ablay : *De contre-vair, au bâton de gueules en bande.*

ABLAIN (D'). — C'est du village d'Ablain-Saint-Nazaire, situé non loin de Vimy en Artois qu'est sortie la famille D'ABLAIN dont le nom est parfois écrit D'ABELAIN. Le nom latin de cette commune est *Ablanium*. Il n'est pas expliqué par Harbaville en son Mémorial historique et archéologique du Pas-de-Calais, mais il nous paraît signifier *défrichement*. Les d'Ablain portent pour armoiries : *d'argent à trois lions de sinople, lampassés de gueules ; à la bordure engrêlée du même.* Cimier : *un lion de l'écu issant.* Cela est cause que cette famille s'est crue identique à la Maison de Lannoy, lez-Lis.

Voici ce que nous en savons :

I. *Piérart* ou Pierre D'ABLAIN eut sa demeure à Esquerchin, près Douai. Il épousa *Christopheline* BILOT ou BILLOT (2), fille de Jehan *Bilot*, écuyer, seigneur en Quiéri-la-Motte, etc., et de Marie *du Fay*. Le 6 octobre 1449, il vendit conjointement avec sa femme la part d'héritage de celle-ci à Jehan Bilot, écuyer, son beau-frère (3). Il mourut avant le 10 mai 1454, et le seul enfant que nous lui connaissions suit, II.

---

(1) Idem, Chirographes, acte du 26 avril 1670, où Nicaise figure avec Rock, son fils aîné.
(2) BILOT : *De gueules à la croix d'or ; au chef d'hermine.*
(3) ARCHIVES DU CHATEAU DU FAY, à Cobrieux, Nord, France. — Amaury LOUYS DE LA GRANGE, *Fragments généalogiques*. Tournai, Vasseur-Delmée, 1881, in-8°, p. 8.

II. *Regnault* (Reginaldus) DABLAIN, marchand détailleur de draps, natif d'Esquerchin acquit le droit de bourgeoisie à Tournai en payant 4 livres 10 sols tournois, le 10 mai 1454 (1). Nous ignorons le nom de sa femme, mais ses trois plus jeunes enfants légitimes sont nommés parmi les légataires dans le testament que fit le 6 mars 1474 (75 n. st.), Dlle Jehenne Fiévée, veuve de Jehan Fierdemolin, acte qui fut approuvé à Tournai, le 7 avril 1475 (2). Quant à son fils aîné il nous est connu par le relief de son droit de bourgeoisie. — Regnault paraît avoir eu pour parrain, son oncle maternel, Regnault Bilot, résidant à Esquerchin. Il mourut avant le 6 mars 1474 (v. st.), laissant quatre enfants qui suivent :

1. PIERRE D'ABLAIN, qui suivra, III ;
2. HAIGNON (Jehenne) ;
3. HAQUINET (Jehan) ;
4. MASSET (Thomas).

III. *Pierre* DABLAIN, natif de Tournai, fut admis bourgeois de cette ville par relief fait le 13 juin 1491 (3), « endéans » l'année de son mariage. Il avait épousé dans la seconde moitié de 1490, Dlle *Catherine* DE MOUCHIN. Son testament fait le 17 juin 1529 et approuvé après décès le 28 dudit mois, nous apprend que Pierre fut tavernier de vins. Sa femme qui testa le 31 juillet 1530, mourut avant le 3 août de la dite année (4). Ces époux gisent dans le ci-devant cimetière de Saint-Quentin en Tournai. Leurs sept enfants suivent :

1. PIERCHON ou PIERRE DABLAIN, qui suivra IV ;
2. GILLOT ou Gilles, esghilleteur, fabricant d'aiguillettes, fut reçu bourgeois de Tournai par relief fait le 24 octobre 1530 ;
3. JEHENNE ;
4. MARGHERITE, femme de *Piat* CHAMART, marchand-vinier en la paroisse de Saint-Quentin (5) ;
5. CALOTTE « la plus anchienne » ou Catherine, l'aînée ;

---

(1) ARCH. DE TOURNAI. *Registre de la loi* pour 1442 à 1458, fol. 22.
(2) Parmi les légataires figurent aussi Collinet (Nicolas) de Willem, fils d'Anthoine ; Catherine de Willem, femme d'Alard Bilot et Jaquet Bilot leur fils ; Gilles Dailly, fils de feu Pierre, etc.
(3) ARCHIVES DE TOURNAI. *Registre de la loi pour les années 1490 à 1505*, fol. 9.
(4) Idem. *Testaments*. Paquets de 1529 et 1530.
(5) Idem. Compte de l'exécution du testament de Piat Chamart rendu en 1561.

6. BARBETTE ou Barbe fut femme de *Jehan DE LE HAIZE* (Delhaize) convretoireur ou fabricant de couvertures. Ces époux se ravestirent, c'est-à-dire passèrent un acte de donation d'entre vifs (dernier vivant tout tenant) le 15 janvier 1532 (33 n. st.) (1);

7. CALOTTE « la plus Josne » ou Catherine, la Jeune, eut pour marraine Catherine Croquevilain, veuve de Gérard de Baudimont.

IV. *Pierchon* ou *Pierre* DABLAIN, marchand détailleur de draps, releva son droit de bourgeoisie en Tournai le 23 novembre 1528 (2). Il épousa, en premières noces, en novembre 1527, D^{lle} *Agnès* DOU WÉ ou DU WEZ fille de Pierre *dou Wé* (3), et de Margherite *Hennebert*, sa première femme (4), et en secondes noces, *Martine* CORDIÈRE (Cordier). Le testament de Pierre Dablain fait le 19 septembre 1545 et approuvé par les maïeurs et échevins de Saint-Brice en Tournai, le jeudi 24 du même mois, donne les noms de tous les enfants du testateur demeurés du premier mariage contracté en 1527 (5). Pierre Dablain fut inhumé dans le cimetière qui entourait jadis l'église de Saint-Brice. Le compte de la tutelle de Jehan, Marie et Pierchon Dablain rendu à Tournai le 10 mars 1552, nous fait connaître les tuteurs qui furent deux oncles d'alliance, Piat Chamart, marchand, et Jehan de le Haye (pour de le Haize), hautelisseur (6). A cette époque, la veuve de Pierre Dablain, Martine Cordier, était remariée à Pierre Cornet, brasseur. Du premier lit, vinrent cinq enfants, savoir :

1. JEHAN DABLAIN, qui suivra, V;

2. PIERRECHON ou PIERRE acheta le droit de bourgeoisie à Anvers en 1565, puis passa en Allemagne et résida dans la ville de Cologne. Il s'était fait protestant luthérien. C'est l'auteur de la Maison des barons *d'Ablaing van Giessenburg* qui figure actuellement encore dans la Noblesse du Royaume des Pays-Bas. Nous avons eu le

---

(1) Idem. *Chirographes*, Layette de 1532.

(2) ARCHIVES DE TOURNAI. *Registre de la loi pour les années 1510 a 1539*, fol. 24.

(3) C'est de *Dou Wé* que de mauvais lecteurs ont fait *Donves*. — *Wé* signifie *gué*, lieu où l'on a pied dans l'eau.

(4) ARCHIVES DE TOURNAI. *Chirographes de Saint-Brice*. Layette 1527. Acte du 15 janvier 1528 n. st.

(5) Idem. *Testaments*. Paquet de 1545.

(6) Idem. *Comptes d'exécution testamentaire, tutelle, etc.* paquet de 1552.

plaisir de rencontrer à Tournai, il y a environ vingt-cinq ans, un savant historien néerlandais, chef d'une des branches de cette famille ;

3. Jehenne ou Jeanne ;

4. Marion ou Marie, femme, avant le 6 août 1553, de *Guillaume des Farvacques*, bonnetier(1) ;

5. Magrite ou Marguerite.

V. *Jehan* Dablain, marchand détailleur de drap, fut reçu bourgeois de Tournai par relief fait « endéans » l'année de son mariage, le 28 avril 1551 (2). Nous ignorons sa destinée ultérieure.

On trouve dans le Carton XXVII des Archives du Château du Fay à Cobrieux (Nord, France), l'acte du partage de biens fait le 12 juillet 1445 entre les enfants des défunts Jehan *de Lannoy* et Jehanne *Dablain* ou *d'Ablain*. Ce document nous aurait porté à croire que nos d'Ablain seraient issus d'un fils de ce noble couple qui aurait adopté le nom maternel en conservant les armoiries paternelles, si nous n'avions trouvé, cité par G. Demay, un *Gilles* d'Ablain portant l'écu aux trois lions avec brisure, indiquant un cadet, en l'année 1421 (3).

ABLEIGES (d'). — Ce nom est celui d'une commune du Département de Seine-et-Oise, Arr^t de Pontoise, Canton de Marines. Un sieur *Jacques* d'Ableiges vint à la fin du XIVe siècle à Tournai et en 1391 y fut nommé conseiller pensionnaire de la commune (4). Son sceau, dont une empreinte originale existe aux Archives de Tournai, porte pour armorial : *D...... à la hure de sanglier d...; au chef d......, chargé de trois merlettes d...... rangées. Supports : deux Léopards lionnés accroupis.*

Ce personnage est le compilateur du *Grand Coutumier de France* (5).

---

(1) Un Ghislain *des Farvacques*, natif de Cendrin en Laonnais, fut reçu bourgeois de Tournai en 1534. — Archives de Tournai. *Registre de la loi pour les années 1510 à 1539*, fol. 27.

(2) Idem *Registre de la loi pour les années 1540 à 1570*, fol. 24.

(3) *Inventaire des sceaux de la Flandre*. Paris, Imprimerie nationale, 1873, in-4°, t. II, N° 7367. — *Gilles* d'Ablaing, écuyer, bailli de l'abbaye de Loos en ses francs alleux d'Annequin.

(4) Albert Allard. *Le Premier bailliage de Tournai-Tournaisis, etc.*, Mons, Victor Janssens, 1895, in-8°, page 41, note 1.

(5) Idem, ibidem. Page 37. Le sous-titre de l'ouvrage cité est : *contribution à la biographie des Jurisconsultes Jehan* Boutillier *et Jacques* d'Ableiges.

ABLENS (les). — Ce fief tenu de Leuze est situé à Grandmetz. Il fut à certain moment divisé en deux parts : le Grand Ablen et le Petit Ablen.

Ce nom se prononce *Ablin*. Comme on le trouve écrit parfois Abelens, nous croyons à sa parenté proche avec le mot flamand Abeele, qui fait Abeelen au pluriel et qui signifie Bois blanc, en latin Populus albus. Les Ablens auraient été primitivement un lieu planté d'aubeaux (bois-blancs). Cette terre appartint à la famille des Ablens jusqu'au XVIe siècle, puis aux familles *de Warignies, de Pougstrate, de Courteville d'Hodicq*. Marguerite de Courteville, dame des Ablens épousa Antoine *d'Ailly*, chevalier, seigneur d'Oostkerque (Oostkercke), fils de Philippe et d'Isabeau Courcol, dite de Bailliencourt. Leur fils Jacques fut seigneur des Ablens et eut pour femme Barbe De Rycke, fille d'Arnould et de Madeleine de Bourgogne. Il laissa cinq filles (1). C'est alors que les Ablens passèrent dans le domaine de la famille *Andrieu* dite de Spiennes (*vulgo* Despiennes ou d'Espiennnes), puis par achat fait le 18 octobre 1664, à la famille *Errembault*, dite depuis *de Dudzeele*. Louis-Ferdinand Errembault, écuyer, chanoine de Seclin était seigneur des Ablens au commencement du XVIIIe siècle. Il mourut à Tournai, paroisse de Saint-Brice, le 13 juillet 1721.

Un autre fief des Ablens, sans doute le Petit Ablen, appartenait en 1676 à Jean *de Claibes* (d'Esclaibes), chevalier, sire et vicomte de Sebourg, seigneur de Hellem, *de Sablens*, etc., général-major, membre du conseil de guerre de S. M. Catholique et commandant à Bruges, ville et dépendances.

En 1906, le Petit Ablen dit Petit Sablens appartenait à M^r le baron Raoul du Sart de Bouland, gouverneur du Hainaut.

ABLENS (des). — La famille des Ablens appartient au groupe des anciennes familles du Hainaut, c'est-à-dire de celles dont le seul nom connu est celui d'une terre seigneuriale. Ce nom n'a jamais dû recevoir d'ajoute, étant unique et

---

(1) *Généalogies de quelques familles des Pays-Bas*, Amsterdam, 1774, in-8°, pp. 92-93. — Dans cet ouvrage le fief des Ablens est devenu la seigneurie de Sablance.

ne devant pas être distingué parmi des homonymes : une seule famille le portant (1). Si cette famille est devenue tribu en s'appauvrissant, c'est que telle est la volonté du Maître des Mondes.

En 1259 vivait Piéres des Ablens; dans un acte de 1261 apparaît Hues ou Hugues; en 1281, Rainiers des Abelens, Katheline, sa femme, et Jehans *li Oirs des Abelens* (leur fils aîné, hoir ou héritier principal) devaient 8 livres tournois à Godefroit de Leuse. En 1284, Rainier était mort laissant à Katherine, sa veuve, deux fils : JEHAN et THIÉRI, qu'on retrouve vivant l'un en 1309, l'autre en 1311 (2). Le nom patronymique de l'épouse de Rainier des Ablens était *dou Sauçoit* (3). C'est encore un nom actuellement répandu dans la région où gît Grandmetz. Nous avons donné dans le tome I des Notices gén. tourn., à la page 25, ce que nous savions en ces temps éloignés (1876) sur les seigneurs des Ablens des XV⁰ et XVI⁰ siècles. Voici ce que nour pouvons y ajouter :

Gui DES ABLENS était homme de fief de Hainaut et Cour de Mons en 1449. Bien que sur son scel son nom soit orthographié *des ablens*, G. Demay le nomme trois fois *des Ableus* (4). Il apparaît avec la qualification de chevalier et comme prévôt de Valenciennes en 1456, 61, 64, 67, 71. Son sceau a pour armorial un écu chargé de trois pals, à la fasce brochant sur le tout, et ayant pour supports deux lions. Le timbre est un simple heaume. Nous savons que les des Ablens portent : *D'or à trois pals de gueules, à la fasce de sable sur le tout.*

Michel DES ABLENS apparemment frère de Gui, puisque les anciens généalogistes le disent fils d'Arnould et de Marguerite du Gardin, épousa *Marguerite* DE MORTAGNE, *dit* D'ESPIERRES, fille de Philippe *de Mortagne*, dit *d'Espierres*, chevalier, seigneur de le Laye (à Escanaffles), du Parcq

---

(1) Nous avons constaté toutefois qu'un rameau de la famille *de le Vingne* eut pour surnom *des Ablens*. Exemple : 1313. Jehan des Ablens fils Evrart de le Vingne et neveu de Gillion Mouton; — 1325. Evrart des Ablens; 1345, idem; — 1334. Henri de Namur époux de la fille d'Evrart des Ablens. *Evrart* DE LE VINGNE avait dû avoir pour femme une *Mouton*, fille d'une *des Ablens*.

(2) ARCHIVES DE TOURNAI. *Chirographes*, Layettes de 1259, 1261, 1281, 1309, 1311.

(3) idem. *Testaments*. Testament de Jehan FLOKET, le père, paquet de 1309.

(4) *Inventaire des sceaux de la Flandre*, t. I, p. 352, col. 2. Nº 3183.

(à Forest en Hainaut), etc., maire-héréditaire de Thun, lez-Mortagne du Nord, et de Jehanne *Witon*, fille de Jehan Witon, seigneur d'Ogimont, écuyer, et d'Isabelle de Raingaertsvliet. — Michel était chevalier lorsqu'il périt à la bataille de Nancy (6 janvier 1476 v. st.).

Jacques DES ABLENS, fils de Michel, fut seigneur des Ablens, d'Ogimont, de Familleureux, etc., et posséda aussi le fief de Herlebouts (à Zeveren) tenu de Thielt et médiatement du château de Courtrai (1). Nous le trouvons aussi châtelain de Leuze en 1512 (2). Comme il avait épousé en premières noces, Agnès de Saint-Genois, veuve de Gérard du Chastel dit de le Houarderie, jadis seigneur de Cavrines, Simon du Chastel, son beau fils, raconte dans un Mémorial, qu'étant malade il demeura quelque temps au manoir des Ablens à Grandmetz (3). Le seul enfant de Jacques et d'Agnès, Artus des Ablens mourut avant son père lequel décéda chevalier vers 1535, époux de Jehanne de Gavre. Il avait perdu sa première femme le 18 janvier 1526 (1527 n. st.). Des membres de cette famille étaient déjà cordonniers en 1346, orfèvres en 1408. Aleaume *de Helchouwez* (aussi *Herchuez*), receveur général du gouvernement de Tournai en 1427, était marié avant 1423 avec Catherine *des Ablens*, fille de Jehan des Ablens et de Jehane Parent, fille de Jehan et de Jehanne Poulette (Poulet), tous apparentés aux de Caloune dits d'Escamaing (4).

En 1410, Jehanne des Ablens, de Lessines, tenait un fief (5).

A la même époque, Jaquemart, fils naturel de Mouton des Ablens possédait un fief a Flobecq (6).

En 1429, Jehan des Ablens et Jaquemart de Lespluc etaient tuteurs de Piérot Villain, fils de Jehan Villain et de Jaque Toillière (Tuillier), sa femme, tous deux défunts.

(1) ARCHIVES DE TOURNAI. *Chirographes*. Acte du 16 octobre 1520. Layette de ladite année.
(2) Idem, Ibidem, Layette de 1512. Acte du 4 octobre.
(3) Idem, ibidem Layette de 1522. Dans un acte du 4 février 1522 (23 n. st.), sont nommées Nobles personnes Arnoul de Saint-Genois, seigneur de la Deuse; sire Jacques des Ablens, chevalier ; D^lle Agnès Vaillant, veuve d'Arnoul de Saint-Genois, jadis seigneur de Clérieu, et Noble homme Jacques de le Varrent (van der Varent), bourgeois d'Audenarde. — *Un Cartulaire de la Howarderie*, Tournai, Vas-sur-Delmée, 1889, in-folio, pp. 176, 182 et 187.
(4) ARCHIVES DE TOURNAI. *Chirographes*. Layettes de 1416, 1423, 1424, 1427.
(5) *Annales du Cercle archéologique de Mons*, t. XXIII, p. 449.
(6) Idem, ibid, p. 454.

1432. Jehan des Ablens, peut-être identique au précédent était tuteur de Jehanne du Plasnoit, fille de Jehan, issu des seigneurs du Plasnoit à Thieulain (1).

1438. Maistre Jehan des Ablens, notaire apostolique à Tournai (2).

1484. Haquinet (encore un Jehan) des Ablens était marchand, et D^{elle} Catherine des Ablens était mariée à Michel de Banstoel.

1650. Jean des Ablens, buffetier ou buffletier à Tournai (3).

Dans les tables des archives d'Etat-civil, il faut rechercher ce nom sous les formes Desablens, Desablins, Desablin, Desablaint, Desablinse, de Sablance, de Sablence, etc.

ABOURIVES (FIEF D'). — Situé à Nivelles, lez-Saint-Amand-les-Eaux, il relevait de l'abbaye de cette ville et, en 1370, appartenait à Pierre du Proit.

ACRÈNE (Acren-Saint-Géréon et Acren-Saint-Martin, ou Deux-Acren). — Parfois ce nom est écrit *Acre*, tout simplement. L'histoire de l'agglomération qui le porte a été écrite par feu le Docteur V. Guignies et publiée par le Cercle archéologique d'Enghien en ses Annales. Les tirés à part in-8°, portent au titre les armoiries renversées des *de la Barre*. Ils sont datés de 1885.

ADIN. — Daniel ADIN et Catherine LE MAIRE, sa femme, décédés tous deux avant le 12 septembre 1469, laissaient deux enfants :

Vincent *Adin* et D^{elle} Jaque *Adin*, femme de Bauduin de la Dessoubz (4).

Pierre ADIN, doyen des « merchiers » acheta le droit de bourgeoisie à Tournai comme étant du serment de Saint- « Meurisse », le 31 juillet 1563.

Le sceau-matrice d'un *Pierre* ADIN se trouve au Musée de la Halle aux draps à Tournai. Voici le blason de ses armes : *Ecartelé* : aux 1 et 4, d....., *fretté d*...... (DE MONCHAUX); aux 2 et 3, d...... *à la fasce d*....., *accompagnée en chef d'un*

---

(1) ARCHIVES DE TOURNAI. *Chirographes*, Layettes de 1429 et de 1432.
(2) Idem. *Testaments*. Paquet de 1438. Testament de Catherine Bacheler.
(3) Idem. *Chirographes*, Layettes de 1484 et de 1650.
(4) Idem, *Greffe de Saint-Brice*, Chirographes, Layette de 1469.

lambel de trois pendants d.... (ADIN). Cimier : *une boule enfilée sur une pointe.* Supports : *deux lions léopardés.*

La légende entourant ces armoiries est : S. PIERES ADIN.

Cet écusson est bien exact, car les *Adin,* dits *de Monchaux* sont en réalité de vrais de Monchaux et leurs armes paternelles sont *de sinople fretté d'argent.* Ils sont issus de l'union de *Pierre* DE MONCHAUX, écuyer, avec *Jehanne* ADIN, laquelle portait *de sable à cinq besants d'or, 3 et 2; au chef du même,* selon une généalogie datant du XVIIe siècle et conservée dans les archives du château du Fay à Cobrieux (Nord). Nous avons trouvé dans le carton 18 desdites archives, un acte de partage passé le 19 février 1494 (1495 n. st.) entre Anthoine *Adin,* fils de Jehan Adin et de Jehanne Descamps, et Jacques *Le Josne,* fis de Robert Le Josne et de Catherine Descamps. Or cet Anthoine Adin était l'arrière-petit-fils, en ligne directe, masculine et légitime de Pierre de Monchaux et de Jehanne Adin, nommés plus haut et qui vivaient à la fin du XIVe siècle.

Anthoine Adin dit de Monchaux, écuyer, seigneur du Forestel (à Ostreville, Pas-de-Calais) épousa en premières noces, *Isabeau* ROUILLÉ *(d'argent à la fasce de gueules, accompagnée en pointe d'une fleur de lis au pied coupé du même),* avec laquelle il acheta des terres à Arleux, lez-Douai, le 10 avril 1513 et le 22 septembre 1514 (1), et en secondes noces, *Pasquette* DE LATTRE, fille du seigneur d'Oudenhove, laquelle était sa veuve en 1545. Nous trouvons encore Anthoine achetant de Roque (Roch) d'Aix, un fief sis à Arleux, le 17 avril 1531 (2).

Pierre ADIN mort à Tournai avant le 2 janvier 1558 (1559 n. st.) était frère de Jehan et oncle de Pierre. Il laissait cinq enfants :

1º Jehenne *Adin,* mariée à Simon *Liébart,* était veuve et mère de trois enfants : Olivier Liebart époux de Marguerite Zègre (Zeger); Samuel Liebart, et Anne-Hélène Liébart, femme d'Abraham Sacquin;

2º Barbe *Adin,* femme d'Arnould *Le Maire,* marchand cirier;

---

(1) ARCHIVES DU CHATEAU DU FAY (Cobrieux, lez-Cysoing, Nord). Carton XVIII.
(2) Idem, ibid., id.

3° Mathieunette *Adin*, mariée à Nicollas *de Coullongne*, marchand à Anvers;

4° Hélène *Adin*, femme d'Arnould *Clément*, était veuve et mère de Jehenne et d'Hélène Clément dont les tuteurs étaient Pierre Adin, le neveu, et Hercule Clément.

5° Franchois *Adin*, dont les tuteurs étaient Pierre Adin, son cousin, et Arnould le Maire son beau-frère (1).

En 1570, D^{elle} Jehanne ADIN, protestante et tournaisienne épousa à Londres, *Brice* GILLES, protestant et tournaisien. De ce couple est issue la famille *Gillès de Pélichy*, que nous retrouverons à l'article GILLES.

1582, 1587. M. Maistre Jehan *Adin*, prêtre et pasteur propriétaire du village de Blandaing.

Les DE MONCHAUX paraissent être sortis du village de Monchaux, lez-Saint-Pol-sur-Ternoise, si l'on s'en rapporte à leurs alliances les plus anciennes qui furent prises dans les environs de cette commune.

ADVOUERIE DE SIN, DE LAPLAIGNE ET L'HOMMOY (FIEF DE L'). — Ce fief était tenu de l'abbaye de Saint-Amand. L'abbé recevait l'hommage de l'avoué, qui devait le six février de chaque année lui présenter une médaille d'argent fin du poids d'une demi-once. Lors de la mort de l'avoué son hoir féodal relevant le fief devait offrir à son suzerain, une médaille d'argent fin pesant une once dont l'avers (ou le droit) portait la représentation de Saint-Amand et le revers ces mots : FIDELITAS ADVOCATI ET MAJORIS DE SIN, c'est-à-dire : *Fidélité de l'avoué-maire de Sin*.

Cette avouerie fut exercée, croyons-nous, par les sires de Laplaigne qui furent primitivement des personnages du nom. En 1260, vivait Gérard *de le Plaingne*, chevalier (2), et en 1274, Wautier, seigneur de le Plaingne, chevalier. Celui-ci doit être assurément le chevalier, brigand, selon les uns, ou bien ayant les mœurs des anciens Francs et revendiquant le droit de guerre privée, selon les autres, qui fut pendu à Montfaucon, le mardi, 30 octobre 1274 (3).

---

(1) ARCHIVES DE TOURNAI. *Chirographes*, Layette de 1558. Acte du 2 janvier 1559 n. st.

(2) *Mémoires de la Société historique et littéraire de Tournai*, t. XX, p. 121.

(3) *Annales de la Société historique et archéologique de Tournai*, t. I, p. 60.

Walter de le Plaingne, qui possédait aussi le fief du Ponthoir ou du Pontoy à Maulde sur l'Escaut, eut pour héritier de ses domaines, un chevalier de la Maison de Ligne dont le successeur, vivant en 1353, était Jehan de Ligne de le Plaigne (1).

Plus tard, dans la première moitié du XVIe siècle, les hoirs d'Antoine *de Ligne*, dit le Grand diable, prince de Mortagne et avoué de Sin, vendirent l'avouerie au sieur Arnould *Dennetières*, écuyer, dont la famille la conserva jusqu'en 1767, époque où le dernier *Dennetières de Laplaingne* choisit pour légataire, son parent, le chef de la famille *de Baudequin de Peuthy*.

AGRÉES (Fief des). — Il était situé au village du Rosult (Nord) et relevait de l'abbaye de Saint-Amand.

AIGHECHIN (d'). — Jehan *d'Aighechin*, sergent d'armes du Roi au bailliage de Tournaisis en 1387 et en 1397, fut en 1389, lieutenant de Jehan Bouteillier, lieutenant lui-même du bailli de Vermandois à Tournai. Il porta : *D..... à trois étoiles à six rais d....., accompagnées en abîme, d'une merlette d.....*

AIGREMONT (Fief et Famille d'). — Le plus important des fiefs de ce nom dans notre région gît à Ennevelin. Il est décrit par feu Théodore Leuridan, ancien archiviste-bibliothécaire de Roubaix à la page 280 du tome 4 des Annales de la Société historique et archéologique de Tournai, en l'Histoire des avoués de cette ville. C'est de cette terre qu'est sortie la lignée qui posséda à Saint-Amand-les-Eaux, l'un des fiefs de Mallerit (2). Ce domaine comprenait un manoir entouré de fossés et de jardins, bâti sur un quartier et demi nommé le Manage-Motte et onze bonniers de terres labourables, neuf quartiers de bois, ainsi que cinq quartiers et demi de pré tenant aux marais de Lecelle. Il avait pour suzerain l'abbaye de Saint-Amand à laquelle étaient dus huit livres 9 deniers flandres de relief à la

---

(1) Bibliothèque de Tournai. *Manuscrit* ccxxvi, fol. 24.
(2) L'autre fief de *Mallerit*, grand de 16 bonniers, appartint aux de Mallerit jusqu'en 1562, époque où Maistre Philippe *de Mallerit*, vendit ce domaine à son parent Jehan *Monnier*, fils d'Amand.

mort de l'héritier, et le dixième denier à la vente, don, transport ou cession.

Le premier octobre 1427, *Mahieu* d'AIGREMONT, fils de feu Gilles et d'Isabelle *de Mallerit*, releva ce fief qu'il avait comme hoirie maternelle.

Feu Théodore Leuridan donne la généalogie des avoués de Tournai ainsi que celle de la branche demeurée dans sa terre d'Aigremont, mais il ne traite pas de celle des sires de Liez (à Raimbaucourt, lez-Raches) dont il parle pourtant à la page 282 du volume cité plus haut.

Voici ce que nous en savons :

I. — 1218. *Ansel* d'AIGREMONT, chevalier du Roi, vassal du sire de Forest, cède deux parts de dîme dues par des terres sises à Rimbaldi-curtis (Raimbaucourt). Il scelle et son écu est au *léopard* (1). Il épousa Mahaut qui convola avec Pierre de Nuevres, chevalier.

II. — 1243. *Jehan* DE LIÈS, fils d'Anselme d'Aigremont, fut aussi chevalier du Roi et vassal du sire de Forest. Sa mère Mahant vivait avec son second époux en 1243. Jehan amortit en ladite année, un fief tenu de sa terre de Liès et sis à Raimbaucourt. Il scella l'acte d'amortissement d'un sceau dont l'écu porte un *lion passant* (2). En 1255 « *dominus Johannes de Lihes, miles* » est cité à propos de terres sises près Raches et lui devant rente (3).

1258. Jehan de Liès, chevalier, revient sur la cession de dîme faite à l'Abbaye d'Anchin par Messire Ansiaus d'Aigremont, son père (4).

1278. Jehans de Liés et Ansiau d'Aigremont, chevaliers sont cautions.

Le sceau de Jehan porte en l'écu une *fasce d'hermine, accompagnée en chef de trois fermaux;* celui d'Ansiau, ou Anselme, porte une *fasce d'hermine, accompagnée sur le premier canton du chef, d'un lion passant* (5). Ici il s'agit d'Anselme, sire d'Aigremont, dont Th. Leuridan parle aux pages 326 et 327 du volume cité.

III. — 1282. « *Johannes* DE LIES », fils du précédent, n'est pas encore chevalier (6).

---

(1) ARCHIVES DÉPARTEM. DU NORD. *Fonds de l'Abbaye d'Anchin.*
(2) Idem. *Fonds de l'Abbaye des Prés, de Douai.*
(3) BIBLIOTHÈQUE NATIONALE A PARIS. *Manuscrits latins*, N° 10967, Cartulaire de l'Abbaye de Marquette.
(4) ARCHIVES DÉPARTEMENTALES DU NORD. *Fonds d'Anchin.*
(5) Idem. *Fonds de l'Abbaye de Flines.*
(6) Idem. *Fonds de l'Abbaye de Loos.*

1293. « *In perrochia de Coustices, juxta nemus Johannis de Liès* ». En la paroisse de Coutiches, joignant le bois de Jean de Liés (1).

Ce deuxième Jehan de Liés ne devint chevalier qu'après 1293 et avant 1299, année où il avait cessé de vivre.

IV. — 1296. Cholart (Nicolas) *de Liés* a des prés à Brillon, tenus du sire de Cysoing. Celui-ci vend sa seigneurie de Brillon à l'Abbaye de Saint-Amand (2).

1299. Cholart de Liés, fils de feu Messire Jehan de Liés, chevalier, vend à l'Abbaye de Saint-Amand, les prés sis à Brillon qu'il tenait d'elle en fief (3).

Vers 1343, D^{elle} *Marguerite* de Liés épouse Messire Wautier, chevalier, seigneur de la Petite-Vacquerie, à Moncheaux (terre mouvant de Lens), qui était fort âgé et sans enfant. Elle eut un douaire de quarante livres de rente assis sur ladite seigneurie. En 1351, Messire Wautier vivait encore et n'avait nulle postérité (4).

Pierronne de Liez épousa en premières noces, avant 1385, Messire Jehan de Roisin, dit d'Aveluis, chevalier, seigneur de Hanstein (Anstaing) à qui elle porta en dot les seigneuries du Liez et du Pont-à-Beuvry (5). Devenue veuve, elle convola après 1406, avec Mathieu II de Rouvroy, chevalier, seigneur de Saint-Simon et d'Estouilly, veuf de Jehanne de Havesquerque, sœur du sire de Raisse (ou Raches, lez-Douai). Ce second époux périt à la bataille d'Azincourt le 25 octobre 1415, et Pierronne mourut à Douai, sans postérité vers 1432. Ses domaines passèrent à sa parente, D^{elle} Philippa *de Wingles*, veuve de Pierre Dorgny ou Dourgny (6).

La branche des d'Aigremont établie à Saint-Amand doit exister encore dans la classe ouvrière. Voici ce que nous avons recueilli sur sa filiation :

I. *Gilles I* d'Aigremont vivait à la fin du XIV° siècle. Il épousa *Isabelle* de Mallerit, héritière de la seigneurie du Petit-Mallerit sise à

---

(1) Idem, *Fonds de l'Abbaye des Prés*, de Douai.
(2) Idem, *Fonds de l'Abbaye de Saint-Amand*.
(3) Idem., ibidem.
(4) Idem, *Comptes de la Châtellenie de Lens*.
(5) Idem, *Fonds de l'Abbaye de Flines*.
(6) Archives communales de Douai, Chirographe du 22 avril 1391, et Archives départementales du Nord. *Comptes de la Châtellenie de Lens*.

Saint-Amand. Devenue veuve, Isabelle convola avec Thomas Muidavaine, fils de feu Jehan, et eut de cette seconde union, Mariette Muidavaine, qui épousa avant 1429, Loys de Villers, dit Rasson. Les enfants de Gilles d'Aigremont et de ladite de Mallerit furent :

1. Mahieu I D'AIGREMONT, qui suivra, II ;

2. Philippa d'Aigremont épousa *Piérart* Agheche (1), dont elle était veuve avant septembre 1429. Elle fut mère de Hanette (Jehanne) et Miquelet (Michel) Agheche ;

3. Jaque d'Aigremont, femme d'*Andrieu* Brillars (2).

II. *Mahieu* ou *Mathieu I* d'Aigremont, seigneur du Petit-Mallerit, releva ce fief le 1er octobre 1427 et en donna rapport et dénombrement le 1er octobre 1429 (3). Il épousa *Jehenne* Le Caucheteur qui vivait veuve le 21 janvier 1467 (1468 n. st.) (4). Ils eurent :

1. Estienne d'Aigremont, seigneur du Petit-Mallerit, mourut avant le 30 novembre 1451 ;

2. Gilles II D'AIGREMONT, qui suivra, III ;

3. Marguerite, nommée *Desgremont* dans un acte du 16 juillet 1437, qui prouve qu'alors elle était veuve de *Martin* de le Lièvrenie (5).

III. *Gilles II* d'Aigremont, seigneur du Petit-Mallerit, releva ce fief après le décès de son frère aîné, le 30 novembre 1451, en payant 60 sols parisis de relief et le tiers, c'est-à-dire 20 sols de « cambelen » et il promit de faire rapport et dénombrement au bailli de l'abbaye de Saint-Amand, Loys Raisson qui se nommait réellement Loys de Villers dit Rasson (6). Le fief de Mallerit avait été diminué par le partage fait entre Mahieu I et ses sœurs qui en avaient eu le Quint se composant de trois bonniers. Or, le 9 avril 1453, Gilles II racheta les deux tiers du Quint, soit deux bonniers, de son neveu à la mode de Bretagne, Collin (Nicolas) Agheche, pendant que l'autre tiers était relevé par Pierre de Villers, fils

---

(1) Agheche, soit *Agache* ou *Agace*, signifie Pie, *Garrulus picus*, aussi *Pica*.

(2) *Archives communales de Saint-Amand-les-Eaux.* FF. 56. Acte du 9 septembre 1429.

(3) Archives communales de Saint-Amand-les-Eaux. FF. 141. Registre des fiefs, fol. 2. Mallerit.

(4) Idem. FF. 60. Chirographes de 1461 à 1470.

(5) Idem. FF. 57. Chirographes de 1431 à 1440.

(6) Idem. FF. 141. Registre des fiefs, Mallerit.

de Loys (1). Il mourut avant le 17 mai 1473, laissant veuve *Catherine* LE PANE, c'est-à-dire Le Pan, qui lui avait donné deux enfants, savoir :

1. MAHIEU II D'AIGREMONT, qui suivra, IV;
2. CATHERINE *d'Aigremont*, âgée de 19 ans en 1487 n. st. (2).

IV. *Mahieu* ou *Mathieu II* D'AIGREMONT, seigneur du Petit-Mallerit, releva ce fief le 17 mai 1474, un an après que sa mère l'eut déjà relevé en son nom (3). Il fit aussi le relief des deux tiers du Quint de Mallerit que son père avait rachetés. Nous l'avons trouvé échevin de Saint-Amand en 1505 (4). Il mourut avant le 11 février 1518 (1519 n. st.) laissant veuve *Marie* LE NAVETEUR (5). Ils eurent deux enfants qui suivent :

1. MAHIEU III *d'Aigremont*, seigneur du Petit-Mallerit, releva ce fief, le 15 juin 1518 et en donna le rapport et dénombrement le 15 novembre suivant. Puis, il releva l'autre fief de deux bonniers le 10 mars 1520 (1521 n. st.). On trouve que le 12 mars 1520 v. st., il demeurait à Tournai et qu'alors il donna le rapport et dénombrement dudit fief (6). Il racheta le 24 avril 1523, la tierce part dudit fief du Quint de Mallerit, qui devint, par là, grand de trois bonniers (7). Il épousa *Barbe* BULLEFEAU, BULTEAU ou *Bultiel* (*Bulteel*) avec laquelle il vivait encore en 1561 (8). Leur fille suit :

A. *Gillette* D'AIGREMONT, damoiselle du Petit-Mallerit, épousa *Jehan* L'EMPEREUR.

Le 29 septembre 1563, Jean Lempereur demeurant à Tournai donne dénombrement du tiers du Quint du fief de Mallerit à « partir indivisément » à l'encontre des hoirs de feu Jehan Daigremont à qui les deux autres tiers appartiennent. Le même jour ledit Jehan Lempereur donne dénombrement d'un fief liege se comprenant en une maison, le tout contenant un terrain de douze bonniers ou environ qui par ci-devant

---

(1) Idem., ibidem.
(2) Idem. FF. 62. Chirographes de 1481 à 1490. Acte du 11 février 1486 v. st.
(3) Idem. FF. 141. Registre des fiefs, MALLERIT.
(4) Idem. FF. 64. Chirographes de 1501 à 1505.
(5) Idem. FF. 66. Chirographes de 1514 à 1520.
(6) Idem. FF. 141. Registre des fiefs, MALLERIT.
(7) Idem., ibidem., idem. — Les vendeurs étaient Catherine *du Pret* et son époux Pierre du Mollin. Catherine, fille de Sance ou Samson du Pret et de Véronne de Villers, tenait ce bonnier de sa mère, l'un des enfants de feu Pierre de Villers et de Marie Monnier.
(8) Idem. FF. 75. Chirographes de 1561 à 1565.

avait été quinté, lequel bien et tiers du Quint lui appartenaient du chef de sa femme, Gillette Daigremont (1).

En 1559, le 14 octobre, Jehan Lempereur, marchand, fut l'un des exécuteurs du testament de feu Sire Jehan Lempereur, prêtre, chapelain des hautes formes en l'église de Notre-Dame de Tournai (2). Le fief dit Petit-Mallerit fut vendu le 15 juin 1604 à Nicolas de la Chapelle demeurant à Valenciennes (3.

2. JEHAN D'AIGREMONT, qui suit, V.

V. *Jehan* D'AIGREMONT, dénommé Haquinet dans sa jeunesse, fut seigneur des deux tiers du Quint du Petit-Mallerit. Il avait 15 ans en 1518 (1519 n. st.) (4). Le 10 décembre 1532, il acheta une pièce de terre que lui vendit Thurien des Bleusmortiers (5). Il mourut avant le 15 juillet 1540, ayant eu pour femme, *Guillemette* DU PIRE, qui lui survécut. Le 15 juillet 1540, Pierre Malbranche et Guillemette Du Pire, veuve de Jehan Daigremont donnèrent rapport et dénombrement du fief des deux tiers du Quint de Mallerit au nom de Mahieu Daigremont, fils aîné de feu Jehan (6). — De ce mariage, vinrent trois enfants qui suivent :

1. MAHIEU IV d'Aigremont, qui suivra, VI;

2. JENNETTE ou Jeanne *d'Aigremont* mariée en premières noces à Michel de Mallerit et de en secondes, à Anthoine de le Val, écuyer, fut mère de Jehan de Mallerit qui fut bailli de Roubaix ;

3. QUENTIN *d'Aigremont.* — Le 12 janvier 1540 (1541 n. st.), les dits enfants avaient pour tuteurs subrogés, leurs oncles Mahieu d'Aigremont, Jehan Du Pire et Pierre Midavaine (7).

VI. *Mahieu* ou *Mathieu IV* d'Aigremont, seigneur des deux tiers du Quint de Mallerit était bourgeois d'Orchies en 1567. Il épousa *Catherine* MEURISSE (8).

Ici s'arrêtent nos renseignements sur cette branche.

(1) ARCH. COMM. DE SAINT-AMAND-LES-EAUX. FF. 141. Registre des fiefs. MALLERIT.
(2) ARCHIVES COMMUNALES DE TOURNAI. *Chirographes de la Cité*, Layette de 1559.
(3) ARCHIVES COMMUNALES DE SAINT-AMAND-LES-EAUX. FF. 141. *Registre des fiefs*, MALLERIT, folio 3.
(4) Idem. FF. 66. Chirographes de 1514 à 1520.
(5) Idem. FF. 69. Chirographes de 1531 à 1535.
(6) Idem. FF. 141. *Registre des Fiefs*. MALLERIT.
(7) Idem. FF. 70. Chirographes de 1536 à 1540.
(8) Idem. FF. 76. Chirographes de 1566 à 1570.

I. *Huart* ou *Hugues* DAIGREMONT fut père du suivant :

II. *Andrieu* DAIGREMONT, tanneur, bourgeois de Tournai par achat fait pour 50 sols, le 12 février 1432 (33 n. st.), épousa *Marie* LE CARLIER (1), fille de Betremieu ou Barthélemy *le Carlier*, second prévôt de Tournai en 1440-41, et de Marie *Preud'homme*, dite *de Hainaut*, morte le 19 octobre 1452, inhumée en l'église des Récollets.

Le 1ᵉʳ juin 1475, Jehan de Grantrain, seigneur d'Aigremont (2) vend des rentes à *Andrieu* DAIGREMONT et à Jehan de Wysmes, exécuteurs du testament de feu Mᵗʳᵉ Jehan *Le Gris*, clerc des échevins de Saint-Brice et du Bruile, qui laissait veuve Dˡˡᵉ Marie *de Halluin* (3).

Andrieu Daigremont mourut le 10 janvier 1478 (79 n. st.), veuf de Marie le Carlier depuis le 14 septembre 1474 (4).

Ils eurent cinq enfants :

1. BERTRAND ;

2. SIMON, tanneur, bourgeois de Tournai par relief fait le 23 décembre 1479, mourut en 1482 (5) ;

3. POLLET ou POL, bourgeois de Tournai par relief fait le 9 janvier 1480 (81 n. st.), était aussi tanneur ;

4. JEHENNE morte le 3 février 1522 (23 n. st.) avait épousé *Jehan* DU BOS;

5. MARIE, femme de *Gilles* LE REWART, fils de Gillart, citée avec ses frères et sa sœur dans un acte du 17 août 1479 (6).

Un autre *Andrieu* DAIGREMONT, drapier et tisserand de draps, épousa avant 1491, *Jehenne* THONIS, fille de Colart (Nicolas) *Thonis*. Il acheta sa bourgeoisie de Tournai pour 70 sols, le 21 mai 1495.

En 1500, sire Pol Daigremont était prêtre (7).

En 1522, un troisième *Andrieu* DAIGREMONT

---

(1) Marie le Carlier était sœur d'Agnès *le Carlier* qui mourut le 10 janvier 1501 (1502 n. st.), ayant épousé Michel *de Corbion* dit *de le Rue*, issu de la famille Gobert de Corbion.

(2) C'est sous les nom et titre de *Jehan* DE GRANSWAING, seigneur de GAIMONS, qu'il figure sous la date de 1417 à la page 896 de la 2ᵉ partie du tome I des *Monuments anciens* du comte François-Joseph DE SAINT-GENOIS.

(3) ARCHIVES DE LA VILLE DE TOURNAI. *Chirographes de la cité et de Saint-Brice*, Layette de 1475.

(4) Idem. *Comptes généraux de la ville*.

(5) Idem, ibidem.

(6) Idem. *Chirographes de la cité*, Layette de 1479.

(7) Idem, ibidem. Layette de 1500.

était clerc du ghait(guet)ordinaire de Tournai(1).

Au XIVᵉ siècle, on trouve des *d'Aigremont* surnommés *d'Antreulles* parce qu'ils possédèrent à la fin du XIIIᵉ siècle ce fief sis à Avelin.

Le sceau d'Anselme d'Aigremont, avoué de Tournai, vivant en 1234, est au lion rampant. Selon le Baron de Reiffenberg, cité par Bozière en son Armorial, il faut blasonner : *D'argent au lion rampant de gueules.* Ce sceau se trouve reproduit en tête de l'Histoire des Avoués de Tournai par Th. Leuridan. Celui-ci a trouvé que le lion ressemblait plus à un loup qu'à tout autre animal. C'est ce qui nous paraît être aussi en voyant cette image.

AILLY (D'). — Ce nom, que certains actes portent écrit d'Arly, est celui d'un village picard de l'arrondissement d'Abbeville qui se distingue des autres Ailly par le surnom de Haut clocher. Il est venu dans le Tournaisis par suite du mariage que *Hugues* D'ARLY ou *d'Ailly* contracta avec *Isabelle* DE DIEST, héritière d'Arnould V de Diest, en la terre et seigneurie de Rumes. C'est en 1319 qu'apparaît dans un chirographe, le nom de Hues *Dallies*, que nous avons retrouvé dans un acte de 1372, sous la forme de « Hues *Daly*, seigneur de Rumes, de Hornaing et de Raimbaucourt, chevalier ». Ce seigneur fut marié deux fois. Devenu veuf avec deux enfants d'Isabeau de Diest, il convola, assez tardivement, avec son amie *Katerine* CONSTANS qui lui avait donné des enfants dont nous reparlerons plus loin.

Hugues d'Ailly mourut très âgé mais avant 1381(2). Il avait succédé comme seigneur-propriétaire de Rumes à son fils Gérard *d'Ailly*, mort sans postérité.

L'autre enfant que Hugues avait retenu de son premier mariage, fut Madame de Launais, née Catherine d'Ailly de Rumes. Elle paraît être aussi morte avant son père, car celui-ci eut pour hoir féodal à Rumes, son petit-fils, Mathieu de Launais, chevalier.

Une autre branche de la Maison d'Ailly vint s'établir dans le Tournaisis. Si l'on en croit les armoiries du marchand-chaufournier, *Etienne* d'AILLY, cette branche serait issue des seigneurs

---

(1) ARCHIVES COMM. DE TOURNAI. Layette de 1522.
(2) Id., *Chirographes de la cité.* Layettes de 1319, 1372 et 1381.

de Sains, seigneurie devenue chef-lieu de canton dans l'arrondissement d'Amiens. Etienne portait *d'Ailly* chargé en cœur d'un écusson de *Mortagne* et écartelé avec *la Barre de Mouscron*, et il se trouve que Raoul d'Ailly, sire de Sains, oncle de Hugues d'Ailly, sire de Rumes, épousa Catherine de Mortagne-Pottelles, et que leur petit-fils Regnault d'Ailly, dit de Sains, seigneur d'Irboval, chevalier, épousa Catherine de la Barre-Mouscron. C'est donc d'un descendant de cette dernière union que serait venu Etienne.

Nous avons remarqué que les d'Ailly furent particulièrement plus nombreux à Tournai dans les paroisses sises en amont de la ville, c'est-à-dire plus proches de la contrée où gisent les carrières. Or voici ce que nous disent quelques pièces d'archives :

1624, 17 avril. Vente par Michel *d'Ailly* et Anne *d'Ailly*, sa sœur, femme de Jean de Lescluse, à leur cousin Estienne *d'Ailly*, des chauffours et rocques (carrières) d'Allaing, situés près de l'église dudit lieu, tenant d'un côté à l'héritage Jean Montignies et de tous les autres aux « Waresquaix » dudit Allaing.

1650, 15 octobre. Vente par Catherine Dailly, fille de feu Pierre Dailly et de Magdeleine Hercap (Herscap) à Estienne Dailly, d'un four sis à Allain proche le Boulart, tenant au chemin allant au Boulart, aux waresquaix de la ville et au chemin allant à Antoing (1).

On voit par ces documents qu'une d'Ailly avait épousé un de Lescluse. Or la famille de Lescluse était déjà représentée à Antoing par un Jehan de Lescluse, en 1435, alors qu'à Tournai, un peu auparavant (1433), défunts Loys de Lescluse et Catherine de Sains, sa femme, laissaient orphelins, Jaquelotte (Jacques), Haquinet (Jehan) et Belotte (Isabelle) de Lescluze dont le tuteur était Willeme (Guillaume) de Sains (2).

Il est évident que ce sont les d'Ailly de Rumes qui ont introduit dans le Tournaisis leurs cousins dits de Sains, dont les descendants s'adonnèrent depuis à l'exploitation des carrières de pierre et des fours à chaux.

En 1390, vivait à Tournai Jehan Daillies, fils

---

(1) ARCHIVES COMM. DE TOURNAI. *Greffe de Saint-Brice*. Chirographes, Layettes de 1624 et de 1650.
(2) Idem. *Chirographes de la cité*, Layettes de 1433 et 1435.

de Jaquemart. Il épousa Marguerite Blauet ou Blauwet, qui devint veuve avant 1415, avec deux fils, Pierre et Arnould Dailly. Pierre épousa Marie de Willem, fille de Baudart de Willem, mort vers 1430, et de Jehenne Mahieue remariée à Jehan de le Vincourt. En 1436, Pierre était sergent de l'Echevinage de Tournai, et en 1448, il était fermier du droit de l'Escassaige ou droit d'écart (1).

AILLY (d') : *De gueules au chef échiqueté d'azur et d'argent de trois tires.* Cimier : *tête et col d'un cheval d'argent.*

AILLY DE SAINS (d') : *Ecartelé* : aux 1 et 4, *de gueules au chef échiqueté d'azur et d'argent de trois tires*, le champ de gueules chargé d'un écu d'or à la croix de gueules, qui est DE MORTAGNE, aux 2 et 3, *de gueules à la bande de vair*, qui est DE LA BARRE-MOUSCRON.

AILLY DE RUMES (d'). Les sires de Rumes de ce nom portèrent : *D'azur à la fasce d'or,* selon divers auteurs, ce qui se trouve confirmé par le sceau que portait *Hugues* D'AILLY en 1355, et dont l'armorial est *une fasce*, alors que son oncle *Hugues* D'AILLY, sire de Raimbaucourt, dont il fut l'hoir féodal, porte les armes au chef échiqueté(2).

Hugues d'Ailly de Rumes ne fut pas seulement l'héritier de son oncle, mais, comme nous l'avons dit plus haut, le fut aussi de son propre fils, Gérard d'Ailly dit de Rumes, mort sans enfants de son union avec Catherine de Berlaimont-Chin. Hugues eut d'abord pour amie, puis pour seconde femme, Katherine *Constant* qui lui donna des enfants naturels plus tard légitimés par mariage. L'un de ces enfants fut Damoiselle Englente ou Aiglante. C'est d'elle dont parle erronément Bozière à la page 25 de son Armorial, dans une note assez étendue. Cet auteur nous dit qu'il existe aux Archives de Tournai un testament de D`elle` Englente d'Ailly, dite de Rumes, veuve de Jehan Dubos et ajoute que ce Dubos était tisserand de son style en *quatorze cent-vingt-neuf.* Comme Englente était veuve avant décem-

---

(1) ARCH. COMM. DE TOURNAI, *Chirographes de la cité* Layettes de 1415, 18, 30, 35, 36 et 48.
(2) G. DEMAY, *Inventaire des sceaux de la Flandre,* t. I, n° 1546 (sceau du sire de Rumes), n° 410 (sceau du sire de Raimbaucourt).

bre 1411 (1) et que Jehan du Bos vivait en 1429, il résulte de ces faits l'impossibilité du mariage de ces personnes. Le vrai mari de ladite Englente fut un riche bourgeois, Jehan du Bos, fils de Simon du Bos et de Catherine Saquiel, dite d'Arras. D{elle} Englente mourut avant le 14 juin 1423, jour où fut approuvé son testament fait en 1422, le 1er avril 1423 n. st. Elle avait pour filleule, Jehenne Constande (*Constant*). Ses légataires furent, outre sa filleule : Dlle Catherine du Havron, femme de Léon Danquasnes; Margot et Mariette Cousin, filles de messire Richart Cousin, chanoine de la Cathédrale de Tournai; Dlle Jehenne Danquasnes, femme de Mahieu Doret et Piéronne Danquasnes, sœur de ladite Jehenne. Les exécuteurs testamentaires furent MM. Lion Danquasnes (procureur de la ville dès 1396) et Franchois Pollet, son clerc (2).

AINIÈRES (Fief de la Cour d'). Ce fief tenu du château d'Ath, donna son nom à une famille. Ida *d'Ainières*, vivant en 1188, est citée par Dom P. Baudry, dans les Annales de l'Abbaye de Saint-Ghislain (3).

A la fin du XIVe siècle ou dans les premières années du XVe, cette terre fut vendue en même temps que Cordes par Simon *de Cordes*, écuyer, au sire de la Hamaide, mais Gérard de Cordes, écuyer, cousin de Simon opéra le retrait lignager du fief de son nom. Désormais *Ainières* appartint à la Maison de la Hamaide qui paraît l'avoir engagé à Jehan Le Louchier, seigneur de Courcelles, lez-Lens (Artois) et bourgeois de Tournai dans la seconde moitié du XVe siècle. Plus tard Ainières eut pour seigneurs des Luxembourg-Fiennes et des d'Egmont, successifs héritiers des de la Hamaide.

AINSY (Fief d'). C'est le *fief d'Inchy* sis à Escanaffles. Ayant appartenu aux sires d'Inchy, lez-Cambrai, il en retint le nom. Une famille d'officiers de la Maison de Croy, nommée du Bois, vit l'un de ses membres se qualifier d'Inchy

---

(1) ARCHIVES DE TOURNAI. *Chirographes et Testaments*, 1411. Le 23 décembre 1411, Dlle Englente de Rumes etait l'un des exécuteurs du testament de feu Dlle Catine Darras, veuve de Simon du Bos, dont elle avait eu pour époux le fils, feu Jehan du Bos.

(2) Idem. *Testaments*. Paquet de 1423.

(3) Baron DE REIFFENBERG. *Monuments*, t. VIII (in-4º), p. 389.

comme ayant ce fief qu'on trouve aussi dénommé Hainchy. En 1726, Gaspard Delroist y était mayeur des échevins. Ce fief était tenu du château de Leuze.

AISNE, D'AINES, D'EYNE dit PETIT-EYNE (Fief d'). Cette terre, sise à Hérinnes, lez-Pecq sur l'Escaut, relevait du Perron d'Audenarde. Elle dut appartenir primitivement aux seigneurs du Grand-Eyne (commune située entre Audenarde et Gand), qui lui donnèrent le nom de leur fief principal. C'est du Grand-Eyne que sortit la famille qui s'empara au XIe siècle de la seigneurie du Tournaisis et de la châtellenie de Tournai en même temps que de *Mortagne* sur l'Escaut dont elle se dénomma désormais. Cette origine est connue depuis les recherches faites par Mr Armand d'Herbomez pour son excellente histoire des châtelains de Tournai. Le Petit-Eyne constituait une baronnie qui continua d'être possédée par la Maison de Mortagne jusqu'à la fin du XVIe siècle. C'est comme descendants des *de Mortagne-Espierres-Cavrines* que les du Chastel de la Howarderie possédèrent ce fief au XVIIe siècle. En 1637, Pierre de Thouars, écuyer, était bailli du Petit-Eyne pour Antoine du Chastel, chevalier, sire et vicomte de Haubourdin et d'Emmerin, seigneur de la Howarderie, etc. (1). Il avait pour lieutenant André de Lagaiche (de l'Agache ou de la Pie). — A la fin du XVIIe siècle, cette terre appartenait au marquis de Longastre, de la Maison artésienne de Houchin. Ce seigneur avait épousé Béatrix-Jeanne-Claire-Thérèse du Chastel de la Howarderie, dame-vicomtesse de Haubourdin et d'Emmerin, baronne d'Eyne, etc. Dans son *Dictionnaire historique des Communes du Hainaut*, Théodore BERNIER dénomme *Petit-Tyne*, le fief dont nous parlons, mais Emile PRUD'HOMME est plus correct dans *Les Echevins et leurs actes*.

En 1640, l'administration civile de Petit-Eyne était composée comme suit : Louis *Paret*, licencié ès-droits, avocat de la Cour de Mons, bailli de Cavrines et de Petit-Eyne, mayeur; André *de Lagaiche*, Philippe *Houfflin*, Nicolas *de le Venne*,

---

(1) Pierre de Thouars était aussi bailli de Cavrines pour le même seigneur. — ARCHIVES DE L'ETAT A MONS. *Fonds des fiefs*. — ARCHIVES DE LA FAMILLE DU CHASTEL DE LA HOWARDERIE. Pièce vue par hasard.

Pierre *du Quesne*, Pierre *Regnart*, Denis *du Moulin* et Jean *Pietres*, échevins.

AIX-EN-PEVELE (Seigneurie d'). — La grande quantité de mares et de sources que contient le sol de cette commune lui a valu le nom qu'elle partage avec Aix-la-Chapelle et Aix-les-Bains. Bien que la Statistique archéologique du département du Nord la place sur la rive gauche du ruisseau dit l'Elnon, elle est sur la rive droite de ce cours d'eau. Aix était tenue de Bouvignies-lez-Douai, mais était suzeraine de quarante fiefs parmi lesquels se trouvait l'un des moulins du Pont-aux-Herbes à Douai.

Un chirographe tournaisien de l'année 1267, nous révèle l'existence de Dame Hawit d'Ays et de Gérard, son fils. Mais en 1285, le seigneur du lieu était messire Nicolas de Bruyelles, chevalier. Il mourut avant juin 1292, et eut pour héritière, sa sœur Kateline mariée à messire Jehan d'Eskierchin, chevalier. Celui-ci assassina en 1303, le fils d'une sœur de sa femme, Messire Jehan de Brunémont, chevalier, issu des seigneurs de Brunémont, lez-Douai (1). Pour ce crime, d'Eskierchin fut banni de l'Artois son pays d'origine, mais cela n'empêcha pas son fils, Jehan d'Eskierchin, écuyer, d'être l'hoir féodal de son cousin défunt. Le 19 mars 1336 (1337 n. st.), Jehan *d'Esquerchin*, que Goethals nomme *Deskierghen* (2), vendit Aix et Bruyelles à Simon, bâtard de Hainaut, fils du comte Jehan II et frère du comte Guillaume I (3). Jehan I de Hainaut, fils aîné de Simon épousa Jehenne des Wastines, fille d'Isabelle de Mauny et nièce du célèbre Watier de Mauny, chevalier de la Jarretière, l'un des héros des Chroniques de Froissart. Parmi leurs enfants, une fille, Isabelle de Hainaut porta la terre d'Aix en dot à son époux Gérard du Chastel, le deuxième Houart de la Houarderie. Ce chevalier paraît avoir succombé sur le champ

(1) C'est par erreur que dans la Revue « Jadis », 2ᵉ année, 1897, p. 49, nous avons fait descendre Jehan *de Brunémont* des sires de Brunenberg, soit aussi *Brunémont* en Boulonnais.
(2) *Miroir des Notabilités nobiliaires*, t. I, p. 776.
(3) Bien que Simon de Hainaut comparaisse dans des chartes comme frère bâtard du comte de Hainaut en 1327, 1328 et 1334 (Cᵗᵉ de Saint-Genois. *Monuments anciens*, t. I, p. 219, et t. II, pp. 20, 21 et 22) les historiens et archivistes du Hainaut n'ont pas su lui donner sa place filiative et chronologique.

de bataille d'Azincourt, le 25 octobre 1415 (1), laissant pour principal héritier, un fils prénommé Arnould et qui fut le troisième Houart de la Houarderie. Léon du Chastel, second fils d'Arnould et d'Anne de Mortagne dite d'Espierres, fut considéré comme chef de sa famille et seigneur de la Howarderie et d'Aix parce que son frère aîné, Philippe, s'était fait moine à Saint-Vaast d'Arras. Son héritière fut sa fille Huguette ou Huette du Chastel, femme d'Hector de Hainaut-Bruyelles, chevalier, sire de Plainville. Devenue veuve, Mme de Plainville convola avec Mellin Allerant, qui fut bailli de Tourcoing. Celui-ci s'intitulait, le 8 janvier 1513 (1514 n. st.), seigneur de la Houarderie et d'Aix en Pèvele. Il scellait *au lion* (2). En 1514, Antoine de Hainaut-Bruyelles, fils d'Hector, était seigneur du Quint (cinquième partie) d'Aix (3). Cette terre ayant été vendue à Hugues de Landas, seigneur de la Grurie, fut bientôt rachetée par Simon du Chastel, cousin germain de Huette. Il y employa huit mille livres de la dot de sa seconde femme, Marguerite Carondelet, fille du célèbre chancelier de Bourgogne. Mais le rachat réel eut lieu le 24 mai 1540, lorsque Jacques du Chastel, seigneur de Cavrines, fils de Marie de Clugny, remboursa les 8.000 livres à sa belle-mère (4). A cette époque Jacques était déjà devenu par retrait lignager, seigneur de la Howarderie. Ce qui constituait la seigneurie d'Aix demeura dans le domaine des du Chastel comme fief jusqu'en 1790 et comme propriété foncière en totalité jusqu'en 1884, et en partie, jusqu'à ce jour.

Il se trouve au chartrier de Tournai une charte de l'an 1482, scellée par Estienne Havaine, bailli de la Howardrie et d'Aix et par quatre échevins d'Aix qui sont Quentin Loncle, Pierre Sourdiel, Mahieu Boussart et Oudart du Chastiel. Le bailli portait pour armoiries *un croissant sous une étoile.* Q. Loncle, *un agneau pascal avec bannière;* P. Sourdiel, *une bêche, le manche en chef;* M. Boussart *des ciseaux, les pointes en*

---

(1) Isabelle de Hainaut convola avec Mathieu *de Macquenberghe*, écuyer, seigneur dudit lieu à Nomain.
(2) G. Demay. *Les Sceaux de la Flandre.* Paris, Imprimerie nationale, 1873, in-4°, t. I, n° 413.
(3) Idem, t. 2, n° 5134
(4) *Un Cartulaire de la Howarderie.* Tournai, Vasseur-Delmée, 1889, in-folio, pp. 193 et 200.

chef, et O. du Chastiel, *un sautoir alaisé, chaque branche chargée d'un filet formant sautoir sur le sautoir*.

Voici quelques fiefs situés au terroir d'Aix :

BLECQUY ou BLICQUY. Ce fief ne doit pas être confondu avec la commune de Blicqy, lez-Ath. Nous croyons toutefois, qu'il doit son nom aux seigneurs de cette paroisse qui le possédèrent jadis, et durent le céder à un de leurs cadets. En 1305, vivait Mgr Jehan de Bléki, chevalier, père de Hanekin ou Jehan le Jeune ; en 1407, Mgr Hues de Bliky, chevalier épousa Marguerite d'Escaussines, chanoinesse du chapitre noble de Sainte-Waudru de Mons (1) ; en 1415 vivait Gilles de Bléquy, écuyer (2). Ces personnages ne paraissent pas avoir été seigneurs de la paroisse de Blicqy, mais plutôt du petit Blicqy dont nous parlons. Au XVIIIe siècle, ce fief appartenait à la famille *Corbis*, dite de Corbie, originaire du Dauphiné, dont une fille, Ernestine, (qui avait pour quartiers : Corbis, Rattier, De Bisschop et Lezaire) le porta en dote au comte Alexandre du Chastel de la Howarderie (3).

COLLART-MADOULT (Le fief). Ce bien doit son nom à un Sr Nicolas Madou qui le posséda.

CORBRY, jadis CORBERI, était un fief avec manoir comprenant en terrain 19 bonniers et cinq cents verges. Il était tenu d'Aix liegement en toute justice de vicomte à cent sols parisis de relief lors du décès de l'héritier. Il appartint d'abord à la famille de son nom dont l'un des chefs, Sire Jakemes de Corbri, seigneur dudit lieu, de Wicartsaus, etc., est bien connu des historiens de Tournai, comme chef des jouteurs tournaisiens lors du Tournoi des XXXI Rois en l'année 1331. Comme Jakemes de Corbri eut pour première femme, Anniès de Grantmez, et que dans la seconde moitié du XIVe siècle, nous trouvons Caron d'Estrayelles époux de Katerine de Grantmez, nous sommes tenté de conclure que c'est

(1) Léopold DEVILLERS. *Cartulaire des comtes de Hainaut de 1337 à 1436*, t. III. p. 302.

(2) ARCHIVES DE TOURNAI. *Chirographes de la cité*. Layettes de 1305 et de 1415.

(3) Si nous avions pu voir « le ferme d'Aix » qui doit faire partie des Archives que détient le chef de notre famille, nous aurions été mieux renseigné sur les contenances et les mouvances des fiefs d'Aix : mais à l'impossible nul n'est tenu.

à cause de ces alliances que le fief de Corbri se trouvait en 1572 aux mains de Jacques d'Estrayelles, écuyer, seigneur de Mouchin (1). Sans doute que les héritiers des d'Estrayelles à Mouchin continuèrent à posséder Corbri durant le XVIIᵉ siècle.

Kawart (*Fief de*). En flamand *Kauw* signifie *choucas* et *aerd, terre. Kauwaerd* serait donc *la terre du choucas*. Nous avons constaté qu'en 1482, Roland *de Quartes*, écuyer, possédait ce domaine (2).

Labre (*Fief*). Arnould Le Maire, tournaisien, puis ses hoirs eurent pour successeur, Gilles *Jolly*, qui, en 1572, possédait ce fief de neuf cents verges, lequel était liege, avait justice de vicomte et payait cent sols parisis de relief (3).

Fief le Moisne. Cette terre, grande d'un bonnier et treize cents avec maison, payait 30 sols parisis de relief. Elle appartenait en 1572 aux hoirs de feu sire Jehan *L'Empereur* (4).

Marès ou du Maretz (*Fief du*). Tenu d'Aix à 60 sols parisis de relief, ce fief était grand de 19 bonniers. En 1396, Regnault *du Marès*, chevalier le possédait (5). Un siècle plus tard, Jehan de Lannoy en était seigneur. C'était le fils aîné du second mariage que Pierre de Lannoy, écuyer, seigneur de Hardiplancque avait contracté avec Jehanne de Buillemont, dame de Lesdain, veuve avec une fille d'Oste de Ghoegnies (6). Son fils Hugues lui succéda, et parmi les fils cadets de celui-ci, ce fut Nicolas de Lannoy qui obtint en partage le Marès. Il épousa Marie de la Fosse (aux cors de chasse), dame du Bleuchâtel à Tourcoing, veuve de Georges de Haudion, dit de Ghieberchies et fille de Frédéric de la Fosse, écuyer, seigneur du Pouvillon, bailli de La Bas-

---

(1) F. Brassart. *Preuves de l'Histoire du château de Douai*, p. 531.
(2) Archives de Tournai. *Chartrier*, Layette de 1482.
(3) F. Brassart. Preuves, etc., p. 535-536.
(4) Id., ibid., p. 534.
(5) Cᵗᵉ de Saint-Genois de Grandbreucq. *Chronologie des gentilshommes reçus à la Chambre de la Noblesse de Hainaut.*
(6) Archives de Tournai. *Layette des Chirographes de 1476*, Greffe de la Cité. Acte du Quinze novembre où Jehan est cité avec son frère Collechon (Nicolas) et leur sœur utérine, Jacqueline *de Ghoegnies.*

sée, etc., et de Marie de Louverval (1). Ce Nicolas fut père par Gérardine Des Hagues, d'une fille naturelle, Jehenne de Lannoy, baptisée à Templeuve, lez-Dossemer, le 28 août 1604. Au XVIII° siècle, le Marès avait été réuni au gros du fief d'Aix et appartenait à la famille du Chastel.

La terre du Petit-Marès, comprenant quatre bonniers et demi, eut les mêmes seigneurs (2).

QUESNESON (*Le fief*). Cette terre, grande de cinq bonniers dix cens avec masure et fossés, devait 30 sols parisis de relief à la mort de l'héritier. Elle appartenait en 1572 à Jehan *de Louvegnies*, issu d'une branche bâtarde de la famille du Chastel de la Howarderie. Ce fief contenait primitivement neuf bonniers.

ROISIN (*Fief dit de*). Il se comprenait en 8 bonniers et demi avec manoir. Plusieurs fiefs contenant ensemble six bonniers trois quartiers en relevaient. Cette terre donnait droit à des rentes seigneuriales et de terrage ou foncières. Elle était tenu liegement en justice vicomtière et le relief en était de dix livres à la mort de l'héritier. En 1572, c'étaient les hoirs de Pierre de Roisin, écuyer, seigneur du Parcq (à Forest en Hainaut) qui le possédaient (3).

RONGY (*Fief dit de*). Ce fief dit aussi *Petit-Rongy*, puis *Roncy*, appartenait au XVI° siècle à la famille *de Cambry*. Anne de Cambry, dame du Petit-Rongy épousa Michel des Espringalles, bailli du temporel de l'évêché de Tournai. Leur fille, Jehanne des Espringalles ayant épousé en 1562, Simon Grenut, écuyer, seigneur du Fay (à Cobrieux), qui fut créé chevalier par l'archiduc Albert en février 1600, mourut à Tournai, paroissienne de Saint-Quentin, le 25 octobre 1610. Son

---

(1) DU HAYS. *Esquisses généalogiques*, p. 321. — Le nom des *de Louverval* vient de la seigneurie de LOVERVAL, Loivervas, Lovirvals ou Lovierval située près de Charleroi. En 1284, *Ansel* DE LOVERVAL, chanoine de Saint-Albin de Namur portait pour armoiries : D......, à la bande fuselée de cinq pièces d......, l'écu brisé d'une merlette d......, posée sur le second quartier de l'écu (G. DEMAY). *Inventaire des sceaux de la Flandre*, t. II, n° 6460. — Pour cette famille, voyez : Stanislas BORMANS, *Les fiefs du comté de Namur*, p. 39 (1370), 43, 104, 117, 176, 239 et 302. Elle porte : *D'argent à la bande fuselée de cinq pièces de gueules*.

(2) F. BRASSART. *Preuves de l'Histoire du Château de Douai*, p. 532.

(3) F. BRASSART. *Preuves de l'Histoire du Château de Douai*, p. 529.

fils Charles Grenut, écuyer, seigneur de Casteler, du Fay, du Petit-Fay (à Saméon), etc., fut aussi seigneur de Roncy. Il mourut à Tournai, Saint-Jacques, le 31 août 1613, et eut pour héritière à Roncy, sa fille Anne Grenut à peine âgée de dix mois. Celle-ci mourut à Tournai, dans la paroisse de Sainte Marie-Magdeleine, le 1er avril 1675, après avoir, le 14 décembre 1639, épousé à Saint-Jacques de la même ville, Roland-François de Monget, écuyer, seigneur du Les-lieu (à Saméon). Parmi leurs enfants fut une fille prénommée Marie-Isberghe baptisée à Tournai, Saint-Jacques, le 14 décembre 1641, qui fut dame de Roncy et mourut en ladite paroisse le 3 janvier 1694, après y avoir épousé le 26 avril 1678, Guillaume Mahieu, dit d'Avesnes, écuyer, seigneur d'Ennevœullin. Leur fils, Adrien-Emmanuel Mahieu dit d'Avesnes fut seigneur de Roncy, des Forseaux, de Grœnenbrœck, de l'Abbaye, etc... Il mourut âgé de 52 ans, à Tournai, sur la paroisse de Saint-Jacques, le 31 mai 1733, laissant de son mariage avec Thérèse-Joséphine Luytens, un fils et unique enfant, Antoine-Joseph-Emmanuël Mahieu, dit d'Avesne de Roncy, écuyer, chevalier de l'Ordre espagnol de Saint-Jacques, baptisé à Saint-Jacques de Tournai le 9 mars 1733, décédé dans ladite ville le 21 mars 1814. Il avait le grade de lieutenant-colonel au service de S. M. Catholique. C'est lui que le général Baron Guillaume désigne comme « *Jacques-Joseph d'Avesne, baron de Roncy* » à la page 397 de son *Histoire des Gardes wallonnes*. Depuis l'année 1769 où il prit sa retraite, jusqu'à sa mort, Mr d'Avesne de Roncy s'occupa de recherches historiques et généalogiques. Il a laissé plusieurs manuscrits qui doivent se trouver dans la bibliothèque de Mr le baron Stiénon du Pré, bourgmestre de Tournai(1).

Le Petit-Rongy comprenait onze bonniers avec manoir. Il était tenu d'Aix à 60 sols parisis de relief. Outre le produit du bail de cens, le possesseur de ce fief avait droit à des rentes seigneuriales en chapons, argent et avoine (2).

WICARTSAUS, WICARTSAUCQ, WILCASSAULT ou VILLECASAU (*Fief de*). Ce beau domaine ayant

---

(1) *Notices généalogiques Tournaisiennes*, t. II, p. 660.
(2) F. BRASSART. *Preuves de l'Histoire du Château de Douai*, p. 332.

manoir sur motte entourée d'eau était grand de vingt-six bonniers. Il donnait droit à de nombreuse rentes foncières et seigneuriales et était tenu d'Aix liegement, en justice vicomtière et à dix livres parisis de relief. Son nom latin *Wicardi Salix* signifie *le Saule de Wicard*. Nous le trouvons en 1311 possédé par Jakemes de Corberi qui le tenait en fief de Maître Alart de Fris, écuyer, et de Monseigneur Mahieu de Vilers, chevalier (1). Ce Jakemes avait pour parente, Maroie de Corberi, veuve de Wicart de Maubray. Le 12 septembre 1438, fut approuvé à Tournai le testament fait le 7 septembre 1437 par Piérart *de Landas*, « escrignier » de son métier, seigneur de Wicarsaucq et et d'Ere (*sic*) à Aix en Pèvele, fiefs tenus de Monseigneur de Bruyelles et d'Aix. Ce Pierre de Landas était fils d'Agnès Muidavaine et avait épousé Jehenne des Masures sœur d'Olivier des Masures. Il était frère de Marguerite de Landas femme de Piérart de Fretin (2).

Au XVIe siècle, Wicartsaucq appartint à la famille *Le Fuzelier* ou *Le Fuselier*. Le 29 mai 1539 fut passé pardevant les hommes de fief de Hainaut et Cour de Mons, l'avis de père et de mère de Georges *de Cordes*, écuyer, et d'Agnès *de Halluin*, son épouse, seigneur et dame de Popuelles où ils résidaient. Ils avaient trois enfants : 1° SIMONNE de Cordes, femme de Pierre Le Louchier, dit de Courcelles (3), écuyer, seigneur de Rosne (à Anvaing, Hainaut), etc. ; 2° JEHENNE de Cordes, femme de *Georges* FUSELIER, écuyer, fils de Jacques Fuselier, écuyer, et de Marie de Haynin, dite de Hennin; 3° MARGUERITE de Cordes, femme de *Jacques* DE BACQUEHEM, écuyer, seigneur d'Aunelle (4). C'est de la fille de Georges *Fuselier* et de Jeanne *de Cordes* que nous allons parler plus loin.

Vers 1520, le seigneur de Wicartsaucq était Jacques *le Fuselier*, écuyer, qui veuf de Marie de Haynin convola avec Magdeleine de Lannoi, veuve d'un Sr le Mahieu. Il avait eu de sa première femme, Georges le Fuselier, écuyer, qui lui

---

(1) ARCHIVES DE TOURNAI. *Chirographes*, Greffe de la cité, Layette de 1311.
(2) Idem. *Testaments*. Paquet de 1438.
(3) Courcelles, lez-Lens, Pas-de-Calais.
(4) BIBLIOTHÈQUE NATIONALE A PARIS. *Cabinet des titres*. Volumes reliés, n° 1235, fol. 112 recto. — Dom CAFFIAUX. *Extraits des archives de Mr Le Louchier, seigneur de Rosne, faits en 1767*.

succéda dans la seigneurie de Wicartsaucq. L'héritière de *Georges* LE FUSELIER, sa fille CLAIRE, fut mariée deux fois. Née vers 1542, elle épousa en premières noces avant 1565, *Jacques* BECQUET, notaire royal d'Artois, fils unique du premier mariage qu'avait contracté en 1536 avec Isabelle Baillet, Antoine Becquet, notaire royal d'Artois, bailli de la Prévoté de Douai. Claire le Fuselier vivait encore avec son mari, Jacques Becquet, en décembre 1572 (1).

Dans la généalogie de la famille Becquet (2) à la page 4, ligne 10, il y a erreur là où il est dit que Jacques Becquet, notaire royal dès le 7 janvier 1563, fut l'un des six commis à la garde d'une portes de Douai sous Jacques de Moncheaux, écuyer, le 15 octobre 1598. L'auteur a oublié que Jacques avait un neveu prénommé comme lui et beaucoup plus apte, étant plus jeune, d'exercer le métier d'homme d'armes à la porte d'une ville. Ce Jacques, le neveu, est mentionné page 7, ligne 12. Il était fils de Philippe Becquet, frère consanguin de Jacques Becquet, l'oncle, et de Catherine Le Mahieu, fille de N. Le Mahieu et de Magdeleine de Lannoy, remariée à Jacques le Fuselier, écuyer, seigneur de Vilcassault (3), veuf de Marie de Haynin comme on l'a vu plus haut.

Claire LE FUSELIER devenue veuve en 1574, convola avec Lambert *Richart de Postella*, natif de Franeker en Frise. De cette seconde union vint *Robert* RICHART DE POSTELLA qui épousa avant 1597, Anne *de Goegnies*, qui le rendit père d'une fille, *Antoinette* RICHART DE POSTELLA. Cette héritière de Vilcassault mourut à Pépinghen non loin de Bruxelles, le 30 janvier 1635. Elle avait épousé par contrat passé à Valenciennes le 5 novembre 1614, Charles d'Herbais, seigneur de Milleghem, du Hontoir, etc., maire héréditaire de Pépinghen, fils de Pierre d'Herbais, chevalier, seigneur de Milleghem, de Duyst, etc., maire de Pépinghen, et de Françoise-Florence de Succre de Bellaing, dame du Hontoir. Depuis 1614

---

(1) F. BRASSART. *Preuves de l'Histoire du Château de Douai*, pages 525 et 529.
(2) Amédée LE BOUCQ DE TERNAS (Le chevalier). — *Généalogie de la famille Becquet de Mégille*. Douai, L. Dechristé, 1884, in-8º, p. 4.
(3) ARCHIVES DE DOUAI. FF. 927 Contrat de mariage de Jacques Becquet, le neveu, avec Marie *de Maurille*, en date du 18 août 1598. — Idem, ancienne layette 140.

jusqu'à la fin du XVIII° siècle, Vilcassault demeura au nombre des domaines de la Maison d'Herbais, branche cadette de la Maison de Waroux, célèbre au pays de Liége.

ALAING. Ce hameau de Tournai, situé entre cette ville, Ramecroix et Vaulx, a pour limite au sud-ouest le cours de l'Escaut. C'était autrefois une dépendance de l'évêché de Liége en même temps que de l'Abbaye de Saint-Amand en Pèvele, ce qui explique pourquoi son église est dédiée à Saint-Amand. Nous avons trouvé le nom d'Alaing orthographié Haleng, Aleng, Alain, Allain et Hallain. La cense ou « court » dudit lieu bâtie sur un quartier et demi et quarantes verges servait à la culture de 59 bonniers, un quartier et 356 verges selon le bail accordé le 25 janvier 1716 à *Jean-François* FLAMENG et à son fils Jean-Baptiste par les amodiateurs généraux des biens de l'Abbaye de Saint-Amand qui étaient Charles *de Savary*, seigneur du Gavre, banquier à Lille, et Placide-Louis *Caron*, marchand à Marchiennes (France), associés (1).

Jehan *de Haleng* était chanoine de Tournai en 1226 (2).

En 1258, Willaumes *de Crespelaines* était censier d'Aleng (3).

Dans le mois de mai 1277, la nuit de la Pentecôte, Rogier *de Maude* prend à loyer pour six ans de Mgr « le veske » de Liége et de Mgr l'abbé de Saint-Amand, la cense d'Alain à partir de la Nativité Saint-Jehan-Baptiste (24 juin) de ladite année. Par ce bail, Rogier de Maude devient aussi fermier des « dismes, auteus, tieres, ahans et » quant à le moisson à prendre fors le patronnage » des parroches ». Il eut pour cautions, son frère Mikiel de Maude, Jehan Copet, Gilles Gargate. Jakemes *de le Vorc* et Jehan *de le Vourc*, son frère (4).

En 1284, Robert *Dalaing*, descendant, sans

---

(1) ARCHIVES DE TOURNAI. *Greffe de la Cité*, Layette de 1720.

(2) Abbé Vos. *Cartulaire de Saint-Médard* (abbaye de St-Nicolas des Prés), tome XII des Mémoires de la Société historique et littéraire de Tournai, p. 187.

(3) ARCHIVES DE TOURNAI. *Chirographes*, Layette de 1258.

(4) Idem. *Actes des voirs-jurés*. 1277. En cette année, les voirs-jurés pour ce bail furent Jehan Flament de Bauwegnies et Jehan Bourlet, et les trois autres hommes furent, Pieres le Varlet, Monseigneur Jehan de Hainnuyères et Théri de Bari. — Le fief de le Vourcq est à Velaines (Hainaut).

doute d'un ancien censier du lieu, résidait à Warchin.

« Le demisiele » d'*Alaing* est mentionnée dans un acte de Janvier 1285 ou 86 n. st. (1).

1394, le lundi 7 décembre, Colart *Dalaing*, fils de feu Maître Jacques Dalaing, jadis chirurgien, jura sa bourgeoisie de Tournai en payant 70 sols tournois (2).

1411, le 16 septembre, Jehan *Dalaing*, fils de feu Jehan, coryer (ou corroyeur), acheta son droit de bourgeoisie pour 50 sols parisis (3).

1480, le 23 septembre, Haquin *de le Haye de Maulde*, dit « Monsieur d'Alain » ayant reçu un coup d'estoc dans la poitrine est tenu en péril de mort, mais le 27 novembre, il était en voie de guérison (4).

Le même « Monsieur dalain » fut condamné à 40 sols d'amende le 8 mars 1492 (93 n. st.) pour avoir été trouvé voyageant la nuit en ville après l'heure de la retraite sonnée. Son compagnon Melcior Doisiaurieu ou du Jaurieu, bonnetier, issu de la Maison de Cordes, eut la même condamnation (5). Ils étaient contemporains de Marguerite *Dalain*, veuve de Jaquemart Descamps avant le 13 décembre 1479 (6).

Pierre HOVINE, censier d'Allain mourut avant le 2 mars 1581 à Tournai, sur la paroisse de Sainte-Catherine et le compte de l'exécution de son testament ne fut rendu que le dernier février 1588 (7). Son frère, *Léon* HOVINE, lui avait succédé comme fermier. Il mourut avant novembre 1586. Celui-ci était l'un des exécuteurs du testament de Pierre, en même temps que leur frère M{tre} Jehan Hovine, licencié-ès-lois, conseiller des échevins de Tournai (8). On voit par le compte d'exécution testamentaire de 1588 que la cense d'Allain devait payer annuellement au Chapitre de Notre-Dame Sainte-Waudru de Mons, trente rasières de seigle. Pour l'année échue le

---

(1) Idem. *Chirographes*, Greffe des Cauffours, Layettes de 1281 et 1285.
(2) Idem. 8ᵉ *Registre de la Loi*, coté 138, fol. 8, verso.
(3) Idem. 9ᵉ *Registre de la Loi*, coté 139, fol. 16, verso.
(4) Idem. *Registre de la Loi*, Registre pour les années 1472 à 1489, coté 144.
(5) Idem, ibid., Registre 144, folio 46, verso
(6) ARCHIVES DE TOURNAI. *Registre de la Loi*. Registre 144, folio 68, recto.
(7) Idem. Comptes d'exécution testamentaire, Paquet de 1588.
(8) Ce Jehan *Hovine* est l'auteur des seigneurs de Bossuyt, des XVIIᵉ et XVIIIᵉ siècles qui signaient *de Hovyne*.

jour Saint-Simon et Saint-Jude (28 octobre) 1579, il fut payé à Anselot Lamand, receveur dudit Chapitre, une somme de 160 livres en argent valeur desdites 30 rasières (1).

Jeanne Hovine, fille et successeur de Léon, épousa Jean *Grulois*. Elle mourut ainsi que son mari avant le 12 juillet 1617, laissant six enfants : Nicolas, Maître Andrieu, Franchois, Jean, Marguerite et Jehenne, selon le compte de tutelle rendu le 19 avril 1619 (2).

Nicolas Grulois, censier d'Alaing dès juillet 1617, eut à femme, Marie *Binet* (3), qui lui donna, au moins quatre enfants : 1° *Pierre* Grulois, censier d'Alaing ; 2° *Marguerite* femme du censier de Morlie (à Maubray) du nom d'*Ollivier*, fut mère de Thomas Ollivier ; 3° *Anne*, qui prit alliance avec Nicolas *de le Burie*, dont vint Nicolas de le Burie; 4° *Guillemette* épouse d'Otto *Flamen* ou *Flameng* (4).

Otto Flameng et Guillemette *Grulois* furent censier et censière d'Alaing dès 1664, et en 1712, leur fils, *Jean-François* Flameng leur avait succédé (5). Celui-ci fut père de Jean-Baptiste Flameng, nommé avec lui dans le bail du 25 janvier 1716, cité plus haut (6).

Alegambe. Les armoiries primitives des Alegambe sont *De gueules à trois croisettes pattées d'argent*. Elles se sont enrichies d'un *écu de l'Empire romain posé en abîme* dans le cours du XVIIe siècle. Ce fut l'Empereur Ferdinand II qui le 12 avril 1628 voulut récompenser de ses services par une distinction particulière, Ferdinand Alegambe de Vertbois qui s'était fait remarquer par sa bravoure d'une manière éclatante dans la guerre contre l'électeur palatin Frédéric V, roi de Bohême, qui aspirait à l'Empire. La branche cadette dite de Vertbois s'étant éteinte en la personne de ce nouvel agrégé à la noblesse du Saint-Empire, la branche aînée dite d'Auweghem s'empara de ses armoiries dont le port lui fut

---

(1) Archives de Tournai. Compte d'exécution de février 1588, cité plus haut.
(2) Idem. *Comptes de tutelle*, liasse de 1619.
(3) Idem. *Chirographes*. Greffe de Saint-Brice, 10 mai 1651.
(4) Idem, ibidem, idem. Actes de 1664.
(5) Idem, ibidem. Greffe de la Cité Actes de 1712.
(6) Archives de Tournai. *Chirographes*. Greffe de la Cité. Acte de 1716, dans la Layette de 1720.

confirmé par lettres du 26 juillet 1755 portant érection de la terre d'Auweghem en baronnie.

A le gambe ou A la Jambe indique un défaut corporel. Celui qui le premier porta ce nom avait une jambe moins bonne que l'autre.

Watier li Noirier dit Alegambe vivait à Tournai en 1288. Après lui nous trouvons : Biétris en 1310 ; Robiert mort avant 1314 ; Jakemes vivant en 1315, 33, 35 et 44 ; Agnès, veuve de Robiert Danetières ou d'Ennetières avant 1345 (1).

Un Pierre *Alegambe*, courtraisien, vint s'établir à Tournai en qualité de courtillier (jardinier-maraîcher) et de marchand « d'estrain » ou de paille. Nous le trouvons en un acte de 1326 (2).

Un second Pierre acheta son droit de bourgeoisie à Tournai le 25 septembre 1353, en payant quatre écus (3), alors que l'année suivante feu Jehan *Alegambe* époux de D[elle] Iolente laissait deux enfants mineurs : un troisième Pierre et Agniès qui fut veuve avant 1388 de Jehan Warnier (4). Nous rencontrons encore un Pierre en 1366, en 1373 et en 1384, et Piérart *Alegambe*, parent de feu Sarre de Hennin veuve de Jaquemes dou Sceuwoir vivait en 1389 (5). Nous ne saurions déterminer de quel défunt Pierre Alegambe était fils le Sr Jehan Alegambe qui releva sa bourgeoisie de Tournai le 9 mars 1400 ou 1401 n. st. (6). Cela provient de l'absence du registre de la Loi antérieur à 1364, car entre 1354, époque de sa minorité et 1364, Pierre Alegambe, fils de Jehan et d'Iolente N...... a pu aussi acquérir la bourgeoisie tournaisienne. Ce n'est donc qu'avec Jehan et la première année du XVe siècle que commence réellement la filiation des comtes d'Auweghem et du Saint-Empire. La femme de Jehan n'est pas connue, mais leur fils légitime, Jaquemin, Jaquemart ou Jacques releva sa bourgeoisie de Tournai, le 3 mars 1431 (1432 n. st.)(7). Ce Jaquemart avait une sœur, Maigne ou Marie-Magdeleine *Alegambe* qui épousa avant 1440, Henri *Estievenin*, dit *de le Tenre*. De cette union naquit Jacques de

---

(1) Archives de Tournai. *Chirographes de la Cité*. Layettes de 1288, 1310, 14, 15, 33, 35, 44 et 45.
(2) Idem. *2e Registre de la loi*, coté 131, folio 5, recto.
(3) Idem. *5e Registre de la loi*, coté 134, fol. 255, verso.
(4) Idem. *Chirographes de la Cité*, Layettes de 1354 et 1388
(5) Idem, ibidem. Layette de 1389.
(6) Archives de Tournai. *9e Registre de la loi*, coté 138, fol. 15, verso.
(7) Idem. *11e Registre de la loi*, coté 141, fol. 26, recto.

le Tenre qui figure dans un acte de 1468 avec son oncle Jacques *Alegambe* (1). Celui-ci qu'on trouve en 1433, procureur des religieuses et abbesse de l'abbaye de Notre-Dame du Conseil dite des Prés Porchins (2), fut marié deux fois. Il épousa en premières noces, en 1431, D^{elle} *Katherine* SORIS, que nous croyons fille de Pierre Soris, procureur en 1401. Les époux Alegambe-Soris se ravestirent en 1453, étant sans enfants (3). Devenu veuf peu après, Jacques Alegambe procureur du Roi, puis clerc des échevins de Tournai, convola vers 1469, avec D^{elle} *Catherine* LAMAND, fille naturelle que Sire Jacques Lamand, prêtre, chapelain des hautes formes de la Cathédrale et chanoine de Tournai, avait eue de D^{elle} Isabelle Caron (4). En 1470, 75 et 79, « Maistre Jacques Alegambe » est dit greffier de l'échevinage de Tournai. Jamais nous ne l'avons trouvé qualifié conseiller du Roi de France en son bailliage de Tournai-Tournaisis comme le dit F.-V. GOETHALS à la page 21 du tome I de son *Dictionnaire généalogique et héraldique* (5).

Maître Jacques Alegambe mourut avant le 18 février 1488 (1489 n. st.) et sa seconde épouse vivait encore en 1495. Ils eurent deux enfants :

1° JACQUES, religieux de l'ordre de Saint-François, né vers 1471 (6). Il embrassa la vie religieuse pour réparer ses erreurs de jeunesse.

« Jaquet Lamant dit Alegambe est condamné
» au voyage de Saint-Hubert d'Ardennes au profit
» de la ville pour avoir en mars 1499 (1500 n. st.)
» et en la compagnie de Jaquet Platiel, dit

---

(1) Idem. *Chirographes de la Cité*. Layette de 1440 (Acte du 25 avril après Pâques); Layette de 1443 (Acte du 20 mai); Layettes de 1445 et de 1468.

(2) Idem, ibidem. Layette de 1433.

(3) Idem, ibidem. Layette de 1438. Acte du 26 janvier 1438 (1439 n. st.) où sont nommés : Jehan *Soris*; D^{lle} Jehanne *Soris*, sa sœur, veuve de Jehan Le Long demeurant à Valenciennes; Jaquemart *Alegambe*, mari de Katherine *Soris*; Marc de le Porte et Allard de le Rue, tuteurs de Thérion et de Mariette *Desruielles*, enfants de feu Jehan Desruielles et de feue D^{lle} Olive *Soris*.

(4) Idem. Testaments. Testament de Jacques Lamand daté du 30 Avril 1459 et où son nommés son fils, Jaquelotte, et sa fille, Catherine.

(5) C'est là que Goethals dit que Jehan le Bouteiller, conseiller au Parlement de Tournai florissait au XVe siècle. Or Jehan *Boutillier*, l'auteur de la *Somme rurale* mourut dans la seconde moitié de l'année 1395 (XIVe siècle), fut lieutenant du bailli de Tournai-Tournaisis, et ne put être conseiller d'un Parlement créé à la fin du XVIIe siècle.

(6) ARCHIVES DE TOURNAI. *Cartulaire des rentes de 1495*, tome I, page 264.

» Le Roy, battu vilainement et sans cause,
» Barbe Moriel, et encores, non content de ce que
» la dite Barbe s'en allait plaindre à justice dudit
» cas, assista ledit Jaquet Platiel qui derechef la
» battit ». — Sentence du 4 octobre 1504 (1).

2° MICHEL, né vers 1474 (2), mourut avant le 5 novembre 1524 (3). Il était qualifié en 1505, Maistre Michiel Alegambe, licencié-ès-lois, procureur de Honorable homme Guillaume de Clermès, et en 1506, il était conseiller pensionnaire de l'Echevinage de la Cité de Tournai (4). Il s'allia à la haute bourgeoisie tournaisienne lorsque le 6 avril 1502, il épousa D^{lle} *Catherine* JOSEPH, fille de Quintin *Joseph* et d'Adrienne de Grammez ou de Grandmetz (de la Maison de Popuelles), petite-fille de Jehan *Joseph*, seigneur de Gramez (à Thun, lez-Mortagne), grand prévôt de Tournai, et de Jehane Bernard, sa première femme. Le contrat fut passé par devant les notaires Louis de le Rue et Hermès du Gardin.

Nous trouvons dans la descendance de Michel Alegambe des seigneurs de Cisoing et de Mortagne, ce qui mérite une explication. Ainsi Cisoing n'était pas le bourg baronial de ce nom, mais un fief de 13 bonniers et demi tenu en justice vicomtière d'Allennes en Carembaut, village où il était situé (5). Quant à Mortagne, nous croyons qu'il s'agit du fief de Mortagne, dit Mortansche et Mortange à Belleghem.

La généalogie des Alegambe fut d'abord publiée par DE VEGIANO dans son *Nobiliaire des Pays-Bas*, puis des renseignements furent donnés par le comte DE SAINT-GENOIS sous forme d'extraits baptistaires des paroisses de Saint-Bavon et de Saint-Michel de Gand.

Au XIXe siècle, F. V. GOETHALS donna d'abord une notice Alegambe dans le Tome I de son *Dictionnaire gén. et héraldique*, p. 21; après quoi il jugea nécessaire d'insérer une généalogie plus complète dans le tome II, page 876 et suivantes en note de la généalogie des de Hérissem. La dernière notice publiée le fut dans l'*Annuaire de la*

---

(1) Idem. *Registre de la loi* des années 1493 à 1510, coté 145, folio 142, verso.
(2) Idem. *Cartulaire des rentes de 1495*, t. I, p. 264.
(3) Idem. *Chirographes*, Greffe de la cité, Layette de 1524.
(4) Idem, ibid., id., Layettes de 1505 et 1506.
(5) Th. LEURIDAN. Statistique féodale, Châtellenie de Lille, *Le Carembaut*. Lille, Danel, 1900, in 8°, p. 4.

Noblesse de Belgique pour 1852, p. 102. A part quelques questions de détail sans importance, nous n'y avons rien trouvé d'erroné.

La dernière représentante légitime de cette famille a été Anne-*Charlotte*-Louise ALEGAMBE, baronne de Hérissem par mariage, morte à Paris, le 26 novembre 1869, âgée de 74 ans et six mois. Elle partageait avec sa sœur qui va suivre le titre de *comtesse Alegambe et du Saint-Empire*, mais devait avoir le titre personnel de *baronne d'Auweghem*. Sa cadette, Marie-*Emilie*-Louise-Alexandrine, née à Bruxelles, le 3 mai 1802, mourut au château de la Bretagne à Mons en Pèvele après avoir été mariée deux fois. Elle épousa en premières noces, dans sa ville natale, le 13 juillet 1825, *Eugène*-François de Paule-Charles-Philippe-Maximilien-Marie-Lamoral-Prosper *van den Berghe*, comte DE LIMMINGHE, décoré de la Croix commémorative de Waterloo, chevalier de l'ordre de Guillaume, né à Bruxelles, le 23 messidor an V (11 juillet 1797), y décédé le 27 février 1870. Après divorce prononcé à l'Etat-civil de Chentinnes, le 6 février 1846, elle convola avec le docteur Auguste SOINS. Elle avait donné à son premier mari deux fils qui parvinrent à l'âge d'homme. Le cadet prénommé Alfred-Marie-Antoine, chevalier des ordres de Pie IX et de Saint-Janvier, décoré de la médaille militaire de Castelfidardo, était officier des zouaves pontificaux, lorsqu'il fut assassiné à Rome, le 17 avril 1861, âgé de 27 ans. L'aîné, le comte Léon *de Limminghe*, mourut en son château de Gesves (Namur), le 8 février 1891, dans sa soixante-cinquième année sans laisser postérité de son mariage avec la comtesse Marie-Louise-Joséphine *Du Mortier*, qui est aussi décédée à Gesves, le 2 novembre 1908. La comtesse Emilie fut aussi mère de deux filles naturelles qui suivent :

1° MARIE-AMÉLIE-MARGUERITE *Alegambe d'Auweghem*, morte à Paris le 21 mai 1872, après y avoir épousé le 19 avril 1864, *Jean-Marie-Ferdinand* DE LA GARRIGUE, fils de Guillaume-Auguste *de La Garrigue*, président honoraire du tribunal civil de Saint-Flour, et de Marie-Camille *de Fontanges* (1) ;

(1) *Annuaire de la Noblesse de France* publié par BOREL D'HAUTERIVE, 1865, page 264.

2° Marie-Antoinette *Alegambe*, mariée à Paris, le 27 avril 1867, avec *Elie-Amable* Rudel du Miral de Tony, fils d'Annet-Psalmet-Thelis-Geoffroy *Rudel du Miral du Chéron* et de Caroline-Hortense *Fournier de Tony* (1).

A le plice. Ce nom qui signifie *A la Pelisse* fut le surnom d'une famille qui primitivement se nommait Boullart ou Poullart, soit Bouillart ou Pouillart. — Colart (Nicolas) *Boullart* dit A *le plice* vivait à Tournai dans la première moitié du XIVᵉ siècle. Il était bourgeois de cette ville, car le 23 novembre 1368, son fils, Jehan releva son droit de bourgeoisie « endéans » l'année de son mariage (2). Colart devait être frère ou proche parent de Jehan *Poullart* dit A *le Pliche* qui acheta le droit de bourgeoisie à Tournai pour 50 sols, le 23 novembre 1341 (3).

Jaquemart A *le Pliche* fut nommé « conchierge » de la Halle du Bailli de Tournai-Tournaisis, le 17 mai 1383 (4). Jehan *Boullart* dit A *le Pliche* avait épousé en 1368, Maigne *de Cordes*, dite *Le Clercq* qui avait 80 ans en 1414 (5). Leur fille, Ysabiel A *le Pliche*, née vers 1373, épousa avant 1404, Andrieu (André) *Boutepoix*, mercier, bourgeois de Tournai par achat fait pour quatre livres tournois le 17 mars 1392 ou 1393 n. st. (6). C'était le fils de feu Mahieu (Mathieu) Boutepoix. Les armoiries des A le Plice sont : *Parti : A. d..... à la fasce d......, et B. d'hermine à deux chevrons d......; au chef d......, chargé d'une aigle issante d....., que surmonte à senestre un besant d......*

A le take. En latin ce nom se disant *Ad Labem* se traduit par *à la tache*. C'est un des plus anciens noms tournaisiens. Ses armoiries ont variées. Tel armorial donne pour insigne héraldique aux Aletake, *D'or à l'aigle de sable*, alors que dans un autre on trouve sous leur nom un écu *D'azur au pal* (ataque ou étaque) *d'argent*, parce qu'en roman tournaisien on désigne par le mot *ataque*,

---

(1) Idem, année 1868, p. 294.
(2) Arch. de Tournai. *Sixième Registre de la loi*, n° 136 de l'Inventaire manuscrit, fol. 18, *recto*.
(3) Id., *5ᵉ Reg. de la loi*, n° 134 de l'Inventaire ms., fol. 28, *verso*.
(4) Idem. *Chirographes de la cité*, Layette de 1383.
(5) Id., *Cartulaire des rentes dues par Tournai de 1404 à 1414*, fol. 27, *recto*.
(6) Id., *7ᵉ Reg. de la loi*, n° 137 de l'Inv. ms., fol. 19, *recto*.

un poteau mis au bord d'un cours d'eau pour attacher les esquifs et les empêcher de dériver.

Les POURRÈS, POURRET ou POURET, qui forment une branche des A le Take, portèrent pour armoiries, un *fascé* que nous retrouvons à la fin du XVIe siècle dans l'écusson de la famille POURIER ou *Poirier*.

Dès la seconde moitié du XIIIe siècle, les A le Take étaient divisés en trois familles à dénominations différentes : *A le Take, Liepput* et *Pourret*, et la famille LIEPPUT avait donné naissance au rameau dit *Maughier*.

Henri TAKET ou *le taché*, l'un des eswardeurs (*electores*) de Tournai en 1198 nous paraît être l'auteur ou du moins le personnage le plus anciennement connu de la famille (1). Après lui vint Johans A le Take époux de Dame Ivete, ce qui nous est révélé par une charte de 1220 (2). Quelques années plus tard, c'est un Jehan A le Take qui, de concert avec sa femme, Dame Agnès, fonde l'abbaye de Notre-Dame du Sart au Saulchoir, lieu dit aujourd'hui la Tombe, lez-Tournai. Cette fondation ayant eu lieu par acte du 8 septembre 1238, jour de la Nativité de la Sainte-Vierge, est l'origine de la procession qui se fait encore chaque année à la date susdite dans la paroisse de Notre-Dame de la Tombe sous Kain (3).

En 1242, seigneur Henri A le Take fit une donation au prêtre et à l'église de Warchin, lez-Tournai (4). Un acte passé dans le mois d'octobre 1252, fait connaître sept enfants du seigneur Henri. Ce sont : 1. Sire GOSSUIN, prêtre, chanoine de la Cathédrale de Tournai; 2. WAUTES ou Watier; 3. HENRI Pourrès; 4. HANIN; 5. La femme de Jehans *li Dans*; 6. La femme de Rogier *de Maude*; 7. MAROUE, veuve d'un sieur *Daudenarde* (5). Cette liste est incomplète car un acte de mars 1258 en Pâques, nous montre un Jakemes A le Take, frère du chanoine Gossuin, l'un des tuteurs des enfants de feu Hanin A le Take, leur frère, qui étaient : *Henri, Marion, Bellon* (Isabelle), *Jakemin* et *Margot* (6). — Seigneur

(1) Aubert MIRÆUS. *Opera diplomatica*, t. II. p. 1205.
(2) ARCHIVES DE TOURNAI. *Chirographes de la cité*, 1220.
(3) *Bulletins de la Société historique et littéraire de Tournai*, t. X, p. 105. *Notice sur l'abbaye du Saulchoir* par Mgr VOISIN.
(4) ARCHIVES DE TOURNAI. *Donations*, 1242.
(5) Idem, *Chirographes de la cité*, 1252.
(6) Idem, ibidem, 1258.

Henri A le Take, père et aïeul de ceux qui précèdent, avait pour femme, Dame Odile, qui demeurait en 1254, dans la rue qui porte encore aujourd'hui son nom (1). Nous croyons que cette dame appartenait à la maison patricienne gantoise dont des membres s'illustrèrent sur le champ de bataille de Groeninghe près Courtrai, c'est-à-dire qu'elle était une *Borluut*. Cette supposition nous est venue à l'esprit par la raison que Dame *Agnès* A LE TAKE, dite aussi fille de Seigneur Henri, et prénommée parfois *Ansne* (2), déclare dans un acte passé en 1314, qu'elle a hérité de *Jehan* BOURLUT, le manoir de Warchin, mais qu'elle veut que ses hoirs en laissent la jouissance à Dame Marguerite, veuve douairière dudit Jehan Bourlut (3). Cette Agnès nous paraît avoir eu pour premier mari, *Jehan* LI DAN, avec qui elle vivait en 1252, et s'être remariée avant 1286, avec *Alart* DE LE MOTE, de Houson, écuyer, mort avant 1291 (4), fils de monseigneur Bauduin de le Mote, chevalier (5). Cet Alart de le Mote était veuf d'une première femme qui lui avait donné une fille prénommée Maruen (6).

Nous savons par un chirographe de 1281, que l'épouse de Rogier *de Maude*, prénommée ISABELLE, autre fille de Seigneur Henri, était déjà veuve à cette date, ayant pour enfants, *Rogier*, *Henri*, *Mikiel*, *Maroie* (femme de Gilles Car de Vake) et *Jehanne* (femme de Jehan Tiébegot) DE MAUDE (7).

Aux huit enfants déjà donnés à seigneur Henri, nous devons en ajouter un neuvième dans la personne de *Marguerite* A LE TAKE, épouse de *Jakemes* DE LE VIGNE, qui, dans un testament daté de ghieskerech (juin) 1300 est dite sœur d'Anniès, veuve d'Alart de le Mote (8).

Selon une note prise par le Directeur de cette

---

(1) ARCHIVES DE TOURNAI, *Chirographe de la cité*, 1254.
(2) Idem, ibidem, 1299.
(3) Id., ibid., 1314.
(4) Id., ibid., 1286. — *Testaments*, Testament d'Isabiel *de Cordes*.
(5) Id. *Chir. de la cité*, 1299.
(6) Id., *Testaments*. Testament d'Anniès A le take, sept. 1302.
(7) Id., Chir. de 1281 et 1287.
(8) Id., *Testaments*. Testament de Kateline de le Vigne où sont dénommés ses frères et sœurs : *Henri*, clerc, époux de Kateline d'Audenarde; *Jehan*, clerc, époux de Piernain (Pétronille) de Bourbourg; N..., nonne à Palme (Pamele, lez-Audenarde) sous le nom de Dame *Kateline*; *Marotain* (Marie), femme de Watier de Giebrecies; *Sandre* (Alexandrine), femme de Jehan de Camphaing. — Le prénom de la dernière est fourni par un chirographe de 1311 où elle est dite veuve.

revue lorsqu'il assistait à la vente faite à Londres, des collections d'archives de Sir Phillips, le testament de Dame Odile A le Take est daté de fenerech (juillet) 1290.

III. Nous prenons pour troisième degré, *Wautes* ou *Watier* A LE TAKE, échevin de Tournai en 1249, 51, 56 et 58, et qui paraît être mort avant 1272 (1). Un chirographe de l'année 1303 parle d'une dame *Biertris* LI OLIVIERS, veuve d'un Watier A le Take, mais nous ne savons s'il s'agit de Watier, fils de seigneur Henri, ou de Watier, fils de seigneur Evrart. Dans tous les actes que nous avons lus, nous n'avons trouvé qu'un Jakemes A le Take désigné comme fils feu Segneur Watier en 1272, mais en 1303, un chirographe cite Grart A le Take, fils feu Watier (2). Nous ne pouvons donc attribuer comme fils au *Seigneur* Watier que le seul Jakemes, qui suit :

IV. JAKEMES A LE TAKE. En 1278, un Jakemes est surnommé Kamars ou Kamart (3).

A l'époque où vivait Seigneur Watier, son neveu, Henri A le Take, fils de Hanin, fut marié avant 1272 à *Katerine* DE FLÉKIÈRES, fille de messire Jehan *de Flékières*, chevalier, seigneur dudit lieu (à Froyennes), etc., et de Dame Isabiel *Le Caufournière*. En avril 1284, de concert avec la veuve de Watier de Clermès, il vendit à Rogier de Lespierre, une maison que leur belle-mère et mère avait eue et qui était située aux Cauffours (Paroisse de Saint-Jean) lez-Tournai (4). La veuve de Clermès était Jehane de Flékières.

Parmi les contemporains de Watier, nous remarquons deux frères, Evrart et Biernart A le Take dont nous allons parler.

IIIbis. Sire *Evrart* A LE TAKE, échevin de Saint-Brice, lez-Tournai en 1252, 58, 59, 60 et 61, le fut encore en 1275. Il acheta toutes les terres qu'avait à Rumegnies (Rumillies) Dame Coulombain Catine (5). Son testament fut fait en 1292 et son décès arriva peu après (6). Nous ignorons qui fut l'épouse de Sire Evrart. Voici la liste de ses

---

(1) ARCH. DE TOURNAI, *Chirographes de la cité*, 1272.
(2) Idem, ibidem, 1303. Ce Grart est dit époux de la fille de Willaume *Phelisse*.
(3) Id., ibid., 1278.
(4) Id., *Chirographes*. Greffe de Saint-Brice et des Cauffours, Layettes de 1273 et 1284.
(5) Indication reprise dans un acte de septembre 1300 des Chirographes de Saint-Brice. ARCHIVES DE TOURNAI.
(6) Avant mai 1293, époque du partage de ses biens.

enfants que divers actes nous ont fait connaître.

1. Evrart, cité avec son père dans une charte de 1268 (1), ne vivait plus en 1293;

2. Jehan, nommé dans un chirographe du greffe de Saint-Brice sous l'année 1277 (2), vivait en 1293;

3. Watier se trouve avec ses frères Gilles, Jehan et Jakemes dans un acte du greffe de la cité passé en 1285 (3). Comme il ne paraît plus au partage de 1293, il devait être mort et peut-être avant 1291, année où un chirographe de la cité nous fait connaître Gilles, fils de feu Watier (4). Peut-être que celui-ci avait épousé Biertris li Oliviers dont nous avons parlé plus haut;

4. Jakemes A LE TAKE, qui suivra, IV;

5. Gilles. Il paraît dans divers actes avec la qualification de fils d'Evrart. En 1299, Gilles A le Take, Jakemes dou Porc et Jehan de Baëlli vendirent à Jakemes Tiébeghot, les terres sises à Rumegnies (*Rumillies*) qu'avait eues Jakemes A le Take, frère dudit Gilles. Dans un acte daté de 1294, Jehan A le Take, Gilles A le Take, Gilles de Roiesart, Gilles de Maude, Jakemes Coppais et Jehan de Balli sont dits parents (5). Le Gilles dont il s'agit ici serait-il identique à Gilles A le Take, marié avant 1275 à la fille de Jehan de Rongi et de Maroie Catine? Nous n'oserions l'affirmer. Mais en 1299, nous trouvons un Gilles A le Take époux de Marüen Vilaine (Vilain) que nous prenons pour *Maryen* de Brusengnies, qualifiée Dame et morte comme son époux avant 1317 (6). — Gilles A le Take et Dame Maryen de Brusengnies laissèrent trois filles, savoir :

A. *Kateline*, majeure avant 1312, mariée avant 1320, à *Thomas* de Lille, écuyer, de la Maison des châtelains de Lille (7). C'était un fils de Thomas de Lille, chevalier, seigneur de Fresne-sur-Escaut et de Blaringhem, fils cadet de Jehan III, châtelain de Lille (issu de la Maison des châtelains de Péronne en Vermandois), et de Mahaut de Mortagne, fille d'Arnould, sire de

---

(1) Arch. de Tournai, *Greffe de Saint-Brice*, 1268.
(2) Id., ibid. 1277.
(3) Id., *Cité*, 1285.
(4) Id., ibid., 1291.
(5) Id., ibid., 1299, 1294.
(6) Id., ibid., 1299. — *Greffe de Saint-Brice*, 1317 et 1318.
(7) Id., *Cité*, 1312. — *Greffe de Saint-Brice*, 1318.

Mortagne, châtelain de Tournai et d'Yolente de Coucy (1);

B. *Angniès* ou *Agnès* fut mariée deux fois. Elle épousa, en premières noces avant mars 1314 (1315 n. st.), *Watier* DE GHELLIN (2), écuyer, mort avant 1317, époque où elle était déjà remariée à *Jehan* VILAIN DE STAINKIERKE (3), chevalier, seigneur de Vaulx, lez-Tournai et de Boutembray (depuis Bourquembray) à Ramecroix (4). Jehan Vilain de Steenkerque céda ses droits sur la terre de Steenkerque au comte Guillaume I de Hainaut par charte du mardi avant le jour de Saint-Martin d'Hiver (5 novembre) de l'année 1325 (5). Ce fief provenait de la succession de feu Gosset de Stainkierke, frère ou cousin de Jehan. Nous croyons ce dernier fils du chevalier Ingelbert de Steenkerque qui vivait en 1290 (6).

Les enfants nés du second mariage d'Agnès A le Take furent :

a. JEHAN dit SANSSET *de Stainkierke*, seigneur de Vaulx, de Boutembray, etc., chevalier avant 1342 (7), épousa *Marie* DE MARQUETTE (8), veuve de Mahieu de Villers-au-Tertre, dit du Sauchoy, écuyer, et fille de Jehan *de Marquette*, chevalier, seigneur du dit Marquette et de Wavrechain-sous-Faux (9). Avant le 19 septembre 1389, Sansset (ou Jehan, dit Samson) vendit sa terre de Vaulx à Hugues de Meleun, chevalier, sire d'Antoing et d'Espinoit dont l'héritier direct était son fils ainé, Hugues de Meleun, seigneur de Falluy (Falvy) et de le Hairielle (10).

---

(1) DE LILLE : *De gueules au chef d'or*. — Th. LEURIDAN. *Les châtelains de Lille* Lille, L. Danel, 1873, in-8°, p. 141. — ARCH. DE TOURNAI, *Greffe de la cité*, Layette de 1320.

(2) ARCH. DE TOURNAI, *Greffe de Saint-Brice*, Layette de 1314.

(3) Id., ibid., Layette de 1317. — VILAIN DE STEENKERQUE : *d'or à trois lions de sable*.

(4) Id., ibid., Layette de 1362.

(5) Cte DE SAINT-GENOIS DE GRANDBREUCQ. *Monuments anciens*, t. I, p. 340.

(6) Id., ibid., idem, et page 788.

(7) ARCH. DE TOURNAI, *Greffe de Saint-Brice*, layette de 1342.

(8) DE MARQUETTE : *D'azur semé de billettes d'argent, au croissant du même brochant sur le tout*. — Parfois le croissant est accompagné de 6 billettes en orle.

(9) F. V. GOETHALS. *Généalogie de la Maison de Wavrin*, in-4°, p. 60. Cet auteur écrit *Wavrechain-sur-Feux* pour Wavrechain-sous-Faux.

(10) Abbé J. VOS. *Cartulaire de Saint-Médard* (ou de Saint-Nicolas des Prés, lez-Tournai), t. 2, ou tome XIII des *Mémoires de la Société hist. et litt. de Tournai*, p. 87. — M. Vos au lieu de *Sansset* dit souvent *Sausset*, a lu *Gausset*.

b. ENGLEBIERT dit MORIAU *de Stainkierque*, chevalier, est surnommé Sansses par erreur dans un acte passé à l'échevinage de Saint-Brice, le 28 mars 1342 (1343 n. st), alors que son frère Jehans, le vrai Sansses, est surnommé Moriaus (1). D'après le Manuscrit de Lossy, épitaphier tournaisien, Englebert dit Morel, seigneur de Stambruges serait mort le 18 mars 1392, et son épouse *Marie* DU CHASTEL (2), serait décédée le 5 mars 1372. Tous deux seraient inhumés en la chapelle de l'abbaye du Saulchoir à Kain (3). Mais nos documents nous disent qu'Englebert trépassa avant le 11 juillet 1375, et qu'en 1371, sa femme était *Jehanne* COLEMER, sœur de Gérard Colemer, bourgeois de Tournai (4). La vérité est qu'Englebert, qui n'eut jamais Stambruges, gît au Saulchoir près de ses femmes. Ses enfants furent :

aa. Jehan DE STAINQUIERQUE, écuyer ;

bb. Gilles DE STAINQUIERQUE, écuyer, clerc, devint moine en l'abbaye de Saint-Amand-les-Eaux (5) ;

cc. « Religieuse et honneste dame *Marguerite* » DE STAINKIERKE, nonne professe en l'abbaye du » Sauçoit, lez-Tournai » ;

dd. « Religieuse et honneste dame *Ysabiel* DE » STAINKIERKE, nonne professe en l'abbaye du » Viegiet (Verget) dalès Cambrai » (6).

c. Noble dame BIÉTRIS *de Stainkierque* fut mariée avant le 24 novembre 1338, à Monseigneur *Nicaises* dit Tristrans D'OISI (7), chevalier.

C. *Maroie*, Marotain, Maigne ou Marie A LE TAQUE, citée dans des chartes de 1312 et 1316 (8), était assise à côté du comte souverain de Gueldres

---

(1) ARCHIVES DE TOURNAI. *Greffe de Saint-Brice.* Layette de 1342.

(2) DU CHASTEL : *D....., au chevron d....., accompagné de trois coquilles d......* — Marie devait être fille de Nicolas (Colart) *dou Castiel*, homme de fief du Hainaut, vivant en 1299, plus tard chevalier. — G. DEMAY. *Inventaire des sceaux de la Flandre*, t. 1, n° 687.

(3) *Bulletins de la société historique et littéraire de Tournai*, t. 10, p. 152.

(4) ARCHIVES DE TOURNAI. *Greffe de Saint-Brice.* Layette de 1375, et *Greffe de la Cité.* Layette de 1371.

(5) Idem., Greffe de Saint-Brice, acte du 11 juillet 1375, pour les deux frères.

(6) Idem, ibidem. Acte du 12 mars 1378 (1379 n. st.) pour les deux sœurs.

(7) Idem, ibidem. — Jehan, Englebert et Biétris de Stainkierque figurent parmi les légataires de leur tante Marie A le Taque, dame de la Motte dit Pont-Raoul (à Beuvrages) selon acte du 5 mars 1356 (1357 n. st.), du Greffe de la Cité de Tournai.

(8) ARCHIVES DE TOURNAI. *Greffe de Saint-Brice.* Chirographes, Layettes de 1312 et 1316.

au banquet Bernier donné à Valenciennes par le fameux et riche Jehan Bernier, prévost de cette ville en 1333 (1). Elle mourut avant le 12 mars 1378 (1379 n. st.), après avoir épousé *Jakemes* Gouchès ou Gouchait (2), chevalier, seigneur de Pont-Raoul (à Beuvrages, Hainaut français, Nord), mort avant 1354. Un acte du 5 mars 1356 (57 n. st.), nous fait connaître les neveux et la nièce de Madame Gouchait en même temps que son procureur, « Mikiuls dou Castiel » (3).

En 1378, ses principaux héritiers sont les enfants de feu Noble homme Mgr Moriel de Stainkierke (3).

6. Juliane épousa avant 1274, Sire *Rogier* Warison (4), né avant 1234, maire du bourg des Cauffours en 1272, prévôt de Tournai en 1274, plusieurs fois échevin de Tournai et des Cauffours, mort avant septembre 1288, veuf en premières noces de Dame Agnès N......, et fils de Jaquemes *Warison*, chef échevin de Saint-Brice en 1256.

On lit dans le Registre 3291ᴮ des Archives de Tournai, au folio 31, recto : « Rogiers Warisons
» qui adont se deportoit de celle prouvosté pour
» le honte et le lait que Sire Evrart A le Take,
» qui fille il avoit faisoit à la cité et voloit faire ».

Donc en 1274, Evrart A la Take était en guerre avec la Cité de Tournai et son gendre Rogier Warison donna sa démission de la charge de prévôt qu'il occupait. Juliane A la Take convola avant 1297, avec *Jehan* de Baelli (5) et mourut avant janvier 1315 (1316 n. st.), après avoir nommé pour exécuteurs de ses dernières volontés, son second mari et Katerine Warison, l'une des filles de son premier mariage (6). Toute la

---

(1) Henri Doultreman. *Histoire de Valenciennes.* Douai, Marc Wyon, 1639, in-folio, p. 387.

(2) Gouchet ou Gouchait : *De sinople à l'aigle d'or.* — Jakemes Gouchet, qui fut prévôt de Valenciennes en 1332 et 1335, *brisait* d'une *bordure endentée, componée d'argent et de gueules.*

(3) Archives de Tournai. *Greffe de Saint-Brice.* Layettes de 1354, 1356 et 1378.

(4) Warison : *De gueules semé de billettes d'or, à quatre croissants montants de même, dont trois posés l'un au-dessus de l'autre sur le flanc senestre de l'écu et le 4ᵉ sur le 3ᵉ quartier; au franccanton fascé d'or et de gueules de six pièces.*

(5) Archives de Tournai. *Testaments.* Testament de Jakemes A le Take, 1297. — *Greffe de Saint-Brice.* Layette des chirographes de 1299. — de Baelli : *Chevronné de sable et d'argent de huit pièces.*

(6) Archives de Tournai. *Testaments.* Paquet de 1315.

famille WARISON est issue de son fils Jakemes.

7. N....., épousa avant 1278, *Watier* DE NIVIELE (1), avec qui elle est encore nommée en 1287. Ce de Niviele qui devait son nom à Niviele ou Nivelles, lez-Saint-Amand dont sa famille avait la mairie héréditaire, ne doit pas être confondu avec Watier de Mortagne, dit de Niviele, chevalier, qui devait son surnom à la possession de l'importante seigneurie de Nevele, lez-Gand. Watier de Niviele-A le Take était bailli de Mortagne en 1288 (2). Il paraît avoir épousé en premières noces, une fille du premier lit de Sire Watier Mouton selon un acte de 1271 (3);

8. N....., fut femme de *Gilles* DE VIÈS-CONDET comme cela paraît par le testament de son père et les actes qui en dérivent (4);

9. OGIVAIN, (Ogive) épousa *Gilles* DE MAUDE OU DE MAULDE (5), dit *de Maire*. Ces époux testèrent en février 1304, (v. st.) (6). Leur fils, Mahieu *de Maire* est connu dans l'histoire du Tournaisis.

10. N....., fut fiancée en janvier 1279 (1280 n. st.), à *Jakemes* COPPET ou COPPAIT (7), clerc, fils de Watier *Coppet*, dit *de Havines*, bourgeois de Tournai, échevin de Saint-Brice, etc., et de Dame Anniès (8).

IV. *Jakemes* ou *Jacques A le Take* est cité avec son frère Gilles au folio 54, verso, du Registre des Faides ou des Paix et Trèves conservé aux Archives de Tournai. Il mourut avant mars 1398 après avoir testé en septembre 1397 (9). Les exécuteurs de son testament furent Gilles A le Take, son frère; Jehan de Baelli, son beau-frère, et Dièrin dou Porc, son cousin. Dans cet acte sont nommés : Mgr Daspremont, Mgr Simon de Lens (en Hainaut), Mgr de Jauche, Mgr Baduwin de Fontaines (l'Evêque), Mgr de Mignau, tous chevaliers, et Willaumes de Gonmignies et Hues de Liebray, écuyers. De son mariage avec *Sara*

---

(1) DE NIVIELE : D....., à six croisettes d....., posées 3, 2 et 1.
(2) G. DEMAY. *Inventaire des sceaux de la Flandre*. Tome II, N° 5106.
(3) ARCHIVES DE TOURNAI. *Greffe de la Cité*, 1271.
(4) Idem. *Greffe de Saint-Brice*, 1293. Acte passé en mai.
(5) Idem. ibidem, idem.
(6) Idem. *Testaments*. Paquet de 1304.
(7) Idem. *Registre dit de Cuir noir*, folio 18, verso, en haut. — *Greffe de la Cité*, 1280, 1294.
(8) Idem. *Greffe de la Cité*, 1294 et 1295.
(9) Idem. *Testaments*. Paquet de 1297. — *Greffe de la Cité*, 1298.

PILATE (1), fille d'Engherran *Pilate*, bourgeois de Douai, Jakemes A le Take laissa huit enfants mais il fut aussi père d'un bâtard nommé dans son testament. Ses neuf enfants suivent :

Légitimes :

1. KATELINE épousa avant septembre 1300, *Jehan* CASTAIGNE (1), fils de Sire Willaumes *Castaigne* et de Dame Katerine. En septembre 1300, ces époux vendirent à Jakemes Tiébeghot, des terres sises à Rumegnies (Rumillies) achetées autrefois par Sire Evrart A le Take à Dame Coulombain Catine (2) ;

2. YDERON ou IDA ;

3. EVRARD. En 1298, il devait trois cents livres à Engherran Pilate et à Watier de Goy, bourgeois de Douai. Il vivait en 1309 (3) ;

4. JEHANAIT ou JEHAN, vivant en 1309, est cité dans un acte de ladite année en même temps que son frère Evrard ;

5. JAKEMIN ou JACQUES ne doit pas être confondu avec son frère bâtard ;

6. MAGNON ou MARUEN est nommée dans un acte de 1299 (4) ;

7. MARGOT ou MARGUERITE ;

8. ALISON ou ALICE.

Fils naturel :

9. JAKEMIN ou JACQUES *A le Take*.

III^{ter}. *Biernart* A LE TAKE, frère de Sire Evrard, mourut avant 1276 (5). Il épousa *Isabiel* CATINE. Nous lui connaissons trois enfants qui suivent :

1. JEHAN. « Au tiers jor de mai par un diemen-
» che, l'an M.CC.LXXVJ (1276), Jehans ki fu fius
» Biernars A le TAKE fèri (*frappa*) Jehans, le fils
» Jehan de Rongi, el ventre d'un coutiel, liquel
» li oins (*la graisse*) li sali (*sailli, sorti*) dou
» ventre » (6).

Plus loin nous lisons : « Si prisent trièves de
» Ernoul Catine et de Colard de Corberi pour les
» ij costés de Jehans de Rongi ki naverés (*blessé*)
» estoit », puis : « Et si prisent trièves à Seigneur

---

(1) PILATE : D....., à trois châteaux d...... Cimier : un *homme sauvage issant*. — ARCHIVES DE TOURNAI. Testaments 1297. — *Généalogie de la famille* PILATE DU CASTEL.
(2) ARCHIVES DE TOURNAI. *Greffe de Saint-Brice*, Layette de 1300.
(3) Idem. *Greffe de la Cité*, Layettes de 1298, 1308 et 1310.
(4) Idem, ibidem, Layette de 1299.
(5) Idem. *Registre des Faides* (Paix et trèves), folio 4, recto. — *Greffe de la Cité*, 1284.
(6) ARCHIVES DE TOURNAI. *Registre des faides*, folio 4, recto.

» Evrart A la Take, ki oncles est Jehan A le
» Take ki navera (blessa) Jehan de Rongi dou
» coutiel » (1). — Ce Jehan A le Take vivait
encore en 1306 (2).

2. Henri. Il est dit fils de Biernart en 1268 (3). Il épousa, en premières noces, avant ladite année, *Maroie* veuve de Gillion dou Bruille (4). Plus tard il paraît avoir épousé *Hellain* (Hélène) de Blandaing (5). En 1277, il est dit fils d'Ysabiel Catine (6).

Du second lit, vint au moins un fils :

A. *Jehan*, clerc, vivant en 1326 (7).

3. Ysabiel. Elle est dite veuve de Jakemon Escamiel et nièce d'Ernoul Catine en 1286. Son mari est nommé Jehan en 1287 et Jakemon en 1301 (8).

En 1306, un Jehan A le Take avait épousé Bielain ou Ysabiel Lauweresse.

Dans le premier Registre de la Loi, on rencontre au folio 76, recto, Hues A le Take, clerc, vivant en 1318. Il doit être identique à Huart A le Take, mort avant 1329, laissant trois enfants mineurs :

Lotin (Gilles), Hanette (Jeanne) et Aulison (Alice) (9).

Branche dite Pourret. — Si l'on croit que le nom de Pourret s'applique uniquement à la branche des A le Take dont nous allons parler, on se trompe. La preuve en est que Cholars (Nicolas) Pourrais, cordonnier, vivait en 1331, ce que prouve un chirographe du greffe de la cité. Nous avouons ignorer pourquoi le mot de *Pourret* ou *Porret* fut accolé au prénom du troisième fils de Seigneur Henri A le Take, mais nous préférerions qu'il dut son surnom à *porra* (massue) qu'à *porro* (balourd). Bien que des armoriaux donnent pour armoiries à cette branche, un écu *burellé d'argent et d'azur de huit pièces* et parfois *de seize*, nous avons vu le sceau du second Henri Pourret dont

---

(1) Idem, ibidem, idem.
(2) Idem. *Greffe de Saint-Brice*, 1306.
(3) Idem, ibidem, 1268.
(4) Idem, ibidem, idem.
(5) Idem, *Greffe de la Cité*, 1326.
(6) Idem, *Greffe de Saint-Brice*, 1277.
(7) Idem. *Greffe de la Cité*, 1326.
(8) Idem, ibidem, 1287. — Greffe de Saint-Brice, Layette de 1301. — Eskamiel signifie *Mouche a miel*. Les enfants d'Isabiel A le Take furent : Sire *Nicholes, Jakemes, Jehan* et *Magrite* Eskamiel.
(9) Idem, *Greffe de la Cité*. Layette de 1329.

l'armorial est : D...... à quatre fasces d......, au lambel de cinq pendants d......, sur le chef de l'écu. La légende est : S. HENRI PORRET (1). Le lambel étant une brisure de cadet, il nous paraît certain que les vraies armoiries des A le Take seraient des fasces d'or en champ de sable. Le sceau dont nous parlons est daté de 1285 et justement en ladite année furent donnés les Tournois de Chauvancy où parut un Jehan Porres auquel Jacques Bretex, auteur d'une relation rimée de ces tournois donne des *parements* noirs en son costume et *trois jumelles d'or fin* en son écusson (2).

Alors qu'un chirographe de la cité de Tournai de l'année 1252, nous montre *Henri* POURRET, dit plus tard, *seigneur Henri*, fils de Sire Henri A le Take et de Dame Odile, un autre Henri Pourret, destiné à devenir aussi Seigneur Henri était déjà marié et père de famille. Aussi quand nous voyons un personnage de ce nom échevin de Tournai postérieurement à 1252 et lorsque Bozière vient dire qu'un Henri Pourret présida avec Watier Coppet (dit de Havines) à l'édification des murs de la rive gauche de l'Escaut, nous ne savons lequel choisir du père ou du fils (3). Nous croyons pourtant que c'est le premier, qui fut échevin de la Cité en 1265, 1270 et 1271, ayant d'ailleurs été prévôt, et que c'est le second qui le fut en 1274, étant encore alors, surnommé *li Jovene* (le Jeune).

III. Sire Henri Pourret, premier du prénom, fut marié deux fois. Le nom de sa première femme est inconnu, mais la seconde fut *Margot* BOUFFLIN, dite le Blonde. Nous lui connaissons six enfants, savoir :

Du premier lit :

1. HENRI POURRET, deuxième du prénom, qui suivra IV ;

2. JAKEMES *Pourret* se maria et laissa deux enfants :

A. Jakemes vivant en 1312 ainsi que sa sœur, fut « varlet » de Seigneur Henri Pourret et

---

(1) J. Th. DE RAADT. *Les Sceaux armoriés des Pays-Bas*, etc., tome III, p. 152.

(2) J. BRETEX. *Les tournois de Chauvenci*. Valenciennes, A. Prignet. 1835, in-8°, p. 70. « Jehan PORRES avoit à nom. — Son escudire ne vos puis. — Qu'il ne m'en voient onques puis. — Mais tant sos de ses parements qu'il estoit *plus noirs* que airemens, — fors tant qu'il y ot *trois gemelles de fin or*, moult estoient belles ». Tels sont les vers 1462 à 1468.

(3) F. J. BOZIÈRE. *Armorial de Tournai et du Tournaisis*, p. 188.

acheta son droit de bourgeoisie à Tournai, le 27 ghieskerech (juin) 1314;

B. *Maroie* (1).

3. Gilles POURRET, qui suivra IVbis.

4. Hesselin *Pourret* mourut avant 1304. Il laissa veuve *Maroue* N......, qui lui avait donné deux fils, savoir :

A. *Jakemes* POURRET, bourgeois de Tournai par relief fait le 25 mai 1316.

B. *Jehan* POURRET épousa *Maroie* DE MAUBRAY (2).

5. Margot *Pourrette* épousa *Grart* (Gérard) GOSSELIN, bourgeois de Douai, selon un acte de 1282 (c).

Du second lit :

6. Ricquart, Ricouart ou Richard *Pourret* vivant en 1292 (c).

IV. Sire *Henri* POURRET, deuxième du prénom, échevin de Tournai en 1274, était alors qualifié « le Jovene ». Il était juré en 1285 et prévôt en 1286 (3). En 1296, nous le trouvons premier conseiller de la ville (4). Avant 1252, il était marié à Dame *Maroie* WETIN, qui testa en avril 1279 (5). Ces époux sont cités dans un acte de 1311 où ils sont dits défunts depuis un certain temps. L'épouse paraît être morte dans l'année où elle testa et le mari décéda après 1297. Leurs enfants, au nombre de cinq, suivent :

1. Henri, troisième du prénom, dit aussi « le Jovene » mais après la mort de son aïeul, mourut avant son père, en septembre 1294, époque où fut approuvé son testament (6). Il avait épousé D^{elle} *Ysabiel* RICOUWARDE, fille de Jakemes *Ricouwart*, bourgeois de Tournai. Devenue veuve Isabiel convola avec Messire Ernoul Dobecicourt

---

(1) Pour diminuer les notes nous faisons savoir désormais au lecteur que toutes les dates qui ne seront pas l'objet d'une annotation se prouvent par les actes en chirographes des greffes de la Cité de Tournai et du bourg de Saint-Brice. Nous désignerons la cité par : (*C*) et Saint-Brice par : (*b*). Pour ce qui concerne Jakemes Pourret et ses deux enfants il faut 1269 (c), 1289 (b) et 1312 (c).

(2) DE MAUBRAY est le nom de deux familles : L'une originaire de la paroisse de Maubray et l'autre sortie de Maubray (en Arc-Ainière). Elles ont des armoiries différentes.

(3) J.-Th. DE RAADT. *Les Sceaux armoriés des Pays-Bas*, loc. cit.

(4) J. Cousin, *Histoire de Tournai*. 4e partie, p. 94.

(5) Archives de Tournai. *Testaments*. Paquet de 1279.

(6) Idem, ibidem. Paquet de 1294. — Dans son testament, Henri III Pourret parle de Seigneur Henri, son père, de Monseigneur Watier de Braine, chevalier; de Jehan Wetin, le Jeune; de Watier Wetin; de Gillion Wetin; de sa tante, religieuse au Sauçoit, de Jakemes Ricouart, le fils, etc...

(d'Auberchicourt), chevalier. Henri III Pouret ne laissa qu'une fille, savoir :

A. *Jehane* POURRETTE avait en 1306 pour frère et sœurs utérins, Jehan, Maryen et Jehane Dobbecicourt (*b*). Elle épousa avant 1312 (*b*), Honorable personne *Jehan* DE LEUWE, dit à Tournai *de Lyauwe* (Le Lion), valet de chambre ou chambellan du Roi de France, Philippe-le-Bel. Elle mourut veuve avant le 4 janvier 1363 (n. st.) (*b*).

2. JEHAN POURRET, qui suivra, V;

3. N......, *Pourrette* épousa avant 1268 (*c*), *Jehan* LE VILLAIN;

4. MARUEN *Pourrette* épousa son parent, *Jehan* WETIN, bourgeois de Tournai, seigneur du Quesnoit et de la Motte, sous Rongy. Cette union eut lieu avant 1268 (*c*). Devenu veuf, Jehan Wetin convola le mercredi des octaves de Saint-Martin, 11 novembre 1276, avec Katherine de Brunfeit, veuve de Théri de Flines (*c*).

5. ANNIÈS *Pourrette* épousa avant 1274 (*c*), *Jehan* PROUVOST le Goudalier, soit le Brasseur.

V. Maistre *Jehan* POURRET épousa avant 1314, la demoiselle DE LAPLAIGNE, fille de feu Monseigneur Jehan *de Laplaigne*, chevalier, et de Marie, dame de Piéronne, lez-Antoing (*c*). Un acte du 5 janvier 1345 (1346 n. st.), passé pardevant les mayeur et échevins de la Cité de Tournai nous fait connaître que Jehan Pourret, fils de feu seigneur Henri était père de quatre enfants dont les noms suivent :

1. JEHAN *Pourret* vivait en 1364 (*c*). Il fut reçu bourgeois de Tournai le 16 mars 1348, vieux style (1);

2. Maistre HENRI POURRET, qui suivra VI ;

3. Maistre LOTART (Gilles) *Pourret*, avocat en 1359 (*c*), avait été reçu bourgeois de Tournai en payant trois écus, le 3 octobre 1351 (2). Sa femme fut *Maigne* COPPETTE (Coppet), sœur de Jehane Copette. Il mourut avant 1364 et les exécuteurs de son testament furent Seigneur Henri Prouvost, Seigneur Watier Wetin, Jehan de Lyauwe et Jean Pourrait (*c*). Il laissa une fille :

A. *Jehane* POURRETTE. dite par fois Marie (1395, *c*), épousa avant 1385, *Fastred* DE HURTEBISE, dit le Pesqueur (*c*) ou li Pesquières (*b*).

---

(1) ARCHIVES DE TOURNAI. *Cinquième Registre de la Loi*, folio 198, *recto*. Il fut reçu « pour nient et pour les courtoisies plusieurs qu'il avoit fait au Conseil de la ville ».

(2) Idem. 5ᵉ Registre, folio 253, *verso*.

4. MAIGNE ou MARIE *Pourrette*, femme de *Jehan* DE LESTAKE devint veuve avant 1359 (c). Leur fille, Katherine de Lestacque épousa avant 1371 (c), Bauduin de Tenremonde.

VI. Maistre *Henri* POURRET, avocat, fut reçu bourgeois de Tournai, en payant 3 écus, le 21 septembre 1349 (1). Il devint échevin de Saint-Brice en 1350 et 1354, et mourut avant 1401 (c), laissant quatre enfants légitimes qui suivent :

1. JEHAN POURRET, qui suivra, VII ;
2. JAQUEMART vivait en 1401 et 1407 (c) ;
3. DIERIN vivait en 1407 (c) ;
4. GILLIART cité avec ses frères en 1401, 1407, vivait en 1410. Il était qualifié « Maistre ».

VII. *Jehan* POURRET ou POURET était en 1412 receveur des biens de feu Mgr Jehan Loncle, dit de Kauchevacq (2), jadis chevalier et seigneur de Jolaing, et receveur aussi pour Mgr Mahieu *de Launais*, seigneur du Leslieu (à Saméon), etc., aussi chevalier, second époux de dame Marguerite de le Pontenerie, dame dudit lieu (à Roubaix), veuve dudit Mgr Jehan Loncle. Comme on le voit c'est toujours vers Jollain qu'il faut se tourner pour trouver des Pourret (3). — Jehan mourut avant 1431, laissant veuve D^{elle} Catherine Rudan (c). Leurs enfants étaient alors :

1. JEHAN POURRET, qui suivra. VIII ;
2. ZÈGRE ou SOHIER *Pourret* ;
3. MAIGNE ou Marie-Magdeleine *Pourret* (c).

VIII. *Jehan* POURRET ou POURET épousa D^{elle} *Jehane* WETTIN, selon un acte de la Cité de Tournai passé le 21 mars 1438 (1439 n. st.). Ils eurent :

1. QUINTIN *Pouret*, qui suivra, IX ;
2. HENNETTE ou JEHANE *Pouret* ;
3. MARUEN ou MARIE-ANNE *Pouret* (4).

IX. *Quintin* POURET était domicilié à Renaix avec sa femme le 17 février 1466 (1467 n. st.), selon un acte passé pardevant les mayeur et échevins de la Cité de Tournai. Il avait épousé D^{elle} *Martine* DE HARCHIES, fille de feu Jehan

---

(1) Idem, ibidem, folio 198, recto.
(2) CAUCHEVACQUE est un fief sis à Jollain, qui a son homonyme à Warcoing.
(3) ARCHIVES DE TOURNAI. *Compte de la tutelle de Miquelet* TUSCAP, rendu le 6 septembre 1412.
(4) En 1466, Quintin, Hanette et Marion POURET avaient pour tuteurs, Jehan *Bolle*, Jacquelotte *de Hellemmes* et Oulfart *Pouret*. — Nous n'avons trouvé *Oulfart* POURET dans aucun autre acte. Celui dont nous parlons est du Greffe de la Cité de Tournai.

de Harchies, écuyer, et de défunte D^elle Jehane *Dorque* (ou *d'Orcq*), sa femme, lesquels demeuraient à Moustier en Hainaut dans l'année 1449. Cela se prouve par deux actes de la cité de Tournai, l'un passé le 29 septembre 1449 et l'autre dans le courant de septembre 1465. Dans le dernier, on lit que Martine de Harchies avait pour sœur aînée, D^elle Marguerite de Harchies, femme de Jehan le Roy, fils d'Hippocras, et pour cadets, Jaspardin et Catherine de Harchies.

IVbis. Maistre *Gilles* POURRET fut aussi qualifié « Sire » pour avoir été prévôt de Tournai. Il mourut avant 1312 (*c*) laissant huit enfants qui suivent :

1. JEHAN POURRET, qui suivra V ;

2. Maistre GILLES *Pourret*, mayeur des échevins de Tournai en 1332, fut seigneur de Merlaing, de Wispreniel (sous Jollain-Merlain) de Lannoit (à Hollain), etc. Il testa le 18 janvier 1336 (1337 n. st.) et mourut peu après. Ses principaux héritiers furent son frère Dierin qui obtint le fief de Wispreniel, et ses neveux Pierron de Melle pour le fief de Lannoit, et Coppart Crissembien pour celui de Merlaing. D'après son testament, on voit que Gilles avait pour frère un abbé et pour sœurs les femmes de Jacques de Melle et de Pierre Crissembien outre la femme de Jakemes Pasquin, nommée dans des actes du greffe de la cité datés de 1332 et 1343 (1) ;

3. Seigneur HUES ou HUGUES *Pourret*, moine rentier de l'abbaye de Saint-Nicolas-des-Prés, lez-Tournai, dite aussi de Saint-Médard en 1302 et 1306 (*c*), quitta ses fonctions de receveur des rentes pour revêtir celles d'abbé de ce monastère avant 1336 (2) ;

4. DIERIN ou THIERRI *Pourret*, qualifié « Sire », sans doute pour avoir été prévôt de Tournai, épousa *Jehanne* COLLEMER. Il devint seigneur de Wispreniel en 1337 et mourut sans postérité avant le 9 février 1346 (1347 n. st.), jour où fut approuvé son testament (3). Les exécuteurs de cet acte furent Watier Wetin et Nicaise Assé. Jehane

---

(1) ARCHIVES DE TOURNAI. *Testaments*, Paquet de 1336.
(2) Id., ibid., idem.
(3) Id., ibid., paquet de 1346.

Collemer veuve de Dierin mourut avant le 15 janvier 1351 ou 1352 n. st. (*b*). Elle et son mari s'étaient ravestis pardevant les maïeur et échevins de Saint-Brice, dans la nuit de la fête de Saint-Pol en 1344;

5. Maistre Willaumes ou Guillaume *Pourret*, clerc, vivant en 1312 (*c*);

6. Jehane *Pourrette* épousa *Pierre* Crissembien, bourgeois et marchand tournaisien d'origine lombarde, lequel fut échevin de Saint-Brixe en 1317. On a vu plus haut que leur fils Coppart (Jacques) Crissembien fut l'un des hoirs féodaux de son oncle Maistre Gilles Pourret;

7. Mariien ou Marie-Anne *Pourret*, femme de *Jakemes* Pasquin avant 1322 (*c*) est encore nommée dans un acte de 1343 (*c*). Elle paraît être morte sans postérité;

8. Marguerite *Pourret*, femme de *Jakemes* de Melle. On a vu plus haut que leur fils Pierron de Melle fut l'un des légataires de son oncle Maistre Gilles Pourret.

V. *Jehan* Pourret, qualifié « Maistre » et dit tantôt Jehan Pourret « l'ainsnet » ou Jehan Pourret « de le Rue Saint-Martin », fut peut-être avocat. Il testa le 8 novembre 1350 et manifesta le désir d'être enterré dans l'église de l'abbaye de Saint-Martin (1). Sa femme se prénommait *Magne* ou *Magdeleine*, mais son nom de famille nous est inconnu. Ils eurent deux enfants, savoir :

1. Honorable et discret Maistre Henri Pourret loua par acte du 31 octobre 1355 à Lotars le Repus et à Isabiel Courte, sa femme, un manoir et 31 bonniers de terre qu'il avait aux terroirs de « Jolaing, Wès et Holaing » (*c*). Trois ans auparavant il avait, de concert avec son frère Hues et leur mère, vendu à Thumas dou Castiel, une helde de maison sise à Tournai « en le Roque Saint-Nicaise » (*c*). Nous croyons qu'il fut prêtre;

2. Huon ou Hues Pourret qui suit, VI.

VI. *Hues* ou *Hugues* Pourret mourut avant 1373 (*c*) laissant un fils légitime qui suit :

VII. *Hanekin* ou *Jehan* Pourret est nommé dans le testament de son aïeul en 1350. Il mourut avant 1409 (*c*) laissant veuve D^{lle} *Catherine* Descamaing. Nous ne lui avons pas trouvé de postérité.

Branche dite *Liepput à le Take*. Cette branche

(1) Archives de Tournai. *Testaments*, Paquet de 1356.

doit-elle son nom à la grosseur des lèvres ou de la lèvre inférieure de son auteur primitif, c'est ce que *jusqu'à ce jour nous ne pouvons affirmer*. Nous ne savons non plus où greffer ce rameau sur le tronc des A le Take, comme aussi nous n'en connaissons pas les armoiries particulières.

I. Seigneur *Watier* LIEPPUT A LE TAKE mourut avant 1274 (*b*) laissant cinq fils, savoir :

1. JEHAN LIEPPUT A LE TAKE, qui suivra, II ;

2. JAKEMES, clerc, épousa la fille de Wibiert *de Loimont* (1). Il était d'un caractère violent car le 1ᵉʳ jour de ghieskerech (Juin) 1277, il tua son beau-frère, Gilles de Loimont et blessa son beau-père (2). Vers la même époque, il tua Gilles de Havines, frère de Watier de Havines (3). Wibiert de Loimont mourut des suites de sa blessure, car au folio 3, recto, du *Registre des Faides* ou des Paix et Trèves, nous lisons : « Ustasses de » Loimons donna trève à Jehan Lieput A le » Take et aux siens, excepté Jakemes A le Take » qui a tué Wibiert de Loimons, son frère » ;

3. WATIER, clerc avant 1271, est cité au folio 57, verso, du Registre des Faides, avec ses frères, Jehan et Gilles ;

4. HENRI *A le Take* dit *Maughier*, mourut avant janvier 1274 (1275 n. st.). En 1267, il acheta 4 bonniers de terre tenus du fief de la Trésorerie de Notre-Dame de Tournai et gisant à Caudron-Buisson entre Créplaines (4) et Oinehaing (5), que lui vendirent Jehan de Baudimont chevalier, et Anniès, sa femme (*c*). En 1269, Henri est dit serourge ou beau-frère de Jakemes Mouton (*c*). Il laissa huit fils :

A. *Watier* MAUGHIER, majeur en 1271 (6), selon un acte de la Cité de Tournai ;

B. *Caron* MAUGHIER, idem ;

C. *Willaumes* MAUGHIER, idem ;

D. *Jakemin* MAUGHIER, mineur comme ses frères qui suivent en 1271 ;

E. *Rogelet* MAUGHIER ;

---

(1) LOIMONT est le lieu dit *Lallemont*, sis à Havinnes et jadis fief.
(2) ARCHIVES DE TOURNAI. *Registre de Cuir noir*, folio 123.
(3) Idem. *Registre des paix et trèves*, dit *des Faides*, fol. 3, recto.
(4) CRÉPLAINES, hameau sis en partie sur Lamain (Hainaut, jadis Tournaisis) et en partie sur Camphin en Pévèle.
(5) OINEHAING ou WANNEHAIN, vulgairement *Wannain*.
(6) Dans un acte passé en 1347 pardevant les mayeur et échevins de Tournai, un Watier MAUGHIER est dit époux de Dˡˡᵉ Isabiel DE HAVRAINCOURT, fille de feu Jehan de Havraincourt et de Dˡˡᵉ Isabiel

F. *Henriet* MAUGHIER;
G. *Gillot* MAUGHIER;
H. *Jehennet* MAUGHIER.

II. *Jehan* LIEPPUT A LE TAKE épousa la fille qu'avait eue d'un premier mariage Dame Sarain de Rongi remariée à Théri de Phalempin (1). Il laissa un fils qui suit, III :

III. *Watier* LIEPPUT A LE TAKE est nommé avec son père dans un acte passé en 1286 (c). Il mourut avant 1319, car sa veuve *Jehane* DE BLANDAING acheta alors sa bourgeoisie de Tournai, le 27 mars 1318 (1319 n. st.), sous le nom de « Jehane Lieppue, veuve de Watier Liepput ». Leurs cinq enfants suivent :

1 JEHAN LIEPPUT A LE TAKE, qui suivra, IV;

2. WILLAUMES *Liepput;*

3. MAIGNE ou MARIIEN *Lieppue,* morte avant 1346, fut mariée deux fois. Elle épousa, en premières noces, *Henri* dit Théri DOU PORCK, et en secondes noces avant 1328 (c), *Colart* ou Nicolas COPPET. Elle eut pour enfants :

Du premier lit : A. Jehane *dou Porck,* femme de Clays *Bernard;* B. Katherine *dou Porck,* femme de Jakemes *de Condet.*

Du second lit :
C. Gontier *Coppet.*

4. JEHANE *Lieppue*, veuve avant 1340 (c) de *Sandrart* (Alexandre) DE THUNES et mère de Jehan et Colin *de Thunes;*

5 KATHERINE *Lieppue* épousa par contrat du 20 janvier 1336 (1337 n. st.), Sire *Jakemes* MOUTONS, fils de Gillion (2).

IV. *Jehan* LIEPPUT A LE TAKE, bourgeois de Tournai par achat fait le 8 Juin 1317, est nommé avec son fils Jehan dans un acte passé en l'année 1350 (c). Son fils suit, V.

V. *Jehan* LIEPPUT A LE TAKE épousa *Lotain* (Gillette) MOUSKAITE, fille de Gontier *Mouskait,* et petite-fille de Gilles Mousket, selon des actes de la cité de Tournai de 1337 et 1307. Cette demoiselle avait été la seconde femme de Pierre

---

Morielle, remariée avant 1319 à Watier Wetin. D^lle Isabiel de Havraincourt, veuve avant 1350, avait pour enfants, Jehan MAUGHIER, majeur, et Jakemes, Watelet et Colin *Maughier*, mineurs.

(1) Selon un acte d'avril 1273 passé par devant les mayeur et échevins de Tournai, Sarain de Rongi était morte.

(2) Le contrat se trouve copié dans un acte du 2 septembre 1346, passé aussi au greffe de la Cité de Tournai.

Païen, mort avant 1346 après avoir été échevin de Tournai diverses fois.

ALGUE DE CROYE DE LA COSTE (D'). Nous avons donné ce que nous savions sur cette famille aux pages 667-670 du tome I des *Notices gén. tourn.*, avec corrections à la page 709 du t. III. Notre début a été une erreur, car les d'Algue de Croye de la Coste furent étrangers au Hainaut jusqu'au XVIII siècle. Des renseignements mensongers nous on fait confondre un vrai DE CROY avec les d'Algue de Croye. En effet, le 8 mars 1688 est né à Leuze, non pas Philippe-Albert de Croy de la Coste, mais Philippe-Albert *de Croy de Solre de Cauroir* qui mourut à Enghien le 6 mars 1771 et qui n'avait pas la moindre parenté avec la famille sujet de cet article. Il avait pour quartiers de noblesse : DE CROY, *de la Salle*; DE LIERNEUX, *de Finia*, et descendait d'un bâtard de la Maison princière de Croy. L'alliance du troisième degré de la filiation *d'Algue* (ou d'Alque) est D'AYNSA, famille dont les armoiries réelles sont : *D'or au chêne terrassé de sinople, accosté à senestre d'un loup rampant de gueules s'appuyant contre le tronc.*

Les D'ALGUE portent : *De sable à la bande de pourpre brochant sur une barre d'or.*

ALINCOURT (*Fief* D'). C'est à Pecq-sur-Escaut que se trouve cette terre qui relevait de la seigneurie dudit lieu. Au XVᵉ siècle, elle appartenait à la famille *de Roke* ou *de Rocques*, branche cadette de la Maison d'Antoing. Elle dut être possédée successivement par les familles *de la Cauchie* et *de la Haye* (à Flers), puis vendue à Claude *Baudequin*, écuyer, seigneur de la Haye (en Attiches), dont le nom patronymique est écrit DE LANDEQUIN dans le Nobiliaire des Pays-Bas par de Vegiano où se lit qu'en 1630, Philippe *de Landequin, seigneur d'Allincourt* fut créé chevalier (1). Nous croyons qu'Alincourt revint aux de la Haye (à Flers) par le mariage, contracté avant le 22 février 1687, de Lamorald-Claude *de la Haye*, chevalier, seigneur de la Cessoye, etc., avec sa cousine germaine, Marie-Catherine-Thérèse *Baudequin*, dame du Biez (en Pecq), d'Elfaut (à Bondues), de la Motte, de Ladessous, etc., fille de

(1) Edition du Baron de Herckenrode, p. 1177.

Ferdinand *Baudequin*, chevalier, seigneur du Biez, etc., et de Marie-Magdeleine d'Ennetières. Nous n'oserions pourtant affirmer cela, tant la succession féodale est mal faite dans les filiations publiées des *Baudequin*.

Allennes (d') La famille *d'Allennes* (aux losanges) a son crayon généalogique pour sa branche tournaisienne aux pages 116-117 du t. I de mes Notices. Les alliances brabançonnes de cette race artésienne s'expliquent par la raison que Jehenne d'Allennes fut abbesse d'Argenton à Genappe où elle mourut le 6 août 1526 (1). Son neveu François d'Allennes posséda entr'autres fief, celui du Gobelet à Pont, sous Jollain-Merlain, fief qu'eurent successivement, sa fille, Jeanne d'Allennes et sa petite-fille, Jossine de Lathuy (van Tuyll). — Une des filles de François, « sœur Honnourée Dalennes » vivait à Tournai en 1584. Parmi les chirographes du greffe de Saint-Brice en Tournai, se trouve un acte daté du 14 juin 1392, dans lequel est mentionné Jehan de le Bourse, frère de D^{lle} Maigne Bourse (*sic*), femme de *Bauduin* Dalennes. — Le Bourse est une seigneurie du comté d'Artois, devenue commune du canton de Cambrin, arrondissement de Béthune. D'Allennes porte : *D'or à dix losanges de gueules, rangées en fasce et aboutées en pal, 3, 3, 3 et 1* (2).

Allœux (*Fief* des). Ce fief consistait en une seigneurie vicomtière ayant 1400 verges de foncier sises à Pecq-sur-Escaut et donnant droit à des rentes féodales se percevant sur diverses seigneuries, jadis biens allodiaux, sans doute. Il appartint aux XVIe et XVIIe siècles aux familles *Bernard* (à l'épée) et *Le Boucq, dit de Carnin*. En septembre 1725, il était partagé entre Yolente *de Formanoir* et Charles *d'Ysembart*, qui tenaient leurs droits de leurs aïeules respectives, Catherine-Thérèse et Elisabeth Le Boucq, dit de Carnin.

En 1620, Jaspart Mallet était greffier des seigneuries de Lassus et des Allœux (3). — Le 9 mars 1638, Paul Le Hembre était bailli des Allœux dont les échevins étaient : Andrieu

---

(1) Dom Ursmer Berlière. *Monasticon belge*, Maredsous, 1897, in 4º, t. I, p. 179.
(2) Autrefois *losange* était du genre féminin, surtout en héraldique.
(3) Archives de Tournai. Compte du testament de feu Messire Gérard *Liébart* en son temps chevalier, rendu le 27 avril 1620.

Descamps, Mathieu de Bouvine, Pierre Bottut, Hermès Le Paul et Gordien Gilliman. Alors le greffier était Jacques Mallet. — En 1659, le bailli fut Pierre Laulier, et furent échevins, Jean Le Brun, Loys Descamps, Jacques Duprier et Jacques Parisis.

Le fief des Allœux relevait de la seigneurie de Pecq, ainsi que cela se voit dans les documents concernant la vente de cette seigneurie en 1790. Comme le fief d'Alincourt, ce fief pourrait venir des *de Rocques*. Le premier seigneur des Allœux que nous ayons trouvé est *Arnould* BERNARD, fils de Simon, seigneur de Taintegnies, et petit-fils d'Arnould et de Jacqueline de Rocques. Il épousa Antoinette *Bacheler*, damoiselle de Launoi en Havinnes, et eut pour second fils *Gabriel* BERNARD, seigneur des Allœux, etc., époux d'Yolente *Bourgois*. *Nicolas* BERNARD, seigneur des Allœux, fils de Gabriel, fut grand prévôt de Tournai en 1655-1656 et mourut dans cette ville, en la paroisse de Notre-Dame, le 25 janvier 1657, sans laisser postérité de son mariage avec Marie *Liébart*. Sa principale héritière fut sa sœur Anne, veuve avant 1660 de Jérôme le Boucq, dit de Carnin et mère de Mesdames de Formanoir de la Cazerie et d'Ysembart de Wreichem dont nous avons parlé plus haut et citées comme aïeules des co-seigneurs de 1725.

ALOUT porte pour armoiries : *D..... au sautoir d......, chargé de cinq coquilles d....., dont une en cœur, et accompagné en chef d'un anneau d......*

1280. Watier *Aloe* ou *Alout* (c).

1327. Jaks *Alous*, fils de bourgeois, releva sa bourgeoisie de Tournai endéans l'an de son mariage, le 26 janvier 1326 ou 1327 (n. st.) (1).

1366. Juliane *Alous*, femme de Jehan de Biéclers (b).

I. *Jehan* ALOUS, mort avant décembre 1410, avait épousé, avant 1387 (c), *Maigne* (Magdeleine) TUSCAP, morte veuve le 31 janvier 1410 ou 1411 n. st. (2), fille d'Arnould *Tuscap* et d'Isabiel *d'Avelin*. Ils eurent un fils qui suit :

II. *Jacquemart* ou *Jaques* ALOUS, né avant le mariage, acheta sa bourgeoisie de Tournai étant

---

(1) ARCH. DE TOURNAI. *Deuxième Registre de la Loi*, fol. 1, verso.
(2) Idem. *Cartulaire des rentes de 1405-6*, fol. 15, verso.

célibataire et orphelin de père et de mère, le 29 décembre 1411 (1). Il la paya six livres tournois. Dans les comptes généraux, sous la date de 1402, on le trouve prénommé Coppart, altération de Jacob. Il fut cambgeur ou changeur et prit à femme, *Jehenne* DIMENCHE, *dit* LE LOMBART, veuve de Miquiel Tuscap et fille de Nicolas *Dimenche* dit Le Lombart et d'Agnès *le Muisi*, petite-fille d'autre Nicolas *Dimenche*, lombard, natif de Pistoie, et d'Agnès *de Cordes*. En 1433, il était à cause de sa femme, héritier en partie de Marie Dimenche, leur tante, veuve de Jacques de le Pierre et de Jacques Hachart (c), et en 1446 « maistre ordinaire et receveur des confrères et compaignons de la confrairie Notre-Dame apellée la compaignie de le Fiertre des Demoisiaux » (c). En 1453, nous le trouvons l'un des tuteurs d'Arnould *Tuscap*, fils de feu Miquiel Tuscap et de D^{lle} Jehenne Ostelart ; en 1456, receveur de la ville, et enfin, en 1462, l'un des exécuteurs du testament de défunte D^{lle} Marie Esquiequelin, veuve de feu Honorable homme Jehan de Grantrain et mère de Thomas de Grantrain (2).

Il mourut avant le 14 août 1469 (3), laissant deux fils ; savoir :

1. PIERRE *Alout* né vers 1431, mourut en décembre 1496 (4) ;

2. JEHAN ALOUT, qui suit, III.

III. *Jehan* ALOUT, né vers 1434, mourut le 31 août 1495 (5). Il était bourgeois de Tournai, car il fut échevin de cette ville en 1467, 69 et 70. Il épousa avant 1461, *Anne* DE CRESPELAINES, fille de feu Pierre *de Crespelaines* et d'Agnès *Bellaporta* (c). Leurs deux enfants suivent :

1. JEHAN *Alout*, domicilié à Laon en 1474 (c) ;

2. CATHERINE *Alout* ou *Aloux*, née vers 1464, épousa avant le 28 novembre 1498. *Jehan* CRES-

---

(1) Idem. *Neuvième Registre de la Loi*, fol. 15, recto.

(2) Idem. *Testaments*, Paquet de 1454. — Comptes d'exécution testamentaire, liasse de 1462.

(3) Ce n'est pas la veuve de Jacques Alout qui fut femme de Jaques Tiébegot, fils d'Alard, puis de Piettre Thurin, mais bien la cousine germaine de cette veuve, HENNETTE ou JERENNE, fille de Jaques *Dimenche*, dit *Le Lombart* et de Marie *Parée* (Paret). Nous devons avouer que nous avons commis deux fois l'erreur ici signalée : 1° Dans le tome I des *Notices gén. tourn.*. p. 652 ; 2° Dans la *Généalogie de la famille Tiébegot*, p. 28 du tiré à part, et p. 428 du tome IX des *Annales de la Société historique et archéologique de Tournai*.

(4) ARCH. DE TOURNAI, *Cartulaire des rentes de 1493*, Registre I, page 7.

(5) Idem, ibidem, page 89.

pin (*b*), cloqueman (sonneur) de Notre-Dame de Tournai (1).

En 1527 vivait Maistre Jehan Aloux, prêtre (*c*).

Amand. — Il y eut dans le Hainaut une famille noble de ce nom. Elle porta : *D'azur à la bande d'or accompagnée de deux quintefeuilles d'argent.*

En 1378, vivaient à Tournai deux frères, *Jehans* et *Lotars* (Gilles) Amans (*b*). — *Alard* Amand, goudalier ou brasseur de goudale, fils de feu Gillart (Gilles), acheta sa bourgeoisie de Tournai pour 20 sols tournois, le 31 janvier 1423 ou 1424 n. st. (2). — Le 3 novembre 1425, *Willaumé* Amand et Piérart son fils, vendirent un bien pardevant les échevins de Saint-Brice, à Jehan du Molin, fils de feu Daniel, au profit de Belotte du Molin, sa fille « qu'il a de D^lle Angniès de le Nuëfvecourt, sa femme ». Une famille Amand existe encore en Hainaut.

Ameries (d'). — Ce nom est évidemment identique à celui *d'Aumeries*. En 1458, *Miquelet* Dameries est nommé dans un acte passé au greffe de Saint-Brice.

Amman (d'). — *D'argent à la tour de gueules, posée sur deux marches du même, ouverte du champ et hersée de sable.*

Le 24 août 1624, pardevant les mayeur et échevins de Saint-Brice, Messire Michel de la Biche, chevalier, seigneur de Cheffontaine (Cerfontaine-lez-Maubeuge), Léaucourt, etc., grand-bailli de Comines, et Dame Anne de la Biche, sa femme, vendent à Demoiselle Florence de Cambry, veuve de Noble homme *Charles* Damant (*sic*), écuyer, jadis seigneur d'Oomberghe, etc., dix bonniers de terre avec maison de plaisance, cense et basse-cour sis au Saulchoir (la Tombe) pour la somme de 1583 florins, trois patars (3).

En 1678, le 23 mars, Messire *Nicolas* Damman,

---

(1) Idem, ibidem, pages 365 et 366.
(2) Idem, *Dixième Registre de la Loi*, fol. 29, *verso*.
(3) Ce domaine sis à la Tombe était borné au Nord par le sentier des Pilotes, au Nord-Est par le pré d'Herzeele et le manoir du Cul du Sac, à l'Est par le fief de le Vingne, au Sud-Est par l'abbaye du Saulchoir et au Sud et à l'Ouest par le chemin allant de la place de la Tombe vers le Manaing. Au XVIII* siècle, il appartient aux *Beyaert*, dit Bayart, puis passa par des alliances successives aux *Del Fosse d'Espierres*, aux *Bonaert*, aux *des Enffans du Ponthois* et aux *d'Hespel*. Il est habité en 1910 par Madame la Comtesse douairière Adalbert *d'Hespel de Guermanez* née de *Rouvroy de Fournes*. Le Cul du Sac et le pré d'Herzeele y sont incorporés depuis la fin du XIX* siècle.

chevalier, seigneur de la ville de Velaines (lez-Tournai) et du Bus (à Willems, Nord), etc., était l'un des héritiers de feu Messire Gaspard de Cambry, chevalier, en son temps seigneur desdits lieux de Velaines et du Bus, dont les trois fils étaient morts sans alliance. *Gilles-François* DAMMAN, que nous avons nommé dans la page 118 du tome I des Notices gén. tourn., mourut avant le 9 mars 1677. Voici des corrections au texte concernant les enfants nés de son troisième mariage contracté avec Cornélie *van Borsselen van der Hooge*.

Le premier, HÉLÈNE-MARIE, religieuse en l'abbaye de Ghislenghien, y mourut âgée de 86 ans, le 8 janvier 1742, étant professe de 66 ans et jubilaire de 16 ans.

Le deuxième PHILIPPE-PIERRE, naquit le 3 juin 1662 et fut baptisé le 14.

Le quatrième, CHARLES-JEAN, fut moine en l'abbaye de Saint-Amand-les-Eaux, sous le nom de Dom Grégoire par profession du 27 avril 1687.

Le sixième, AUGUSTIN-WOLFARD, écuyer, fut seigneur de la Chaussée (à Velaines), de Warnoize, etc. Il fut prêtre et chanoine théologal de la Cathédrale de Tournai. Né à Velaines vers 1670, il mourut à Tournai, le 29 septembre 1752. Il fut d'abord Doyen de Notre-Dame de Courtrai de 1709 à 1717 (1). Nous l'avons trouvé prénommé parfois Augustin-Wolfgang.

XII. *Louis-Joseph* DAMMAN, chevalier, vicomte d'Hérinnes, fut seigneur d'Hérinnes, lez-Pecq, de Germignies (à Pottes), de Sainte-Aldegonde, d'Ennequin, Heine, Verskinshove, Tasserick, etc. D'abord lieutenant-général du Grand-Bailli de Tournai-Tournaisis, Mortagne, Saint-Amand et dépendances, il devint grand-bailli à son tour. A ce que nous avons dit de ses enfants, nous devons ajouter que sa fille aînée, MARGUERITE-FRANÇOISE paraît être la JUSTINE *Damman*, décédée religieuse à Ghislenghien, le 16 février 1729, étant âgée de 63 ans et professe de 46; que le troisième enfant, MARIE-ANTOINETTE-LOUISE fut baptisée à Saint-Piat, non pas le 5 décembre jour de sa naissance, mais le lendemain; que son sixième enfant et troisième fils, ANTOINE-LOUIS,

(1) ANT. SANDERUS. *Flandria illustrata*, t. III, p 12, col ?. — JOACHIM VOS. *Les Dignités de l'ancien Chapitre de Notre-Dame de Tournai*, t. II, pp. 241 à 243.

mourut avant 1731 après avoir été grand prévôt de Tournai et avoir épousé le 5 avril 1705, *Françoise-Hyacinthe* DE LA HAYE, veuve de Messire Robert-François d'Esclaibes, et fille de Charles *de la Haye*, chevalier, comte d'Hézecques, et de Marguerite *de Robles d'Annappes*. C'est sous le nom de *Madame d'Hérinnes* que Françoise de la Haye fut enregistrée parmi les décès en la paroisse de Saint-Quentin à Tournai où elle mourut le 21 octobre 1739.

Cette dame fut mère d'*Alexandre-Louis-Joseph* DAMMAN (1), capitaine aux gardes-wallonnes au service espagnol, lequel fut parrain à Notre-Dame de Tournai, le 28 janvier 1735, d'une demoiselle de Sainte-Aldegonde-Noircarmes. Elle eut aussi pour fils, *Philippe-Augustin-Eugène* DAMMAN, prêtre, chanoine de Tournai, qui fut le procureur de son frère Alexandre lors du baptême de 1735.

C'est ce Philippe-Augustin-Eugène qui mourut âgé de 76 ans, le 15 décembre 1783, étant titré de vicomte d'Hérinnes, doyen de Notre-Dame de Tournai et vicaire-général du Diocèse.

Le septième enfant et quatrième fils de *Louis-Joseph* DAMMAN fut AUGUSTIN-IGNACE, écuyer, seigneur du Breucq (à Wiers), de la Grasse Pâture (à Vergne), du Bois-bouilleau (à Mortagne), des deux fiefs de Gages, dits de la Faillerie (à Celles en Hainaut). Celui-ci fut prêtre et dès 1714, chanoine-diacre de la Cathédrale de Tournai.

AMIENS (D'). — Dans son *Armorial*, BOZIÈRE attribue à une famille *d'Amiens*, tournaisienne, les armoiries des d'Amiens de Bachimont, nobles picards : c'est une erreur. DAMIENS patricien à Tournai porta : *D'azur à trois molettes d'éperon d'argent ; au chef d'or, chargé d'un lion issant de gueules.*

Il y avait dans Tournai plusieurs familles DAMIENS ou plusieurs branches d'une même famille, mais qui ne sauraient être réunies faute de preuves. Nous trouvons comme bourgeois, Jehan *Damiens*, boucher, qui acheta sa bourgeoisie, le 3 décembre 1316 ; Jehan *Cambier* dit *Damiens*, fils de Jehan Damiens, qui devient bourgeois par achat fait pour cent sols, le 4 décembre 1332, et enfin *Jehan* DAMIENS, qui, le 22 février 1332

---

(1) Alexandre *Damman*, vicomte d'Hérinnes mourut sans alliance, le 17 mars 1754, et fut inhumé le 19 dudit mois au chœur de l'église d'Hérinnes, lez-Pecq.

(1333 n. st.), jure sa bourgeoisie à la volonté du gouverneur de la ville. Nous croyons que ce dernier est le clerc nommé dans un chirographe de la cité daté de 1308, à moins qu'il n'en soit le fils. Ce Jehan fut eswardeur pour la paroisse de Notre-Dame en 1332 ; Juré en 1332-33 ; échevin en 1333 ; juré pour Notre-Dame en 1334-1335 ; maire des échevins en 1336, 37, 38, 39 et 40 ; massard ou receveur-général de la ville en 1341 et 1344 ; enfin, second prévôt en 1343. Il testa le 7 novembre 1351 et légua toutes ses armures à son petit-fils, Bernardin de le Bare (1). Selon un acte du greffe de Saint-Brice, il était mort avant le 25 janvier 1357 (1358 n. st.). De sa femme, *Maigne* (Magdeleine) Roussiel, vinrent au moins cinq enfants ; savoir :

1. Jehan *Damiens*, décédé avant 1336, avait épousé vers 1331, *Katerine* Boinenfant, fille de Sire Pierre *Boinenfant* et de N... *de Saint-Amant*. Elle convola après 1336 avec Jehan Brassart. — Jehan Damiens fut père d'un fils, Hanekin (Jehan), cité dans le testament de sa tante Marguerite Damiens en 1349, et qui paraît être mort avant 1351, car son aïeul paternel ne le mentionne pas en son testament ;

2. Margherite *Damiens* épousa en premières noces, avant 1330, *Lotart* (Gilles) Pipart, veuf de Maigne dou Cange et fils de Jehan *Pipart* et de Coulombe *Florin* ; et, en secondes noces, Jehan De Sour le Pont, fils de Jakemes *De Sour le Pont* et de Marien *de Rocourt*. Elle testa le 8 juin 1349 (2). Dans son testament, elle cite outre son neveu, Jehan Damiens, ses nièces, Maigne de le Bare, nonnain (religieuse) ; Katheline de le Bare, femme d'Ernoul Le Muisi et Isabiel de le Bare ;

3. Katerine *Damiens* épousa *Bernard* De le Bare, tavernier de vins, rue de Cologne, paroisse de Saint-Quentin à Tournai, puis seigneur de Mouscron par achat fait pour le prix de 1400 livres parisis, le 19 janvier 1332 (33 n. st.). L'acte de cet achat fut passé pardevant Thomas de Lille, chevalier, avoué de Harelbeke (Harlebeke) (représentant le Roi de France, seigneur dudit lieu) et les hommes de fief de cette cour féodale. Le vendeur était une venderesse, « D^{lle} Béatrix de Brabant, dite de Louvain, damoiselle de Gazebiecque

---

(1) Archives de Tournai. *Testaments*, Paquet de 1351.
(2) Idem, ibidem. Paquet de 1349.

et de Herstal », fille de Jehan de Brabant, chevalier, sire de Gaesbeck, Herstal, Moncornet, Baucignies, etc., et de Félicitas de Luxembourg (1);

4. Jehanne *Damiens* épousa suivant acte du greffe de Saint-Brice passé le 14 mai 1349, *Jehan* de Coques dit aussi de Choques, du nom d'une cense que l'abbaye de Choques possédait à Lecelles en Pèvele;

5. Marüen *Damiens* fut mariée deux fois. Elle épousa, en premières noces, *Sohier* Le Wantier (Le Gantier), et en secondes noces, avant 1337, *Pierre* dou Lay, veuf de Katerine Gargate.

Un acte de la cité de Tournai daté de 1390, nous fait connaître un Jehan *Damiens* époux de la veuve de Thomas de Béthune.

Anaisse. — Fief et manoir situé entre Wodecq et Ellezelles, sur la route du Mont de Mainwault vers la Flandre. Dans la généalogie de la Maison de Bacquehem, on trouve qu'un membre de cette famille, fils d'une de Cordes de Popuelles posséda le fief d'Anesse et celui d'Avas et que sa fille posséda le fief d'Annas (2). Devant ces contradictions, que nous ne pouvons expliquer, nous gardons « de Conrart (qui était de Valenciennes), le silence prudent ».

Anchin (Fief d'). — Il était situé à Frasnes-lez-Buissenal et relevait du Château de Leuze. Il devait son nom à l'abbaye d'Anchin (près Lalaing sur la Scarpe) qui le posséda.

Ancoisne (d'). — Cette famille tire son nom d'un hameau sis à Houplin, lez-Seclin, commune du Département du Nord, dont elle est originaire. Elle s'est fait connaître à Tournai dès la fin du XIV° siècle sous le nom de Danquasnes dû à la fantaisie de quelque greffier. Les Dancoisne existent encore, surtout dans le Pas-de-Calais.

Lion Danquasnes, procureur de la ville de Tournai, natif de Seclin, fils de Jaques, jura sa bourgeoisie de ladite ville pour rien et par grâce le lundi 12 mars 1396 ou 1397 n. st. (3).

---

(1) Christ. Butkens. *Trophées de Brabant*, in-folio, t. i, p. 617. — Cette branche de la Maison ducale de Brabant est plus connue sous le nom de « de Louvain ».

(2) Cⁱᵉ de Saint-Genois de Grandbreucq. *Monuments anciens*, in-folio, t. ii, p. 120.

(3) Archives de Tournai. *Huitième Registre de la Loi*, folio 11, verso.

Nous trouvons deux familles d'Ancoisne portant des armoiries. La première, surnommée Le Coq, porta : *D..... à la fasce alésée d.....* ; la seconde porta : *D...... à trois T d....., accompagnés en cœur d'un trèfle d....., et en chef, d'un lion passant d......* (1).

Il existait aussi à Tournai au XIV° siècle, une famille Dou Rieu, dite *Danquasnes*. En 1390 fut rendu le compte de l'exécution du testament de feu Pierre dou Rieu dit Danquasnes. Ce document nous fournit ce crayon :

N.... dou Rieu, dit Danquasnes fut père de trois fils légitimes ; savoir :

1. Pierre, décédé avant 1390, laissant veuve *Marguerite* Leurence (Laurent). Ils eurent un fils :
   A. Lottart (Gilles) ;
2. Jaquemart ;
3. Lottart (Gilles) était avec son frère Jaquemart, sa belle-sœur et son neveu, chargé d'exécuter le testament de leur frère, époux et père, feu Pierre dou Rieu dit Danquasnes (2).

Anderlech (d'). — On trouve dans l'un des registres des Consaux de Tournai sous la date du 6 novembre 1612, mention que « feu *Andrieu* Danderlech, vivant écuyer, drossart de la Duché de Brabant » avait été capitaine au régiment de Mgr le baron de Hierges (de Berlaimont) et qu'il laissait deux fils : Otto et Thiéri *Danderlech*, écuyers. — Otto Danderlech est encore mentionné en 1614.

Nous n'avons rencontré dans aucun armorial, ni dans les Inventaires de Sceaux, les armoiries des d'Anderlech ou *van Anderlecht*.

André. — Nous avons parlé de cette famille à la page 121 du tome I des *Not. gén. tourn.* Elle porta : *De gueules à la bande d'hermine ; au chef d'or, chargé de trois mâcles de sinople rangées*

II. En 1643, *Michel* André, chef de la première branche était qualifié Honorable homme. Il était receveur des pauvres de Watripont et de Dergneau.

---

(1) G. Demay. *Inventaire des Sceaux de la Flandre*, t. i, nos 3090 et 3091. — On trouve dans le même ouvrage au tome ii, sous le n° 4940, Liénard *Danquasnes*, lieutenant-général du bailliage d'Amiens en 1442, lequel portait : *D..., au chevron d..... chargé sur sa pointe d'un croissant d.... et accompagné de trois besants d....*

(2) Arch. de Tournai. *Comptes d'exécution testamentaire, Rouleaux*, année 1390.

A cette époque, Pierre Burie était mayeur de Watripont et George de le Guste était mayeur de Dergneau. Michel mourut avant le 4 avril 1648.

André de Monstrœul, époux de sa fille aînée, fut échevin de Tournai en 1652 et mourut avant le 19 décembre 1680.

Son fils aîné, Michel *André* fut moine profès en l'abbaye de Saint-Martin de Tournai, le 19 décembre 1652. Le prieuré de Saint-Amand, lez-Machemont qu'il gouverna se nomme aussi Saint-Amand de Thorotte.

A l'exception d'*Antoine* ANDRÉ, tous les autres fils de Michel moururent jeunes, sauf un, nouvellement découvert, prénommé LOUIS, qui fut docteur en médecine et fit enregistrer ses armoiries dans l'Armorial général de France en 1697 (1).

III. *Antoine* ANDRÉ était en 1672, receveur des rentes et revenus de l'église de Saint-Jacques de Tournai. — Le 13 octobre 1676, il était séquestre « des biens de la Maison d'Houarderye » et était demandeur au nom de Ferdinand-François du Chastel de la Howarderie, contre Jacques-Calixte de Calonne, seigneur d'Havelu, défendeur au nom du Marquis de Longastre et de la Marquise Béatrix-Jeanne-Claire-Thérèse, née du Chastel de la Howarderie, son épouse, cousine consanguine dudit Ferdinand-François. — En 1683, Antoine était receveur de Son Excellence le comte de Solre (Croy).

IV. *Jean* ANDRÉ, fils d'Antoine était licencié-ès-lois en 1696-97. Sa femme, Marie-Brigitte du Hault avait pour sœurs : 1° Louise-Albertine DU HAUT, femme de Bon *Delvigne* (de le Vingne) ; 2° Marie DU HAUT, femme de Jean-Adrien *Grenier*, licencié-ès-lois, avocat à Valenciennes.

IIbis. *Guillaume* ANDRÉ, marchand drapier eut pour belle-mère non pas Anne *Steuve*, mais Anne *Struve*. Son fils aîné, Père MICHEL, religieux augustin, mourut à Tournai au couvent des Augustins, le 18 novembre 1678, dans sa 49e année. On le dit âgé de 51 ans parce que son acte de baptême a été confondu avec celui de son cousin germain, le moine de Saint-Martin, prieur de Saint-Amand lez-Machemont.

(1) D'HOZIER. *Armorial de Flandre, du Hainaut et du Cambrésis* publié par BOREL D'HAUTERIVE. Paris, Dentu, 1856, in-8°, p. 269, n° 338.

Anne-Marie-*André*, sa troisième fille, était veuve en 1691, de *Cornil* Jacopsen.

Son huitième enfant du premier lit, Philippe-Mathias *André* ayant acheté le fief des Aulnes sis à Escanaffles, en fit le relief le 13 avril 1679(1).

Le douzième enfant de Guillaume *André*, issu de son second mariage était prêtre en 1693. Il portait le prénom de son père et figure à la ligne 22 de la page 124 du tome I de mes Notices généalogiques.

Le 25 juillet 1711 fut célébré à Saint-Julien d'Ath, le mariage de *Dominique-Alexis* André avec Damoiselle *Anne-Renelde* de Lascaris. Cette noble jeune fille était issue de la Maison qui donna quelques empereurs à l'Empire grec de Nicée et des comtes souverains à Vintimiglia ou Vintimille, à la frontière d'Italie et de France, entre Bordighera et Menton.

Andrémont. — Lieu dit sis entre Chapelle-à-Oie et Moulbaix, au sud d'Andricourt et sur le territoire de Blicquy en Hainaut.

Andricourt. — Hameau partagé entre Blicquy et Moulbaix et situé au Nord d'Andrémont.

Annoitte. — Damoiselle Marguerite *Annoitte*, femme de Rifflart *de Rainfliete* (Raingertsvliet), bâtard et noble écuyer, avait pour enfants en 1405 : Pasque de Rainfliete, âgée de 14 ans, et Marguerite de Rainfliete, âgée de 12 ans (2).

Angerville (Fief d'). — Ce fief gît à Flobecq.

Angi (Fief d'). — Ce fief qui relevait du Château de Leuze, se trouve dans Havinnes. Il appartint aux familles d'Angi (depuis les premiers temps de la féodalité jusqu'au milieu du XIVe siècle), *Robault*, de Somaing (par mariage), de la Hamaide (par mariage), Cauchelle (par alliance, puis par héritage), L'Empereur (par achat, le 21 mai 1546), Opalfens (par mariage), Amand (par achat, le 20 février 1599), Malapert (par mariage), Buigniet (par mariage), Vinchant (par mariage), de le Vigne (par achat, le 24 octobre 1685).

---

(1) Archives de Tournai. *Compte de la curation des biens de Philippe-Mathias* André, rendu par François Bisman, le 4 décembre 1697.

(2) Archives de Tournai. *Cartulaire des rentes de 1405*, fol. 4, R°.

ANGI (D'). — La famille de ce nom était représentée en 1238 par *Hanike* D'ANGI (1).

Voici ce que nous savons sur les *d'Angi* d'après des actes du greffe de Saint-Brice :

I. *Gilles* D'ANGI mourut avant 1268 laissant veuve *Ysabiaus* DE LE VIGNE. Leur fils suit :

II. *Ghérars* D'ANGI, vivant en 1279, mourut avant 1283, laissant veuve Dame *Aëlis* N......
Ils eurent :

  1. JEHANS D'ANGI, qui suit, III ;

  2. TÉRIS *d'Angi* épousa avant août 1288, une sœur de Gilles *li Pares* (le Paret) ;

  3. YDE *d'Angi* ;

  4. YSABIAUS *d'Angi*.

IV. *Jehan* D'ANGI épousa avant 1288, *Kateline* DE BREUSE, fille de feu Jehan *de Breuse* et de Katheline *Soimont*, sa veuve, fille de feu Wibiert Soimont. Ils eurent :

  1. THÉRI, surnommé *Mesnil d'Angi*, dit li Oir d'Angi ou l'héritier d'Angi en 1300, mentionné dans des actes de 1304, 1306 et 1309, mourut avant juillet 1316, laissant veuve, D^lle *Marie* NOTERIEL ;

  2. JEHAN, surnommé Maisnier d'Angi en 1316, mourut avant le 20 février 1341 (1342 n. st.).

Il avait le Vivier de Breuse qu'il vendit à Jehan Gargate, le Petit ;

  3. BIÉTRIS *d'Angi*.

ANGRIE OU DES ANGRIES (Fief de L'). — Ce fief se trouve à Arcq-Ainières. Nous en avons rencontré le nom écrit de Langrien, de Langrieu, de Lenclieu, de Sangries, de Langrie, etc.,. Il fut possédé par les *de Haudion* et les *Caneau*. Nous ne savons quel fut le suzerain de ce fief.

ANOST. — Ce village du département de Saône et Loire appartient au canton de Lucenay l'Evêque dans l'arrondissement d'Autun. Il donna son nom à une famille dont un membre, le portant sans la particule vint se fixer à Tournai à la fin du XVII° siècle. *Pierre-Antoine* ANOST, licencié en médecine fit enregistrer ses armoiries dans l'Armorial général de France en 1697 (2). Il porta :
D'azur au chevron d'or, surmonté d'un soleil du même et accompagné de trois pigeons d'argent, deux en chef, affrontés et un en pointe, contourné.

---

(1) Abbé Joachim VOS. *Cartulaire de Saint-Médard ou de Saint-Nicolas des Prés, lez-Tournai*, p. 215.

(2) D'HOZIER. *Armorial de Flandre*, etc., Paris, Dentu, 1856, p. 269, N° 342.

ANRIS. — Cette famille porte : *D'argent au lion de gueules, armé, lampassé et couronné d'azur, rampant contre un écot au naturel* (ou *de sinople*), *plié en quart de cercle et qui le soutient.*

I. *Piat* ANRIS eut pour fils légitime :

II. *Gilles* ANRIS, mort à Russeignies, le 24 juillet 1543, avait épousé *Marie* DE LE VARENT (van der Varent), morte en la même paroisse le 1er octobre 1642. Leur épitaphe armoriée qui se voit encastrée dans le mur du clocher de Russeignies, donne leurs six enfants qui suivent :

1. GUILLAUME ;
2. PIAT ;
3. HERMINE ;
4. JEHENNE ;
5. PASQUETTE ;
6. PÉRONNE.

La famille ANRIS DE LA MOUILLERIE, qui posséda le fief de la Mouillerie à Anserœul (ancien domaine d'une branche bâtarde de la Maison de Lalaing), s'est alliée aux *Lermuseau*, aux *Grassis* et aux *Hoverlant du Carnois*. En 1662, *Gilles* ANRIS était greffier de la Cour souveraine de Hainaut, selon un chirographe conservé aux Archives de Tournai. — Nous croyons cette famille identique avec celle dénommée Hanrys, Henris ou Henrys encore existante en l'arrondissement de Tournai.

ANSERŒUL. — Cette commune se trouve à six kilomètres, au Nord-Est de Celles et à dix-sept kilomètres au Nord-Est de Tournai sur la route de cette ville vers Renaix. Sa superficie est de 1285 hectares, 97 ares, 70 centiares et sa population d'environ 1325 habitants.

Autrefois elle faisait partie du comté de Hainaut comme fief tenu de Ghermegnies (à Pottes) et médiatement du Château de Leuze, puis elle releva de ce château et médiatement du château d'Ath. On trouve des renseignements sur cette commune dans le *Régulateur du Canton de Celles* par Albéric HENNEBERT (Tournai, Ad. Delmée) ; dans les Dictionnaires des communes belges ; dans le *Dictionnaire géographique, historique*, etc., du Hainaut par Th. BERNIER ; dans le *Guide de Tournai et du Tournaisis* de L. CLOQUET, et dans *Les Echevins et leurs actes dans la province de Hainaut*, par Emile PRUD'HOMME.

Anserœul, jadis *Anseroez* ou *Anseroel* pourrait signifier la *déroderie* (essart, défrichement) *de l'Oie*, animal dont le nom latin est *Anser*. Outre la seigneurie dénommée comme la paroisse, on y trouve comme fiefs : Le Bourg-à-pont (Bourcapon et Bonchapon), La Cachelouvrie, le fief du Chapitre de Notre-Dame de Tournai, Le Carnoi (divisé en grand et petit), la Courbe, la Croix (divisée en grande, dit fief de Molembaix, et en petite), Le Gailliard, Le Grandrieu dit Plourieu, Le Harbil, Le Holchœult dit Helchouwez et Herchuez(1), Le Maffle, Moriempret, Le Mouillard dit Moulard, La Mouillerie, le fief de Roupy, Saint-Anne, Saint-Pierre, Le Trehout dit les Grandes Faucheries, La Vieille-Motte, Le Vinaige ou Vinage, Le Wattier-Launoy, Le Val ou le Wault.

Comme lieux dits on y rencontre La Bassée, Les Beaux préaux, Le Bucq, Le Camp-Saint-Pol, Le chemin de Hollay, Le chemin de Pont-Moulin, Les Eslevars, la Coulture du Moulin de la Croix, Le Fainehault, La Fontaine du Bucq, La Fontaine du Maffle, Les Galteries, Le Gars de Maubray, Ghierkegni (2), Grismont, Le Haroy, La Haulte Veniére, Les Houssières dit La Houssoit, Lausnoy, Lompret, La Marzelle (3), Le Pré Lurette, le Pré des Rumeaulx, le Preoyel, Le Quesnoy, Le Regiet-au-Bois, La Rue Torteloize, etc.,.

Mr Emile PRUD'HOMME dans son ouvrage sur *Les Echevins et leurs actes*, à la page 344, ajoute à la nomenclature des fiefs les noms de *la Buissière* et de Losquignœul. Cela vient de ce que les *de Maulde*, seigneurs d'Anserœul possédèrent aussi la terre de la Buissière en Artois et celle de Losquignœul dite du Locqueneuille à Béclers. Dans le même travail nous devons corriger quelques noms de magistrats cités. C'est ainsi que Guillaume de le Venue, mayeur en 1599, est un *de le Venne*, tout comme son parent Nicolas, alors que Jean Mantoit se nomme *Mansoit*.

Le 27 février 1601, le mayeur étant Guillaume de le Vene (*sic*), les échevins étaient : Jehan de Harchies, Jehan Mansoit, Nicolas de May et Pierre Ghisdalle. Pardevant eux fut passé l'acte

---

(1) Ce lieu pourrait bien être le centre de formation de l'agglomération, car Anserœul est parfois nommé *Orsenrueth*.

(2) ARM. D'HERBOMEZ. *Les Chartes de l'abbaye de Saint-Martin de Tournai*, t. II, p. 464. — Charte datée de 1301.

(3) Le nom *Marzelle* indique presque toujours une habitation préhistorique.

par lequel Guillaume Rasneur acheta un demi-bonnier à ses frères Jehan et Pierre Rasneur et à son cousin, Baltazart Papin.

Les seigneurs primitifs d'Anserœul paraissent avoir été les Sires d'Avesnes car nous n'avons pas rencontré de personnage du nom d'Anserœul. Au milieu du XIV⁰ siècle, cette terre devait appartenir à Louis II, comte de Blois, de Dunois et de Soissons, mort en 1372. C'était le fils aîné de Jehanne de Hainaut-Beaumont, qui était une princesse de la Maison d'Avesnes (3). Louis II donna la seigneurie d'Anserœul à sa fille naturelle, *Marie* DE BEAUMONT qui mourut en 1403 et fut inhumée dans la chapelle de l'abbaye de la Thure. Cette dame fut la première femme de *Jacques* DE BERLAIMONT, dit *de Floyon*, d'abord écuyer, plus tard conseiller du duc Philippe de Bourgogne lorsque celui-ci devint comte de Hainaut. Jacques était l'un des fils cadets de Gilles, sire de Berlaimont, de Floyon, etc., chevalier et de Jehanne de Barbançon, dame de Solre-le-Château. Il avait pour aïeux paternels, Gilles de Berlaimont, chevalier, seigneur dudit lieu, de Floyon, etc., et Jehanne de Péruwelz, dame dudit lieu, de Hierges, de Beauraing, etc., et pour aïeux maternels, Henri de Barbançon, chevalier, seigneur de Solre-le-Château, Haussi, etc., et Catherine van der Aa, dame d'Oultre et de Montignies-Saint-Christophe. Ses huit quartiers de noblesse provenant des alliances de ses aïeux sont :

de Berlaimont, de Barbançon-Vierves, *de Péruwelz*, du Rœulx (2) ;

de Barbançon-Solre-le-Château, de Jauche-Hierges, *van der Aa*, Montignies-Saint-Christophe. Devenu veuf et père d'une fille prénommée JEHANNE, Jacques *de Floyon* convola avec Catherine *de Robersart* qui lui donna aussi une fille laquelle fut dénommée ADRIENNE (3). Jacques était seigneur de Solre-le-Château du chef de sa mère. Il y fut enterré dans l'église près de sa seconde femme lorsqu'il mourut en 1445. C'est lui qui,

(1) ANDRÉ DU CHESNE. *Histoire de la Maison de Chastillon-sur-Marne.* Paris, Sebastien Cramoisy, 1621, in-folio, p. 160. — Louis II enterré dans la Chapelle du Saint-Sacrement au château de Blois.

(2) Les DU RŒULX sont des cadets de la Maison souveraine de Flandre-Hainaut.

(3) Selon des documents généalogiques anciens concernant la Maison DE LANNOY, branche de Molembais et de Solre-le-Château, Adrienne *de Berlaimont-Floyon* serait aussi la fille de Marie *de Beaumont*, qu'on a vue plus haut.

sous le nom de *Jacques de Floyon* fut l'un des signataires du traité de mariage passé à Biervliet, le 1ᵉʳ août 1417, entre Jacqueline duchesse en Bavière, comtesse héritière de Hainaut et de Hollande, dame de Frise, et Jehan IV duc de Brabant et de Limbourg.

Jehanne DE BERLAIMONT, dite *de Floyon*, dame d'Anserœul comme héritière de sa mère, épousa *Jehan II* DE CHASTILLON, dit *de Blois*, chevalier, seigneur de Trélon en Hainaut (1), fils de Jehan I, bâtard de Blois-Chastillon et de Sophie d'Arckel, dite de Dalhem. Devenu veuf, le sire de Trélon convola avec Anne van Hemstede (2).

Jeanne de Floyon fut mère d'une fille : *Marie* DE BLOIS DE TRÉLON, dame d'Anserœul. Celle-ci épousa *Philippe* D'INCHY, écuyer, seigneur dudit lieu, plus tard chevalier. Elle en eut une fille :

Louise D'INCHY (3), dame d'Anserœul, etc., épousa *Jacques* DE HÉNIN-LIÉTARD, chevalier, seigneur de Chauvancy, Boussu lez-Saint-Ghislain, Gamerages, etc., fils aîné de Pierre *de Hénin-Liétard*, chevalier, seigneur de Boussu, Bliaugies, Gamerages, etc., chevalier de la Toison d'or, et d'Isabeau *de Lalaing*. Jacques de Hénin-Liétard, qui est qualifié seigneur d'Anserœul en 1473 (4), périt à la journée de Nancy, le 6 janvier 1476 (77 n. st) ne laissant pas de postérité. Sa femme (où les héritiers d'icelle) vendit (ou vendirent) la seignerie d'Anserœul en 1479 à *Bauduin* II DE LANNOY, chevalier, sire de Molembais et de Solre-le-Château, qui avait épousé Michelle *d'Esne*, dame de Cauroir en Cambrésis, et qui était fils de Bauduin I de Lannoy, chevalier de la Toison d'or, seigneur de Molembais, etc., et d'Adrienne de Berlaimont, dite de Floyon, prénommée Aliénore dans le Cartulaire des fiefs du Hainaut de 1473.

Philippe DE LANNOY succéda à son père mort le 7 mai 1501. Comme lui il fut chevalier de la

---

(1) Aujourd'hui dans le Département du Nord, France.

(2) ANDRÉ DU CHESNE. *Histoire de la Maison de Chastillon-sur-Marne*, p. 190.

(3) On a vu ci-devant que les *d'Inchy* possédèrent un fief sis à Escanaffles auquel ils donnèrent leur nom qui devint *Ainsy* par corruption.

(4) ARCHIVES DE L'ETAT A MONS. *Cartulaire des fiefs tenus du comté de Hainaut en 1473-1474*, Deuxième registre, fol. 125, verso. Le suzerain d'Anserœul était alors Guy de Brimeux, chevalier, seigneur de Humbercourt, Leuze, etc., conseiller et chambellan du duc de Bourgogne, comte de Hainaut. Voyez ledit Cartulaire, fol. 185.

Toison d'or, par création de l'an 1531. En 1540, nous l'avons trouvé qualifié « seigneur de Moulembais, Solre-le-Casteau, Torcoing, conseiller et chambellan de l'Empereur ». De sa première femme, *Marguerite* DE BOURGOGNE, (dont la mère était une princesse espagnole nommée Maria *Manuel de la Cerda*), il laissa le fils qui suit :

Jehan DE LANNOY, chevalier de la Toison d'or dès 1546, avait succédé à son père mort à Louvain le 12 septembre 1543, dans les seigneuries de Molembais et de Solre-le-Château, étant déjà qualifié en 1540, seigneur de Ghermegny et de Zoutelande. Il mourut en 1560, étant gouverneur et capitaine-général du comté de Hainaut, ne laissant pas d'enfants de son mariage avec *Jehanne* DE LIGNE-BARBANÇON. C'est à partir de la mort de Jehan de Lannoy que *Léon I* DE MAULDE, écuyer, déjà seigneur des Grand et Petit Carnois que son père Arnould avait hérités dans Anserœul de sa mère Guillemette du Fresnoi, dite de Loyaucourt, commença à se qualifier seigneur d'Anserœul (1). Il mourut en son manoir de Mauroy à Saint-Léger en Tournaisis, le 23 mai 1601, laissant entre autres enfants de son mariage avec *Aldegonde* DE HAUDION-GHIBERCHIES, un fils qui suit :

Georges DE MAULDE, écuyer, puis chevalier, seigneur d'Anserœul, etc., épousa *Jossine* DE COURTEVILLE D'HODICQ, héritière de la Buissière en Artois (Contrat passé à Béthune, le 13 avril 1578, pardevant Gui Fournier et Jehan d'Illies, notaires royaux d'Artois).

Ce fut Jacques de Maulde, chevalier, fils aîné des précédents qui fut seigneur d'Anserœul et de beaucoup d'autres lieux. Il épousa, ayant atteint la cinquantaine, en 1631, *Marguerite-Jehanne* DE MONTMORENCY-NEUVILLE-WITASSE née en 1605, morte à la Buissière, lez-Béthune, le 28 juillet 1639. Jacques mourut en 1648, sans postérité légitime. Il avait vendu ses fiefs des Grand et Petit Carnois à Jacques de Cunchy, chevalier, prévôt de Bavay, tout en conservant la hauteur, c'est-à-dire la suzeraineté sur ces terres. Il eut pour hoir féodal à Anserœul, le second de ses neveux, savoir :

---

(1) En 1506, la hauteur ou suzeraineté sur Anserœul appartenait encore à Philippe de Croy, premier comte de Solre, héritier par sa mère *Yolande* DE LANNOY-MOLEMBAIS, des biens des sires de Molembais du nom de DE LANNOY.

François DE MAULDE, chevalier, seigneur de Bourbecq, Baudignies, la Buissière et Anserœul, capitaine de deux cents reîtres du régiment de Ligne-cavalerie, mourut sans postérité légitime le 16 juin 1651 et eut pour hoir féodal, son frère puîné qui suit :

Albert DE MAULDE, chevalier, seigneur de Losquignœul, Preurel, puis de la Buissière, Anserœul, Mauroy, etc., fut créé *marquis* DE LA BUISSIÈRE par lettres du roi Louis XIV datées d'avril 1663 et enregistrées au greffe du Conseil provincial d'Artois, le 30 juin suivant, et au greffe de l'Election de la même province, le 4 juillet de la même année. De ses deux mariages, l'un avec Marguerite d'Enghien-Kestergat, l'autre avec *Antoinette* LE PREUD'HOMME D'HAILLIES DE NIEUPORT, le Marquis de la Buissière ne laissa pas de postérité. Son héritier féodal fut son frère *Léon-François* DE MAULDE à qui Louis XIV confirma le titre de Marquis de la Buissière par lettres données à Saint-Germain-en-Laye, en 1672. Par sa seconde femme, *Ernestine-Thérèse* DE GHISTELLES-SAINT-FLORIS, le second marquis de la Buissière obtint neuf enfants, dont le quatrième suit :

Léon-Ange-Charles-Antoine DE MAULDE, chevalier, troisième marquis de la Buissière, *seigneur d'Anserœul*, etc., succéda à son père en janvier 1719 et mourut à la Buissière, le 14 octobre 1740, dans sa 61ᵉ année, sans avoir eu d'enfants de son mariage avec *Marie-Anne* D'AUXY DE MONCHEAU. La famille de Maulde avait encore la seigneurie d'Anserœul en 1772 (1). Ce fut vers cette époque que cette terre fut achetée par *Michel-Dominique-Joseph* DE GOUY, seigneur du Broquet (entre Tournai et Renaix), de Grande-Croix (à Anserœul), dont le père Michel-Joseph *de Gouy*, seigneur del Motte (à Celles en Hainaut), d'Inghien (à Ramegnies-Chin), etc., est qualifié chevalier dans son épitaphe en l'église de Saint-Piat à Tournai, bien que fils et descendant de marchands. Il fut échevin de Tournai en 1752 et mourut dans cette ville en la paroisse de Saint-Nicolas, le 3 janvier 1788. De son épouse, Marie-Catherine-Alexandrine Hoverlant du Carnois, il obtint neuf enfants dont deux seulement

---

(1) ARCHIVES DE TOURNAI. *Actes divers*, Layette de 1277.
(2) Inghien pour Enghien, terre dont ce château relevait au moyen-âge.

lui survécurent. Son fils *Alexandre-Michel-Erasme-Joseph*, qualifié *chevalier* DE GOUY D'ANSERŒUL, député pour l'ordre équestre aux Etats de Hainaut fut baptisé à Saint-Piat de Tournai, le 12 septembre 1753 et mourut à Mons, le 23 mars 1827, ayant eu pour épouse, *Catherine*-Hubertine-Rose-Thérèse DU MORTIER, morte au château d'Inghien (2) à Ramegnies-Chin, le 12 septembre 1839. De cette union, naquirent sept enfants qui, sauf le fils aîné (mort lieutenant-colonel du 2ᵉ cuirassiers à Tournai, le 27 avril 1826), survécurent à leurs père et mère.

Le dernier représentant mâle de cette famille fut *Henri-Joseph*, chevalier DE GOUY D'ANSERŒUL, receveur des droits de navigation du canal de Pommerœul (1). Né à Tournai, paroisse de Sainte-Marie-Madeleine, le 6 janvier 1787, il mourut au château d'Inghien à Ramegnies-Chin, le 1ᵉʳ octobre 1852. Parmi ses sœurs, trois furent mariées, ce sont : Mesdames *le Vaillant de Jollain*, *Ruyant de Faumarest dit de Cambronne* et *Balthazar*. Les deux premières seules laissèrent postérité encore représentée de nos jours.

En 1578, sire Jehan *Brébart* était curé d'Anserœul, et en 1726, Jean-Baptiste-Ignace *Dubois d'Inchy*, écuyer, seigneur de Wadelincourt était bailli de ce village au nom du seigneur Marquis de la Buissière.

En 1898, on lisait encore dans l'église d'Anserœul, l'épitaphe de *Jacques* DE CUNCHY, chevalier, lieutenant du gouverneur de Bouchain, prévôt de Bavay, seigneur de la Croix, de la Mouillerie et des Grand et Petit Carnois, décédé à Anserœul, le 8 janvier 1627, âgé de 86 ans. C'était le second fils de Jehan *de Cunchy*, écuyer, seigneur de Tremblaye (à Erin en Artois), etc., et de Catherine *Cornaille*, son épouse.

ANTHERŒILLES (Fief du Bois d'). — Ce fief, nommé aussi Bois de Leuze et de Nemours, relevait de l'Evêché de Tournai. Au XVIᵉ siècle, il

---

(1) Les *de Gouy*, répandus dans le canton de Templeuve et à Mons, sont issus de Gérard *de Gouy*, baptisé à Saint-Quentin de Tournai, le 21 avril 1628, fils de Jacques et d'Isabelle Grosseau. Ils ne pourraient se rattacher qu'en ligne collatérale aux *de Gouy d'Anserœul*, issus de Louis, fils naturel de Maître Anthoine de Gouy et de Guillemette Hubauld ou Hubaut. C'est par erreur qu'on les fait descendre de Gérard, baptisé à Saint-Jacques de Tournai, le 16 août 1603, fils dudit Louis.

appartenait à la famille de le Planque qui possédait aussi le fief d'Antreuil en Avelin.

Le 12 mai 1528, Noble homme *Jehan* DE LE PLANQUE fit le dénombrement de ce fief qui tenait d'un côté au bois de Noble homme François d'Alennes. Le 15 août 1555, *Pierre* DE LE PLANQUE, chevalier, baron de Graverelles (Gaverelles, lez-Arras), seigneur d'Antherœilles, Saint-Laurens-lès-Arras, etc., rendit aveu et dénombrement de ce fief sis à Velvain, tenant d'un « lès » au Bois du seigneur de la Hauadrie (Houarderie), d'un autre lès au Bois de l'abbaye des Prets à Douai, et du tiers lès au Bois de l'abbaye de Los. — A cette époque Gilles le Douch était receveur des biens du baron de Gaverelles.

Le 16 mars 1565 (1566 n. st.), l'aveu et dénombrement de ce fief fut fait par *Ghertrude* DE LE PLANQUE, sœur de feu Pierre, et veuve de Noble homme Philippe *de Pontrouwart*, jadis écuyer, seigneur des Auneaux. Cette dame est qualifiée baronne de Gaverelles, dame d'Antreulles et de Saint-Laurent (1). — Il est évident que c'est de la Seigneurie d'Antreulles en Avelin qu'est venu le nom du fief sis à Wez-Velvain.

ANTHIN (D'). — Cette famille porte : *D'azur au chevron d'or, accompagné de trois croissants d'argent.*

Le 30 août 1610 fut rendu à Tournai, le compte de la tutelle de MAXIMILIEN, JACQUELINE, CATHERINE et JEHENNE *Danthin*, enfants de feu Maître *Florent* DANTHIN et de *Marie* FRANÇOIS, sa première femme. — Maître F. Danthin était mort avant le 14 juillet 1609. Les tuteurs de ses enfants étaient Louis *de Hénin*, paroissien de Notre-Dame en Tournai, et Guillaume *Michel*.

ANTOING (Baronnie d'). — Le bourg d'Antoing, qui fut érigé en ville par Guillaume I, roi des Pays-Bas, en 1817, était avant 1795, la capitale d'une baronnie. On le trouve sur la rive droite de l'Escaut à sept kilomètres en amont de Tournai. Sa population est, environ, de quatre mille âmes.

Comme fief, Antoing était divisé. Il s'y rencontrait d'abord Antoing-Hainaut, relevant du Château de Leuze; Antoing-Flandre, terre franche tenue du Perron d'Audenarde, puis venait la sei-

(1) ARCHIVES DE L'ETAT A MONS. Fonds de l'Evêché de Tournai.

gneurie foncière du Chapitre de Notre-Dame d'Antoing, et enfin la seigneurie dite de Sainte-Aldegonde qui avait mayeur et échevins. Cette quatrième portion peut avoir pris son nom pour avoir appartenu aux seigneurs de Sainte-Aldegonde, lez-Saint-Omer, alliés et héritiers des d'Antoing-Gondecourt.

Le baron d'Antoing étendait son pouvoir féodal avec justice haute, moyenne et basse sur Antoing, Maubray, Bras et Maisnil, Vezon, Péronne, Fontenoy, etc... Depuis le second quart du XIVe siècle, Vaulx vint, par achat, s'ajouter aux terres du sire d'Antoing.

Dès 1669, Antoing, étant compris dans la conquête française, releva de la Cour de Maire, c'est-à-dire de Tournaisis et directement du roi de France, seigneur de Tournai. Cette baronnie appartint successivement à trois grandes Maisons de haute noblesse : Antoing, Meleun et Ligne. Le propriétaire actuel est Son Altesse Sérénissime le Prince Charles de Ligne, baron d'Antoing.

Les seigneurs avaient pour représentants dans leurs fiefs, un bailli. Voici quelques noms de baillis d'Antoing :

1241. Gossiel *d'Antoing* (1); — 1331. Lionnes *de Ghiéronde*. Il loua les Roques (carrières) d'Antoing à Jehan de Montchaulon (Monchablon); — 1380. Gillion *de Mauplaquiet*; — 1509. Jacques *du Gardin*, dit Miroul; — 1540. Jacques *de le Rue*; — 1548. Jacques *de le Motte* (VAN DER MOTEN, aux hamaides), écuyer; — 1575. François *de Valières*, écuyer, seigneur des Aulnes ou des Aulnois (à Leuze); — 1610. Cornille (Cornélius) *du Plouy*, écuyer, bailli-général; — 1634. Antoine *Garnier* (2), écuyer, seigneur d'Amblart, bailli de la Haute et Illustre Dame *Louise* DE LORRAINE, princesse de Ligne, d'Amblise et du Saint-Empire, comtesse de Fauquenberghe, baronne d'Antoing, en sa terre et baronnie dudit lieu ; — 1639. Claude *l'Escuyer*, écuyer ; — 1670. Follian ou Feuillant *des Champs*, seigneur de Béthomez, bailli-général; — 1695. Nicolas-François *des Champs*, seigneur de Fontenelle,

---

(1) J. Vos. *Cartulaire de Saint-Médard*, t. XII des *Mémoires de la Société historique et littéraire de Tournai*, p. 233.

(2) GARNIER : Ecartelé : aux 1 et 4, d......, au chevron......, accompagné de trois roses d......; et aux 2 et 3, d......, au chevron d......, accompagné de trois forces d .... Cimier : une rose de l'écu, tigée et feuillée.

bailli-général ; — 1708. Louis-François *des Champs*, seigneur de Fontenelle, bailli-général ; — 1717. Thiéri-Charles *de Rogiers*, écuyer, seigneur de Saint-Anthoine, bailli-général ; — 1741. Ferdinand *Pancoucke* (ou Pancouque), avocat en parlement, seigneur de Warnier-fosse (à Baugnies), etc., dit Sr Macquefosse par erreur dans certains actes, bailli-général ; — 1760. Denis-Ghislain-Joseph *de Nave*, écuyer, seigneur de Chantrain, bailli-général, mourut à Antoing, le 26 septembre 1770 ; —Jean-Baptiste *Maurel*, bailli, mourut à Antoing, le 24 novembre 1788 ; — Jacques-Joseph *Lehon* ou *Le Hon*, mort à Antoing, le 24 ventose, an V (14 mars 1797).

Il résulte de documents concernant l'administration civile d'Antoing que les mayeurs et échevins étaient :

En 1575, le 18 mai, Jehan du Pret, Jehan Platteau, Pierre de Maubray, Guillaume Jacquerie et Joseph Andrieu, échevins. En 1592, Jean Platteau, mayeur ; Jacques Platteau, Jehan Couttelier, Guillaume Jacquerie et Jehan de Roissart, échevins.

En 1595, 15 février. Guillaume Jacquerie, Jehan Couttelier, Jacques Philippot et Gilles du Pire, échevins.

1602. Louis *Liégeois*, receveur de Maulde sur l'Escaut, mayeur d'Antoing, partie Flandre.

1602, 28 février. Jean Platteau, mayeur de la seigneurie du Chapitre d'Antoing ; Paris Le Camp, lieutenant de mayeur pour la partie Flandre ; Jacques Platteau, Guillaume Jacquerie, Gilles du Pire, Pierre de Roissart et Mathias Desmaretz, échevins.

1614, 3 février. Jacques Platteau et Simon de la Mottrye, mayeurs ; Gérard du Gardin, Adrien Cheval, Jean du Pire, Pierre Grardin, Loys Le Clercq, Guillaume Jacquerie et L. Ninauwes, échevins.

1615. Platteau, mayeur ; Ninauwes Leuricq, (*sic*) G. Jacquerie et Jacques Denne, échevins.

En 1621, Jacques Platteau étant mayeur pour Messieurs du Chapitre d'Anthoing et Jean du Pire, mayeur pour son Excellence le Prince de Ligne dans la partie Flandre, les échevins furent : Guillaume Jacquerie, Simon de la Motterie, Franchois van der Wart (signant : *Vandelvatre*) et Ambroise Rigault.

Dans l'année 1628, les échevins furent : Pierre Dumont, Matheus Dryette, Gilbert Le Camp et Jacques Serure.

En 1629, Pasquier du Pire fut échevin, et en 1634, Bernard Lollivier fut mayeur.

C'est le premier février 1440 (1441 n. st.) que l'hôpital d'Antoing fut fondé par Damoiselle *Witasse* ou Eustachie BOULENGHE (aussi *Boulenghier*), veuve de feu Jehan *de Valanbos*, jadis maître d'hôtel du seigneur baron d'Antoing. Cette damoiselle était dame de Marjensy et de Gourguechon (1). La copie de l'acte de la fondation susdite se trouve aux Archives de Tournai. C'est grâce à une démarche faite par nous près de l'administration de la ville d'Antoing, qu'une rue qui devait se nommer *rue du Val du Bos*, se nomme *de Valenbos-Boulenghe*.

Dans l'année 1717, des hommes de fief d'Antoing nous sont fournis par un acte du 11 mars. C'étaient : Bernard-Joseph Planchon, Jean-Baptiste Liénard, Maurice-François Laho et Jacques Fiebvet. — En 1721, on trouve : Jean-François Carvin, Jacques Serrure (2), Antoine Blangenois et Antoine-Joseph Legrand.

En 1396, Antoine *Le Monnier* était le receveur des cens et des rentes dus au baron d'Antoing (3).

Outre le hameau de *Ghiéronde* qui donna son nom à une famille, nous connaissons sur le terroir d'Antoing, les lieux dits suivants :

Bois Grand'Fontaine, Prairie de Grand'Fontaine, Couture du Hautbuisson, Couture de la Haye Drecqz et Sallon-Mortier.

ANTOING (MAISON D'). — La filiation de cette maison ayant reçu de rudes accrocs de la part des généalogistes et des historiens leurs copistes, nous avons essayé de la rétablir conformément aux chartes et au bon sens.

Le premier auteur que nous rencontrons est

---

(1) Nous n'avons pu trouver les armoiries des familles *de Valenbos* et *Boulenghe*. Quant aux fiefs cités dans l'acte de fondation, nous croyons qu'il s'agit de *Margency*, commune de l'arrondissement de Pontoise et du canton de Montmorency (Seine et Oise), et de *Gourgançon*, arrondissement d'Epernay, canton de la Fère-Champenoise (Marne).

(2) La famille SERRURE établie à Antoing est originaire de Gaurain-Ramecroix. C'est d'elle que sont issus les professeurs, historiens et numismates bien connus.

(3) ARCHIVES DE TOURNAI. *Rouleaux*. Inventaire des archives de feue Dame *Jehanne DE HEM* fait en 1406, à la demande de Ricouwart de Quinghien.

Jean Le Carpentier qui place au deuxième degré Hugues II qu'il marie avec Ancilie *de Wavrin* (1), alors qu'en bonne chronologie, ce degré appartient au sire Alard I. Celui-ci apparaît dans les actes en 1160, comme père de Gosselin II (2); en 1177, comme époux de Cécile (3), et enfin, en 1190, comme père de Hugues I, dont Dame Cécile est la mère, Gosselin, le frère, et Agnès, l'épouse (4).

Isabeau d'Assche, dite de Buggenhout ne fut jamais dame de Hautponlieu (5), mais la dame de cette terre fut Isabeau de Béthune, douairière de Hautponlieu et de Dourges comme veuve de Hellin de Wavrin, et qui avait eu pour premier époux Jan van Steelant, chevalier, avoué de Huysse. Cette Isabeau de Béthune fut la seconde femme de Hugues III, baron d'Antoing.

La seigneurie d'*Obies* (6) est le fief du Biez à Wiers. Les *sept* Hugues donnés par Le Carpentier doivent être réduits à *cinq*.

Les auteurs que nous devons critiquer ensuite sont Franchois Vinchant et Antoine Ruteau. Ils donnent pour femme à Hugues V (en réalité Hugues IV), Isabeau de Brunghenot, dame de Hautponlieu. Ils veulent dire Isabeau ou Elisabeth d'Assche, comme nous l'avons déjà indiqué plus haut (7).

Félix Brassart ne savait pas que Hugues IV d'Antoing (III comme prévôt de Douai) ne fut sire de Buggenhout que par mariage, et commettant une erreur chronologique, cet auteur donne à Hugues III (II comme prévôt de Douai), une troisième femme, Mahaut de Picquigny qui fut la seconde épouse de Hugues IV à qui elle survécut longtemps étant douairière d'Antoing et belle-mère de l'héritière dudit lieu épouse de Jehan de Meleun, grand chambellan de France (8). Une autre erreur de Brassart est de croire Jehan d'Antoing, sire de Bury, oncle du fils du seigneur

---

(1) *Histoire de Cambrai et du Cambrésis*, iiie partie, p. 91.
(2) J. Vos, *Cartulaire de Saint-Médard* (abbaye de St Nicolas des Prés de Tournai), t. xii des *Mémoires de la Société historique et littéraire de Tournai*, p. 46.
(3) Idem, p. 77.
(4) Idem, p. 104.
(5) *Histoire de Cambrai*, etc., iiie partie, p. 94, l. 18.
(6) Idem, p. 95, l. 22 et 24.
(7) *Annales de la Province et comté de Hainaut*, Mons, Jean Havart, 1648, in-fol., p. 222.
(8) *Histoire du château et de la châtellenie de Douai*. Douai. L. Crepin, 1877, in-8°, pp. 357-358. — G. Demay, *Inventaire des sceaux de la Flandre*, n° 5318.

d'Antoing, alors qu'il était oncle du seigneur d'Antoing même (1).

Cela dit entrons dans le cœur du sujet :

ANTOING porte : *De gueules au lion d'argent.* Cimier : *un plumail en forme de pomme de pin de gueules et d'argent.*

La légende dit que AMORRICUS, seigneur d'Antoing à la fin du XIe siècle, fut père d'Ailbert *d'Antoing*, prêtre, chanoine de Tournai et que cet Ailbert fonda l'église de Saint-Médard ou abbaye de Saint-Nicolas des Prés à Tournai sur la rive gauche de l'Escaut, en amont de la ville. Le même Ailbert fut aussi l'un des fondateurs de l'abbaye de Rolduc dans l'ancien duché de Limbourg (2).

Voici ce que nous donnons comme filiation authentique :

I. *Zeger*, Zègre, Sohier ou Soyer D'ANTOING était seigneur dudit lieu en 1082 (3). Il eut pour hoir féodal, GOSCELIN, qui suit, II.

II. *Goscelin* I D'ANTOING, seigneur dudit lieu, vivait en 1118 (4). Son héritier fut WALTER, qui suit III.

III. *Walter* ou *Gautier* D'ANTOING, seigneur dudit lieu en 1137, est aussi prénommé Watier et Galter dans des actes (5). Il épousa *Pétronille* D'ESPINOI, sœur d'Alard, seigneur d'Espinoi en Carvin, au pays d'Artois (6). Ils eurent au moins trois fils qui suivent :

1. ALARD I D'ANTOING, qui suivra, IV;
2. NICOLAS, chevalier, vivant en 1155 (7);
3. GÉRARD, prêtre, abbé de Clermarais.

IV. *Alard* I D'ANTOING, seigneur dudit lieu, chevalier, épousa CÉCILE, dame issue, croit-on, de la Maison de Namur (8). Il est nommé avec

---

(1) Idem, p. 357.

(2) J. Vos. *Histoire de l'abbaye de Saint-Médard*, tome XI des Mémoires de la Société historique et littéraire de Tournai. Pages 8 et 9 où sont citées d'autres preuves.

(3) *Annales du cercle archéologique de Mons*, t. XXIII, pp. 269 et 274. *Cartulaire de l'abbaye de Saint-Landelin de Crespin*, p. 57, charte datée de 1082.

(4) A. D'HERBOMEZ. *Les chartes de Saint-Martin de Tournai*, Bruxelles, Hayez, 1898, in-4o, t. I, p. 33.

(5) DOM P. BAUDRY, *Annales de l'abbaye de Saint-Ghislain*, sous la date 1137. — *Mémoires de la Soc. hist. et littér. de Tournai*, t. XII, p. 26. Charte de 1147.

(6) DOM CAFFIAUX. *Trésor généalogique*. Paris, Philippe-Denys Pierres, 1777, in-4o, p. 194.

(7) DOM P. BAUDRY *Annales de l'abbaye de Saint-Ghislain*, à la date 1155.

(8) Baron LEROY, *Chronicon Balduini Avennensis*. Anvers, H. Thieullier, 1693, in-fol., p. 23.

son père en 1137 (1), et avec sa femme dans des chartes de 1160, 1176, 1177 et 1190 (2). Ils eurent quatre enfants, savoir :

1. Goscelin II, vivant en 1160 (3), épousa *Ysabel* de Wavrin, fille de Roger III, sire de Wavrin, sénéchal de Flandre, chevalier, et de Mathilde de...... Il mourut avant 1193 (4), laissant un fils, qui fut :

A. Jehan, prêtre, prévôt de l'église de Nivelles (Brabant), fut ensuite prévôt et archidiacre de l'église de Cambrai. Il est qualifié neveu de Roger de Wavrin, évêque de Cambrai, comte dudit lieu et du Cambrésis. Jehan fut élu évêque de Cambrai en 1196 et mourut cinq mois après son élection. Il gît à Sainte-Gertrude de Nivelles (5).

2. Gautier, clerc, chanoine de Laon, 1180 (6);

3. Hugues d'Antoing, qui suivra, V;

4. Willaume est probablement l'auteur des seigneurs de Roques à Ascq en Mélantois, près Lille. Ces seigneurs dont plusieurs furent prénommés Alard se surnommaient *d'Antoing* et en portaient les armoiries;

V. *Hugues* I d'Antoing, pauvre chevalier en 1184 du vivant de son frère aîné, fut seigneur d'Antoing et d'Espinoi après le décès de Goscelin II. Il épousa *Agnès* de Mons, fille de Goswin, châtelain de Mons, seigneur de Baudour, etc., et de Béatrix de Rumigny (7).

Ils eurent deux enfants, qui suivent :

1. Alard II d'Antoing, qui suivra, VI;

2. Goswin, dit Gossiel et Gosselin, est nommé avec son frère Alard et comme chevalier en 1214. Il fut châtelain ou capitaine du château d'Antoing en 1233, bailli dudit lieu en 1235, maïeur de la même localité en 1241 (8). Cette dernière fonc-

---

(1) *Annales de l'abbaye de Saint-Ghislain*, à la date de 1137.
(2) *Mém. de la Soc. hist. et litt. de Tournai*, t. xii, p. 46, 77 et 104. — Cte de Saint-Genois. *Monuments anciens*, t. i, 1re partie, p. 480; 2e partie p. 772. Chartes de 1176.
(3) *Mém. de la Soc. hist. et litt. de Tournai*, t. xii, p. 46 (Cartulaire de Saint-Médard).
(4) Félix Brassart. *Une vieille généalogie de la Maison de Wavrin*. Douai, L. Crépin, 1877, in-8°, p. 22. — de Wavrin : D'azur à l'écusson d'argent posé en abîme.
(5) Aubertus Miræus. *Opera diplomatica*, t. 3, p. 164, en note. — Brassart. *Une vieille généalogie de la Maison de Wavrin*, pp. 20, 22 et 25.
(6) A. d'Herbomez. *Les Chartes de Saint-Martin*, t. i, p. 132.
(7) *Cartulaire de Saint-Médard*, pp. 77. 104. — Gilbert de Mons. *Chronique*, Edit. de Godefroy-Ménilglaise, Tournai, 1874, in-8°, tome i, pp. 84 et 286. — Bauduin d'Avesnes. *Chronique*, Edit. du baron Leroy, pp. 19 et 44.
(8) *Cartulaire de Saint-Médard*, pp. 156, 195, 197 et 233. —

tion pourrait donner à penser qu'il fut l'auteur de la famille des *le Maire* dits *d'Antoing* : Il n'en est rien.

VI. *Alard* II D'ANTOING, seigneur dudit lieu et d'Espinoi, chevalier, mort avant 1222, épousa vers 1203, Ida, prévôte de Douai, dame d'Escarpel et de Cuinchi-le-Prévost, fille du prévôt Gérard III et d'Ida *de Saint-Omer* (1). Devenue veuve avec un fils et deux filles, Ida convola avec Henri de Hondescote, chevalier, fils de Walter, sire de Hondescote, mort en 1204, fondateur du monastère des Trinitaires du Clair-Vivier audit lieu de Hondescote (2).

Alard II laissa donc un fils et deux filles; ce sont :

1. *Hugues* II D'ANTOING, qui suivra, VII;
2. MARIE, femme de *Philippe* DE PROUVY (3).
3. AGNÈS, femme de *Guillaume* DE GRANMÈS ou *de Grandmetz* (4).

VII. *Hugues* II D'ANTOING, seigneur dudit lieu, d'Espinoi, de Cuinchi-le-Prévost, est Hugues premier comme prévôt héréditaire de Douai. Né vers 1204, mort vers 1270, il fut chevalier. Il était majeur en 1224 (5) et se maria vers cette époque. Il épousa, en premières noces, *Phelippa* DE HARNES (6), laquelle vivait encore en 1239 (7). C'était une fille de Michel, maire héréditaire de Harnes en Artois, seigneur de Boulaere, lez-Grammont, ber de Flandre, connétable dudit comté, etc., et de Christiane de.... (8); et en secondes noces, *Marie* DE CYSOING (9), dame de Genech, fille de Jehan IV, seigneur de Cysoing

---

DOUËT D'ARCQ, *Collection de sceaux des Archives de l'Empire français*, t. 3, n° 10330. Sceau équestre, avec armoiries *brisées d'un lambel* sur le bouclier.

(1) Félix BRASSART, *Histoire du Château de Douai*, etc., Douai, L. Crépin, 1877, in-8°, t. I, pp. 335 à 342.

(2) Idem, ibidem, idem. Hondescote est Hondschote (Nord).

(3) LE CARPENTIER. *Histoire de Cambrai et du Cambrésis*, t. I, 2e partie, p. 93. — *Histoire du Château de Douai*, t. I, p. 343. — DE PROUVY : *D'or au double trescheur fleurdelisé de sinople, à la fasce de gueules frettée d'argent, brochant*.

(4) A. D'HERBOMEZ. *Les Chartes de Saint-Martin*, t. I, p. 392, charte du mois d'avril 1232. — DE GRANMÈS : *D'argent à la bande d'azur*. Cette famille était une branche de l'ancienne Maison *de Popuelles*, peut-être issue de la Maison *de Ligne*.

(5) BRASSART. *Histoire du Château de Douai*, t. I, p. 345.

(6) DE HARNES OU DE BOULERS (Boulaere) : *D'or à un écusson de gueules en abîme*.

(7) G. DEMAY. *Inventaire des sceaux de la Flandre*. N° 424.

(8) DE MARQUETTE. *Histoire du comté de Harnes*, t. I, p. 125. — BRASSART. *Histoire du Château de Douai*. T. I, pp. 344, 345.

(9) DE CYSOING : *Bandé d'or et d'azur*. — Marie DE CYSOING était surnommée *de Clairrive*.

et de Peteghem, ber de Flandre, chevalier, et de Marie de......, son épouse mentionnée dans une charte de 1226 (1).

Du premier lit, vinrent cinq enfants et du second, sept. Ces douze enfants suivent :

Du premier lit :

1. Michel d'Antoing, dit de Harnes, qui suivra, VIII ;

2. Hugues III D'ANTOING, qui suivra, VIIIbis;

3. Jehan d'Antoing, chevalier, seigneur de Bury et de Bitremont, qui porta *d'Antoing au lambel de trois pendants d'azur*, épousa *Béatrix* de Barbançon (2), dite *de Wierve*, veuve de Godefroid, seigneur de Winti (Windeke) et fille de Robert *de Barbançon*, chevalier, et de l'héritière de Vierve (3).

Nous lui connaissons trois enfants :

A. *Jehan* II, seigneur de Bury, Bitremont, etc., chevalier, vivant en 1317 (4). Il épousa *Béatrix* de Jauche (5), dite de Saint-Amand, héritière de la Prévôté de Saint-Amand en Pèvele, fille de Renier *de Jauche*, dit de Saint-Amand, chevalier, prévôt de Saint-Amand, et de Berthe de......

Le 23 décembre 1315, Jehan II et sa femme vendirent la prévôté de Saint-Amand à l'abbé et aux moines dudit lieu (6) et depuis le prévôt fut un ecclésiastique. De ce mariage, ne vint pas postérité.

B. *Hues* ou *Hugues* de Buri, écuyer, figura avec son frère Monseigneur Jehan de Buri, chevalier, dans un acte passé à Tournai en 1312 (7).

C. *Iolande* de Buri, chanoinesse de Mons en 1316 (8).

4° Béatrix *d'Antoing*, femme de *Jehan* de Rume (9), chevalier, seigneur de Rume, lez-Tournai, etc., fils de Bauduin Karon de Rume, le

---

(1) Th. Leuridan. *Les Sires de Cysoing*. Roubaix, Reboux, 1898, in-8°, pp. 46 et 52. — *Cartulaire de Notre-Dame de Courtrai*, publié par Ch. Mussely et Em. Molitor, pp. 57-58 ; — Fonds de Saint-Pierre à Lille, acte original ; — Fonds de Cysoing. — *Chronique de Gislebert de Mons*, Edition du Bouquet, t. xii, p. 563.

(2) de Barbançon, *D'argent à trois lions de gueules, armés, lampassés et couronnés d'or*. — La branche de Vierve porta : *d'azur à trois lions d'or, armés, lampassés et couronnés de gueules*.

(3) Cte de Saint-Genois. Mon. anc., t. i, 2e partie, p. 725.

(4) Archives de Tournai, *Chirographes de la cité*, Layettes de 1312 et 1317.

(5) de Jauche : *De gueules à la fasce d'or*.

(6) Communication de M. Auguste Bocquillet.

(7) Arch. de Tournai, *Chirographes de la cité*, Layettes de 1312.

(8) Cte de Saint-Genois, *Mon. anc.*, t. i, page 362.

(9) de Rume : *D'argent à la fasce de sable*. Cimier : *un buste de more diadémé d'argent*.

neveu, chevalier, seigneur de Rume, et d'Elisabeth de...... (1).

5° ALIX *d'Antoing*, femme de *Guillaume* DE MARBAIS (2), chevalier?

Du second lit :

6° ALARD D'ANTOING, qui suivra, VIII^{ter};

7° WAUTIER D'ANTOING, qui suivra, VIII^{quater};

8° MARIE *d'Antoing*, femme de *Jehan* DE BARBANÇON, chevalier, seigneur dudit lieu, de la Buissière (lez-Thuin), de Jeumont, Merbes, Marpent, etc., pair de Hainaut, mort le 13 février 1312 (1313 n. st.), fils de Nicolas, seigneur de Barbançon, et d'Elisabeth *de Soissons* (3);

9. JEHAN *d'Antoing*, clerc, prêtre, chanoine de la cathédrale de Cambrai, archidiacre d'Anvers en l'église métropolitaine de ladite ville en 1275 (4), grand archidiacre de Cambrésis en 1295 et 1299 (5);

10. ARNOULD *d'Antoing*, clerc, prêtre, archidiacre de Valenciennes et chanoine de Cambrai (6). En 1299, il avait des droits sur l'église et paroisse de Kain (7);

11. IDA *d'Antoing*, seconde femme de *Nicolas* DE BARBANÇON, chevalier, seigneur de Villers-le-Bocage (depuis Villers-sire-Nicole), de Boussois, Braine, etc., veuf d'Alexandrine *dou Ruès*, dame de Husseignies et de Boussut-lez-Walcourt. C'était le frère cadet de Jehan, seigneur de Barbançon qu'on a vu plus haut (8). Leur fille unique, Ida *de Barbançon* épousa Thierri *de Senzeille*, seigneur dudit lieu.

12. GILLES D'ANTOING, qui suivra, VIII^{quinties}.

VIII. *Michel* D'ANTOING, chevalier, maire héré-

---

(1) Il ne faut pas confondre Bauduin *Karon de Rume*, le neveu, fils de Rabodon, seigneur de Rume, avec son oncle des mêmes prénoms qui en 1184 passa du service du comte de Flandre à celui du comte de Hainaut. Celui-ci n'eut pas de postérité et périt dans les guerres de l'empire latin de Constantinople. Une chose à remarquer c'est que dans la Maison de Dossemer-Rume, le surnom *Karon* s'annexe toujours au prénom BAUDUIN, de même que chez les de Mortagne, *Radoul* s'annexe toujours à EVERARD, mais jamais à aucun autre prénom.

(2) DE MARBAIS : *D'argent à la fasce de gueules, accompagnée en chef de trois merlettes du même, rangées.*

(3) Toutes les généalogies de la Maison de Barbançon.

(4) G. DEMAY, *Inventaire des sceaux de la Flandre*, N° 6110.

(5) Cte DE SAINT-GENOIS. *Mon. anc.*, t. I, 2e partie, p. 841. — G. DEMAY. *Inventaire des sceaux de la Flandre*, N° 6101.

(6) Cte DE SAINT-GENOIS. *Mon. anc.*, t. I, 1re partie, p. 313.

(7) ARCH. DE TOURNAI. *Chirographes de la cité.* Layette de 1299.

(8) La première femme de Nicolas *de Barbançon* est nommée dans une charte imprimée dans le tome XXV des Mémoires de la Société hist. et litt. de Tournai. Elle figure en la page 261.

ditaire de Harnes, avait atteint sa majorité en 1247 (1). Sa mairie de Harnes, qui était un fief tenu de l'abbaye de Saint-Pierre du Mont-Blandin de Gand, était un office et non la seigneurie de la terre de Harnes dont le seigneur était l'abbé de la dite abbaye. Il mourut avant 1269 ayant été marié deux fois. Il épousa, en premières noces, *Béatrix* DE GAVRE, dite *de Liedekerke* (2), fille de RASSE *de Gavre*, chevalier, seigneur de Liedekerke, etc., et de Sophie *de Bréda*, et, en secondes noces, N...... DE PICQUIGNY (3). Du premier lit, vinrent six enfants et du second naquit une fille. Ces enfants suivent ; ce sont :

Du premier lit :

1. HUGUES D'ANTOING, dit DE HARNES, qui suivra, IX ;

2. MICHEL *d'Antoing*, dit *de Harnes*, chevalier en 1275, fut seigneur du Quint de Harnes et à Cuinchi-le-Prévost (4);

3. JEHAN *d'Antoing*, dit *de Harnes*, chevalier, maire héréditaire de Harnes après la mort de son frère Hugues, fut aussi seigneur du Pont-à-Vendin. Il épousa avant avril 1285, *Marie* DE CONFLANS (5), dont le nom est parfois écrit *Desconvlans* dans des chartes. C'était la veuve de Jehan de Mortagne, chevalier, châtelain de Tournai, seigneur de Mortagne, etc., et la fille d'Eustache II *de Conflans*, chevalier, seigneur dudit Conflans, etc., et de Heluide (Helouide) *de Thorotte* (6). Son sceau et celui de sa femme se trouvent décrits dans l'Inventaire des sceaux de la Flandre publié par Germain Demay, sous les Nos 1021 et 1022. Dans le sceau de Jehan, *le lion a la queue fourchée*, et dans le sceau de la femme, le second écu, qui est celui de Conflans, porte un *lion sur champ billeté*. La date de la charte à laquelle ces sceaux sont appendus est le 25 mai 1287.

---

(1) A. D'HERBOMEZ. *Les Chartes de Saint-Martin*, t. 2, p. 21. — Dans la charte, MICHEL est dit *fils aîné*.

(2) DE LIEDEKERKE : *De gueules a trois lions d'or, armés, lampassés et couronnés d'azur*.

(3) DE PICQUIGNY : *Fascé d'argent et d'azur ; à la bordure de gueules*.

(4) ALBERT DE MARQUETTE. *Histoire du comté de Harnes*. Lille, Lefebvre-Ducrocq, 1867, in-8°, tome I, pp. 157 et 159.

(5) DE CONFLANS : *D'azur semé de billettes d'or, au lion du même brochant sur le tout*, qui est DE BRIENNE. La maison féodale, royale et impériale *de Brienne* et celle *de Conflans* ont une origine commune.

(6) A. D'HERBOMEZ. *Histoire des châtelains de Tournai*, Mémoires de la Société historique et littéraire de ladite ville, tome 24, p. 97. — *Preuves de ladite histoire*. Mémoires, t. 25, p. 261.

Jusqu'à ce jour Jehan et son frère Michel ont été présentés comme enfants de leur frère Hugues et d'Iolande de Barbançon : C'était une grave erreur. En effet leur aïeul Hugues, qui ne peut être né avant le commencement du XIII° siècle et que feu Félix Brassart dit né vers 1203 ou 4, ne saurait être leur bisaïeul, et c'est pourtant ce qu'il devient si l'ancienne filiation est maintenue. Ce bisaïeul aurait donc 71 à 72 ans, lorsque son arrière-petit-fils Michel reçoit l'ordre de chevalerie, c'est-à-dire en 1275. Chacun comprendra l'impossibilité du fait. Jehan *de Harnes* vendit à Nicolas de Barbançon, chevalier, seigneur de Villers-Bocage une rente de cent livres tournois qu'il tenait en fief sur le péage de Maulde-sur-Escaut. Ce fief avait pour suzeraine, Marie damoiselle de Mortagne et de Vierzon, châtelaine de Tournai qui donna son consentement à cette transaction, le 24 mars 1304 (1305 n. st.), alors que son bailli de Mortagne était Thomas de le Haye (1).

Jehan *d'Antoing*, dit *de Harnes* ne laissa pas de postérité légitime et fut le dernier hoir mâle de sa branche. Son neveu Jehan *de Lens* (en Hainaut) devint maire de Harnes et seigneur de Pont-à-Vendin ;

4. Marie *d'Antoing*, dite *de Harnes*, abbesse de la Brayelle d'Annai, lez-Harnes de 1277 à 1284. Elle doit être morte le 19 mars 1283 qui est 1284, n. st. (2) ;

5. Clarisse *d'Antoing*, dite *de Harnes*, femme *d'Eustache* de Lens (3), chevalier, seigneur de Lens en Brabant (aujourd'hui en Hainaut). Elle mourut en 1306 (4). Sa postérité continua les maires de Harnes ;

6. Phelippa *d'Antoing*, dite *de Harnes*, mariée à *Eustache* V de Hainaut (5), seigneur du Rœulx, etc., surnommé Canivet, chevalier. Elle ne laissa pas d'enfants et son mari convola avec

---

(1) A. d'Herbomez. *Preuves de l'Histoire des Châtelains de Tournai*. Mémoires de la Société hist. et litt. de ladite ville, t. 25, p. 260. — Ci-devant, p. 94, note 2 : Au lieu *D'azur*, lisez : *D'argent*.

(2) A. De Marquette. *Cartulaire et abbesses de la Brayelle d'Annai*, Lille, Lefebvre-Ducrocq, 1885, in-8°, pp. 127 à 130.

(3) de Lens : *D'azur à trois lions d'argent, couronnés d'or*. — Il s'agit ici d'une ancienne maison du Hainaut qui n'a rien de commun avec la Maison artésienne dudit nom.

(4) A. De Marquette. *Histoire du comté de Harnes*, t. I, p. 250.

(5) de Hainaut du Rœulx : *D'or à trois lionceaux de gueules, armés et lampassés d'azur, couronnés d'or*.

Agnès *de Trazegnies*, héritière dudit lieu et de la pairie de Silly. C'était le fils d'Eustache IV, seigneur du Rœulx, et de Marie *de Trith*, héritière dudit lieu (1).

Du second lit :

7. MARIE *d'Antoing*, dite *de Harnes*, seconde du prénom, épousa *Arnould II* DE CYSOING, chevalier, seigneur dudit lieu, ber de Flandre, etc., fils de Hellin II, chevalier, et de N...... *de Gavre*, sa première femme (2). Nous lisons dans un chirographe daté de 1294. « Medame Marie *de Harnes*, dame de Chisoing » (3). Elle n'eut pas d'enfants et son époux eut pour hoir féodal, son frère germain, Hellin III.

IX. *Hugues* D'ANTOING, dit de Harnes, écuyer, maire héréditaire de Harnes, seigneur du Pont-à-Vendin, épousa *Iolente* DE BARBANÇON, fille de Nicolas *de Barbançon*, seigneur dudit lieu, etc., chevalier, et d'Elisabeth *de Soissons*. Il dut mourir avant 1284, sans laisser postérité.

BRANCHE D'ANTOING ET D'ESPINOI.

VIIIbis. *Hugues III* D'ANTOING, chevalier avant 1265, seigneur d'Antoing, d'Espinoi, etc., est Hugues II comme prévôt de Douai. En 1265, il avait déjà la prévôté de cette ville et possédait le domaine de Cuinchi-le-Prévost. Alors il était surnommé *le Jeune*, car son père vivait encore. Son sceau se trouve décrit dans l'Inventaire des Sceaux de la Flandre de Demay sous le N° 5316 et dans l'Inventaire des Sceaux de l'Artois du même auteur, sous le N° 1498 (4). Il est équestre et le bouclier, de même que la housse, est chargé d'un *lion sur champ semé de croisettes*. Le premier exemplaire est appendu à une charte de 1265 (5) et le second à une charte datée de 1269 (6).

Comme on l'a vu, ci-devant, p. 161, Hugues III

---

(1) F. V. GOETHALS. *Dictionnaire généalogique et héraldique*. Bruxelles. Polack-Duvivier, 1849, in-4°, t. 2, p. 319.

(2) TH. LEURIDAN. *Les Sires de Cysoing et leur domaine féodal*. Roubaix, Reboux, 1898, in-8°, p. 85.

(3) ARCHIVES DE TOURNAI. *Chirographes de la cité*. Layette de 1294.

(4) Paris, Imprimerie nationale, 1877, in-4°, p. 162.

(5) ARCHIVES DÉPARTEMENTALES DU NORD *Fonds de l'abbaye de Saint-André du Câteau*, charte d'août 1265.

(6) ARCHIVES DÉPARTEMENTALES DU PAS DE CALAIS. Lettres de garantie fournies au comte de Saint-Pol à l'occasion du mariage de son fils avec Marguerite *de Flandre*, mars 1269 (1270 n. st.).

était le deuxième fils de Hugues II et de Phelippa de Harnes. Né vers 1230, il mourut après le 24 mai 1301 et avant 1304 (1). Il fut marié deux fois. Il épousa, en premières noces, avant 1260, *Sibille* DE WAVRIN, seconde fille de Robert II *de Wavrin*, chevalier, sénéchal de Flandre, seigneur de Lillers. Saint-Venant, etc., et d'Eustachie *de Chastillon-Saint-Pol*, sa première femme ; et, en secondes noces, avant 1284, *Isabeau* DE BÉTHUNE (2), veuve en premières noces avec enfants, de Jan *van Steelant*, chevalier, avoué d'Usse (Huysse, Flandre orientale), et, en secondes noces, aussi avec enfants, de Hellin *de Wavrin*, chevalier, seigneur de Haponlieu et de Dourges (3). C'était la fille cadette de Robert *de Béthune*, chevalier, seigneur dudit lieu, Tenremonde, etc., avoué d'Arras, et d'Isabelle *de Moriamez*. Elle était belle-sœur de Gui, comte souverain de Flandre et marquis de Namur, veuf de sa sœur aînée, Mehaut de Béthune.

Nous avons trouvé Hugues III mentionné avec ses fils, Hugues et Hellin dans un acte tournaisien daté de 1296 (4). De sa première union, vinrent quatre fils, savoir :

1. HUGUES IV D'ANTOING, qui suivra, IX ;

2. ROBERT d'Antoing, chevalier, prévôt de Douai par cession de la Prévôté que lui fit son père, figure comme chevalier et avec son père dans une charte datée d'octobre 1300 (5). Robert porta au *lion sur champ semé de croisettes recroisettées au pied fiché* (6). C'était comme il a été dit ci-devant le scel dont usait son père en sa jeunesse lorsqu'il était prévôt de Douai. Mais en 1286, le sceau de Hugues III ne porte plus les croisettes (7), ce qui prouverait qu'alors déjà il avait cédé à son deuxième fils, la prévôté douaisienne. Dom Caffiaux, à la page 195 de son Trésor généalogique, fait vivre le prévôt Robert d'Antoing en

---

(1) *Annales du Cercle archéologique de Mons*, tome IX, pp. 129 et 131. — *Cartulaire d'Antoing*, pp. 90 et 92.

(2) DE BÉTHUNE : *D'argent à la fasce de gueules.*

(3) F. BRASSART. *Une vieille généalogie de la Maison de Wavrin*, pp. 27 et 26.

(4) ARCHIVES DE TOURNAI. *Chirographes de la Cité et actes des voirs-jurés*, layette de 1296.

(5) F. BRASSART. *Histoire du château de Douai*. Preuves, 1er fascicule, p. 135, Preuve LXXXV, 5º.

(6) G. DEMAY. *Inventaire des sceaux de la Flandre*, t. 2, Nº 5317. Sceau appendu à une charte datée d'octobre 1300.

(7) DOUËT D'ARCQ. *Collection des sceaux des Archives de l'Empire français*, t. 3, p. 315, Nº 10332.

1224 : erreur énorme. Robert ne paraît pas avoir pris d'alliance ;

3. HELLIN d'*Antoing*, clerc, chanoine de l'église collégiale de Lillers en juin 1295 (1), figure avec son père dans un acte tournaisien de 1296 où son frère Hugues est aussi mentionné. En 1313, il était chevalier (2) ;

4. COLART ou NICOLAS d'*Antoing*, écuyer, se trouve nommé avec ses trois frères dans le testament que leur père fit dans le mois de janvier 1284 (1285 n. st.) et que Félix *Brassart* donne *in-extenso* sous le N° LXXXVI (86) à la page 137 du premier fascicule des Preuves de l'Histoire du Château de Douai, où il en parle au tome I, pp. 352 et 361 (3). Selon toute probabilité, Colart ne se maria pas.

IX. *Hugues IV d'Antoing*, chevalier, sire d'Antoing, Espinoi, etc., fut qualifié du vivant de son père, seigneur de Buggenhout, grande seigneurie située près de Termonde et que sa première femme lui apporta en dot. En 1308, il se dit seigneur d'Antoing, d'Epinoi, etc., ayant alors succédé à son père, mais comme il est veuf et remarié, le fief de Buggenhout est passé à son deuxième fils, Henri, hoir féodal de sa mère décédée.

En son Histoire du Château de Douai, page 358, F. Brassart a mal interprété l'analyse donnée par Dom Caffiaux (4) de l'acte de 1308 qui se trouvait et doit être encore dans les titres du chapitre de Sainte-Waudru aux Archives de l'Etat à Mons. Il est évident que dans cette charte, Jehan d'Antoing, seigneur de Buri, est oncle de Hugues, sire d'Antoing, et non du fils de celui-ci.

Hugues IV fut marié deux fois. Il épousa, en premières noces, *Elisabeth* DE GRIMBERGHE, dite D'ASSCHE (5), dame de Buggenhout, Eppeghem, Sempst, Anderlecht (en partie), etc., fille de Henri *de Grimberghe*, dit *d'Assche*, chevalier, sire de Buggenhout, etc., et de Mathilde de.... (6) ;

(1) *Annales du Cercle arch. de Mons*, t. IX, p. 119, et suivantes. — *Cartulaire d'Antoing*, p. 66.
(2) ARCHIVES DE TOURNAI. *Chirographes de la Cité*, Layette de 1313.
(3) ARCHIVES DÉPARTEMENTALES DU NORD. *Chambre des comptes*. B. Carton 219, copie du temps sur parchemin.
(4) *Trésor généalogique*, p. 196.
(5) DE GRIMBERGHE dit D'ASSCHE : *D'or a la fasce d'azur, au sautoir de gueules brochant sur le tout*.
(6) Christophe BUTKENS. *Trophées de Brabant*, t. I, p. 619; t. II, pp. 159-160.

et en secondes noces, avant 1308, *Mehaut* DE PINKENGNY (Picquigny), dame de Gouy en Artois (1), etc., fille de Jehan, seigneur de Picquigny, etc., vidame d'Amiens, chevalier, et de Marguerite *de Beaumez*. Mehaut, qui vivait encore en 1338 était alors dame viagère d'Espinoi et prévôte de Douai (2).

Hugues mourut vers 1310 laissant de son premier mariage, quatre enfants qui suivent :

1. HUGUES V D'ANTOING, qui suivra, X ;
2. HENRI I D'ANTOING, qui suivra X^{bis} ;
3. GÉRARD D'ANTOING, qui suivra X^{ter} ;
4. MARGUERITE *d'Antoing*. Son existence est prouvée par une charte de l'abbaye de Ghislenghien datée du 12 janvier 1356 (1357 n. st.) où cette damoiselle est dite sœur de feu Mgr Henri d'Antoing, seigneur de Bughenot (3). Elle fut chanoinesse du chapitre noble de Sainte-Waudru à Mons (4).

X. *Hugues V*, sire d'Antoing et d'Espinoi, prévôt de Douai, n'avait les deux derniers titres qu'en nue-propriété, car sa belle-mère en était usufruitière. Il était chevalier en 1310 lorsqu'il figura au Tournoi de Mons (5). Son mariage eut lieu avant 1305. Il épousa *Marie* D'ENGHIEN (6), dite *de Sottenghien*, dame de Sotteghem, Houdain, etc., châtelaine ou vicomtesse de Gand, fille et héritière de Gérard *d'Enghien*, chevalier, seigneur de Sotteghem, etc., et de Marie, châtelaine héréditaire de Gand, dame de Houdain en Artois. Devenue veuve avant 1315 (7), Marie d'Enghien convola avec le prince Guy de Flandre-Dampierre-Bourbon, seigneur de Richebourg qui, en 1318, le 24 juin, se qualifiait seigneur d'Antoing comme *bail* de sa belle-fille, Isabeau, héritière dudit lieu (8).

(1) G. DEMAY. *Inventaire des sceaux de la Flandre*, t. II, N° 5318.
(2) ARCHIVES DÉPARTEMENT. DU NORD. *Fonds de Saint-Amé de Douai*. Accord pour la construction et l'exploitation de moulins à brai, 18 mars 1337 (1338 n. st.).
(3) *Bulletins de la Société historique et littéraire de Tournai*, t. XIV, p. 190.
(4) Cte DE SAINT-GENOIS, *Mon. anc.*, t. I, 1re partie, p. 362.
(5) *Compte rendu des séances de la commission royale d'histoire de Belgique*, 3e série, 1863, in 8°, p. 254.
(6) D'ENGHIEN : *Gironné d'argent et de sable de dix pièces, chaque giron de sable chargé de trois croix recroisettées au pied fiché d'or, les pieds dirigés vers le cœur de l'écu*.
(7) D'après une épitaphe qu'on voyait autrefois dans l'église d'Antoing, Hugues V serait mort en 1312, et sa femme en 1315, mais celle-ci devait vivre encore en 1318.
(8) Cte DE SAINT-GENOIS. *Mon. anc.*, t. I, p. 40. — L. DEVILLERS.

Hugues V fut père de deux enfants :

1. Hugues d'*Antoing*, mort au berceau ;
2. Isabelle ou Elisabeth, dite Isabeau d'Antoing, qui suivra XI.

XI. *Isabeau* d'Antoing, dame d'Antoing, d'Espinoi, de Sottenghien (ou Sotteghem), de Houdain, lez-Béthune en Artois, etc., vicomtesse de Gand, et prévôte de Douai (1), ne put prendre possession de la terre d'Espinoi et de la prévôté douaisienne qu'après le décès de Mehaut de Picquigny, veuve de son aïeul Hugues IV, c'est-à-dire après 1338. Elle fut mariée trois fois. Elle épousa, en premières noces, *Henri* de Louvain (2), seigneur de Gaesbeek, Herstal, Leeuwe (Léau), Baucignies, Montcornet, etc., fils de Jehan *de Louvain*, chevalier, seigneur desdits lieux, surnommé Tristan (issu légitimement de la Maison ducale et souveraine de Brabant), et de Félicitas *de Luxembourg*, de la Maison ducale, impériale et royale de ce nom. Ce prince étant mort en 1324, Isabeau, veuve sans enfants, convola l'année suivante avec *Alphonse* de Castille, dit *de la Cerda* et plus souvent *d'Espagne* (3), fils naturel, légitimé par mariage subséquent, d'un autre Alphonse et d'une dame normande dont le nom est resté inconnu (4) ; petit-fils de Ferdinand, prince héréditaire de Castille et de Léon, surnommé de la Cerda, et de Blanche de France, fille du roi Louis IX (Saint-Louis).

Le deuxième époux d'Isabeau avait été clerc et archidiacre de Josas en l'Eglise de Paris. Il quitta l'état clérical pour prendre le parti des armes et voulut alors se marier, car il n'avait pas pris les ordres majeurs. Beaucoup de dames et de damoiselles le refusèrent à cause de son ancienne profession de cléricature, mais enfin il épousa « la

---

Monuments pour servir à l'histoire des Provinces de Namur, Hainaut et Luxembourg. Bruxelles, 1874, in-4°, t. III, p. 716, en note.

(1) G. Demay. *Inventaire des sceaux de la Flandre*, t. I, n° 61.

(2) Butkens. *Trophées de Brabant*, t. I, p. 618. — de Louvain : *De sable au lion d'argent, couronné d'or*.

(3) d'Espagne : *Parti* : A. coupé, en chef, de gueules à une tour sommée de trois tourelles d'or (Castille), *et*, en pointe, d'argent au lion de gueules couronné d'or (Léon) ; B. d'azur semé de fleurs de lis d'or (France, ancien). Douët d'Arcq. *Collection de sceaux*, t. I, n° 2103.

(4) Continuation anonyme de la chronique de Jean de Saint-Victor. *Recueil des histoires des Gaules et de la France*, t. 21, 1226 à 1328. Paris, 1855, in-folio, p. 686*ef* et 688*b*.

damoiselle de Gand » dont il eut un fils né à Bicêtre près Gentilly (1).

Alphonse d'Espagne, chevalier, baron de Lunel, lieutenant-général du Roi de France sur la frontière de Flandre en 1325, puis sur les frontières de Gascogne en 1326, fut victime dans ce nouveau poste d'une fièvre quarte. Il en mourut au mois d'août 1327 dans l'hôtel du comte de Savoie à Gentilly, lez-Paris (2).

De nouveau veuve, Isabeau d'Antoing reconvola par contrat passé à la Neufville en Hez, le lundi 30 novembre 1327, avec *Jehan* DE MELEUN ou *de Melun* (3), vicomte dudit lieu, seigneur de Montreuil-Bellay, Blangy, etc., chevalier, grand chambellan de France, veuf de Jehanne de Tancarville, héritière dudit lieu, et fils aîné d'Adam III, vicomte de Melun, seigneur dudit Montreuil, etc., chevalier, et de Jehanne *de Sully*.

Jehan de Melun mourut dans le second semestre de l'an 1347, et fut inhumé dans l'église de l'abbaye du Jard ou du Gard, en Picardie. Quant à Isabeau d'Antoing, elle décéda le 6 décembre 1354 et fut enterrée dans l'église collégiale de Notre-Dame d'Antoing où se voyait son tombeau, orné de ses quartiers de noblesse :

    ANTOING, *Assche;* ENGHIEN, *Gand*.

Ses enfants furent :

Du second lit :

1. CHARLES *d'Espagne*, dit de la Cerda, chevalier, comte d'Angoulême, baron de Lunel, seigneur de Benaon, etc., traîtreusement assassiné à Laigle en Normandie dans la nuit du 8 au 9 janvier 1353 (1354 n. st.) par ordre de son parent, Charles II de France-Evreux, surnommé le Mauvais, roi de Navarre. Il avait épousé en 1351, Marguerite *de Blois-Chastillon*, fille de Charles, dit le Saint, chevalier, seigneur de Laigle, etc., et de Jehanne de Bretagne, comtesse de Penthièvre, vicomtesse de Limoges, dame de Guise, Mayenne, Avaugour, etc., prétendante au duché de Bretagne. Il n'en eut pas d'enfants et son hoir

---

(1) Idem, ibidem. Pages 688 et 690.
(2) Id., ibid., id.
(3) DE MELUN : *D'azur à sept besants d'or, 3, 3 et 1, et au chef du même.* Cimier : *une tête et col de taureau d'or, posée de front, le col d'azur, chargé de sept besants, 3, 3 et 1.* Cri d'armes : A moi Melun!
— Il est bien entendu que Jehan *de Melun* n'est nullement le Jehan *Danthoing* du Tournoi des XXXI rois, malgré ce qui en a été dit page 178 de l'année 1909 de cette revue.

féodal fut sa mère, Isabeau d'Antoing, dont les fiefs passèrent au fils né de son troisième mariage (1).

Du troisième lit :

2. HUGUES *de Melun*, seigneur d'Antoing, d'Espinoi, de Sotteghem, etc., châtelain de Gand, chevalier banneret, auteur des barons d'Antoing, comtes puis princes d'Espinoi ; des comtes de Melun, des marquis de Roubaix, des marquis de Richebourg, des comtes de Beausart, etc., toutes branches qui s'éteignirent dans le XVIIIe siècle. Le dernier représentant de la ligne aînée fut Louis *de Melun*, prince d'Epinoi et duc de Joyeuse, mort à Chantilly d'un coup d'andouiller qu'il reçut d'un cerf qu'il chassait, le 31 juillet 1724, et celui dont les filles terminèrent la ligne cadette fut Jean-François *de Melun*, comte de Beausart, marquis de Richebourg, prince de Vergne (à Wiers), seigneur de Walincourt, Sévigny, Clary, Sainghin-en-Weppes, etc., grand d'Espagne de 1re classe, gouverneur de Galice, général des dragons, capitaine-général des armées de S. M. Catholique, colonel du régiment des gardes-wallonnes, chevalier de la Toison d'or, gouverneur et commandant général de la province de Catalogne et des troupes de cette contrée, mort en 1735, après avoir épousé Marie-Françoise Schetz de Grobbendonck, dite d'Ursel, sœur de Conrard Schetz de Grobbendonck, premier duc d'Ursel et d'Hoboken, et fille de François, comte d'Ursel, d'Hoboken et du Saint-Empire et de Honorine-Dorothée de Hornes-Baucignies ;

3. MARIE *de Melun*, vivant sans alliance en 1374 ;

4. ISABEAU ou Isabelle *de Melun*, mariée en premières noces à *Pierre* DE FRANCE, comte de Dreux, seigneur de Montpensier, Aigueperse, etc., et, en secondes noces, par contrat du 11 juillet 1352, à Jehan DE FRANCE, dit *d'Artois*, comte d'Eu (2).

BRANCHE DE BUGGENHOUT.

X^{bis}. *Henri* D'ANTOING, chevalier, seigneur de Buggenhout (3), du Biez (à Wiers, Hainaut), de

---

(1) Voyez « JADIS », tome 3, p. 144 (septembre 1899).

(2) *Dictionnaire historique*, dit de MORÉRI, t. x, complément, pp. 36 à 40. — Édition de 1759.

(3) *Buggenhout*, commune de la Flandre orientale, sur le chemin de fer de Malines à Termonde, 4,500 habitants. Bois de 500 hectares. BEUKEN, *hêtres* ; HOUT, *bois*.

la franche avouerie de Vergne (aussi à Wiers), etc., eut la première de ces terres par hoirie maternelle. Dans son fief de Buggenhout, situé entre Bruxelles et Termonde, se trouvaient un beau château-fort et une superbe forêt de hêtres. En 1313, il figure comme sire de « Bughenot » à côté de son oncle, Mgr Hellin d'Antoing, chevalier, dans un acte passé à Tournai, puis encore dans un acte tournaisien de l'an 1323 (1). En 1330, il scella l'accord fait entre ses deux suzerains, le duc de Brabant et le comte de Hainaut.

Il rendit de bons services au roi de France, Philippe VI.

Ce monarque le récompensa par une donation de 200 livres parisis de rente perpétuelle à hypothéquer sur les revenus du vivier de Rodegnies et de cent arpents du bois de Glanchon, à l'entrée de Revellon en la terre de Mortagne. La charte de ce don est datée de Poissy, en mars 1339 (1340 n. st.) (2). Par lettres datées de Lay en avril 1339 (1340 n. st.), le même prince donne à Henri, la basse justice jusque 60 sols d'amende sur lesdits vivier et bois (3).

Par le décès sans postérité mâle de son frère aîné, Hugues V, HENRI devint *chef de nom et d'armes de la Maison* D'ANTOING. Voilà pourquoi son scel est aux armes pleines (4).

C'est ce que n'ont pas compris feus Albert de Marquette et Félix Brassart, qui se sont occupés successivement de la Maison d'Antoing, le premier dans son Histoire du Comté de Harnes, le second dans l'Histoire du Château et de la Châtellenie de Douai. Celui-ci au tome I de son ouvrage, page 37, note 3, désigne notre Henri d'Antoing comme un gentilhomme vivant en 1356, alors que dans la preuve qu'il cite à l'appui de son assertion, il s'agit d'une fondation d'obit faite en l'église de l'abbaye de Ghislenghien pour l'âme de *feu* Mgr Henri d'Antoing, seigneur de

---

(1) ARCHIVES DE TOURNAI. *Chirographes de la cité.* Layettes de 1313 et de 1323.
(2) Cte DE SAINT-GENOIS. *Mon. anc.*, t. 2, p. 4. — ARCHIVES DÉPARTEMENTALES DU NORD, à Lille. *Vidimus* du 9 avril 1407, scellé par Dom Mathieu, prieur du Val des Ecoliers à Mons, et signé par Estienne Viard, notaire impérial à Tongres (Notre-Dame), jadis diocèse de Cambrai.
(3) Cte DE SAINT-GENOIS. *Mon. anc.* t. 2, p. 4.
(4) J. TH. DE RAADT. *Les sceaux armoriés des Pays-Bas*, etc., Bruxelles, Société belge de librairie, 1897, in-8°, t. I, p. 174.

Bughenot et pour celle de la *demiselle* sa sœur (1).

Henri fut tué le 26 septembre 1345 à la bataille de Staveren en Frise (2). Il avait été marié deux fois. Sa première femme fut *Marie* de Havesquerque (3), fille de Renauld *de Havesquerque*, chevalier, seigneur dudit lieu de Havesquerque ou Haverskerke, etc., et d'Aleydis *de Mortagne* dite *d'Espierres* (4); la seconde fut *Isabeau* de Craon (5), veuve d'Olivier II, sire de Clisson, chevalier, et fille de Maurice V, sire *de Craon*, aussi chevalier, et de Mehaut ou Mathilde *Bertout van Mechelen* (6).

Cette Isabeau *de Craon* était mère par son premier mariage d'Olivier III, sire de Clisson, chevalier, qui, soupçonné de trahison envers le roi de France et en faveur des Anglais, fut décapité judiciairement, aux Halles de Paris, le 2 août 1343. C'est le père du fameux connétable assassiné en 1407. — Isabeau mourut le 30 juillet 1350 et fut enterrée dans la chapelle de Saint-Jean-Baptiste dite de Craon du couvent des Cordeliers à Angers.

Par lettres-patentes de Philippe roi de France adressées à son Sénéchal d'Anjou et du Maine, il est demandé à ce fonctionnaire de faire faire des informations au sujet du douaire que Isabelle de Craon, femme de Henri d'Anthoing, chevalier, sire de Bughenot, avait avant le commencement des guerres sur le chastel et la chastellenie de *Clichon*. Dans ces lettres datées de Paris, le 5 août 1343, sont rappelées celles du même prince datées de Villers-au-Loge, le 12 juillet précédent, adressées aux gens de compte à Paris, contenant que comme au commencement des guerres entre lui et le comte de Hainaut, il eut saisi et fait don au seigneur *de Clichon*, de ce que Isabeau de Craon possédait à raison de douaire au château et en la châtellenie dudit Clichon, par ce qu'elle demeurait avec Henri d'Anthoing, son mari dans le

---

(1) *Bulletins de la Société historique de Tournai*, tome 14, p. 190. Charte du 12 janvier 1357 (n. st.).
(2) Jean van Malderghem. *La bataille de Staveren*. Bruxelles, van Trigt, 1870, in-8°, pp. 31, 49 et 67. — Gelre. *Armorial*.
(3) de Haveskerque : *D'or à la fasce de gueules*.
(4) *Annales et Bulletins de la Société d'Archéologie de Belgique*, t. 3, p. 295.
(5) de Craon : *Losangé d'or et de gueules*.
(6) Bertrand de Broussillon. *Histoire de la Maison de Craon*. Paris, Alph. Picard, 1893, in-8°, t. 1, p. 213. Cet auteur ne cite pas l'alliance avec Antoing.

comté de Hainaut, et depuis à la requête de la Comtesse douairière de Hainaut, sa sœur, ayant accordé que tous les biens situés dans son royaume qui avaient été saisis sur ceux qui demeuraient au Comté de Hainaut leur fussent rendus, son intention est que, nonobstant le don fait au seigneur de Clichon, ledit douaire soit restitué à la dite dame Isabelle (1).

Henri d'Antoing n'eut d'enfants que du premier lit. Nous lui connaissons une fille qui suit, XI.

XI. *Isabeau* D'ANTOING, dame de Buggenhout, du Biez, etc., souveraine de Vergne, mourut le 18 août 1353. Elle fut enterrée dans l'église de Saint-Paul au couvent des Dominicains de Valenciennes près de son mari, *Gérard* DE WERCHIN (2), chevalier, seigneur de Werchin et de la pairie de la Longueville, pair et sénéchal héréditaire de Hainaut, mort en son hôtel de Werchin à Mons, le 9 octobre 1340, des blessures qu'il avait reçues dans le Tournoi qui eut lieu en ladite ville après la publication de la Trêve du 25 septembre de la même année. Issu de la Maison de Flandre-Hainaut, c'était le fils de Jacques *de Werchin*, chevalier, seigneur dudit lieu et de la Longueville, pair et sénéchal héréditaire de Hainaut, etc., et de Phelippa *de Beveren-Dixmude*, sa première femme (3).

La postérité issue de ce mariage s'allia aux Maisons *de Walincourt-Cysoing*, *d'Enghien-Fagnœulles*, *de Melun-Antoing* et *de Barbançon-Jeumont*.

De la dernière alliance, vinrent des enfants alliés aux familles *le Flameng de Canny-sur-Matz*, *de Ghistelles-Dudzeele*, *de Jauche* et *de Bailleul-lez-Pernes*.

L'arrière petit-fils de *Jehan* DE BARBANÇON dit DE WERCHIN (petit-fils de son fils Jacques et de

---

(1) BIBLIOTHÈQUE NATIONALE DE FRANCE. *Manuscrits français* (collection Joursanvault), n° 10430, p. 296. *Inventaire analytique des chartes*. Communication de M. Auguste Bocquillet.

(2) DE WERCHIN : *D'azur semé de billettes d'argent, au lion du même, armé et lampassé de gueules, brochant sur le tout*. Cimier : *un pennache en forme de pomme de pin, d'argent, d'azur et de gueules*. Cri de guerre : HAYNAULT!

(3) Phelippa *de Beveren-Dixmude* morte en 1306, inhumée dans l'église des Dominicains de Valenciennes, était fille de Thierri de Beveren, sire dudit lieu, lez-Roulers, 7° du prénom, et de Marguerite de Brienne, de la Maison royale et impériale de ce nom. Elle avait eu pour premier mari, Hugues IV, sire de Rumigny en Thiérache, et pour fille, Elisabeth *de Rumigny*, duchesse de Lorraine par son mariage avec le duc « et marchis » Thibaut II.

Jacqueline de Moy), dénommé *Pierre* DE BARBANÇON-WERCHIN (1), est le fameux sénéchal de Hainaut dont les Gueux du Tournaisis violèrent la sépulture à Chercq. De son épouse, Hélène de Vergy, il obtint Iolande *de Barbançon-Werchin*, qui épousa le 3 août 1545, Hugues de Melun, baron d'Antoing et prince d'Espinoi, descendant en ligne féminine de la branche aînée de la Maison d'Antoing (2).

La femme de *Jehan* DE BARBANÇON-WERCHIN se nommait *Jehanne* LE FLAMENG, dame héritière de Canny-sur-Matz, Varesnes (3), etc... Elle transmit ces terres à son quatrième fils, Christophe *de Barbançon*, qui, par son mariage avec Jehanne de Saarbrück, fille de Robert, comte de Roussy et de Braine, damoiseau de Commercy, fut l'auteur d'une branche alliée aux familles de Hénin-Liétard-Boussu, de Villers-Montgobert, de Joyeuse-Grandpré, de Suzanne (en Santerre), de Ricametz, de Lannoy-Molembaix, de Landré dit de Brie, de Pisseleu de Heilly, de Barret, de Rohan, de Waziers-Wavrin, de Schomberg, de Lisle-Marivaux, d'Angennes, du Prat de Nantouillet, de Viaulx et de Thou. Son dernier représentant mâle, Louis de Barbançon, marquis de Canny mourut en 1630, sans laisser postérité de ses trois mariages.

BRANCHE D'EPPEGHEM,
DU PLAISIET ET DE HAVERSKERQUE.

X^{ter}. *Gérard* D'ANTOING, écuyer, seigneur d'Eppeghem, Sempst, Merchten et dans Anderlecht épousa *Mathilde* MAES dite DE LEEFDALE (4).

Ils eurent deux fils, savoir :

1. ISAAC *d'Antoing*, valétudinaire. Son frère Henri administra ses biens en son nom (5);

2. HENRI D'ANTOING, qui suit, XI.

(1) C'est le fils de Nicolas *de Barbançon-Werchin* et d'Iolande *de Luxembourg.* Page 94, n. 2, art. Barbançon, lisez : *D'argent.*

(2) C'est leur fils, Pierre *de Melun* qui eut à femme, Phelippa-Chrestienne *de Lalaing-Montigny-Saint-Christophe,* l'héroïne du siège de Tournai de 1581.

(3) *Canny-sur-Matz,* Oise, arrondissement de Compiègne ; *Varesnes,* les-Noyon, même département et arrondissement.

(4) MAES dit DE LEEFDALE : *D'argent au chevron de sable, accompagné de trois maillets penchés de gueules.*

(5) ARCHIVES DÉPARTEMENTALES DU NORD. *Inventaire sommaire,* tome 2, p. 46, col. 1. — *Isaac* D'ANTOING est prénommé *Jacques* dans une généalogie du cabinet des titres à la Bibliothèque nationale de France. Son frère HENRI a été prénommé *Thierry* par feu Alphonse WAUTERS (*Histoire des environs de Bruxelles,* t. 2, p. 550).

XI. *Henri* d'Antoing, chevalier, reçut en don de son frère Isaac en 1376-77, la dîme, les terres et les revenus de Sempst (1). Il fut aussi seigneur de Noefmès à Granmès (Grandmetz, lez-Leuze). Il acheta vers 1379, les seigneuries du Plaissiet et de Haverskerque (2), et reçut en récompense de ses services, d'Iolande de Flandres, dame de Cassel, le fief du Pont d'Estaires par charte du 28 septembre 1387 (3). En 1389, il possédait en plus le fief de Baufremez (à Wazemmes) tenu de la Salle de Lille (4). En 1391, Mgr Henri *d'Antoing*, Madame Marie *de Clary*, sa femme, et leur fille Marie *d'Antoing*, achetèrent le fief des Soignies à Sainghin-en-Mélantois, qui leur fut vendu par Mgr Bétis d'Ollehain, chevalier (5).

Le sceau du Seigneur du Plaissiet (du Plessiet, du Plessis) est donné par G. Demay dans son Inventaire des sceaux de la Flandre sous le N° 422. Il se trouve appendu à une charte de 1391 et porte un écu au lion. Le casque est cimé de deux cornes (peut-être deux proboscides) et les supports sont deux griffons. Par le décès de son frère Isaac, Henri *était devenu à son tour, chef de nom et d'armes de la Maison d'Antoing dont il portait les pleines armes* (6).

Il est un des héros dont parle le plus volontiers Froissart. On le trouve dans les chroniques de cet auteur, en l'édition du baron Kervyn de Lettenhove au tome XIV, p. 222, comme vaillant homme; au tome XV, p. 222, comme gentil chevalier; dans le tome IX, p. 197, on raconte le danger qu'il courut à Ypres, lorsqu'avec Houart de le Houarderie et autres chevaliers, il combattait à la porte de Thourout, les révoltés gantois (7). Son cri d'armes poussé au combat de Commines est mentionné au tome X, p. 135. Dans ce dernier

---

(1) *Sempst*, Brabant, arrondissement de Malines. — A. Wouters. *Histoire des environs de Bruxelles*. Bruxelles, van der Auwera, 1855, in-8°, t. 2, p. 550.
(2) Archives départementales du Nord. *Inventaire sommaire*, t. 1, pp. 176, 193.
(3) Cte de Saint-Genois, *Mon. anc.*, t. 2, p. 10.
(4) *Registre des fiefs tenus de la Salle de Lille*. — Dom Caffiaux. *Trésor généalogique*, t. I, 1777, p. 197.
(5) Compte du bailli de Lille, finissant le 1er janvier 1391 (1392 n. st). — Dom Caffiaux. *Trésor gén.*, t. I, p. 197.
(6) *Armorial des chevaliers qui allèrent sur la « Kuinre » en Frise, en 1396*, publié à la Haye en 1889, par J.-O. Lyon, blasonneur de la Chambre suprême de noblesse des Pays-Bas. Planche 1, N° 15.
(7) Ce fait d'armes eut lieu en 1379. C'est dans ce combat que périt Jacques *du Chastel*, dit Houart de le Houarderie, chevalier.

volume, on le voit assistant aux funérailles du comte Louis, mort le 28 janvier 1382 (1383 n. st.), et aux nouvelles obsèques de la comtesse, femme dudit comte de Flandre, morte à Rhétel, cinq ans plus tôt et qui fut exhumée pour être enterrée près de son mari à Saint-Pierre de Lille. Cela se lit aux pages 281 à 284.

Dans le tome XIV, p. 186, nous trouvons Henri d'Antoing dans l'Ost (armée) du duc de Bourbon, Louis II, faisant croisade contre les Musulmans africains. C'est dans cette expédition qu'il arma chevalier, le jeune sire *de Ligne*, son parent (p. 222). Il est encore nommé aux pages 228 et 235 du même volume.

Il prit part à l'expédition du comte Guillaume d'Ostrevant, héritier de Hainaut, Hollande, Zélande et Frise, contre les Frisons révoltés en 1396. Le 4 décembre de ladite année, il reçut pour les dépenses que lui et ses compagnons avaient faites dans cette guerre, la somme de 200 couronnes du Roi dont il donna quittance à Colart Haguet, receveur de Hainaut (1).

Ce dernier fait est la preuve formelle que le seigneur du Plaissiet ne périt pas le 28 octobre 1396 à la Journée de Nicopolis en Bulgarie, massacré après le combat, comme le rapporte Froissart. C'était un autre Henri, mais un *de Melun* dit d'Antoing qui était à Nicopolis. Celui-ci, qui était fils de Hugues de Melun, baron d'Antoing, seigneur d'Espinoi, etc., et de Marguerite de Picquigny, sa première femme, avait épousé *Jehanne de Werchin*, fille aînée de Jacques II de Werchin, chevalier, sire dudit lieu, sénéchal de Hainaut, et de Jehanne d'Enghien-Fagnœulles, et n'en laissa pas d'enfants, alors que notre Henri, *vrai* D'ANTOING fut père de trois filles.

Henri d'Antoing, seigneur du Plaissiet, de Haverskercke, de Matringhem, du Pont d'Estaires, etc., chambellan du roi de France, Charles VI, mourut le 11 octobre 1397 et fut enterré dans l'église d'Estaires (2). Il avait épousé *Marie* DE CLARY (3), dame héritière dudit lieu (4), de

---

(1) L. DEVILLERS. *Cartulaire des comtes de Hainaut de 1337 à 1436*, t. III, p. 69.

(2) KERVYN DE LETTENHOVE (le baron J.). *Chroniques de Froissart*, tome XX, table générale, p. 98.

(3) DE CLARY : *d'argent à la fasce d'azur.*

(4) *Clary* est un village du département du Nord, mais nous croyons qu'il s'agit ici de *Cléry-Créquy*, Somme.

Machault (1), etc., laquelle vivait encore en 1417, selon le compte de la tutelle de Haquinet et Mariette Rastiel, enfants de feu Jacques Rastiel et de D^{lle} Marie du Proit. Dans ce compte rendu en 1417 et 1421, on lit au folio 27, recto : « Medame Marie de Clary, dame de Haveskier-que, veuve de feu Monseigneur Henry Dan-thoing » (2).

Ces époux laissèrent trois filles :

1. MARIE D'ANTOING, qui suivra, XII ;

2. MARGUERITE *d'Antoing*, dame de Baufremez (à Wazemmes, lez-Lille), en 1456 (3), épousa *Jan* VAN STAVELE (4), chevalier, seigneur d'Iseghem, etc., veuf de Catherine de Grysperre et fils cadet de Willem *van Stavele*, chevalier, seigneur dudit lieu, etc., vicomte de Furnes, et de Marguerite *van Heule*, dame d'Iseghem (5). Dont postérité : Seigneurs d'Iseghem (par héritage), de Havesquerque et d'Estaires (par achat) ;

3. JEHANNE *d'Antoing*, qui vivait encore en 1445, épousa *Jehan* DE FLAVY (6), chevalier, seigneur dudit lieu, de Bazentin, Froheux, Famechon, Maisières, etc, fils de Raoul *de Flavy*, chevalier, seigneur dudit lieu, etc., et de Blanche *de Nesle*. Le Carpentier fait erreur en donnant à Jehanne, le prénom de Marie (7). En 1445, Messire Hues (Hugues) de Lannoy, fit ajourner en justice, Messire Jehan de Flavy, bail et mari de Damoiselle Jehanne d'Antoing, hoir de feu Messire Henri d'Antoing (8). Les descendants de cette union s'allièrent aux *d'Auxy, de Crévecœur-Esquerdes, de Bruges de la Gruthuse* et *de Luxembourg-Ligny*.

XII. *Marie* D'ANTOING, dame de Machault, de Clary, du Plaissiet, de Haveskerque, du Pont d'Estaires, etc., fut aussi nue-propriétaire des seigneuries de Briffeuil, Wasmes et Bitremont,

---

(1) *Machault*. Il y a deux villages de ce nom, l'un près de Vouziers (Ardennes), l'autre près de Melun. Nous opinons pour celui-ci.

(2) ARCHIVES DE TOURNAI. *Comptes d'exécution testamentaire, de tutelle et de curatelle*. Paquets de 1417 et 1421.

(3) TH. LEURIDAN. *Statistique féodale du département du Nord. Le Mélantois*, Lille, Danel, 1900, in-8°, p. 228.

(4) VAN STAVELE : *d'hermine à la bande de gueules*.

(5) J. Gailliard. *Bruges et le Franc*, tome V, pp. 312 et 315.

(6) DE FLAVY : *d'hermine à la croix de gueules, chargée de cinq coquilles d'or, dont une en cœur*. Cimier : *un dragon d'or issant, le vol éployé*. Devise : QUAND VOUS VOUDREZ !

(7) *Histoire de Cambray et du Cambrésis*.

(8) *Bibliothèque communale et publique de Mons*. Manuscrit 113-303, t. 2, fol. 14.

que Jehan d'Antoing, chevalier, sire des dits lieux, avait vendues à la douairière du Plaissiet, née de Clary, en s'en réservant l'usufruit, comme nous le redirons plus loin. Le 19 janvier 1414 (1415 n. st.), elle épousa *Engelbert II* D'ENGHIEN (1), chevalier, seigneur de Rameru, le Follie, Tubise, Beerte, Bogaerde, Laerbeke, Beringen, etc., fils d'Engelbert I *d'Enghien*, chevalier, seigneur de Rameru, le Follie, Tubise, etc., et de sa seconde femme, Marie *de Lalaing*, dame de Haut-Silly, veuve en premières noces, de Guillaume *de Ligne*, baron dudit lieu, mort sans postérité avant 1387 (2). Feu Léopold Devillers dans son Cartulaire des comtes de Hainaut de 1337 à 1436, au tome III. p. 247, fait épouser à Engelbert d'Enghien, qu'il qualifie seigneur de Hordaing, Marie de Melun, dite d'Antoing, chanoinesse de Sainte-Waudru à Mons, qui épousa, vraiment, en 1404, Jehan de Lalaing, chevalier, seigneur de Hordaing et de Marpent, sénéchal héréditaire d'Ostrevant (3). Ce Jehan de Lalaing devint veuf et eut pour seconde femme, Mehaut de Gommegnies (de la Maison de Jauche), dame de Henripont (4).

Le sceau de Marie *d'Antoing*, dame de Machaut, épouse d'Engelbert d'Enghien se trouve sous le N° 827 dans l'Inventaire des sceaux de la Flandre de Demay. Il porte un écu parti d'Enghien et d'Antoing que soutient un ange. On le trouve appendu à la charte de fondation d'une chapelle à Estaires, datée du 22 janvier 1435 (1436 n. st.). La descendance de Marie d'Antoing s'est alliée dans la lignée légitime aux *T'Seraerts*, aux *de Chalons*, aux *d'Argenteau*, et par les descendances naturelles de ses fils, aux *de Bourgogne*, *d'Ooghe, de Bouzanton*, etc., (5).

---

(1) Le sceau d'Engelbert *d'Enghien* est donné sous le N° 826 dans l'*Inventaire des sceaux de la Flandre* de G. DEMAY. Les armoiries y sont accompagnées de deux lions supports tenant chacun une bannière. Celle à dextre, *échiquetée* (LA ROCHE-ATHÈNES), celle à senestre, *billetée, au lion* (DE BRIENNE).

(2) BUTKENS. *Trophées de Brabant*, t. II, p. 120. — Généalogies de la Maison de Ligne.

(3) *Souvenirs de la Flandre wallonne*, Douai, L. Crépin, 1877-78. *Le blason de Lalaing* par Félix BRASSART. Tiré à part, page 138.

(4) ARCHIVES DE L'ETAT A MONS. *Cartulaire des fiefs tenus du comte de Hainaut en 1410*, folio 178, N° 923.

(5) BUTKENS. *Trophées de Brabant*, t. II, p. 121.

Branche de Briffœuil.

VIII[ter]. *Alard* d'Antoing, premier fils du second mariage de Hugues II, sire d'Antoing, comme on l'a vu, ci-devant, p. 95, hérita de sa mère, Marie de Cysoing, la terre de Genech. Il devint aussi seigneur de Briffœuil, lez-Wasmes en Hainaut par l'achat que son père fit de cette terre, et posséda des tenures à Sin et Déchy, lez-Douai, qui de lui prirent le nom de *fief de Briffœuil*. On trouve ce dernier domaine en 1369 parmi les biens de la dame de Monmort, fille d'Alar t (1).

Chevalier avant 1274, Alard portait pour armoiries, l'écu au lion brisé d'un lambel de cinq pendants brochant, et se qualifiait ordinairement sire de Briffuel et de Genech (2). Son scel était équestre (3). En 1210, Alard tenait Amougies en hommage relevant de Jehan, dit sire d'Audenarde, baron de Pamele (4). En 1281, il avait une seigneurie en Grandmetz relevant du seigneur de Waudripont (5). Il est encore nommé dans une charte de 1282 (6).

Sa femme fut *Marie* de Thorotte (7), fille de Gaucher *de Thorotte*, chevalier, seigneur dudit lieu (dit aussi Tourotte, Oise), etc., châtelain de Noyon. Elle vivait encore en 1315, étant qualifiée « Madame d'Amougies » dans une charte où elle est dite aussi dame de Floreng ou Floraing, à Taintegnies, lez-Tournai (8).

De ce mariage :

1° Jehan d'Antoing, dit *de Briffuel* qui suivra, IX ;

2° Alard *d'Antoing*, chevalier, seigneur d'Amougies, de Ponenghe (à Baugnies), et dans Grand-

---

(1) Brassart, père. *Notes historiques sur les hôpitaux*. Douai, 1842, in-8°, p. 236. Hôpital de Saint Nicolas à Sin, lez-Déchy. — Félix Brassart. *Histoire du château de Douai*. pp. 241, 242 et 347.

(2) J. Th. de Raadt, *Les Sceaux des Pays-Bas*, t. I, p. 174. — Bon J. de Saint-Genois. *Inventaire analytique des Chartes des comtes de Flandre*. Gand, 1843, in-4°, N° 779.

(3) *Les sceaux des Pays-Bas*, t. I, p. 174, col. 1.

(4) Cte de Saint-Genois. *Mon. anc.*, t. I, 2e partie, p. 682.

(5) Idem, ibidem, idem, p. 696.

(6) Joachim Vos. *Cartulaire de l'abbaye de Saint-Médard de Tournai*, dans le t. XIII des Mémoires de la Société hist. et litt. de ladite ville, p. 15.

(7) De Thorotte : *d'argent semé de billettes de gueules, au lion du même, brochant sur le tout* (Honnecourt).

(8) Archives de Tournai. *Chirographes de la Cité*. Layette 1315. — Un chirographe de 1297, nous apprend que Willaumes, dit de Floraing était alors *mouturier* (métayer) pour Mgr de Briffœuil à Floraing, sous Taintegnies.

metz, Obigies, Russegnies, Rosne, Pottes, Callenelle, Wasmes, Briffeuil, etc., qui, en 1338 possédait le Bois de Lenclud dans le Bois de Kaumont (1). Il avait pour receveur en 1347, Gilles de Boustrout à qui Franke de Castre domicilié à Waudripont devait 38 florins d'or à l'écu du coin du Roi de France (2). Alard testa à Tournai le 23 septembre 1354 pardevant M^tre Simon d'Orke, tabellion royal. Il désigna pour exécuteur de ses dernières volontés, Mgr Gérard d'Antoing, seigneur de Gondecourt, son cousin ; Mgr Wille de Rhaingasvliet, seigneur de la Douve et Mgr Gilles de Bléqui, tous trois chevaliers ; sa propre fille, Béatrix de Briffuel ; Jehan Flokait ; Nicaise Assé, Ernoul de le Motte et Jehan de Belœil. Pour donner un protecteur à sa fille, il légua une rente de 20 florins d'or à l'écu devant durer autant que la vie de Béatrix, à Huart de Maude.

Un second testament repose aux Archives de Tournai sous la date de 1355.

Alard mourut le 22 juin de ladite année dans notre ville. Il y fut inhumé dans l'église des Récollets ou Cordeliers près du marche-pied du grand autel avec cette épitaphe : « Cy gist haus » hons et nobles messires Allars danthoing, sires » damougies, qui trespassa le 22e jour de juing » l'an de grasce 1355. Pries pour s'ame ». Cela était inscrit au chef d'une lame de cuivre posée par terre et qui portait en son milieu, la représentation d'un homme armé de pied en cap. Au circuit se lisaient quelques inscriptions morales avec huit quartiers, où se voyait l'écu D'ANTOING *au lambel à cinq pendants*, pour le premier. Le second quartier est *écartelé* aux 1 et 4, *d.... à neuf besants posés 3, 3 et 3 ; et aux 2 et 3, d.... au lion d....*; le troisième est *au lion sur champ billeté*; le quatrième est *au lion chargé sur l'épaule d'un écu à la bande ;* le cinquième est *d.... à la bande d....*; le sixième est *chargé de trois lions* ; le septième porte *un léopard lionné* ; enfin le huitième est un écu *au lion, brisé d'un lambel de trois pendants* (3).

---

(1) ARCH. DE TOURNAI. Greffe de la cité. *Chirographes*, Layette de 1338.
(2) Id., ibid., id. Layette de 1347.
(3) BIBLIOTHÈQUE DE LA VILLE DE TOURNAI. Ms. CCXXIV, p. 227. — Si les quartiers étaient bien ordonnés, ils porteraient les noms D'ANTOING, de Namur, de Cuinci-le-Prévôt, de Saint-Omer ; —

Alard avait épousé *Béatrix* DE CRAEULERS ou *de Craenlers* (*Craeyenlaere*), nommée dans ses testaments, et en avait obtenu, au moins, deux enfants :

A. *Jehan* D'ANTOING, écuyer, mort avant son père;

B. *Béatrix* D'ANTOING, dite la demoiselle d'Amougies, chanoinesse du Chapitre noble de Ste-Aldegonde de Maubeuge.

Alard fut aussi le père par Magnain ou Magdeleine Lekeniel, de deux enfants naturels dont les prénoms nous sont inconnus. Leur père leur légua deux cents florins d'or à l'écu à partager également. Ce legs fut hypothéqué sur la terre du Parc à Wasmes (1).

Mgr Alard de Briffeuil demeurait à Tournai, en la paroisse de Saint-Nicolas du Bruille;

3° ANNE *d'Antoing*, dite *de Briffuel*, épousa *Henri* DE BEVEREN (2), ancien clerc et chanoine de Saint-Donat à Bruges, qui avait abandonné la cléricature pour devenir chevalier et châtelain de Dixmude. C'était un fils de Thierri VII *de Beveren*, chevalier, et de Marguerite *de Brienne*. De ce mariage, est venue selon J. Gailliard, la Maison *van Dixmude* (3) ou de Disquemue.

4° RASSE *de Briffuel*, chevalier, seigneur de Floraing et de Taintegnies, avait en 1336, un procès contre Bauduin d'Auberchicourt, chevalier, seigneur d'Estaimbourg (4). En 1342, le 22 août, il jura sa bourgeoisie de Tournai comme l'avaient fait les autres chevaliers (5). Il demeurait dans la paroisse de Saint-Piat de ladite ville (6). C'est là qu'il testa le 22 avril 1348 après Pâques, et retesta le 21 avril 1351. Ses testaments nous apprennent qu'il fut marié deux fois; qu'il avait

---

DE CYSOING (et ce serait *un bandé*), *de Guines, de Bourghielle, de Lille*. Mais nous ne croyons pas qu'ils aient été placés dans l'ordre où les écussons des monuments funèbres se voient le plus souvent. Il semblerait même que le sculpteur y ait introduit un écu imitant l'écu de Melun écartelé d'Antoing, pour deuxième quartier. Une grosse partie de ces quartiers serait donc erronée.

(1) ARCHIVES DE TOURNAI. *Testaments*, Paquets de 1354 et 1355.

(2) DE BEVEREN-DIXMUDE : *Fascé d'or et d'azur de huit pièces ; au sautoir de gueules brochant*. Cimier : *un buste de more aux oreilles d'âne, tortillé d'argent, habillé d'un fascé d'or et d'azur*.

(3) BRUGES ET LE FRANC, tome I, *Généalogie van Dixmude*.

(4) Cte DE SAINT-GENOIS, *Mon. anc.*, t. I, première partie, p. 246.

(5) ARCHIVES DE TOURNAI. 5e *Registre de la loi* (N° 134 de l'Inventaire manuscrit), fol. 30, *recto*.

(6) L'obit de Rasse *de Briffœuil* se chantait à Saint-Piat, le 4 novembre. On le trouve sous la date du 4 novembre 1356 dans l'Obituaire de cette paroisse, conservé parmi les registres des Archives de Tournai et numéroté 62 dans l'Inventaire manuscrit.

pour frère, Fastré de Briffuel, chevalier, et pour neveux, Jehan et Robert de Monmort. Ses exécuteurs testamentaires furent Mgr Taillefiers de Rosne, chevalier, et Jakemes Descameng, père de Jehan Descameng qui fut légataire. Dans son dernier codicille, le testateur parle de ses fils, « li sires de Soriel et Briffaus ». Il faut entendre que ce sont ses petit-fils qu'il désigne ainsi.

Rasse épousa en premières noces, Œda DE LUCHIN (1), dame héritière dudit lieu, de Boussut (Bossuyt) sur l'Escaut, etc., fille, sans doute, de Nicolas *de Luchin*, chevalier, seigneur de Luchin (à Camphin en Pèvele) qui vivait en 1284 (2) ; et, en secondes noces, *Béatris* DE WAZIERS (3), issue de la Maison de Wavrin et fille de Nicolas *de Waziers*, chevalier, seigneur de Linselles, du Blaton (sous Linselles), de Commines sur la Lys, etc.

Béatris de Waziers testa à Taintegnies en novembre 1347 et choisit pour légataires, à défaut de postérité ou de parenté très-proche, ses frère et sœur bâtards, Colin et Mariien *de Waziers* (4).

Rasse fut père, par sa première femme, de deux filles ; savoir :

A. *Marie* DE BRIFFUEL, dame de Floraing, Taintegnies, Luchin, etc., épousa, en premières noces, *Jehan* DE MALVOISIN (5), chevalier, seigneur de Sorel (Somme, Ar¹ de Péronne) et de Happlaincourt, mort après 1350 et avant Pâques 1354 (6). Etant veuve, elle donna à bail pour neuf années, son manoir et ses terres de Lucin (Luchin) à Jaquemes Loste, fils de Jehan Loste (l'hoste ou l'hôte), de Baisiu (Baisieux-lez-Lille). Ce bail est daté du 13 avril, jour de Pâques 1354 (7). Peu après, elle convola avec *Jacques* DE CALONNE (8),

(1) DE LUCHIN : de...... à la croix de......
(2) ARCHIVES DE TOURNAI. *Chirographes de la Cité*, Layette de 1284.
(3) DE WAZIERS : *d'azur a un écusson d'argent posé en abîme* (de Wavrin) ; *a la cotice componée d'or et de gueules brochant en bande*, ou simplement *de gueules*.
(4) ARCHIVES DE TOURNAI. *Testaments*, Paquet de 1347.
(5) DE MALVOISIN-SOREL : *Ecartelé, aux 1 et 4, d'or à deux fasces de gueules* (Malvoisin) ; *aux 2 et 3, de gueules a deux léopards, l'un au dessus de l'autre* (Sorel). Cimier : *un lion assis*.
(6) LE CARPENTIER. *Histoire de Cambrai et du Cambrésis*, t. II, 4ᵉ partie, *Preuves*, p. 48. Avis, dit de père et de mère, datant de 1350, ou environ.
(7) ARCHIVES DE TOURNAI. *Chirographes de la Cité*, Layette de 1354.
(8) DE CALONNE : *d'hermine au léopard de gueules*. Cimier : *le léopard de l'écu passant entre deux cornes de buffle*. — Isabelle *de Calonne*, dame de Floraing et de Taintegnies, fille aînée de Marie de Briffuel, porta ces fiefs en dot à Jaqmart *des Aveules*, bourgeois de Tournai, qu'elle épousa en 1371, ayant à peine 16 ans.

surnommé Rifflart, chevalier, mort assassiné à Tournai par Jehan de Buillemont, écuyer, et ses complices, le 23 juillet 1385, et inhumé le 1ᵉʳ août à Blandaing (1).

Marie de Briffœuil laissa quatre enfants de son premier mariage ; ce sont :

a. GÉRARD *Mauvoisin*, dit *de Malvoisin*, chevalier, seigneur de Sorel, Happlaincourt, Garennelle, Floraing (à Taintegnies), et propriétaire d'Aubierbus (à Estaimbourg et Templeuve-Dossemer), etc., épousa *Katherine* DE CHIN (2), fille de Gilles, seigneur de Chin, Busigny, Ghermegnies, etc., et de Florence de Ribemont. En 1360, d'accord avec sa femme, il vendit Aubierbus (franc-alleu comprenant 30 bonniers) à Mgr Jehan de Werchin, chevalier, sire de Werchin et de La Longueville, sénéchal de Hainaut, lequel donna ce domaine au couvent des Chartreux du Mont-Saint-André à Chercq, lez-Tournai qu'il avait fondé (3).

Gérard fut père d'un fils :

aa. *Hues* ou Hugues DE MALVOISIN, dit Briffault de Sorel (4), qui épousa, vers 1398, *Marie* DE WAZIERS-WAVRIN, dame héritière de Waziers, lez-Douai, de Hénin-Liétard (en partie), de Hulluch, de Meurchin (à Quesnoi-sur-Deûle), etc., née vers 1349, morte en 1413, veuve de Jehan III de la Hamaide, sire dudit lieu, chevalier, et fille de Hellin VI *de Waziers*, chevalier, sire de Waziers, de Heudincourt, de Comines, etc., et de Béatrix *de Beauvoir*, dite d'Aveluis, sa première femme. Hues était veuf sans enfants en 1315.

b. JEHAN *de Malvoisin*, dit Briffault de Sorel, écuyer, seigneur de Luchin, etc. (5). Il devint sire de Sorel et de Happlaincourt, après la mort de son neveu Hugues (6).

---

(1) BIBLIOTHÈQUE DE TOURNAI, Manuscrit CCXXIV (224), p. 349.

(2) DE CHIN : *Fascé de vair et de gueules*, qui est BERLAYMONT.

(3) L'acte de donation d'Aubierbus se trouvait aux Archives d l'Etat à Tournai avant 1896. Depuis le fonds des Chartreux de Chercq ayant été transporté au dépôt de l'Etat à Mons, c'est dans ce dépôt qu'on retrouve cette charte en 1911. Elle est scellée par cinq francs échevins du Roi pour les alleus du Tournaisis ; ce sont : Mgr Robiers, sires de Lannoit et de Lis ; Mgr Jaques de Halluwin, sires de Cantin et de le Bourde ; Mgr Jaquemes dou Castiel, sires de le Houarderie ; Mgr Jehans, sires de Lauwart, et Mgr Jehans de le Plache, tous chevaliers. Cette charte est datée du 26 janvier 1376 (1377 n. st.).

(4) *Hues* MALVOISIN, dit *de Malvoisin* devint chevalier et testa à St Quentin en Vermandois, le 23 septembre 1415. Voyez : F. BRASSART, *Une vieille généalogie de la Maison de Wavrin*, p. 126.

(5) G. DEMAY, *Inventaire des Sceaux de la Flandre*, t. I, p. 160, n° 1309, sous la date de 1391.

(6) ARCH. DE TOURNAI. *Testaments*. Paquet de 1418. Legs fait par

c. JEHANNE *de Malvoisin*, dite *de Sorel*, épousa Arnold DE GRAND-COURT, écuyer;

d. MARIE *de Malvoisin*, dite *de Sorel* (1).

B. *Catherine de Briffuel*, dame de Bossuyt (Boussut-sur-Escaut), etc., chanoinesse de Sainte-Waudru de Mons, se désista de sa prébende et le 17 mars 1351 (1352 n. st.), celle-ci fut donnée à D^{lle} Eustasse de Trainniel (2). Elle avait des rentes hypothéquées sur Bailleul en Tournaisis et Aubierbus qui passèrent après sa mort, à Guillaume de Fouvans, chanoine de Tournai. Catherine est souvent dite *de Floreng* et *de Florence* dans les actes tournaisiens. Elle vivait encore en 1368 (3).

5. FASTRED ou FASTRÉ DE BRIFFUEL, qui suivra, IXbis;

6. N...... *de Briffuel*, mariée avant 1330, à Robert DE MONTMOR ou *de Montmort*, écuyer, seigneur de Montmort et Chéreng, lez-Cysoing, etc.

Le 25 mars 1330 (1331 n. st.), un accommodement fut passé entre Robert de Montmor, écuyer, seigneur de Chéreng et les bonnes gens de Gruson (4).

N. de Briffuel fut mère de deux fils, savoir:

A. Jehan *de Montmor*, écuyer, seigneur de Montmor et Chéreng, vivant encore en décembre 1370 (5);

B. Robert *de Montmor*, écuyer, nommé avec son frère dans le testament de leur oncle Rasse de Briffuel, en 1352.

Le 30 juin 1376, le fief de Montmor et Chéreng fut relevé par Gérard de Valy (6), au nom de sa femme, Améline de Rancevilliers (7). Ce fait

---

Jehan Mauvoisin, écuyer, seigneur de Soriel, Happlaincourt, etc., aux *nièces* de Jehanne de Soriel, femme de Hernot de Grant-Court. — Nièces est ici pour petites-filles.

(1) Le nom de Sorel, d'origine picarde, est resté à deux lieux dits, anciens fiefs à Taintegnies et à Templeuve-Dossemer, qui furent possédés par les sires de Sorel. C'est par la même raison qu'on trouve à Rumes, vers Espiechin, l'ancien fief de *Harnes* ainsi nommé pour avoir été le douaire de Béatrix *d'Antoing*, dite *de Harnes*, veuve de Jehan, sire de Rumes.

(2) L. DEVILLERS. *Cartulaire des comtes de Hainaut de 1337 a 1436*, t. I, p. 342.

(3) ARCHIVES DE TOURNAI. *Chirographes*, Layette de 1368.

(4) ARCHIVES DU BARON DE LA GRANGE AUX ORMES, au château du Fay à Cobrieux, Nord, France. Carton XXXV (35).

(5) ARCHIVES DE TOURNAI. *Comptes d'exécution testamentaire, de tutelle et de curatelle*. Compte de curatelle de D^{lle} Agnès d'Anvaing rendu en 1472. Partie archives. Acte du 13 décembre 1370.

(6) Ce nom pourrait être *de Wailly*, car nous avons trouvé des actes de la même époque portant *Daly* et *Darly* pour *d'Ailly*.

(7) TH. LEURIDAN. *Statistique féodale*. LA PÉVÈLE. Lille, Danel, 1901, in-8°, p. 51.

prouve qu'alors Jehan et Robert de Montmor étaient décédés sans hoir direct.

IX. *Jehan I* d'Antoing, dit *de Briffuel*, chevalier, seigneur de Briffuel ou Briffœuil, vivait en 1328. Le 2 mai de ladite année, il acheta de Jehan de Maufayt, une maison sise à Tournai, en Glategny, qui avait été auparavant à Madame de Clerrieu (1). De son mariage avec *Catherine* de Ligne (2), fille de Jehan, sire et baron de Ligne, chevalier, et de N...... *de Sevenbergen*, Jehan de Briffuel obtint un fils qui fut son héritier, mais il y a lieu de croire que c'est par une autre femme qu'il fut père de la fille dont le descendant hérita de son petit-fils.

Nous lui donnons donc pour enfants :

Du premier lit :

1. Alard II *de Briffuel* qui suivra, X;

Du second lit :

2. Anne *de Briffuel* épousa *Michel I* de Ligne, baron dudit lieu, mort à la bataille de Staveren, le 26 septembre 1345, dans la guerre du comte de Hainaut et de Hollande contre les Frisons. C'était le fils aîné de Fastred, sire et baron de Ligne, seigneur de Montreuil-sur-Haine, Ollignies, Florennes, Thumaide, Maulde-sur-Escaut, etc., chevalier, et de Jehanne *de Condet-Moriamez*. Elle ne laissa qu'un fils, Michel II, sire et baron de Ligne, seigneur de Briffeuil, etc, mort en 1387, selon les généalogies de sa famille, sans avoir eu d'enfants de son épouse, Aliénore de Coucy, dame de Rumpst. Il était seigneur de Briffouel en 1369, selon le comte de Saint-Genois, Monuments anciens, t. I, p. 400. De l'un de ses fils naturels, nommé Rasse, est issue la famille *de Ligne de Ham* (3).

X. *Alard* II de Briffuel, chevalier, seigneur de Briffuel, etc, l'un des héros des Chroniques de Froissart. Il accompagna Jehan de Hainaut, sire de Beaumont, au voyage d'Angleterre, lorsque les Hennuyers débarqués à Harwich allèrent à Yorck pour soutenir la cause du jeune roi Edouard III. Il fut aussi du cortège qui conduisit à Londres, la jeune Phelippa de Hainaut, âgée d'environ 14 ans, qui devait épouser le souverain anglais. C'est en

---

(1) Arch. de Tournai. *Chirographes de St Brice*, Layette de 1328.
(2) de Ligne : *d'or à la bande de gueules.*
(3) L Devillers. *Cartulaire des comtes de Hainaut de 1337 à 1436*, t. II, p. 177 (1369) et p. 607 (11 avril 1385). — Froissart (Édition du baron Kervyn de Lettenhove), t. IV, pp. 475, 477 et 479.

combattant à Staveren qu'il périt en même temps que son beau-frère, le seigneur de Ligne, et son parent Henri d'Antoing, sire de Buggenhout. Selon l'Armorial de Gelre, il porta *de gueules au lion d'argent à un lambel de trois pendants d'azur brochant*. Nous croyons qu'il fut marié et laissa un fils qui suit, XI.

XI. Alard III, sire de Briffuel, chevalier, qui suivit le connétable du Guesclin en Espagne, y fut fait prisonnier au combat de Navarrette, livré aux Espagnols de don Pedro I unis aux Anglais du Prince noir, le 3 avril 1367 (1). Il ne paraît pas avoir été marié, et Briffœuil dès 1369 eut pour seigneurs Michel de Ligne, cousin germain d'Alard III, puis Jean de Briffuel ou d'Antoing-Briffœuil, fils de Fastred.

Branche des seigneurs de le Vincourt, de Buri, etc., puis de *Briffœuil*.

IXbis. *Fastred* ou *Fastré* de Briffuel, chevalier, seigneur de le Vincourt (à Mons-en-Pèvele), etc., fut l'héritier de son cousin germain, le seigneur de Buri ou Bury en Hainaut qu'on a vu, à la page 94. Il fut reçu bourgeois de Tournai pour « nient », le 29 septembre 1343 (2). Cela ne l'empêcha pas d'être condamné par la Justice prévôtale de cette ville à une amende de 10 livres, cent sols, et au voyage à la Sainte-Larme de Vendôme, le 2 mai 1352, pour avoir « saccié coutiel et pour férir Messire Rasse de Cordes » (3). Il mourut à Tournai le jour de Saint-Remi (1er octobre) 1368, et y fut inhumé dans le chœur de l'église des Récollets ou Frères Mineurs, sous une lame de cuivre représentant un homme armé. Sa tombe ornée de ses quatre quartiers de noblesse, *Antoing, Cysoing, Thorotte* et N......, portait cette inscription : Cy gist haus hons et nobles messires Fastrés Danthoing, chlr, seigneur de Bury et de

---

(1) La bataille de *Navarette* livrée le 3 avril 1367 (1368 n. st.) figure dans le *Dictionnaire historique* dit de Morèri, sous le nom *Najara*, mais sans date. — Froissart (Edit. Kervyn), t. vii, p. 198.

(2) Archives de Tournai, 5e *Registre de la Loi*, n° 134 de l'Inventaire manuscrit, fol. 56, *verso*. — Le mot *nient* signifie *néant*, donc réception gratuite.

(3) Idem, ibidem. Folio 286, *recto*. — Les mots *saccier*, *saccié* sont employés pour *saquier*, *saquié*, *saquer*, *saqué* signifiant, *tirer*, *tiré*.

le Vingcourt, ki trespassa en lan de grasce 1368, le jour Saint-Remi. Priés pour s'ame (1).

La date de sa mort doit être exacte car il figure encore dans un acte tournaisien passé en 1365 (2).

Il avait épousé *Marie de Rodes*, fille de Gérard *de Rodes*, seigneur dudit lieu (Flandre orientale), etc., et de Mehaut, c'est-à-dire Mathilde *de Marbais*, fille de Henri, seigneur de Marbais (Hainaut), du Breucq (à Lille-Fives, etc.), etc., et de Mathilde van der Aa, châtelaine de Bruxelles.

Voici l'épitaphe de cette dame, faisant suite à celle de son époux : Cy gist haute et noble dame, Marie de Rodes, sa femme, dame de Bury et de le Vingnecourt, ki trespassa lan 1387, le 13e jour d'octobre. Priés pour s'ame (3).

Nous savons par le testament de Rasse de Briffuel que son frère Fastré avait un fils nommé Jehan, et nous lui avons trouvé de plus, une fille. Ses enfants furent donc :

1. JEHAN II D'ANTOING, dit *de Briffuel*, qui suivra. X ;

2. MARGUERITE *de Briffeuil*, mariée en premières noces, à *Willaume de Jauche* (4), dit *de Gommegnies*, chevalier, seigneur de Mastaing (Hainaut français), qui prêta beaucoup d'argent à l'abbaye de Cysoing, mourut le jour de Saint-Sébastien (20 janvier) 1374 (1374 n. st.) et fut enterré au chœur de l'église de Mastaing. C'était un fils de Willaume de Jauche, chevalier, seigneur de Gommegnies, Mastaing, etc., et de Nicole *d'Enghien de Préaux*. Marguerite convola avec *Jehan de Reckhem* (5), écuyer, et mourut le 4 mai 1410. Elle fut enterrée dans l'église des Carmes de Valenciennes. Jehan *de Gommegnies*, son fils du premier lit, était seigneur de Mastaing en 1382 (6).

X. *Jehan* II D'ANTOING, dit *de Briffœul*, chevalier, seigneur de Buri, Briffœul, Wasmes, etc., est dit seigneur de Briffuel dans des actes passés à Tour-

---

(1) BIBLIOTHÈQUE DE TOURNAI. *Manuscrits CCXXVI et CCXXVII.*
(2) ARCH. DE TOURNAI. *Chirographes de la cité*, Layette de 1365.
(3) BIBL. DE TOURNAI. Manuscrits 226 et 227.
(4) DE JAUCHE-GOMMEGNIES (de JAUCHE-MASTAING) : *de gueules à la fasce d'or, accompagnée en chef d'une divise vivrée du même. Cimier : un panache de plumes d'autruche alternées d'azur, d'or, de gueules, de sinople et de pourpre ; devant une trompe d'or en pal,*
(5) DE RECKHEM OU VAN RECHEM : *d'argent au chevron de sable.*
(6) IGNACE DE COUSSEMAKER. *Cartulaire de l'abbaye de Cysoing.* Lille, Imprimerie de Saint Augustin, 1885, in-8°, p. 304. Charte de juin 1382, renfermant une autre charte de 1368.

nai en 1373 et 1377 où on lit : « Noble homme Mgr Jehan, seigneur de Briffuel et de Bury » (1).

Le 6 mai 1395, il conclut un accord avec les religieux de Saint Nicolas des Prés, lez-Tournai relativement à l'élection d'un dîmeur et au partage des amendes imposées sur la juridiction de Wasmes. Dans cette charte, sa femme est nommée (2).

Il mourut en 1400, année de peste, et fut inhumé à Tournai dans l'église du couvent des Récollets (3). Il laissait veuve *Margherite* DE GHISTELLES (4), dame héritière de Wervicq et Rumbeke, fille de Jan V *de Ghistelles*, sire dudit lieu, de Wervicq, Rumbeke, etc., chevalier, tué à Crécy le 26 août 1346, et de Marie *van Haverskerke*, dame de Straete, etc., sa seconde femme (5). Cette dame mourut après 1409 et fut enterrée près de son mari.

Ils eurent un fils qui suit. XI.

XI. *Jehan* III D'ANTOING, dit *de Briffœl*, chevalier, seigneur de Briffœul, Buri, Wasmes, Wervicq, Rumbeke, Grandmetz, Bitremont (à Maubray), Ponenghes dit Ponange (à Baugnies et Wasmes), etc.

Une erreur de lecture d'une date a fait commettre une autre erreur à l'auteur de la généalogie des vande Woestyne qui se lit dans l'Annuaire de la Noblesse de Belgique pour 1865. Cette seconde erreur est aux pages 293 et 306 de cette publication. On y refuse la qualité de fils de Rogier de la Woestyne à Jehan qui succéda à son dit père comme seigneur de Grammez-lez-Leuze. Cela provient de ce que l'auteur a lu 1496 alors qu'il fallait *treize-cent-quatre-vingt-seize*, car c'est en 1396 que Jehan d'Antoing, sire de Briffeuil et de Grammez ou Grandmetz était en contestation avec son suzerain pour Grammez, Louis du Quesnoy, chevalier, sire de Pamele et ber de Flandre. Nous qui avons eu la bonne fortune de

---

(1) ARCH. DE TOURNAI. *Chirographes de Saint-Brice*, Layettes de 1373 et 1377.

(2) J. Vos. *Cartulaire de l'abbaye de Saint-Médard* (ou Saint-Nicolas des Prés). — *Mémoires de la Société historique et littéraire de Tournai*, t. XIII, pp. 94 et 95.

(3) BIBL. DE TOURNAI. *Manuscrit CCXXVII* (227). Epitaphes de l'église des Frères Mineurs ou Récollets.

(4) DE GHISTELLES : *de gueules au chevron d'hermine, accompagné de trois molettes d'éperon d'or*.

(5) *Recueil généalogique de familles originaires des Pays-Bas ou y établies*. Rotterdam, 1775, in-8°, p. 157.

voir la charte de vente originale de la seigneurie de Grandmetz, nous pouvons affirmer que Rogier de la Woestyne acheta cette terre le 24 mars 1408 (1409 n. st.) et que son fils Jehan possédait ce fief dans le milieu du XV° siècle (1).

Ce furent Margherite de Ghistelles et son fils Jehan d'Antoing-Briffœul qui vendirent Grandmetz. Depuis la mort de Henri d'Antoing, sire du Plaissiet et de Haverskerke, l'aînesse de la maison était passée au seigneur de Briffœul (2). L'époux de Marguerite de Ghistelles fut donc chef de la Maison d'Antoing et son fils lui succéda en cette qualité. Celui-ci était le troisième du prénom comme seigneur de Briffœul. Il ne paraît pas avoir été marié, mais dut avoir une fiancée qu'il aima beaucoup et à laquelle il dut jurer une éternelle fidélité, car sur son sceau, on lit cette devise : POUR L, c'est-à-dire : *pour elle* (3).

Jehan III vendit en nue-propriété à Marie *de Clary* veuve de Henri d'Antoing, sire du Plaissiet (voyez ci-devant, p. 109), les fiefs de Briffœul, Buri, Bitremont, Wasmes et Ponenghes, dont il se réserva la jouissance viagère. Cette nue-propriété fut cédée par Marie de Clary à sa fille Marie *d'Antoing* quand celle-ci épousa Engelbert d'Enghien, chevalier, seigneur de Rameru, la Follie, etc., par contrat du 19 janvier 1414 (1415 n. st.).

Branche de Bellonne.

VIII^{quater}. *Watier*, Wautier, Gautier ou Walter d'Antoing, chevalier, seigneur de Bellonne (4) et

---

(1) La famille *de Maulde de la Tourelle*, issue de la branche des seigneurs de Maulde en Hainaut dénommée depuis le XIII° siècle *de le Haye de Maulde* et qui existe encore à Péronne, les-Antoing, croyait être sortie directement de la branche aînée, c'est-à-dire des sires de Maulde. Pour mieux prouver cela, elle acheta de la famille Errembault du Maisnil et du Coutre, les archives des *de Maulde de Mansart* issus par une femme des *vande Woestyne*, et c'est ainsi que nous vîmes en 1880, au château de Kemmel, chez Mr Robert de Maulde de la Tourelle, écuyer, la charte qui livrait Grandmetz à Rogier de la Woestyne, le 24 mars 1408 (1409 n. st.). — Mlle *Bernardine* de le Haye de Maulde est institutrice à Fontenoy.

(2) Nous avons prouvé, ci-devant, que la mort de Henri d'Antoing arriva le 11 octobre 1397 peu après qu'il eut donné reçu de ses gages de chevalier pour l'expédition de Frise où il avait accompagné Guillaume, duc en Bavière et comte d'Ostrevant.

(3) G. Demay. *Inventaire des sceaux de la Flandre*, tome I, N° 425, d'après un sceau pendant à une charte datée du 22 juin 1427.

(4) Mont de Bellonne près Noyelles-sous-Bellonne, canton de Vitry-en-Artois, Pas-de-Calais.

de Noyelles-sous-Bellonne, deuxième fils du mariage de Hugues II, seigneur d'Antoing et de Marie de Cysoing, sa seconde femme, fut témoin de plusieurs chartes de la fin du XIIIᵉ siècle. En 1274, il fut l'un des signataires du contrat de mariage passé à Sebourg, le samedi après la fête de Saint-Barnabé, apôtre (16 juin) entre Arnould, fils de Jehan, dit sire d'Audenarde, seigneur de Rosoit en Thiérache, et Isabelle de Fontaine (de Hénin-Liétard-Fontaine-l'Evêque) et de Sebourg (1). En 1277, il est témoin d'un acte de donation fait par Jehan de Chastillon, comte de Blois, seigneur d'Avesnes, à son frère Gui de Chastillon, comte de Saint-Paul (sur Ternoise), et il scelle l'approbation que donne à cet acte Jehan d'Avesnes, héritier de Hainaut (2). Le 19 septembre 1279, il donna quittance d'une somme de 340 livres paresis que lui payait Florent de Varane, chevalier, sire de Forceville (3), qui lui en devait 1200.

Le comte Gui de Flandre confirma en 1282, la vente faite à l'église de Notre-Dame de Tournai par Watier d'Antoing, sire de Bellonne, de 17 bonniers et 6 cens de terre au terroir de Canfaing (Camphin-en-Pèvele) tenus en fief de Hellin, sire de Cysoing, et aussi de 13 bonniers de terre à Gruson, tenus du Comte (4). Les hommes de fief de Cysoing entre les mains desquels Watier s'était desheritè de ses terres de Camphin étaient : Gilles d'Antoing (frère du vendeur), Hellin du Bos, Nicholes de Luchin, Platiaus de Wannehain, chevaliers; et Gossiaus de Calonne, Jakemes de le Laghe, Hainaut de Canfaing, Englebert de Cysoing, Alars de le Pasture, Jehan de le Pasture et Londiers de Luchin (5).

Le mercredi avant Saint-Marc, évangéliste, 23 avril 1287, il fut témoin à l'acte par lequel Florent de Hainaut reconnut avoir reçu de son frère, le comte Jehan II, les terres et villes de Braine et de Hal et quelques autres domaines pour son partage (6).

Watier d'Antoing porta sur son scel un écu *au*

---

(1) Cᵗᵉ ᴅᴇ Sᴀɪɴᴛ-Gᴇɴᴏɪs. *Monuments anciens*, t. ɪ. p. 212.
(2) Idem, ibidem, idem. Page 384.
(3) Idem, ibidem, idem. Page 669.
(4) Idem, ibidem, idem. Page 709.
(5) Cᵗᵉ ᴅᴇ Sᴀɪɴᴛ-Gᴇɴᴏɪs. *Mon. anc.*, t. ɪ, p. 709. — Au lieu de *Londiers*, peut-être doit-on lire *Gontiers* ᴅᴇ ʟᴜᴄʜɪɴ.
(6) Idem, ibidem, idem, t. ɪ, p. 332.

lion, en champ semé de fleurs de lis, et pour supports, deux dragons (1).

Il épousa *Catherine* DE SOREL D'ESTRÉES (2), nièce du maréchal de France, Raoul de Sorel d'Estrées.

C'est de lui que prit son nom le bois de Bellonne qu'il posséda au territoire de Rumes, lez-Tournai, de même que c'est à des d'Antoing ou descendants d'iceux que doivent leurs noms Harnes et Sorel sous Rumes et Taintegnies.

Nous croyons pouvoir lui attribuer trois fils :

1. WATIER II D'ANTOING, qui suivra, IX.

2. HUGUES *d'Antoing*, écuyer, vivant en 1312, avec son frère Watier II. Il porta *Ecartelé* : aux 1 et 4, d........ semé de fleurs de lis d........ au lion brochant sur le tout; aux 2 et 3, d........ à la quinte-feuille d......, accompagnée de huit merlettes mises en orle. C'est-à-dire écartelé *d'Antoing-Bellonne* et de *Sorel d'Estrées* (3).

3. GÉRARD *d'Antoing*, chevalier, seigneur de Gondecourt (4), fut gouverneur de l'Artois avant 1352. Il porta sur son scel un écu *au lion sur champ semé de trèfles* et pour cimier, deux urnes (5). Il fut marié deux fois. En premières noces, avec *Marie* DE BAILLEUL (6), et en secondes, avec *Isabeau* D'AUBERCHICOURT, dite *d'Estaimbourg* (7), fille de Bauduin *d'Auberchicourt* (de la Maison de Douai), chevalier, seigneur d'Estaimbourg, de Bernissart, etc., et de Marie *de Mortagne*, fille du baron de Landas et Bouvignies. Il mourut en 1356, peut-être à la bataille de Maupertuis, lez-Poitiers, et sa veuve convola avec Jacques d'Ollehain ou d'Olhain (8), chevalier, seigneur de Roulecourt (Grand-Rullecourt), etc...

---

(1) G. DEMAY. *Inventaire des sceaux de la Flandre*, t. I, N° 421.

(2) DE SOREL D'ESTRÉES : d..... à la rose (ou quinte-feuille) d...., *accompagnée de huit merlettes posées en orle*.

(3) DOUËT D'ARCQ. *Collection de sceaux des Archives de l'Empire français*, t. III, N° 10333.

(4) ARCH. DE TOURNAI, *Chirographes de la Cité*, Layette de 1355, acte du 6 juin.

(5) G. DEMAY. *Inventaire des sceaux de l'Artois*, N° 1812, Charte du 11 mai 1352.

(6) Cette alliance est donnée par F.-V. GOETHALS, *Généalogie de la Maison de Wavrin*, Bruxelles, Polack-Duvivier, 1866, in-4°. p. 134. Cet auteur donne la qualification de *Sire d'Antoing*, à Gérard, et dit Marie *de Bailleul*, fille de Pierre, seigneur du Plessiet, et de Marie de Baufremez, dame dudit lieu. Nous avons trouvé un Pierre *de Bailleul*, seigneur de Blaringhem, mais en 1374, dans le Cartulaire de la chartre use du Val de Sainte-Aldegonde, p. 59.

(7) D'AUBERCHICOURT : *de sinople au chef d'hermine; à la bordure engrêlée de gueules*.

(8) *Olhain* est à Fresnicourt, Pas-de-Calais.

— Gérard fut père de quatre enfants, trois filles du premier lit dont les prénoms nous sont inconnus (1), et une fille du second mariage, qui suit :

A. *Isabeau* d'Antoing, dite de Gondecourt, dame dudit lieu, en servit le rapport et dénombrement le 20 mars 1382 ou 1383 n. st. (2). Elle épousa *Guillebert* de Sainte-Aldegonde (3), chevalier, seigneur de Sainte-Aldegonde, lez-Saint-Omer, d'Oxelaere, etc., enfant unique, selon une charte du 2 septembre 1331, d'Adenouffle *de Sainte-Aldegonde*, chevalier, seigneur dudit lieu, etc., et d'Aelis, dame héritière d'Oxelaere (4). Guillebert de Sainte-Aldegonde mourut avant le 7 février 1374 (1375 n. st.) laissant Isabeau veuve avec trois enfants : Jehan, Isabeau et Aelis *de Sainte-Aldegonde*. On voit en 1390 (février 91 n. st.), Messire de Sainte-Aldegonde et Messire Jehan, son fils, tous deux chevaliers, et en 1393 et 1396, Mgr Jehan, seigneur de Sainte-Aldegonde et d'Oxelaere, chevalier, échevin des francs-aleus de la châtellenie de Saint-Omer (5). Cette famille s'éteignit dans les mâles en cette branche dans les premières années du XVe siècle et fut remplacée à Sainte-Aldegonde et dans ses autres fiefs par des descendants d'Isabelle ou Isabeau *de Sainte-Aldegonde* qui avait épousé Jacques, dit Béthis *d'Ollehain*, chevalier, seigneur de Grand-Rullecourt, descendant d'un premier mariage du second époux de son aïeule maternelle, née d'Auberchicourt. C'est de cette façon que les terres de Sainte-Aldegonde, Oxelaere, Cormettes, Leulinghem, Estaimbourg, Bouvignies (lez-Douai), Gondecourt, etc., passèrent en la Maison d'Ollehain. Isabeau *d'Olle-*

(1) Une Catherine *d'Anthoing*, dame d'Attichies-sur-Aisne, épousa dans la seconde moitié du XIVe siècle, Gilles *de Flory*, seigneur d'Aussimont (J. Le Carpentier, *Hist. de Cambrai*, etc., p. 564.) — Une Jeanne *d'Anthoing*, châtelaine de Coucy, épousa 1º Guillaume *de Pontmolin*, chevalier, Sgr de Thueil, et 2º Geofroy *de Saint-Gobert* (André du Chesne, *Maison de Chastillon-sur-Marne*, page 582). — Saint-Gobert : *de gueules à la croix fleuronnée d'argent*.
(2) Th. Leuridan. *Statistique féodale*, Châtellenie de Lille. *Le Carembaut*, Lille, Danel, 1900, in-8º, p. 30.
(3) de Sainte-Aldegonde : *d'hermine à la croix de gueules, chargée de cinq roses d'or dont une en cœur*.
(4) J. de Pas. *Cartulaire de la Chartreuse du Val de Sainte-Aldegonde*. Saint-Omer, H. d'Homont, 1905, in-4º, pages 31 et 58. Testament d'Adenoffle *de Sainte-Aldegonde* et de son épouse.
(5) Idem, pp. 71 et 76. Un cousin du seigneur de Sainte-Aldegonde, aussi prénommé Jehan était alors seigneur de Nortqueime (Noircarme) et de Wisques.

hain porta Sainte-Aldegonde dans la Maison DE WAENCOURT, en épousant Jehan, seigneur de Waencourt, Pont-de-Remy, etc., chevalier, par qui elle fut mère de Philippe *de Waencourt*, écuyer (1), et de Marie *de Waencourt*, qui fut dame de Sainte-Aldegonde avant 1447 et prit pour époux, Edmond *d'Eule* (2), écuyer. Leur fils, Jehan *d'Eule*, écuyer, seigneur de Sainte-Aldegonde dès 1472, vendit cette terre en 1511 à Jehan *de Sainte-Aldegonde*, chevalier, seigneur de Norikelme (Noircarme), Wisques, etc., et fit ainsi rentrer le fief dans la famille qui l'avait perdu par le mariage d'Isabeau avec Jacques d'Ollehain.

IX. *Watier* II D'ANTOING, chevalier, seigneur de Bellonne et de Noyelles, porta comme son père, *lion en champ fleurdelisé* (3) Il se maria et eut pour fille et héritière :

X. *Clémence* D'ANTOING, dame de Bellonne, de Noyelles, etc., épousa N........ DE MONTIGNY-EN-GOHELLE (4), chevalier.

BRANCHE D'ASSEVAING OU D'ASSEVENT.

VIII^{quintibs}. *Gilles I* D'ANTOING, chevalier, cinquième fils de Hugues II, seigneur d'Antoing et de Marie de Cysoing, sa seconde femme, fut seigneur d'Assevaing (5). On le trouve chevalier en 1282 (6) et il figure aussi dans des chartes datées de 1286 (7). Ses armoiries furent un *écu au lion, brisé d'une cotice brochant en bande* (8).

---

(1) ARCHIVES DE L'ETAT *à Tournai* (depuis à Mons), Charte du 12 mars 1428 (1429 n. st.).

(2) D'EULE. Cette famille noble dont nous ne connaissons pas les armoiries appartient au Nord de l'Artois. Elle ne doit pas être confondue avec la famille *van Heule* ou *van Heulle*, dite *de Heule*, du comté de Flandre.

(3) DOUËT D-ARCQ. *Collection de sceaux des Archives de l'Empire français*. Tome III, N° 10334.

(4) DE MONTIGNY-EN-GOHELLE : *de gueules à trois maillets d'argent*. — C'est par une de Montigny que Bellonne passa dans le domaine de la Maison de Soissons-Moreuil.

(5) Félix BRASSART en son *Histoire du Château de Douai*, t. I, p. 347 a lu ce nom ASSENAING, alors qu'il s'agit d'*Asseveng* ou *Assevent*, canton d'Avesnes-sur-Helpe, Nord, France, dans la partie française de l'ancien comté de Hainaut.

(6) Cte DE SAINT-GENOIS, *Mon. anc.*, t. I, 2e partie, p. 709.

(7) Idem, ibidem, idem, pp. 744 et 952.

(8) Ces armoiries se voyaient sur la tombe de sa bru, née d'*Assebrouck*, (jadis Arssenbroeck) inhumée dans l'église des Récollets à Tournai. — J. TH. DE RAADT. *Les sceaux armoriés des Pays-Bas*, t. I, p. 174. — Gilles *d'Antoing*, homme du comté de Flandre, assista à l'achat fait par celui-ci, du château de Peteghem, 1286.

Il fut l'un des exécuteurs du testament que fit en 1284, son frère consanguin, Hugues III, seigneur d'Antoing et d'Epinoi (1). Il épousa N........ DU FRASNOY (2), fille et héritière de Willaumes, sire du Frasnoy, lez Gommegnies, et de Mathilde *d'Esne*, sa seconde femme.

Ils eurent, au moins deux fils, savoir :

1. GILLES II D'ANTOING, qui suivra IX ;
2. JEHAN *d'Antoing*, dit *du Frasnoy*, écuyer.

« Et puis cacha (*chercha*) sir Jak Castagne,
» prévôt de Tournai, après Jehan DOU FRASNOIT,
» fil Mons. Gillion Dantoing, en le ville de Baisiu
» (*Baisieux-lez-Lille*), pour une affaire quil avoit
» fait devers la justice de Tournai, environ ccc
» et xx » (3).

Il fut donc poursuivi et recherché en 1320 pour blessures faites à un bourgeois de Tournai.

IX. *Gilles II* D'ANTOING, chevalier, seigneur de Viteri (*Vitry*) en Artois (4), etc., épousa *Marguerite* D'ASSEBROUCK (5), dame héritière dudit lieu et de Warmès (6). Cette dame testa à Tournai, étant veuve, le 7 février 1345 (7). Nous la croyons fille de Bauduin, sire de Arcebrouc, chevalier, vivant en 1309 et dont le sceau est décrit dans la Collection des Sceaux de l'Empire français publiée par Douët d'Arcq, sous le N° 2392. Cette dame désigna comme exécuteurs de ses dernières volontés, Rasse de Briffuel, chevalier, seigneur de Floreng et de Taintegnies, et Jakemes de Rosne, dit Taillefiers, aussi chevalier. Elle fut enterrée à Tournai, dans le chœur de l'église du couvent des

---

(1) BRASSART. *Histoire du Château de Douai*, etc.,. PREUVES, 1er fascicule, p. 139.

(2) DU FRASNOIT OU DU FRASNOY : *de vair au croissant de gueules*.

(3) ARCHIVES DE TOURNAI. *Grand registre de cuir noir* (N° 32a de l'Inventaire manuscrit), folio LXIIIJ (64).

(4) Les abbé et religieux de Cysoing vendirent la terre de Vitry en Artois que le roi de France avait confisquée en 1296 sur Wautier VI, châtelain de Douai, à Gilles d'Antoing et à sa femme. — Chartrier de Tournai, reçu d'acte de Mikieels Villains, le père, daté du 23 septembre 1356.

(5) D'ASSEBROUCK : *d......, à la bande d......, chargée de trois alérions d......* — Assebrouck est un village de la Flandre occidentale, non loin de Bruges.

(6) WARMÈS ou WARMEZ, sur Grandmetz et Chapelle-à-Wattines, fief tenu du Château de Leuze, ayant maison, basse-cour et terres, avec justice haute, moyenne et basse.

(7) ARCHIVES DE TOURNAI. *Testaments*, Paquet de 1345. On voit par ce testament que Marguerite *d'Arssenbruech* avait des biens à Grammès, Pispais, Willaupuch, Tourp, Bliquy, Oye, Tielain, Bari, Gaurain et Ramecrois ; qu'elle avait pour cousin Ghérart Danthoing, chevalier, seigneur de Ghondecourt, et pour amis, Mgr Jehan d'Ormegnies, prêtre, son chapelain, Messire Robert Descornais, et Mahieu DOYE, dit *del Abbie*, écuyer.

Récollets, sous une lame portant une inscription et quatre armoiries répétées en huit écussons. L'épitaphe portait ces mots :

« Cy gist Madame Margherite, dame d'Arsse-
» bruech et de Varmes, ki trespassa lan de grâce
» 1354, quatre jour en avril. Priés pour s'ame. »

Elle entourait une lame de cuivre représentant une dame, et où les quartiers étaient sur le circuit.

Ceux du mari étaient d'Antoing à la cotice brochant et du Frasnoit. Ceux de l'épouse étaient d'Arssebrouck, *à la bande*, et un écu *à l'écusson en abîme, brisé d'une cotice brochant sur le tout*. Ce dernier quartier représentait à coup sûr, les armes de la famille de la mère de Marguerite d'Arssebrouck (1).

Gilles II laissa trois filles, qui suivent :

1. Alix *d'Antoing*, dame d'Arssenbruecq, Warmez, etc., épousa *Fastré* de Berlaimont (2), chevalier, seigneur d'Aulnoye, lez-Berlaimont, de la Flamengrie, etc., dont, entre autres enfants, Marguerite *de Berlaimont* nommée dans le testament de son aïeule et marraine.

2. Catherine *d'Antoing*, femme de *Gérard* d'Esclaibes (3), seigneur dudit lieu, chevalier.

Vente faite le 15 juin 1349, d'un fief sis à Bourghielles par Catherine *d'Antoing* et Gérard, sire d'Esclaibes, son mari, à Messire Hugues *de Lannoy*, chevalier, sire de Lis (lez-Lannoy). Gontier de Calonne, chevalier, seigneur de Péronne sur l'Escaut, en partie, avait la jouissance viagère de ce fief (4).

3. Jehanne *d'Antoing*, religieuse à l'abbaye de Ghislenghien, est nommée dans le testament de sa mère.

---

(1) Bibliothèque publique de Tournai. *Manuscrit* 224, p. 266, et Ms. 227, Epitaphes de l'Eglise des Récollets.
(2) de Berlaimont : *Fascé de vair et de gueules. Casque couronné. Cimier, un lion issant d'or, armé et lampassé de gueules, tenant une bannière aux armes de l'écu.* — Fastré était veuf d'Yolande de Mortagne-Audenarde.
(3) d'Esclaibes : *De gueules à trois lions d'argent, couronnés d'or. Casque couronné. Cimier : deux serres d'aigle d'or, posées en chevron renversé, les ongles en haut.*
(4) Archives départementales du Nord, à Lille. Actes de 1349. Copie communiquée par M. le comte Jules *de Lannoy-Clervaux*. — Gontier de Calonne avait eu pour première femme, Catherine *de Bourghelles*.

Famille *de Roke* ou de Rocques issue de la Maison *d'Antoing.*

La seigneurie de Roke située à Ascq, lez-Lille, comprenait : 1° un château, avec basse-cour, construit sur motte entourée d'eau, ayant pont-levis, et, outre un jardin, plus de trente bonniers de terres labourables, bois et prés ; 2° une prairie dans la paroisse de Saint-Pierre à Lille, consistant en une maison nommée la maison de Berlettes et depuis, d'Estrées ; 3° des rentes sur divers héritages situés à Ascq, Annappes et Flers ; plaids généraux trois fois l'an à peine, de deux sous parisis, et 15 hommages parmi lesquels : Biache dit Vertain, le Camp d'Anstaing, la Motte et Villers à Ascq ; le fief de l'Hommelet au même lieu ; la Croix à Annappes ; le Quesne et la Tour à Flers ; Beuvères, dans la paroisse de ce nom (1). Les armoiries des de Roke sont : *de gueules au lion d'argent.*

Voici les personnages de ce nom que nous avons rencontrés dans nos recherches :

Wautier de Roke vivait en 1273 (2).

En 1334, vivait la veuve de *Nicolas* de Rocques nommée Marie *Petipas* (3). Selon Jean de Launay, elle convola avec Gilles *de Messemacre,* dit le Borgne, seigneur de Nordtloose (4). Le baron de Herckenrode, ignorant en histoire comme en chronologie, donne 1354 pour la date du second mariage de Marie Betipas (*sic*). Il ajoute que Gilles de Mesemacre accompagna en Sicile le comte Robert de Flandre, et qu'il mourut à Courtrai. Se marier en 1354 et périr en 1302 pouvait arriver avant Jésus-Christ, mais depuis le cas ne peut plus se présenter. Si l'erreur fut faite par de Vegiano, le devoir de son éditeur était de la corriger en note.

Le 4 janvier 1347 (1348 n. st.), *Pieres* de Roke fut le procureur de Hennequin *d'Antoing,* fils de feu Jehan et de Margherite *Thiébaut,*

---

(1) Th. Leuridan. *Statistique féodale,* châtellenie de Lille, *le Mélantois,* p. 24. — Nous devons déclarer que nous ignorons où gît la paroisse de *Beuvères.* Serait-ce l'un des villages nommés Beveren ?

(2) E. Hautcœur. *Cartulaire de l'église collégiale de Saint-Pierre de Lille.* Lille, Quarré, 1894, in-8°, t. I, p. 450.

(3) de Vegiano, *Nobiliaire des Pays-Bas,* Edition de Herckenrode, p. 1359.

(4) Manuscrit généalogique appartenant à M. le comte Stiénon du Pré.

sa veuve, remariée à Pieres, dit Gadifiers *de Haudion*, écuyer (1).

Jehan DE ROCQUES, écuyer, fit rapport de son fief de Rocques en 1372. En 1388, étant chevalier, il renouvela son rapport (2).

Gillebiert DE ROCQUE, qualifié noble homme, avait épousé avant le 21 août 1400, D^{elle} *Marie* DE LE BARE (3), dame héritière du fief des Dormeux à Pecq-sur-Escaut, et fille de Bernard II dit Tierchelet *de le* BARE, chevalier, sire de Mouscron, et de Jehanne *de Cuinghien* (4). Le testament de Marie de le Barre approuvé à Tournai, le 24 octobre 1440 (5), nous apprend qu'elle avait trois enfants :

1. ALART *de Roque*, écuyer, qui suivra ;
2. JEHANNE *de Roque* ;
3. Sœur MARIE *de Roque*, religieuse à Solliaumont (Soleilmont à Gilly, Hainaut).

Alart DE ROQUE ou *de Rocques* épousa *Jehanne* DE SAINT-PIERRE-MESNIL, dite *de Hingettes* (6), qui lui donna, au moins deux filles :

1. CATHERINE *de Rocques*, dame dudit lieu, d'Ascq, d'Alincourt (à Pecq), etc., épousa *Jacques* DE LA CAUCHIE (7). chevalier, seigneur de Rebreuve, Montsorel, etc., commandant l'une des bandes d'ordonnance de Charles-le-Hardi, duc de Bourgogne, souverain des Pays-Bas; conseiller et chambellan de ce prince. C'était un fils d'Antoine *de la Cauchie*, écuyer, seigneur de Rebreuve, etc., et de Jehanne *de Saucourt*. De ce mariage, il y eut postérité qui a perduré dans les descendances féminines.

2. JACQUELINE *de Rocques*, dame du Mont (à Pecq), etc., née en 1455, mourut à Tournai le 30 octobre 1528, après y avoir testé le 5 mai 1526. Son testament y fut approuvé le 4 novembre qui suivit son décès. Elle avait épousé par contrat passé à Tournai, le 18 novembre 1469, *Arnould* BERNARD (8), licencié-ès-loix, fils aîné

---

(1) ARCHIVES DE TOURNAI, *Chirographes de Saint-Brice*. Layettes de 1347.
(2) Th. LEURIDAN. *Le Mélantois*, p. 24.
(3) DE LE BARE : *De gueules à la bande de vair.*
(4) ARCH. DE TOURNAI. *Chirographes de la cité*. Layette de 1400.
(5) Idem, *Testaments*, Paquet de 1440.
(6) DE SAINT-PIERRE-MESNIL, dit *de Hingettes* : *D'argent à la fasce vivrée de sable.*
(7) DE LA CAUCHIE : *D'argent fretté de sable ; au canton de gueules.*
(8) BERNARD : *De gueules à l'épée d'argent garnie d'or, posée en pal, la pointe basse, et accosté de deux molettes d'éperon d'or.*

de Jehan *Bernard*, changeur, bourgeois de Tournai, garde de la monnaie de cette ville, etc., et de Jehanne *de Waudripont*. Arnould BERNARD, qui releva sa bourgeoisie de Tournai, dans l'année de son mariage, le 17 novembre 1470, fut anobli par le roi Louis XI, en février 1477 (1478 n. st.), et acheta en 1483, la seigneurie de Floreng et en 1484, la terre de Taintegnies. La descendance de ces époux existe encore dans les mâles (1) et elle est extrêmement nombreuse dans les lignes féminines.

Il existait à Lille, à la fin du XIVe siècle, un chanoine de la collégiale de Saint-Pierre, nommé *Guillaume* DE ROCQUE.

Un de ses collègues, Pierre Bourgois, et lui firent une donation à leur collégiale le 11 décembre 1405 (2). Nous croyons qu'il appartenait à la famille dont nous venons de parler.

Un autre personnage, issu évidemment de la même souche est *Allard* DE ROKE ou *de Rocques*, vivant dans la première moitié du XVe siècle et mort avant 1442. Il laissa un fils légitime, prénommé Guillaume.

Guillaume DE ROKE, licencié en médecine, épousa Jehanne *le Mesre*. Il acheta sa bourgeoisie à Lille, le vendredi, jour de cloche du mois d'octobre 1442. Il fut rewart, c'est-à-dire chef du Magistrat de Lille en 1446, 1454 et 1463, et mayeur des échevins en 1448, 53, 57 et 64. Il mourut dans la première quinzaine de novembre 1467, laissant un fils, *Hugues* DE ROKE qui vivait encore en 1502 (3).

LES D'ANTOING DONT SONT ISSUS LES LE MAIRE DITS *d'Antoing*.

ARMOIRIES : *de gueules au lion d'argent, armé et lampassé d'or.*

I. Seigneur *Nicholes* D'ANTOING, échevin de

---

(1) Sous le nom de DE CALONNE, à cause de la terre de *Calonne-Ricouart* dont ils furent *seigneurs et comtes*.
(2) E. HAUTCŒUR. *Cartulaire de l'église de Saint-Pierre de Lille*, t. II, page 878, N° MCCLXXV.
(3) *Souvenirs de la Flandre wallonne*, Douai, L. Crépin, 1885, t. V de la seconde série, volume in-8°, pp. 33 et 34. — Henri FREMAUX, *Histoire généalogique de la famille Ruffault*, Douai, L. Crépin, 1887, in-8°, pp. 33 et 34.

Saint-Brice en 1254, épousa Dame *Hele* (1). On le trouve sous les formes diverses de son prénom, Colart, Nicholon, Nicolon, en langage moderne, Nicolas, dans les actes du milieu du XIIIe siècle. Il laissa trois enfants :

1. Evrart d'Antoing, qui suivra, II ;

2. Michel *d'Antoing*, nommé dans des actes de 1273, 1284, 1290, épousa *Sare* dou Coulombier. Ils eurent :

A. *Jeurart* d'Antoing, nommé avec son père dans un acte de 1289 (2).

3. *N...*, *d'Antoing*, mariée avant 1268 à *Michel* de Baissy ou *de Bassy* (de Bachy), cité avec elle dans des actes de 1268 et 1288 (3).

II. *Evrart* d'Antoing épousa *Jehanne* Car de Vake ou *Char de Vake* (Chair de vache), fille de Gilles *Car de vake*, échevin de Saint-Brice en 1261-62, prévôt de Tournai en 1294 (4) et de Dame Marotain *le Lotarde*, selon des actes de 1302 et de février 1306 (1307 n. st.) passés à l'échevinage de Saint-Brice (5). Evrart était échevin de Saint-Brice en 1283-84, année où il testa, faisant des legs à des chevaliers tels que Mgr Nicholon Dorke, Mgr Watier dou Kesnoit (à Braffe), Mgr Gossuin de Ghiebrecies (à Béclers), et à la dame de le Vredenghe (d'Elverdinghe). Il mourut avant 1300 (6), laissant quatre enfants :

1. Lotart ou Gilles d'Antoing est indiqué dans un acte de 1319 comme marié à la fille d'Evrart *dou Casteler* et de Maroie, sa veuve (7). Un autre acte passé en 1350, après sa mort, nous apprend que sa veuve était *Isabeau* dou Casteler (8). Gilles fut père de deux fils :

---

(1) Archives de Tournai, *Chirographes de Saint-Brice*, Layette de 1254 ; *Chirographes de la Cité*, Layettes de 1272 et 1273

(2) Archives de Tournai. *Chirographes de Saint-Brice*. Layettes de 1284, 1289 et 1290 ; *Chirographes de la Cité*, Layette de 1273.

(3) Idem, *Chirographes de Saint-Brice*, Layette de 1268 ; *Chirographes de la Cité*, Layette de 1288.

(4) Idem, *Registre des Faides* ou des Paix et Trèves, folio 9, *recto*.

(5) Idem, *Chirographes de Saint-Brice*, Layettes de 1261, de 1302 et 1306. L'acte de février 1306, nous apprend que Dame Marotain *le Lotarde* était mère d'*Isabiaux* Cardevake, veuve d'Estasson de Courtrai ; de *Kateline* Cardevake, femme de Gilles *li Paires*, et de défunte *Jehanain* Cardevake, jadis femme d'Evrart *d'Antoing* et mère de Gilles, Evrart, Kateline et Marüen d'Antoing.

(6) Idem, ibidem. Layette de 1300. Dans cet acte est repris le legs fait à la dame de le Vredenghe. — Voyez aussi, *Testaments*, Paquets de 1283 et 1285.

(7) Idem, *Chirographes de Saint-Brice*, Layette de 1319.

(8) Idem, ibidem. Layette de 1350. L'acte nous apprend que Jehan *de Rosières* fut l'un des exécuteurs du testament de feu Gillion d'Antoing.

A. *Jehan* d'Antoing, qui releva sa bourgeoisie de Tournai dans l'année de son mariage, le 24 juin 1328 (1), eut pour femme, *Anne* de Courcieles (2), qui lui donna, au moins, un fils :

a. Jaquemes *d'Antoing*, bourgeois de Tournai par relief fait le 8 juillet 1351 (3), avait épousé *Angniès* Coppet (4), à la fin de 1350. Ces époux moururent avant 1396. Nous ne croyons pas qu'ils aient eu postérité.

B. *Willaume* d'Antoing, bourgeois de Tournai par relief fait le 5 avril 1331 n. st. (6), épousa *Alix* de Fiernet. N'ayant pas d'enfants après dix ans d'union, ils se ravestirent, c'est-à-dire se firent donation mutuelle de leurs biens aux plaids du bourg de Saint-Brice dans le mois d'octobre 1340 (7).

2. Evrart *d'Antoing*, clerc, qui vivait encore en 1341 (8), avait épousé avant 1307, *Marotain* de Gauraing, fille de Gilles *de Gauraing* et de Helain (Hélène) *Morille* (9). Nous lui connaissons un fils qui suit :

A. *Jehan* d'Antoing, clerc, mort avant 1341, épousa *Magrite* Thiébaut, fille de Colart, laquelle convola avant 1344 (10) avec Pierre de Haudion, dit Gadifier, écuyer. Un acte concerne leurs enfants mineurs d'ans en 1341. Nous n'avons trouvé que le prénom d'un seul que nous donnons ci-dessous :

a. Hennequin ou Jehan *d'Antoing* avait pour procureur en 1347 (14 janvier 1348 n. st.) Pierre de Roke (11). Le 25 avril 1365, il vendit à Jacques de Launoit, fils de Butor de Launoit, de Havinnes, une maison sise « à le Laignier » (12), qui fut jadis à Evrart Dantoing. Nous ignorons sa destinée ultérieure.

---

(1) Archives de Tournai. *Deuxième registre de la Loi*, folio 2, recto. — C'est le roi *Chalangantin* ou *Chalaugautin* du tournoi des xxxi rois parmi lesquels il est nommé le vingtième.
(2) Idem. *Chirographes de la Cité*, Layette de 1330.
(3) Idem, *Cinquième registre de la Loi*, folio 253, recto.
(4) Coppet : *D'or à la bande de gueules, chargée de trois coquilles d'argent.*
(5) Archives de Tournai. *Chirographes de la Cité et de Saint-Brice*, Layette de 1396.
(6) Idem. *Deuxième registre de la Loi*, folio 86, verso.
(7) Idem. *Chirographes de Saint-Brice*, Layette de 1340.
(8) Idem, ibidem, Layette de 1341.
(9) Idem, ibidem, Layette de 1307.
(10) Idem, ibidem, Layette de 1344.
(11) Arch. de Tournai. *Chirogr. de Saint-Brice*, Layette de 1347.
(12) Idem., ibidem, Layette de 1365. — Le *laignier* était le chantier général ou dépôt de bois : du latin *lignum*, bois.

3. KATELINE D'ANTOING, qui suivra, III ;

4. MARIIEN d'*Antoing*, femme avant 1282, de *Laurent* DE MAUBRAI, dit *le Pissenier* (1), mort avant le 8 fenerech (juillet) 1334 (2).

Ils eurent six enfants :

A. *Jehan* DE MAUBRAI, dit *le Pissenier* et d'Antoing. On le trouve prénommé *Henri* dans un acte passé en l'échevinage de Saint-Brice en 1306 ;

B. *Jacques* DE MAUBRAI ;

C. *Jehane* DE MAUBRAI, mariée avant février 1306 (1307 n. st.), et mère de trois enfants, Marie, Jakemes et Jehan dont le nom patronymique n'est pas mentionné ;

D. *Willemine* DE MAUBRAI, femme d'*Olivier* DE DEVANTLEWÈS (3) ;

E. *Katerine* DE MAUBRAI, femme de *Jehan* BRASSART, seigneur de Renaukesnoit (à Popuelles), et mère de Jehan, Marie, Katerine, Annecon et Mikelet *Brassart* (4) ;

F. *Margherite* DE MAUBRAI, femme de *Mahieu* LE FLAMENC (De Vlaminck), égliseur de la paroisse de Saint-Quentin à Tournai en 1337, ayant pour collègue, Pierre *de Havraincourt* (5).

III. *Kateline* ou Catherine D'ANTOING, épousa avant 1302, *Gilles* LI MAIRES, natif de Hiestrut, marchand détailleur (6). Ils eurent un fils, qui suit, IV.

IV. *Colart* ou Nicolas LE MAIRE, dit d'Antoing, bourgeois de Tournai, toillier, épousa, en premières noces, sa parente, *Jehanne* D'ANTOING, et en secondes noces, *Agniès* FRANQUE, qui était sa veuve en 1386 (7). Du premier mariage, vint une fille, et du second, vinrent deux fils. Tous trois suivent :

(1) ARCHIVES DE TOURNAI. *Chirographes de la Cité*, Layettes de 1282, de 1329. — *Chirographes de Saint-Brice*. Layette de 1334.
(2) ARCH. DE TOURNAI, *Chirographes de Saint-Brice*. Layettes de 1334.
(3) Idem., ibidem, Layettes de 1306 et 1342.
(4) Idem. *Chirographes de la Cité*. Layette de 1329. Dans l'acte de 1329, sont nommés encore *Jehan* et *Marie* BRASSART, autres enfants de Katerine *de Maubrai*. C'est dans le compte de tutelle des trois plus jeunes rendu en 1349-50 qu'on trouve leurs prénoms. *Annecon* ou *Agniès Brassart* épousa 1° Thiéri *d'Aubermont* et 2° Michel *Bernard* et fut la souche de deux familles nobles bien connues à Tournai.
(5) Idem. *Chirographes de la Cité*. Layettes de 1336 et 1342. — *Chirographes de Saint Brice*. Layettes de 1334 et 1342.
(6) ARCH. DE Tournai. *Chirographes de Saint-Brice*. Layettes de 1302, 3, 6 et 8.
(7) Id., *Chirographes de la cité*. Layettes de 1371, 1386.

Du premier lit :

1. MARIE *le Maire*, dite *d'Antoing*, morte avant 1386 (27 mars 1387 n. st.), avait épousé *Jehan* BARAT (1), toillier. Elle laissa deux enfants, savoir :

A. *Katherine* BARAT, dite *Baratte* dans quelques actes, épousa avant 1388, Pierre *du Quaillott*, brasseur (2) ;

B. *Hennequin* ou Jehan BARAT, dit *Barart* dans quelques actes (3), mort de la peste en 1400, avait épousé *Jehenne* DE LARCQ, qui lui donna une fille, Margot, et trois fils : Rasset, Pieret et Haquinet (4), qui avaient pour tuteurs en 1400, Gontier de Larcq et Colart d'Antoing et pour proches parents, Jehan Barat (leur aïeul), Rasse Pollet, Anthoine de Larcq, Jehan Vrient (*Lami*) et Jehan Destriès (5).

Du second lit :

2. COLART ou Nicolas *le Maire*, dit *d'Antoing* sergent, jura sa bourgeoisie de Tournai comme arbalétrier en payant 20 sols tournois, le 24 mars 1381 ou 1382 n. st. (6). En 1410, il était monnayeur (7). Sa mort arriva le 10 mars 1416, qui est 1417 n. st. (8). Il fut peut-être marié car un Jehan d'Antoing, fils de Colart, figure dans un acte de 1399 (9) ;

3. OLIVIER LE MAIRE, dit D'ANTOING, qui suit, V.

V. *Olivier* LE MAIRE, dit *d'Antoing*, homme d'armes des milices tournaisiennes, combattit dans les rangs français à Roosebeke, le 26 novembre 1382. Il releva sa bourgeoisie de Tournai dans l'année de son mariage, le 16 octobre

---

(1) Idem, ibidem. Layettes de 1371, 86, 88. — BARAT : *D'or à trois pals d'azur*.

(2) Id., ibid. Layettes de 1388, 96. — Dans un acte de 1396, Pierre *du Quaillott* est nommé Pierre *Cailliel*, d'où l'ont peut conclure que *Quaillott* équivaut à *Cailleau*.

(3) Id. ibid. Layettes de 1391 et 1400.

(4) On trouve une généalogie Barat dans *Généalogies de quelques familles des Pays-Bas*, Amsterdam, 1774, in-8°, p. 238. Le premier degré est en réalité le frère du second. Leur vrai père étant Haquinet ou Jehan *Barat* que nous donnons ici et qui ayant épousé *Gillette* BOIDINS, fille de Roland *Boidin*, testa à Tournai, le 19 juillet 1426, laissant deux fils : Rasse II et Jehan *Barat*. Son testament est numéroté 118 dans le paquet de 1426.

(5) ARCH. DE TOURNAI. *Chirog. de la Cité*, Layette de 1400.

(6) Idem. *Cinquième registre de la Loi*, fol. 25, verso.

(7) Idem. *Chirog. de la Cité*. Layette de 1410.

(8) ARCH. DE TOURNAI. *Comptes généraux*, 4° Registre, 1415 à 1422.

(9) Idem. *Chirog. de la Cité*, Layette de 1399. — A la fin du XVI° siècle, une famille d'Antoing exerçait encore l'office de monnayeur à Tournai.

1385 (1). Il mourut le 10 août 1400, lors de l'épidémie dite peste noire. Sa femme, *Maigne* ou *Magdeleine* DE HERCHUEZ, dite aussi *de Helchouwez* et *de Helcouez* (2) était fille de Jehan *de Helcouez*, l'aîné, et de D^{lle} Maigne *de le Haye* (3). Elle mourut en 1425 (4).

Ils eurent trois enfants :

1. JEHAN *le Maire*, dit *d'Antoing*, homme d'armes des milices tournaisiennes, mourut sans alliance, âgé de 27 ans, à la bataille d'Azincourt, le 25 octobre 1415 (5).

2. JEHANNE *le Maire*, dite *d'Antoing*, âgée de 25 ans en 1414 (6) épousa, en 1422, *Jehan* DE QUARMONT (7), Juré de Tournai, qui le fut en 1414-15, 21-22, 23-24 et 27, 28, et après avoir été grand doyen des stils et métiers fut élu grand prévôt pour les années 1425-26, en pleine révolution. Jehan de Quarmont était veuf avec trois enfants d'Angniès *de Bury* (8) et devait être fils de Jehan *de Quarmont*, l'aîné, et de Jehenne *de le Quemugne*, sa première femme (9). Le 28 septembre 1428, sire Jehan de Quarmont fut pendu pour avoir excité le peuple à la révolte contre le gouvernement établi (10). De ce mariage, vinrent deux enfants GOSSET (ou Gossuin) et FLORECHON (ou Florent) *de Quarmont* nommés dans un acte du 17 juillet 1433 où sont aussi cités, Jehan de Quarmont, prêtre, chapelain de l'église de Notre-Dame de Tournai, et Jehenne de Quarmont, femme de Guérard Carpentier dit du Bos, leurs frère et sœur consanguins. En 1441, ils avaient

---

(1) Idem. *Septième registre de la Loi*, folio 13, verso.

(2) DE HELCHOUWEZ OU DE HERCHUEZ : *d'azur à la bande vairée d'or et de gueules. Cimier : tête et col de loup au naturel.*

(3) ARCHIVES DE TOURNAI. *Chirog. de Saint-Brice*, Layette de 1401, Acte du 24 février 1402 n. st.

(4) Idem. *Comptes généraux*, 5e Registre, 1422 à 1431.

(5) Idem, ibidem. *Cartulaire des rentes dues par la ville de 1404 à 1414*, folio 52.

(6) Idem, ibid., idem, folio 40.

(7) DE QUARMONT : *de gueules à trois chiens bassets d'argent*; autrement, vers 1600 : *d'azur à deux têtes de chien d'argent, l'une au second quartier, l'autre en pointe; au franc-canton : d'or à la tête et col d'aigle de sable.*

(8) ARCHIVES DE TOURNAI. *Testaments*. Testament d'Angniès de Bury approuvé le 15 mai 1421.

(9) Idem. *Chirog. de la Cité*. Layette de 1406, acte donnant les enfants du premier mariage de Jehan *de Quarmont* l'aîné qui étaient : JEHAN, GILLIART et JAQUELINE, femme de Jaquemart *Lion*, fils de feu Jehan et de D^{lle} Isabelle Juielle, son épouse. La seconde femme de Jehan de Quarmont, le père, fut Maigne Warin, fille de Pierre Warin, l'aîné ou le père.

(10) J. COUSIN, *Histoire de Tournai*. Édition de Malo et Levasseur, 1868, 4e partie, p. 215.

pour tuteur leur oncle Mahieu *le Maire* dit *d'Antoing* et leur beau-frère Guérard *du Bos* (1). Florent mourut avant 1457, ainsi que sa sœur Jehenne (2).

3. Mahius, Mahieu ou Mathieu *le Maire*, dit *d'Antoing*, âgé de 17 ans en 1414 (3), releva sa bourgeoisie de Tournai, le 25 décembre 1433, endéans l'année de son mariage (4). Il épousa *Jehanne* du Planoit (5). Le 20 novembre 1448, cette damoiselle était procureresse de son mari dont étaient aussi procureurs, sire Jehan de Morcourt, Aleaume de Helchouwez, M{tre} Jehan de Helchouwez, Willeme de le Catoire et Jaquemart Colechon (6). Jusqu'à ce jour, nous n'avons rien trouvé concernant les enfants que ces époux purent avoir.

Les batards de Briffeuil.

Jaquemart, bâtard de Briffuel était fils naturel de Monseigneur Fastré qu'on a vu, ci-devant, page 12. Le samedi, 20 avril 1381, il vendit à Henri de Braffe, une maison sise à Tournai en la rue de Clercamp dans la paroisse de Saint-Brice (7). Il fut marié deux fois. En premières noces, il épousa *Jehanne* de Luckes, fille de Jehan *de Luckes* (di Lucca), clerc, italien d'origine, et de Marie *du Mortier* (8); et, en secondes noces, *Jehanne* Billot (9).

Il fut père de cinq enfants :
Du premier lit :

1. Jehanne *de Briffeuil*, mariée avant le 30 septembre 1379, à *Jehan*, dit Griffon de Manuyt (10), fils naturel de Stassart (Eustache) *de Manuyt* ou

---

(1) Archives de Tournai. *Chirographes de la Cité*. Acte du 9 février 1441 (1442 n. st.), Layette de 1441.

(2) Archives de l'Etat a Mons. *Fonds des Chartreux de Chercq, lez-Tournai*. Carton 3.

(3) Archives de Tournai. *Cartulaire des rentes dues par la ville de 1404 à 1414*, fol. 50.

(4) Idem. *Onzième registre de la Loi*, N° 141 de l'Inventaire manuscrit.

(5) du Planoit : d... à la bande échiquetée d... et d.... — Le 20 mars 1463 (1464 n. st.), une autre Dlle Jehanne *du Planoit* ayant perdu son sceau « *à le bare d'esquier* » le fit publier (Archives de Tournai, *Publications*, à la date indiquée). Cette demoiselle était veuve de Jehan de Condet, dit dou Mouton.

(6) Archives de Tournai. *Chirogr. de la Cité*. Layette de 1448.

(7) Idem. *Chirogr. de Saint-Brice*. Layette de 1381.

(8) *Notices généalogiques tournaisiennes*, t. iii, p. 855.

(9) Billot : *de gueules à la croix d'or ; au chef d'hermine*

(10) de Masnuy : *partie de gueules et de sable à deux bars adossés d'argent. Cimier : un croissant d'argent entre un vol de gueules et de sable*. — Le croissant doit être un bar ou barbeau plié en arc.

de Masnuy, maïeur héréditaire de Jemappes (1).
Ils eurent au moins deux fils et une fille, savoir :

Jehan, Tassart et Marie. Les fils s'allièrent aux familles *de Hantes* et *de Mousqueron, Lefèvre* et *de Genly*, et la fille épousa par contrat passé à Jemappes, le 19 juillet 1397, Pierre *Lausne*, bourgeois de Tournai (2).

Du second lit :

2. Fastret *de Briffeul*, écuyer ;

3. Rasse *de Briffeul*, écuyer. Avant 1437, il était connétable des grands archers de Tournai, lorsqu'il fut condamné le 5 avril de ladite année à faire un pèlerinage à Notre-Dame de Boulogne pour avoir été cause de la fuite de Gobert Maillé, délinquant qu'un sergent menait en prison (3).

En 1454, le 16 mars 1455 n. st., il était l'un des *margliers* de l'église de Saint-Jacques à Tournai, ayant pour collègue, Jehan de Clermès le Jeune. Il épousa *Biétris* ou *Béatrix* d'Estrayelles (4), née vers 1410-11, morte le 30 janvier 1488 (1489 n. st.), fille de sire Caron *d'Estrayelles*, qui fut souverain prévôt de Tournai en 1443-44, et de Jehanne *Hocquet*, sa première femme (5) ;

4. Marguerite *de Briffeul* fut mariée deux fois. Elle épousa, en premières noces, Adrien de Wauchuel (6), écuyer, issu de la Maison de Péruwelz, mort avant 1418, et en secondes noces, avant 1421, Jehan, bâtard d'Escaussines, écuyer, fils

---

(1) Voici les premiers degrés de la famille de Masnuy en filiation directe :

I. Fastret *de Masnuy*, maïeur de Jemappes en 1310. Il avait alors pour fils et hoir :

II. Willemet ou Willaume, maïeur de Jemappes (Cte de Saint-Genois, *Mon. anc.*, t. i, p. 302, col. 2), épousa vers 1334, Isabelle de Cambron. Leur fils suit :

III. Stassart ou Eustache, maïeur de Jemappes, fut père d'un fils naturel qui fut légitimé et qui fut l'auteur de la famille éteinte au XIXe siècle.

Cette famille est très ancienne. En 1194, vivait Wautier *de Masnui*, chevalier (Cte de Saint-Genois, *Mon. anc.*, t. i, p. 321). — Gilles *de Masnuy* vivait en 1249 et Watiers *de Masnui* en 1279 (L. Devillers. *Chartes du Chapitre de Sainte-Waudru de Mons*, t. i, pp. 240 et 461).

(2) Embrefs de Mons, aux Archives de ladite ville. Archives de l'Etat, à Mons. Comptes du Chapitre de Sainte-Waudru 1396-97.

(3) Archives de Tournai. XIe *Registre de la loi*, N° 141 de l'Inventaire manuscrit, fol. 203, *recto*.

(4) d'Estrayelles : *d'argent à la fasce de sable*. Famille issue de la Maison de Dossemer-Rumes qu'il ne faut pas confondre avec la famille du défenseur de Tournai en 1581, car celui-ci qui était sire d'Estréelles, à Divion (Pas-de-Calais), se nommait *François* de Divion.

(5) Archives de Tournai. *Cartulaire des rentes dues par la ville en 1422*, folio 11, recto, et 41, verso. — *Cartulaire des rentes de 1468*, fol. 370, recto.

(6) de Wauchuel : *échiqueté d'argent et de gueules*. — Archives de Tournai, *Chirogr. de la Cité*. Layette de 1418.

naturel d'Ostes d'Escaussines (1), écuyer, châtelain d'Ath ;

5. Marie de Briffeul. En 1414, Colart de Briffoel(sic) et Jehan Billot étaient tuteurs de Fastret, Rasse, Margherite et Mariette de Briffuel (sic), enfants mineurs de Jaques, bâtard de Briffoel et de D^{lle} Jehenne Billot, sa femme (2).

Rasse doit être identique à *Raoul* de Briffeul, écuyer tranchant du Comte de Charollais auquel un cadeau de noces fut fait par le Magistrat d'Ypres, le 1er janvier 1439 (n. st.) comme cela se voit dans le registre 38664 des Archives générales du Royaume (Chambre des Comptes, Compte de la ville d'Ypres), folio 43.

Colart de Briffeuil, autre descendant de la Maison d'Antoing, vivait aussi vers 1370. Il mourut avant 1399 laissant veuve, *Angniès* de Bourghielle qui vivait encore en 1417. C'était la fille de Watier *de Bourghielle* et de Maigne *de Bauwegnies*, et elle avait pour frères, Nicaises, Micquielz et Willaumes de Bourghielle (3). Ils eurent au moins, un fils, Colart *de Briffoel* qui, en 1414, était l'un des tuteurs des enfants du second mariage du bâtard de Briffeuil, Jacques, qu'on a vu, ci-devant.

Colart de Briffeuil, le père, devait avoir pour sœur, D^{lle} *Jehanne* de Briffeuil, femme de Jehan *de Bourghielle* dont elle était veuve avant 1414, en ayant retenu une fille, Jehanne de Bourghielle, femme de Willeme dou Duret (4) et deux fils Jehan et Leurench, vivants en 1399.

En 1404, vivait Noble homme *Nicolle* de Briffoel et D^{lle} Margherite *le Miquiel*, sa femme (5). Ce Nicolle peut être identique à Colart, fils d'Angniès de Bourghielle.

Le 22 janvier 1374 (75 n. st.), Grart *Ferrant* et D^{lle} Maigne *de Briffuel*, sa femme se ravestirent au greffe de Saint-Brice.

---

(1) d'Escaussines (Maison de Flandres-Hainaut-Rœulx) : *d'or à trois lions de gueules*. Ostes brisait *d'une bordure endentée de sable*, et son fils naturel ajoutait *une cotice d'azur en barre*.

(2) Archives de Tournai. *Chirog. de la Cité*. Layette de 1414.

(3) Idem. *Chirographes de Saint-Brice*, Layette de 1398, acte du 29 janvier 1398 (1399 n. st.).

(4) Idem. *Chirographes de la Cité*, Layette de 1414. Aujourd'hui les *dou Duret* sont nommés *Durduret*. Voir les Etat-civils du canton d'Antoing.

(5) Idem. *Chirographes de Saint-Brice*, Layette de 1404.

En 1389, D^{lle} *Agniès* DE BRIFFOEL était femme de *Jaques* FOURNIAUS, sergent du Roi. Ce personnage était parent de Jehans Fourniaus, fils de feu Colart, demeurant à Mons en Hainaut et auparavant à Tournai (1).

Jehan DE BRIFFOEL, écuyer, épousa D^{elle} Jehanne *du Pret*, qui convola avec Pierre de le Bove, écuyer, lequel eut pour seconde épouse, D^{lle} Jehanne de Liaue et mourut avant 1438. — Jehanne du Pret laissait de ses premières noces, *Jehan* DE BRIFFOEL à qui son beau-père, Pierre de le Bove devait 300 florins, de France que Jehan Cauvet, écuyer fut chargé de rembourser (2).

En 1456, *Colard* DE BRIFFOEIL était marié à D^{lle} *Jehenne* DE MORCOURT (3). Ce Colart était fils de feu Colart de *Briffoel*, l'aîné, et de Katherine *de Haudion*. Celle-ci demeurait, étant veuve, à Rumegies, lez-Saint-Amand-les-Eaux, lorsque son fils mourut laissant veuve avec sept enfants, D^{lle} Jehenne *de Morcourt*. Un acte daté du 16 janvier 1458 (1459 n. st.), nous donne les noms des enfants qui étaient : *Gérard, Godefroid, Haquinet* (Jehan), *Jehanne, Jaque* (Jaqueline), *Katherine* (femme de Loys *de Le Haye*, avant le 31 août 1473) et *Annette* DE BRIFOEL (4).

C'est une *Jehanne* DE BRIFFUEL qui doit remplacer Antoinette *de Haussy*, comme femme de Jehan *de Haudion*, écuyer, seigneur de Ghiebrechies (à Béclers), et, par conséquent, comme belle-mère de sire Jehan *de Morcourt*, grand prévôt de Tournai, seigneur de Nieuregies (à Havinnes) et de Vichove (en Flandre) (5).

MAULDE-ANTOING (Famille DE). Ce nom, qui se trouve dans des généalogies imprimées et dans les manuscrits des Hérauts d'armes, ne se rencontre jamais dans les actes originaux.

ANTHOIN, dite *d'Antoing* (Famille). Cette famille, qui paraît être originaire du Brabant

(1) Idem. *Chirog. de la Cité*, Layette de 1389. Serait-ce l'origine de la famille *Fourneau de Cruyckenbourg* qu'on dit être normande ?
(2) ARCHIVES DE SAINT-AMAND-LES-EAUX. FF. 57, acte du 27 août 1438.
(3) DE MORCOURT : *D'azur à quatre fasces d'hermine, à la bande de gueules brochant sur le tout*. — Armoiries selon le Sceau de Gontier de Morcourt reposant aux Archives de Tournai.
(4) ARCHIVES COMMUNALES DE SAINT-AMAND-LES-EAUX. Série FF. Layette FF. 59. Actes de 1431 à 1460. — FF. 61 (1471 à 1480).
(5) ARCHIVES DE TOURNAI. *Petit obituaire*. — O. DE PATOUL. *La Noblesse belge* (suite de l'Annuaire), année 1894. p. 60.

wallon est absolument étrangère à la Maison d'Antoing. Toutefois ses armoiries ont une certaine ressemblance avec celles des d'Antoing par le *champ* et par le *lion*, car elle porte : *De gueules au lion d'or, accompagné de neuf clochettes d'argent mises en orle, 3 en chef, 4 en flancs et deux en pointe.* Plusieurs de ses membres sont mentionnés comme fieffés de la Pairie de Silly en Hainaut. Elle posséda dans les environs de Tournai les fiefs de Rougefort (à Mourcourt) et de Morenghien (à Willemeau), et dans la baronnie de Mortagne, les fiefs de l'Escafotte, de Flines et de Hoursel. Pierre-Louis-Joseph *Anthoin*, se disant *d'Antoing*, écuyer, seigneur de Rougefort, l'Escafotte, etc., épousa à Tournai, Saint-Brice, le 25 novembre 1721, Adrienne-Dominique-Françoise *de la Motte-Baraffe de Bourquembray*, dame de Haudion (à Willemeau), de Morenghien, etc... Il était veuf de Marie-Josèphe-Thérèse Hanoye de Morchipont et de Marie Rousbecq. Il mourut colonel avant le 20 mars 1751, jour où sa veuve, sans postérité, légua ses deux fiefs de Willemeau et sa maison, sise à Tournai, rue des Filles-Dieu, à son neveu, Nicolas-François-Joseph de la Motte-Baraffe, écuyer (1).

Antoing (d'). Les *Danthoing*, artisans, portèrent sur leurs sceaux, un marteau, le manche bas, accosté de deux étoiles à six rais dans un cercle. — 1403. Jehan *Danthoing*, homme de fief de Calonne; — 1421. Jehan *Danthoing*, lieutenant-bailli de Hellin Goury, bailli de Calonne pour honorable homme Jacques Le Louchier, seigneur dudit lieu comme époux de D^{lle} Loyse de Calonne; — 1421. Henin *Danthoing*, homme de fief de Calonne; — 1429. Jehan *Danthoing*, échevin et juge cotier de Calonne; — 1441. Haquinet (Petit-Jean) *Danthoing*, échevin de Calonne (2).

Antour. Cette cense sise à Chin, sous Ramegnies-Chin fut un fief après avoir été longtemps un bien dit main-ferme. La partie inféodée comprenait vingt-sept cents de terre avec maison, chambre, étables, lieu, jardin et héritage, tenu de Chin à 60 sols de relief à la mort de l'héritier, dixième denier à la vente, don, cession ou trans-

(1) Archives de Tournai. *Testaments*. Paquet de 1751.
(2) Arch. de l'Etat a Mons. *Fonds des communes*. Calonne.

port et service en cour de plaids sur requête. A cela s'ajoutait un gazon main-ferme de dix bonniers. Ce fief n'existait pas avant le 23 février 1622, époque où il fut érigé en faveur d'Antoine de Boureck, dit le Boucq et de Carnin, écuyer, seigneur d'Herbulin, Topinser et Lehaye de Maulde (à Maulde-lez-Barry). Ce gentilhomme avait épousé Catherine Dennetières, fille du seigneur de Lassus de qui il avait acheté Antour en janvier 1594. A cette époque, ce bien se composait d'une maison dans un lieu grand de 700 verges, enclos d'une haie d'épines. Il tenait d'un côté au fief de Lassus, le Rieu entre deux, à M. Dennetières, au bien de l'acquéreur, à une chasse ou chemin lui appartenant et aux héritiers Dillies.

Antoine Le Boucq dit de Carnin eut pour hoir féodal à Antour, l'un de ses fils nommé Jérôme, né du second mariage qu'il avait contracté avec Catherine Dennetières. Jérôme Le Boucq de Carnin, écuyer, épousa sa voisine, Anne Bernard, fille de Gabriel Bernard, écuyer, et d'Yolande Bourgeois ou Bourgois (aux pals).

Ce fut la seconde fille de Jérôme qui devint dame d'Antour. Prénommée Elisabeth, elle fut baptisée à Ramegnies-Chin, le 18 septembre 1626. Etant désignée sous le nom erroné de « Carin », elle épousa, à Sainte-Marguerite de Tournai, le 29 décembre 1657, Charles d'Ysembart, écuyer, seigneur de Wreichem (à Frasnes, lez Buissenal), lieutenant du gouverneur des ville et châtellenie d'Ath. Elisabeth mourut dans la paroisse de Saint-Martin de la ville d'Ath, le 21 janvier 1677. C'est le 7 décembre de la dite année que le fief d'Antour fut relevé par Jean-Jacques Sallet, écuyer, seigneur de Semperie (1) en qualité de tuteur de Charles d'Ysembart, fils et hoir féodal de défunte Elisabeth le Boucq dit de Carnin. Ce relief fut fait par devant le lieutenant-bailli de la seigneurie de Chin et les hommes de fief, Pierre Rasson, Nicolas de Lobel, Jean de Lobel, et Nicolas-Franchois Leclercq. La lettre de récépissé, datée du 2 février 1678 est signée par le lieutenant-bailli en l'absence du seigneur (2). A cette époque le fief tenait au fief de Lassus, le rieu entre deux, à l'héritage de Madame d'Ennetières et à celui de l'héritier même.

(1) Semperies, seigneurie composée de cinq fiefs, sise à Meslin-l'Evêque ou Lez-Ath.
(2) Archives de Tournai. Nouveau fonds de l'Etat, Chin.

Une branche de la famille du Bus (1) fut locataire de la terre d'Antour laquelle appartient en 1911, à Madame la Douairière de Villers-Grand'Champs, née Sourdeau de Chin.

Une famille *d'Antour* existait à Rumes aux XVIe et XVIIe siècles. Elle y possédait un fief qui portait son nom.

ANVAING. Cette paroisse est aujourd'hui commune de l'arrondissement administratif d'Ath et de l'arrondissement judiciaire de Tournai. Le seigneur du fief principal, portant le nom du village même y avait la justice, haute, moyenne et basse, mais outre sa seigneurie on trouvait sur le terroir d'Anvaing, les fiefs et lieux dits suivants :

1° Le fief de l'abbaye de Saint-Amand en Pèvele ;

2° Le fief de la Blanche-Maison ;

3° La Coulture de Bonne fosse ;

4° La Coulture et le moulin du Callois ;

5° Le manoir du Carbonnier au lieu dit La Bruyère ;

6° Le Carnois où est le château ferme et fief de Rosne ;

7° Le fief de le Courbe ou de la grande Courbe ;

8° La cense de la petite Courbe et Château Norbert ;

9° Le Forestille :

10° Le fief et cense de Milomez ;

11° Le Plit ou le Plich, sans doute Le Ployeh ;

12° La Coulture et pâture du Porcq ;

13° La Coulture du Rosne où passe la rivière de ce nom ;

14° Le fief de Soubrechie ;

15° La Coulture de Villers ;

16° La Coulture du Pont de Wangermez où fut jadis la cense de Wangermez qui reçut son nom d'un guerrier teuton nommé Wanger (2).

17° Le fief de Le Walle (3).

18° Le fief de Wargie.

Dans son ouvrage sur *Les Echevins et leurs*

---

(1) Il s'agit de la famille *du Bus de Warnaffe*, issue de Jehan du Bus, fermier locataire de Clercamp (à Warcoing) à la fin du XVIe siècle.

(2) Un autre Wanger a donné son nom à la terre de Wangersheim. De lui est descendue la famille *von Wangersheim*, comme du Wanger établi à Anvaing est issue la famille *de Wangermez* ou *de Wangermée*.

(3) *van de Walle* en flamand. Traduction complète : *de la Motte*.

actes dans la province de Hainaut, p. 347, M. Emile Prud'homme commet une erreur en disant seigneur d'Anvaing dans l'année 1696, Charles Le Keulx. Il a confondu le serviteur avec le maître. Celui-ci, le vrai seigneur, avait un nom historique ; c'était Jean de Mesgrigny, chevalier, officier supérieur dans les armées du roi Louis XIV et mari de l'héritière d'Anvaing et de Bercus, née de Tenremonde. Dans la même page, on lit *Vaspaille* au lieu de *Raspaille*.

D'un autre côté feu Théodore Bernier en son *Dictionnaire historique*, etc., du Hainaut (seconde édition, format très grand in-8°), à la page 26, dit que le château d'Anvaing appartient au Comte de Lannoy, *descendant en ligne directe* du fameux Charles de Lannoy, seigneur de Maingoval, etc., Or toute la famille des comtes de Lannoy actuelle est issue en ligne directe, masculine et légitime de Jehan, dit Percheval de Lannoy, écuyer, seigneur de Le Moictuerie (à Leers), quatrième fils de Hugues, sire *de Lannoy* et de Lis, chevalier, et de Marguerite *de Mingoval*, fille de Robert, sire de Mingoval et sœur d'autre Robert, sire de Mingoval et par surcroît mère de Robert de Lannoy, sire de Lannoy, de Lis et de Mingoval, tous les trois chevaliers. Comme Robert de Lannoy ne laissa pas d'enfants de son mariage avec Béatrix Le Sauvage dit de Calonne, la terre de Mingoval passa à son frère cadet, Hugues. Celui-ci la légua à son second fils, Antoine, qui fut l'auteur de la Branche dite de Mingoval.

A cela Bernier ajoute un anachronisme. Il met le titre de comte dans la bouche du roi François I s'adressant au général de Lannoy, son vainqueur. Or celui-ci ne fut créé comte d'empire qu'après la prise du roi de France et à cause d'elle.

Nous avons trouvé trois curés d'Anvaing. D'abord Messire Jehan *Danvaing*, fils de feu Wibiert vivant en 1317 ; sire Jaquemes *Le Moitiers* cité dans un acte de 1355, et sire Jehan *de Bermeraing* que nous a donné un registre datant de 1449 (1).

Deux baillis d'Anvaing sont tombés sous notre plume. En 1558, c'est Jehan *Hayne* (2), mais le

---

(1) Archives de Tournai. *Greffe de la Cité*, Chirographes, Layette de 1317 et 1355. *Registre-Journal des Prévots et jurés*, Reg. N° 3310 de l'Inventaire manuscrit, année 1449.
(2) Idem. *Comptes de tutelle*. Compte de la Tutelle des enfants de feu Martin Daulchy et de Collette de Hottez, rendu en 1558.

second est plus moderne. Il se nomme Martin *Cottot* (ou *Cottolte*) *dit de la Chapelle* et le 15 décembre 1725, achète la maison du Porcq d'Or ou du Porcelet située sur la Grand'place de Tournai et ayant issue dans la rue Perdue. Ce personnage avait épousé Catherine *Grisperre* qui était sa veuve en février 1741 (1).

En revanche, les baillis du fief de Saint-Amand dans Anvaing et Saint-Sauveur sont plus nombreux, En 1458, c'est Hostes, bâtard *de Harchies*, écuyer; en 1512, c'est Amand *Lefebvre;* en 1512, c'est Charles *de Baudrenghien*, écuyer, seigneur de Belle, et en 1660, Pierre-Claude *de La Hamaide* est bailli (2).

Voici ce que nous connaissons de plus ancien sur les sires d'Anvaing. Vers les années 920 à 937, un seigneur nommé Odo, qui avait de grands biens sur Anvaing mourut. Il laissait pour veuve, Dame Liétarde et leur fils, Liétric, était prévôt de Saint-Amand. La mère et le fils donnèrent beaucoup de leurs terres d'Anvaing à l'abbaye de Saint-Amand (3).

En 1117, vivaient Théoderic, soit Thierri de Anven et Rabodon, son frère (4); en 1128, nous trouvons Vivianus d'Anven (5); en 1130, se rencontre Wenemar d'Anven, sans doute le même que le Wenemar qui, qualifié chevalier, vivait avec son frère, Arnould d'Anveng, aussi chevalier en 1154 (6).

1178. Thiry d'Anveng et Bauduin, son frère (7).
1195. Bauduin d'Anveng et son frère Ivan (8).
Idem. Thierri d'Anveng (9).
1198. Thierry d'Anveng et son fils Thierry (10).
1215. Noble homme Raoul d'Anven (11).
1220. Bauduin d'Anveng (12).
1239. Raoul d'Anvaing, fils de feu Mgr Raoul

---

(1) Idem. *Greffe de la Cité*. Layettes de 1725, 28, 35, 36 et 41.
(2) Idem. *Greffe de la Cité*, Layettes de 1458, 1512, 1542 et 1660.
(3) Charles Duvivier. *Recherches sur l'ancien Hainaut*, Preuves, IVe partie, (Codex diplomaticus), N° XXbis.
(4) *Annales du Cercle archéologique de Mons*, t. 10. p. 111.
(5) Th. Bernier. *Dictionnaire géographique, historique, etc., du Hainaut*, 1re édition page 11.
(6) D. Pierre Baudry. *Annales de l'abbaye de Saint-Ghislain*, pp. 351 et 373.
(7) Id., ibid., p. 387.
(8) Charles Duvivier. *Actes et documents anciens*, publiés en 1903, in-8°, p. 127.
(9) Ch. Piot. *Cartulaire d'Eenham*, p. 82.
(10) D. P. Baudry. *Ann. de l'abb. de Saint-Ghislain*, p. 414.
(11) Idem, p. 418.
(12) Ch. Piot. *Cart. d'Eenham*, p. 106.

d'Anvaing, chevalier, avait pour vassal à cause du fief du Haviel à Quartes, le chevalier Robert de Maulde (1).

1257. Evrart Danvaing, fils de Watier Danvaing (2).

Les armoiries des vrais *d'Anvaing*, c'est-à-dire de la famille des premiers seigneurs sont inconnues à moins qu'elles ne soient celles que porte une famille D'ANVAING peut être encore existante. Ces armoiries sont : *D'azur au sautoir d'argent, accompagné en chef d'un lion d'or ; en flancs de deux fleurs de lis du même, et en pointe d'un croissant d'argent* (3).

Apres les D'ANVAING, la seigneurie de leur terre passa aux familles suivantes : DE LA HAMAIDE dit *d'Anvaing* ; WITON ou *Witton ?* Jehan Witon, dit d'Anvaing vivait en 1359 (4) ; DE CORDES dit *de le Prée* (avant 1429) (5) ; DE VILLE (6) ou *de Strépy de Ville* (avant 1479) ; DE BOMBAYE, dit *de Boubais* (avant 1549) ; DE TENREMONDE-BERCUS (par mariage) ; DE MESGRIGNY (par mariage) ; DE ROUVEROIT (par mariage avec *de Tenremonde-Bercus*) ; DE GAVRE D'AISEAU (par mariage) ; DE LANNOY DE LA CHAUSSÉE (par achat).

ANVAING (*Maison* D'). Les armoiries de la seconde Maison *d'Anvaing* sont celles des sires de la Hamaide, brisées d'un lambel à trois pendants d'azur. Elles se blasonnent *d'or à la hamaide de trois pièces (ou à trois hamaides) de gueules,*

---

(1) ARM. D'HERBOMEZ. *Les Chartes de Saint-Martin de Tournai,* t. I, p. 512.

(2) ARCHIVES DE TOURNAI. *Chirographes en volumes,* fol. 38.

(3) Dom Amand d'Anvaing, abbé de Saint-Ghislain nomma son frère Louis d'Anvaing, bailli du temporel de son abbaye dans l'année 1606. Celui-ci demeura en fonction jusqu'au 4 août 1618. — *Annales de l'abb. de Saint-Ghislain,* p. 479.

(4) ARCHIVES DE TOURNAI. *Chirographes de la Cité,* acte du 6 février 1359 (1360 n. st.). — La famille *Witton* posséda aussi les seigneuries d'Oostcamp (Flandre occidentale) et d'Ogimont, à Velaines (Hainaut). En 1318, Pierre Witton était mayeur de Milomez à Anvaing.

(5) En 1429, Rasse *de le Prée,* de la Maison de Cordes, était seigneur d'Anvaing. On trouve ce personnage bailli de Lessines et de Flobecq en 1422. — ARCHIVES DE TOURNAI. *Comptes de tutelle Compte de la tutelle de Miquiel Mouton,* rendu en 1429. — G. DEMAY, *Les sceaux de la Flandre,* tome II, N° 5903. — DE LE PRÉE porte les armoiries des DE CORDES, *aux lions adossés et un lambel,* mais selon DEMAY, Rasse portait sur son sceau : d..., *chargé de feuillages d...; au lambel.* C'est une erreur due à l'examen d'un sceau trop fruste.

(6) Le 4 novembre 1504, Jaspart *de Ville,* seigneur d'Anvaing, lez-Ath, opéra (mais inutilement) le relief d'un fief d'une rente de 44 muids d'épeautre due par la seigneurie de Villers-sur-Orneau et Fanué au pays de Namur. — *Annales de la société archéologique de Namur,* t. 22, p. 318, en note.

au lambel à trois pendants d'azur, posé en chef de l'écu, brochant sur la première pièce. Malgré nos recherches, nous ne pouvons donner que des fragments généalogiques pour ce nom.

Bauduin *d'Anvaing* mourut avant 1235 laissant huit enfants légitimes que nous avons rencontrés, ainsi rangés, dans des actes de 1235 et de 1287 (1) que nous avons combinés. Ces enfants suivent : 1. Liebins; 2. Gosses ou Gossuin; 3. Gilles; 4. Jehan; 5. Colart ou Nicolas; 6. Jakemes ou Jacques; 7. N....., femme de Jehan Le Clerc d'Aubecies (Aubechies) et N......, femme de Jehan Li Feures (Le Febvre).

En 1263, vivait Dame Mainsent Danvaing. Elle devait être l'épouse d'un d'Anvaing, car en 1270, nous l'avons trouvée mère d'enfants légitimes, *Théri* et *Jehan* DANVAING (2). Nous ne connaissons pas le prénom du mari de Dame Mainsent.

Liebins d'Anvaing était identique à Libiert (1287) pourrait l'être aussi à feu Wibiert (1317) qui fut père de Messire Jehans Danvaing, prêtre et curé d'Anvaing (3). *Gossuin* DANVAING, fils de Bauduin, nous paraît être le même personnage que Monseigneur Gossuin *de le Hamaide*, chevalier, sire d'Anvaing que rappellent des actes de 1274 à 1281, et qui paraît être décédé avant août 1287 (4).

La nuit de la décollation de St. Jehan en la susdite année (29 août), Tiéri *de le Hamaide*, écuyer, fils de feu Mgr Gossuin d'Anvaing déclare devoir 24 livres tournois à Evrard du Casteler (5).

En 1326, Messire Thiéri *d'Anvaing*, chevalier, seigneur d'Anvaing et de Presle, époux d'Agnès *de Quiévy*, avait pour fils Jehan *d'Anvaing*, écuyer, qui acheta pour 17 livres tournois un cheval qu'avait Jehan Willars (6). Un Thiéri

---

(1) ARCHIVES DE TOURNAI. *Chirographes de la Cité.* Layettes de 1235 et 1287.

(2) Idem, ibidem. Layettes de 1263 et 1270.

(3) Idem. *Chirographes de Saint-Brice.* Layette de 1317.

(4) Idem. *Chir. de la Cité*, 1277, 1281. *Actes des voirs jurés*, 1287. — Armand D'HERBOMEZ. *Histoire des Châtelains de Tournai. Preuves.* Tome xxv des Mémoires de la Société historique et littéraire de Tournai, pp. 199 et 201.

(5) ARC. DE TOURNAI. Voir-Jurés, 1287. — Se trouvait à Anvaing en 1235 et 1238, un *Thomas* DE LE HAMAIDE. Il est cité au folio 165 du vol. 149 et au folio 128 du vol. 155, de la collection Moreau conservée à la Bibliothèque nationale à Paris. Au lieu de *Thomas*, ne faudrait il point lire *Thiéri ?*

(6) Idem. *Chirographes de la Cité.* Layette de 1326.

d'Anvaing, chevalier, qui pourrait être petit-fils du Thiéri de 1326, est en 1382, en compagnie de Messires Jehan Bernage et Florent de Heule, au nombre des défenseurs d'Audenarde contre les Flamands révoltés (1). Celui-ci serait-il l'époux d'Elisabeth *de Lambersart?* Nous le croyons. Il paraît avoir eu pour enfants un autre THIÉRI et MARIE, femme de Messire Arnould *de Harchies*, chevalier, seigneur de Milomez (à Anvaing), mort sans postérité en 1430, fils de Messire Arnould, chevalier, seigneur de la Motte (à Forest, Hainaut), de Milomez, etc., et d'Isabeau de Launais, sa première femme (2).

THIÉRI, que nous numéroterons IV, épousa Agathe *van Wouffelghem* dite *van Craeijen*. Il fut aussi chevalier et mourut vers 1407, selon Gailliard (3), qui, malgré cela, fait convoler sa veuve en 1398 avec Jean de Lumene, seigneur de Marcke. Thiéri IV laissa trois enfants :

1. THIÉRI V, qui suivra;

2. ISABEAU, femme de Jehan *de Waudripont*, chevalier, seigneur du dit lieu, fils de Gilles, sire de Waudripont, chevalier, et de Marguerite de Corbion(au Mont-Saint-Aubert), dame de Corbion, du Parcq (à Forest en Hainaut), etc,.

3. CLAIRE, femme d'Adrien *van der Meere*, écuyer, fils de Gilles.

Théri V épousa Marie *de Launais* (de Lausnais ou de Lannais), issue d'une branche cadette de la Maison de Landas. Elle possédait les bois de Launais à Cobrieux en Pèvele, fief tenu de Bouvignies, lez-Orchies. Thiéri V fut père de deux fils :

1º Thiéri VI; 2º Adrien. Ils suivent :

Thiéri, sixième du prénom dans la filiation directe possédait en 1438, les bois de Launais (4).

(1) CHRONIQUES DE FROISSART, Edition du baron Kervyn de Lettenhove, t. x, pages 41, 46 et 56. Le Comte de Flandres « entendi que « Messires Jehans Bernage, Messires Thierris Danvaing et Messires « Florens de Heules tenoient la ville d'Audenarde et avoient tenu « depuis la dure besoingne de Flaudres avenue devant Bruges. »

(2) Arnould *de Harchies* eut pour hoir féodal, son frère Jaspart, seigneur de le Motte.

(3) *Bruges et le Franc*, tome IV, pp. 294-296.

(4) En 1432, au mois de mars, Thiéri VI vendit au Chapitre de Notre-Dame de Tournai, 80 livres de rente sur le fief du Fayt contenant 55 bonniers de bois en la châtellenie de Douai, paroisse de Corbrieu *(Cobrieux)*, tenu en foi et hommage de Jacques d'Olehain à cause de sa seigneurie de Bouvignies (Bouvignies). — *Chambre des Comptes de Lille* (aux Archives départementales du Nord), Registre VIe des Chartes, fol. 59ro. — BIBL. NATIONALE A PARIS, *Cabinet des titres*, Tresor généalogique de Dom Villevieille, vol. 45.

Il épousa Jehanne *Hennette* ou *Hanette*, dite *de Bercus*, fille de Gilles Hennette, écuyer, seigneur de Bercus (à Mouchin en Pèvele), etc., et de Catherine d'Auberchicourt, dite d'Estaimbourg. Elle avait pour quartiers : HENNETTE, *Fiévet* ; AUBERCHICOURT, *Clenquet de Mouchin*.

Jehanne Hennette qui possédait le fief de Gamans (à Mouchin) testa étant veuve et son testament fut approuvé par les mayeur et échevins de Tournai, le 2 mars 1461 (1462, n. st.). On voit par cet acte que la testatrice, n'ayant pas d'enfants, choisit pour légataires : Haingnon, fille naturelle de son neveu Quintin Hennette, dit de Bercus ; Haquinet, fils naturel de son frère, Gilles Hennette, sire de Bercus ; Jacotin Clenquet, son filleul, fils de son parent, Jehan Clenquet ; Haingnon Gadihe (lisez Gabide), fille de Jehan ; Adrienne Daigremont, sa filleule, fille de Jehan Daigremont dit Galois ; Haingnon Clenquet, sa filleule, fille de Jehan ; Simonet Delezenne, son filleul, fils de Mahieu (1) ; Joachim, fils naturel du seigneur de Lambres, lez-Douai ; la fille de Mahieu (d'Auberchicourt dit) Destaimbourg ; la femme de Piettre du Joncquoy (2). — Le compte d'exécution de ce testament se trouve aux Archives de Tournai sous la date du 16 juillet 1463.

Adrien DE LE HAMAIDE, dit D'ANVAING, frère de Thiéri VI, épousa Agnès *van den Wynckele*, fille de Louis. Cette damoiselle convola avec Michel de Ladeuse. Elle avait pour fils de sa première union :

Roland DE LE HAMAIDE, dit D'ANVAING (3), grand-bailli et châtelain de Peteghem pour le seigneur dudit lieu, épousa Amandine *van der Donck* dite *de le Doncq*, qui lui donna au moins deux enfants, savoir :

1° Arnould *de le Hamaide*, dit *d'Anvaing*, marié en, 1489, avec Jacqueline *van Rockeghem*, fille de François ;

2° Adrien *de le Hamaide*, dit d'Anvaing, marié à Walburge *de Lumene*, dite *van Marcke*, fille de

---

(1) Le fief DE LE ZENNE est situé à Aix, lez-Mouchin. — Mahieu *de le Zenne* demeurait à Mouchin, de même que les *Clenquet* ou *Clinquet*.

(2) ARCHIVES DE TOURNAI, *Testaments*, Paquet de 1461.

(3) Jean-Théodore DE RAADT, *Les Sceaux armoriés des Pays-Bas*, etc., au nom Anvaing, nous apprend qu'en 1480, *Roland* D'ANVAING possédait Ter-Beken à Elseghem avec 15 bonniers, fief tenu de Ten-Dooren. Il portait *trois hamaides, au lambel*.

François de Lumene, écuyer, seigneur de Marcke, etc., et de Claire van der Meere, dame de Triest. Ils eurent quatre enfants qui suivent :

A. Louis de la Hamaide, dit d'Anvaing, licencié-ès-droits, conseiller-pensionnaire de la ville d'Audenarde, mourut en 1556, ayant épousé en 1535, Jossine Litterwoex, fille d'Arnould;

B. Jacques de le Hamaide, dit d'Anvaing, prêtre;

C. Gilles de le Hamaide, dit d'Anvaing, licencié-ès-droits, conseiller pensionnaire de la ville d'Audenarde, après la mort de son frère Louis, épousa vers 1555, Marie Loof, fille de Pierre. Nous ignorons s'il laissa postérité;

D. Jehanne de la Hamaide, dite d'Anvaing, religieuse (1).

En 1291, dans la première semaine de mai fut fait à Tournai le testament de *Jehan* DANVAING *(d'Anvaing)*, neveu d'Amand *d'Anvaing*, père de Huon. Le testateur avait pour cousine Anniès de Foriest, dite de Halai (ou *Holai*). Il était marié et père de quatre enfants. Il fit des legs à l'église d'Anvaing, à « le court Saint-Amand » et aux pauvres dudit lieu (2).

1328, novembre. Testament fait par Colart DANVAING, dit *de le Hamaide* dont le frère, prénommé Jehan, demeurait à Cauvil (3) et avait pour fils Colin Danvaing, dit de le Hamaide. Dans cet acte, il est parlé des hoirs de feu Mgr Raoul Dogimont, de Jehan dou Parc et de la Dame de Bausoit (4). Ce Colart Danvaing fut marié deux fois. Il épousa d'abord Maigne *de Wastecamp* et ensuite Agniès *Le Boistelier*. Du premier lit, vinrent Hanaite (Jeanne) et Hauekin (Jean), nommés tous deux dans une donation que leur fit leur père le 8 Jugnait (juillet) 1342. On voit par un second testament que fit Colart le 5 juin 1347, que de son second mariage était née Maroie (5).

(1) Idem. En 1542, *Florent* D'ANVAING, homme de fief du Comte de Flandre à Peteghem portait : *d.... à trois hamaides d..., au lambel d.... et au filet d..., brochant en bande sur le tout.* Cimier : *deux aiguières.*

(2) ARCHIVES DE TOURNAI. *Testaments*, Paquet de 1291.

(3) Nous connaissons deux *Cauville*, situés en Seine-inférieure et en Calvados.

(4) Ogimont est à Velaines, le Parcq est à Forest est Bausoit et à Montreul-au-Bois.

(5) ARCH. DE TOURNAI. *Testaments*. Paquets de 1328, 1342 et 1347.

En 1342, le 1ᵉʳ Ghieskerech (juin), Jehan de Bielleval demeurant à Maille (*Melles*) vend à Chollart Danvaing, un fief de 5 bonniers et demi de bois et terres sis à Saint-Sauveur et tenu de l'abbaye de Saint-Amand (1). — Cholart Danvaing et son fils Jehan possédaient des terres à Bléki (Blicquy), le long du Chemin de Blicquy à Autraippe, 1344 (2).

Colart Danvaing, qui doit être le frère bâtard de Thieri IV, cité dans des actes de 1314 à 1316, mourut avant septembre 1354, jour où son fils Jehan passa un acte par devant les échevins de Saint-Brice en Tournai (3).

Le 4 décembre 1384, nous trouvons que Ghilbert de le Court dit de Rosnais, fils de Rasson (de la Maison de Cordes) attaqua près de la Motte-Castaigne, le long de l'Escaut en dehors du Pont des Tious (rive droite), Jehan Danvaing, de Obesies (Obigies) et lui fit des plaies mortelles (4).

Monseigneur *Grard* ou *Gérard* Danvaing, chevalier, vivait en 1379. Nous le trouvons dans un acte de 1388, accompagné de son fils Grard *Danvaing*, écuyer (5).

GÉRARD avait épousé Isabeau *de Pottes*, fille de Bauduin *de Pottes*, écuyer, seigneur de Pottes, Pétrieu (a Béclers), Noirchin, etc., et de Marie de Fanuwelz (6). Il était seigneur de Rosne à Anvaing, et fut père ou oncle d'Ernoul d'Anvaing qui suit :

ERNOUL ou ARNOULD I *d'Anvaing*, écuyer, seigneur de Rosne après Gérard, mourut avant septembre 1403 (7). Il avait épousé Marie *de Buillemont*, qui vivait encore en 1422 (8). ERNOUL II, leur fils, écuyer, seigneur de Rosne, décéda avant le 15 février 1424 (25 n. st.), après avoir épousé Marguerite *du Marès* (8), laquelle convola

---

(1) Icem. *Chirographes de Saint-Brice*, Layette de 1342.
(2) Idem, ibidem, Layette de 1344.
(3) Idem, ibidem et *Chirog. de la Cité*. Layette de 1314, 16 et 54.
(4) Idem. *Registre de la loi*, à la date indiquée.
(5) Idem. *Chirographes*, layettes de 1379 et 1388. — Grard II *d'Anvaing* devint-il chevalier? Nous ne trouvons le concernant que l'acte de 1388. C'est donc sa sœur ou sa fille bâtarde que *Piéronne* D'ANVAING qui mit opposition en 1422 à l'exécution du testament de feu Rasse d'Anvaing, écuyer. Cette Damoiselle vivait encore en 1452, 15 février 1453 n. st., étant dite fille illégitime de feu Mgr Guérard Danvaing, jadis chevalier.
(6) Généalogie de la Maison DE POTTES dans une Notice sur Noirchin. *Annales du Cercle archéologique de Mons*, t. 27, p. 177.
(7) ARCH. DE TOURNAI. *Chirog. de Saint-Brice*, Layettes de 1403.
(8) Idem. *Testaments*. Testament de Rasse d'Anvaing, écuyer, approuvé le 12 novembre 1422.

avant 1431 avec Jaques le Muisit, fils de feu Pierre. Cette damoiselle avait donné à Ernoul II, trois enfants qui, le 6 mai 1431, avaient pour tuteurs Willeme de Cordes dit de Maubray, écuyer (1).

Ces enfants sont : 1° *Louis* d'Anvaing, écuyer, seigneur de Rosne avant 1425, du Triez (à Mourcourt) avant 1446, mourut sans postérité ; 2° *Jehan* d'Anvaing, écuyer, seigneur de Rosne, vendit ce fief de concert avec sa sœur, par acte du 8 mars 1458 (59 n. st.), à D^{lle} Michelle *Bernard*, qui achetait au nom de son époux, Jehan Le Louchier, écuyer, seigneur de Courcelles, lez-Lens en Artois, de Constantaing (à Kain) et d'Ainières, lez-Arcq en Hainaut (2). La saisine du fief de Rosne fut accordée à ladite Michelle Bernard par Jehan de Cordes, dit de Maubray et autres, le 17 mars 1458 (v. st.) (3); 3° *Jehanne* d'Anvaing épousa Jaques *de le Haye* dont elle était veuve en 1458, selon l'acte de vente du fief de Rosne.

Monseigneur Grard d'Anvaing, chevalier fut père d'une fille naturelle, Pierronne d'Anvaing qui, en 1422, fit opposition à l'exécution du testament de feu Rasse d'Anvaing, écuyer (4).

Le testament de Jehan d'Anvaing fait le 26 novembre 1400 et approuvé à Tournai après décés le 17 février suivant (1401 n. st.), fait connaître que le testateur était tanneur, qu'il avait pour frères, Rasses d'Anvaing, écuyer et Miquiel d'Anvaing (6). Or le testament de Rasse d'Anvaing fait le 13 juillet 1422 et approuvé le jeudi 12 novembre de la même année (7), nous apprend que Ernoul d'Anvaing, écuyer, fils d'Ernoul était le neveu de Rasse. Cela nous amène à conclure que le seigneur de Rosne, Grard d'Anvaing, chevalier, vivant en 1379 est l'auteur, sinon l'oncle, de cette génération. En voici le crayon :

I. *N.* d'Anvaing laissa :

1. Ernoul I *d'Anvaing*, seigneur de Rosne, qu'on a vu plus haut ;

2. Rasse d'Anvaing, qui suivra II ;

3. Jehan *d'Anvaing*, dont nous venons de par-

---

(1) Idem. *Chirographes de la cité*, Layette de 1431.
(2) Dom Caffiaux, *Trésor généalogique*, imprimé à Paris, chez Philippe-Denys Pierres, 1777, in-4°. — Bibliothèque nationale de France. Dom Villevieille. *Trésor généalogique* vol. 31.
(3) Idem., ibid., id.
(4) Voyez note 3.
(5) Archives de Tournai. *Testaments*. Paquets de 1400.
(6) Id., ibid., Paquet de 1422.

ler du testament, mourut le 15 février 1400 (1401 n. st.) à Tournai où il avait épousé par contrat du 8 mars 1380 (1381 n. st.), Colette *Ghontier* dit *de Hornut*, fille de Jehan Ghontier dit de Hornut, bourgeois de Tournai, et de Maigne Loyse (Loïs). Il fut tanneur et laissa une fille qui suit :

A. *Jehanne* d'Anvaing, mineure en 1409 avait pour tuteurs Rasse d'Anvaing et Gilles de Hornut, ses oncles (1). Selon les Comptes généraux, elle mourut en juillet 1439.

4. Miquiel ou Michel *d'Anvaing*.

II. *Rasse* d'Anvaing, écuyer, fut l'un des exécuteurs du testament de son frère Jehan. Il testa ainsi qu'on vient de le voir en juillet 1422 et mourut avant le 12 novembre de la même année. Sa première femme nous est inconnue, mais la seconde fut Jehanne *de Dinant*, fille de Mahieu de Dinant et veuve de Jaques Colemer. Cette damoiselle et son époux se ravestirent le 22 juin 1406 (2). Elle testa le 6 mai 1417 et mourut à Tournai avant le 12 dudit mois. Dans son testament est nommée D^{lle} Angniès Danvaing (3). Du premier mariage de Rasse était né un fils qui suit III.

III. *Piérart* ou Pierre d'Anvaing, écuyer, est mentionné en 1409 dans un acte passé le 10 mai, comme serviteur de Jehan de Mousqueron dit Broukart, prêtre, grand-vicaire en l'église de Notre-Dame à Tournai (4).

Le 16 mai 1419, le fief de Flobecq, situé à Mortagne (du Nord) et tenu du seigneur de ce lieu, fut vendu à Pierre d'Anvaing, écuyer, fils de Rasse demeurant à Tournai dans la paroisse de Notre-Dame, par Jehan de le Houssière, fils de feu Jehan, écuyer, seigneur en partie de Péronne, lez-Antoing. L'acte fut passé à Tournai dans la rue des Cordonniers chez Colart Normant, clerc. Les témoins y assistant furent Bauduin de Lannoy dit le Bèghe, écuyer, bailli de Mortagne, Alard Thiébeghot, sire Simon de Saint-Genois, prévôt de Tournai, Noble homme Gérard de Cuinghien, écuyer, Pierre le Muisit, Jehan Thiébegot, Jehan de Clermès, Desret As Ghambes, Jaquemart Hanouse, Jehan Brissart et Alard de

---

(1) Idem. *Chirographes de Saint-Brice*, Layette de 1409.
(2) Idem, ibid., Layette de 1406.
(3) Id., *Testaments*. Paquet de 1417.
(4) Id., *Chirographes de Saint-Brice*, layette de 1409.

Miraumont, tous hommes de fief de la seigneurie de Mortagne (1).

Pierre *d'Anvaing*, seigneur du Coulombier (à Gruson), des Triès (à Mourcourt), de Flobecq (à Mortagne), etc., épousa Jaque ou Jaqueline *de le Val*, damoiselle de le Val à (Ascq, lez-Lille), fille de Jehan de le Val, chevalier, seigneur dudit lieu et de Dame Agniès de Buillemont. Ils eurent trois enfants :

1° Ernoul d'Anvaing, qui suivra, IV;

2° Ansne ou Anne *d'Anvaing*, héritière de Flobecq, etc., épousa Jehan *du Fresnoy*, dit *de le Vingne*, seigneur de le Vingne (a Hem), etc.,. Leur fille Isabelle porta ses fiefs dans la Maison de Cuinghien et sa fille, Agnès de Cuinghien porta ses biens en la famille de Marchenelles dont sont issues les familles du Chastel de la Howarderie et de Saint-Génois, ainsi que leur descendance par les femmes issues des alliances avec Marchenelles.

3° Agniès *d'Anvaing*, insensée, survécut à ses frère et sœur. En 1472, elle était l'hoir féodal du premier et en hérita la terre de le Val (dont le fermier était Jehan Du Pont), la terre du Coulombier, (dont le fermier était Gillart de Fourmestrau), la terre des Triès (dont la fermière était la veuve de Jehan de le Motte), etc.,. Lorsqu'elle était mineure en 1443, elle avait pour tuteurs Hue de le Val et Clarembault de Proisy, écuyer, seigneur de Berelles et de Lonny, lieutenant de Mgr le Bailly de Tournai et Tournésis, mais en 1449, c'étaient son frère Ernoul d'Anvaing assisté du même de Proisy et de Ricouart de Buillemont. Le 10 mai 1479, Noble homme Jaques de Hem, écuyer, seigneur de Frasne-lez-Buissenal (de la Maison de Cuinghien), Arnoul du Pret et Gillart Mahieu étaient tuteurs de la dite damoiselle dont le frère était décédé depuis plusieurs années. Les parents composant le conseil de famille étaient Noble homme Arnoul de Ville, chevalier, seigneur d'Anvaing; Loys de Buillemont, écuyer, sire de Buillemont (à Celles-en-Hainaut) ; Georges de Cordes, écuyer, seigneur de Popuelles et de Maubrai (à Arcq-

---

(1) Archives départementales du Nord. *Chambre des Comptes.* — C¹ᵉ de Saint-Génois, *Mon. anc.*, t. I, 2ᵉ partie, p. mxxv. — Dom Caffiaux donne pour cet acte la date du 4 janvier 1429, soit 1430 n. st., or nous ferons remarquer qu'à cette époque Bauduin *de Lannoy* était chevalier.

Ainières); Jacques de le Hamaide, écuyer, seigneur de Lussegnies (à Frasnes-lez-Buissenal); Guillaume de Buillemont, Jehan Morel dit de Martimont, Jehan Rogier, Jaquemart Le Kien et Loys Rogier (1).

Les fiefs d'Agniès d'Anvaing passèrent à sa nièce, Isabelle *du Fresnoy*, dit *de le Vingne*, épouse de Jaques *de Cuinghien*, dit *de Hem* qu'on a vu plus haut.

IV. Ernoul ou Arnould d'Anvaing, écuyer, seigner du Colombier, de le Val, des Triès, etc., était mineur en 1443 (2). Il mourut avant mai 1472 et le 11 février de ladite année (1473 n. st.), fut rendu le compte de son testament par les exécuteurs de cet acte qui étaient Haut et noble Jehan de Harchies, chevalier, seigneur de Milomez; Jehan de Waudripont, fils naturel de feu Monseigneur Gilles, jadis chevalier et sire de Waudripont, et Gilles Machon (3).

Arnould laissa une fille naturelle prénommée Jacqueline, laquelle avait pour tuteurs en 1475, le sire de Milomez et le bâtard de Waudripont dont nous venons de parler (4).

Le 16 septembre 1458, fut rendu le compte de l'exécution du testament de feu Maistre Jehan *de la Trimoille*, en son vivant conseiller de la ville de Tournai. On y voit que sa veuve, Damoiselle *Jehanne* Danvaing était remariée à Noble homme Julien *de Buignies* (5).

Le 23 juin 1486, Jehanne Danvaing, veuve de Julyen de Beugnies résidait à Ath. — Les de Beugnies, dont le nom varie beaucoup dans son orthographe, paraissent être issus de la Maison de Trazegnies dont ils portent les armoiries en franc-quartier dans leur écusson.

Rasse d'Anvaing que nous ne savons à quel rameau rattacher mourut avant janvier 1476 (1477 n. st.) laissant veuve D[elle] *Marguerite* du Mesnage (6).

---

(1) Archives de Tournai. *Chirographes de la Cité*, Layette de 1479.
(2) Idem, ibidem, Layette de 1443.
(3) Idem. Comptes d'exécution testamentaire, tutelle et curatelle. Paquet de 1472.
(4) Idem, *Chirographes de la Cité*. Layette de 1475.
(5) *Julien* de Beugnies, écuyer était veuf de *Marie* de Maurage, fille de Mahieu, seigneur de Heruinsart (Rainsart), chevalier (*Cartulaire des fiefs tenus du comté de Hainaut en 1473*, fol. 173, N° 896. — Archives de l'Etat à Mons).
(6) Un fief ou Manage est à Meslin l'Evêque, un fief des Mesnages est à Arcq-Ainières.

Voici une série de personnalités du nom d'Anvaing (1).

1261. Iermangart; — 1267. Dame Maruen; — 1290. Ernoul dou Maisnil, dit d'Anvaing; — 1299. Dame Ansne Danvaing, femme Hennion de Vaus; — 1310. Ernoul Witon, dit d'Anvaing; — 1316. Rogier Danvaing, « pourveur des poures de le Mazelaine » (c'est-à-dire proviseur des pauvres de la paroisse de Sainte-Marie-Magdeleine en Tournai), fut maire de Tournai et l'un des reward ou inspecteur des laines en 1332. Devenu veuf, il convola avant 1327 avec Agniès *Wiquewake*, veuve de N. Poulain et mère de Rogier Poulain selon des actes de 1327 (Cité) et de 1342 (Saint-Brice). Il était père par sa première femme, de Hanekin et Jakemin Danvaing, selon acte de 1333 (Cité). Il mourut avant novembre 1342, laissant veuve sa seconde épouse. Jakemes, son fils, releva sa bourgeoisie de Tournai le 5 mars 1341 (1342 n. st.), comme on le trouve dans le 5ᵉ Registre de la Loi, folio 29, verso (2). Il était « *esliseur* » à Saint-Jacques en 1337-38. 1320, 4 septembre. Kateline Danvaing, veuve de Jaques Cauwelier. Ce sont les auteurs des Cauweliers Tournaisiens, dont le nom flamand est *Coveliers* ou Coweliers. Dans un acte de 1328, elle est dite mère de Jakemin Cauwelier.

1343 16 mai. Jehan Danvaing était marié à Kathérine *de Baudimont*. Nous ne savons s'il est fils de Rogier et s'il est identique à Jehan Danvaing, mort avant 1378, époux de Dame Jehanne *de Bléquy* et père d'*Isabiel* Danvaing, femme de Willes li Maires dit dou Monchiel, et de *Katerine* Danvaing. — Jehan pouvait être fils du suivant tout aussi bien que de Rogier. — 1346. Feu Gossuin Danvaing, tanneur, père de Jehan (1347, Cité). — 1346. Jakemes Danvaing, dit de Pippais, mort avant 1351, laissait veuve Marie *de Wiries*, qui lui avait donné trois enfants qui suivent :

A. Jehanne, femme de Colart (Nicolas) Ghontier dit de Hornut;

B. Simonet;

---

(1) Chaque date de la liste correspond à une layette de chirographes des archives de Tournai, sauf indication contraire.

(2) Un Jehan *Danvaing*, fils de Jaques releva sa bourgeoisie, le 30 août 1387 (VIIᵉ Reg. de la Loi, fol. 15, recto), et un Jaquemart *Danvaing*, fils de Jehan, releva sa bourgeoisie, le 28 avril 1417 (Xᵉ Reg. de la Loi, fol. 12, verso).

C. Annechon ou Agniès, mariée, avant 1364, à Colart Ricouwart.

1351. Jakemes Danveng mourut avant cette date laissant deux enfants nés de sa femme, Marguerite *de Grantcamp*, laquelle lui survécut. De cette union, vinrent donc :

A. Vinchent ; B. Hanette ou Jehanne.

1355. Jakemes Danvaing laissait veuve Marie *Trigaud*, qui lui avait donné une fille : Katherine, femme de Jean *Destrasielles*.

1371-1393. Jacques Danvaing demeurait à Velaines avant juillet 1371. Il épousa Isabiel *Huet*, veuve de Thomas de Launoit et mère de Maignain de Launoit. Un acte de juillet 1393 prouve que d'Isabiel Huet, était né Jehan Danvaing.

1387. Jehan Danvaing, orfèvre, fils de Jehan.

1392. Un Jaques Danvaing mort avant 1392 (Saint-Brice) laissait pour veuve D[elle] Philippe *Haquart* qu'il avait épousé avant 1381 (Cité). Celle-ci était fille de Jaques Haquart. Elle fut viagère des biens de son mari dont l'hoir nu-propriétaire était Nicaise Danvaing. Jehan Danvaing frère de Nicaise vivait en 1398.

Maistre Nicaise Danvaing était prêtre en 1406 et alors était procureur de Noble Dame Marie Warison, veuve de feu Monseigneur Grart de Mortaigne, dit d'Espierres, jadis chevalier et sire de Cavrines.

1398, 20 décembre (Saint-Brice). Jehenne Danvaing avait épousé *Olivier* (Wlfart ou Olifart) DE LE MOTTE (vander Moten), mort avant 1404. Leur fille Jehenne avait épousé Mahieu (Mathieu) *Toriel* et résidait en 1404 à Hecauwen (Eeckhove sous Gavre, Flandre orientale). Un acte de 1417 donne tous les enfants de Jehenne Danvaing : *Jehan*, *Ernoul*, *Grard* et *Jehenne* DE LE MOTTE.

1400, 2 septembre. Décès de D[elle] Maigne Danvaing (Comptes généraux de Tournai).

1402. Rolant Danvaing époux de D[elle] Maigne *Ghossette* (Ghosset).

1404. Dame Florence Danvaing fut mariée jadis avec Alard *des Wastines*, chevalier, seigneur des Wastines à Capelle-en-Pèvele. Elle était veuve en 1404.

1454. Feu Jehan Danvaing laissait Jaquelotte et Caisot (Jacques et Nicaise), dont le tuteur était Jaquemart Danvaing.

1488, 27 septembre. Ghildo Danvaing, fils naturel de Loys Danvaing fut banni à perpétuité de Tournai et de la banlieue pour avoir tué d'un coup d'estoc, Haquinet (Jehan) de le Venquière dans l'estaminet du Blanc-Mousson (Blanc-Moineau) près de l'hôtellerie de la Tieste d'Or (1). Ce devait être un fils du seigneur de Rosne, Loys ou Louis d'Anvaing, que nous avons cité, cidevant, page 153.

1635. Agnès *de la Hamaide*, dite *d'Anvaing* épousa François de la Deuze, écuyer, seigneur d'Etichove. Leur fille Jacqueline, dame d'Etichove fut mariée le 23 octobre 1635, à Jan *De Kerchove*, écuyer, seigneur de Vaulx et de Champagne, échevin de Gand. Celui-ci fut créé chevalier par le roi d'Espagne et comte de Flandre, Philippe IV, le 23 octobre 1640.

Les D'ANVAING DE VALLEMPREZ portèrent : *D'azur au sautoir d'argent, cantonné en chef d'un lion d'or, en flancs de deux fleurs de lis du même et en pointe, d'un croissant d'argent.* Voici ce que nous en savons :

I. *Jehan* DANVAING demeurant à Arc(-Ainières), épousa Jacqueline Lefebvre. Ils eurent :

1° Bertrand Danvaing, seigneur du Joncquoit (à Ainières), épousa Catherine *Formanoir* dont quatre enfants : A. Louis; B. Amand, abbé de Saint-Ghislain; C. André; D. Jacques.

2° André Danvaing qui suivra, II;

3° Louise Danvaing épousa Jehan *de Maulde*.

II. *André* DANVAING épousa le 21 octobre 1585, Louise *Hennebert*. De ce mariage, vinrent six enfants :

1° Marie, née à Arc, le 3 octobre 1586, épousa Louis Portois (2);

2° Jehan Danvaing, né à Arc, le 11 août 1588, mourut au berceau ;

3° Jehan Danvaing, qui suivra, III.

4° Pierre Danvaing, né à Arc, le 5 janvier 1594, y mourut le 6 mai suivant.

5° Jeanne Danvaing, née audit Arc, le 23 avril 1596, y mourut en 1602.

6° Guillaume Danvaing, né à Arc, le 30 novembre 1597, épousa le 27 mai 1618 à Saint-Martin

---

(1) ARCHIVES DE TOURNAI. *Registre de la loi pour les années 1472 à 1489.* Bans à tous jours.

(2) ARCHIVES DE RENAIX, *Etat de biens de la Mortuaire de Louis Maes*, daté du 19 janvier 1641.

de Renaix, Marie *Hennebicq*, fille de Jean Hennebicq, le vieux (fils de Christophe et de Jeanne Malaise) et d'Hermine Fouret. Ils eurent :

A. Marie, baptisée à Renaix, le 4 avril 1619, en l'église de Saint-Martin, eut pour parrain André Danvaing, son aïeul, et pour marraine, Anne Fouret. Elle mourut le 23 janvier 1688 à Renaix ;

B. Louise, baptisée dans la même paroisse le 4 septembre 1622. Parrain : Jean Hennebicq, le vieux, aïeul maternel. Marraine : Louise Hennebert, aïeule paternelle. Elle mourut le 12 août 1684.

C. Anne, baptisée le 2 mars 1623. Parrain : Nicolas Buskens. Marraine : Anne Danvaing.

D. André épousa Marie *van Coppenolle*, fille de Daniel et de Catherine Rembaut, fille de Pierre Rembaut et d'Anne de Moor. De ce mariage, naquirent cinq enfants, savoir :

a. Guillaume-Léopold, baptisé à Renaix, le 28 mars 1680 ;

b. Norbert, baptisé dans le même bourg, le 18 avril 1681 ;

c. Marie-Marguerite, baptisée le 7 juillet 1683 à Renaix, épousa à Berchem, lez-Audenarde, Jean-François *van Meldert*, baptisé audit Berchem, le 20 novembre 1680. Leur fille unique épousa un Sr Mondet.

d. Jean-Baptiste, seigneur du Quesnoi, de la Croix, etc., greffier de Saint-Pierre, lez-Gand, mourut en célibat à Renaix, le 21 octobre 1743 et y fut enterré en l'église de Saint-Martin, devant le chœur en la chapelle de la Vierge ;

e. Ferdinand-Louis, licencié en théologie, chanoine de la Cathédrale de Gand, mourut le 28 mai 1736.

III. Jehan DANVAING naquit le 26 février 1590 et mourut le 5 juillet 1641. Il fut inhumé devant l'autel de la Vierge en l'église de Saint-Martin à Renaix où il demeurait. Il épousa Jeanne *Maes*, morte le 1er juillet 1659, fille de Louis Maes, écuyer, greffier de Renaix, et d'Elisabeth van der Eecken, sa première femme. Ils eurent :

1° Guillaume-Louis qui suit, IV ;

2° André, né le 26 février 1617 ;

3° Elisabeth, morte au berceau le 18 mars 1619 ;

4° Catherine, née le 24 août 1620 ;

5° Marie, née le 13 octobre 1622 ;

6° Elisabeth-Anne, née le 17 avril 1624 ;

7° Jeanne, née le 19 février 1626 ;

8° Anne-Marie, née le 20 janvier 1630, épousa le 6 juillet 1663, Gilles *Fostier*, receveur du Chapitre de Renaix, échevin et bourgmestre de cette ville, né le 25 novembre 1632, mort le 1er juillet 1708, veuf en premières noces d'Anne De Vlaeminck et fils de Pierre Fostier, échevin de Renaix, et de Marie Manhaghe ;

9° Jean-François, né le 14 février 1632, baptisé à Saint-Martin de Renaix, mourut dans cette ville, le 7 février 1701. Il fut enterré dans l'église d'Arc où se voit son épitaphe y encastrée dans une muraille. Il avait épousé, le 4 octobre 1668, Catherine *de Lis*, morte le 8 septembre 1701. Ils eurent dix enfants :

A. Norbertine, décédée à Arc, le 6 janvier 1697, épousa Martin *Herrier*. Leur fils fut bailli de Cordes, comme le fut aussi leur petit-fils ;

B. Catherine-Louise, morte le 28 décembre 1697 ;

C. Adrien, curé de Forest en Hainaut y mourut le 30 septembre 1713 ;

D. Marie, morte en bas âge ;

E. Norbert, religieux récollet ;

F. Marie-Françoise, morte jeune ;

G. Engelbert, mort le 23 janvier 1706 ;

H. Marie, morte le 1er décembre 1695 ;

I. Dom Maur, religieux en l'abbaye de Crespin ;

J. Sœur Monique, religieuse aux Sœurs Noires à Renaix.

10° Luc-Norbert, né le 18 octobre 1633, mourut avant le 4 octobre 1668.

11° Louise mourut le 29 décembre 1690 étant religieuse à l'hôpital de Renaix depuis le 4 octobre 1668.

IV. Guillaume-Louis Danvaing, né à Arc, y baptisé le 26 décembre 1613, lieutenant dans les troupes du roi d'Espagne, comte de Hainaut, vivait encore en 1668. Il avait épousé Catherine Le Clercq, de Chièvres, veuve de son cousin, Charles Portois, fils de Louis Portois et de Marie Danvaing qu'on a vue plus haut (1).

Aoust (d'). — Cette famille originaire d'Abbeville en Ponthieu fut anoblie par le roi Charles VII en février 1454 (1455 n. st.). Elle porte pour armoiries : *De sable à trois gerbes d'or, liées de*

(1) Voyez *Notices généalogiques tournaisiennes*, t. III, p. 112.

gueules. Son cimier est *une chauve-souris de sable, les ailes étendues*.

Nous avons donné dans le tome I des Notices généalogiques tournaisiennes quelques corrections pour la généalogie parue dans l'*Onomasticon* de F.-V. Goethals. En ayant recueilli de nouvelles nous les publions ci-dessous.

Le marquis d'Aoust, membre de la Convention qui vota la mort de Louis XVI, ne mourut pas à Quinchy (Cuincy-Prévôt, Nord. arr. de Douai), vers 1812, mais à Douai, le 28 pluviose an XIII (17 février 1805). Il n'avait que quatre fils. Le plus jeune prénommé Bernard servait comme capitaine le 21 frimaire an II (11 décembre 1793). Il était aide-de-camp de son frère le général. On le trouve élève de l'Ecole polytechnique le 3 messidor an IV (21 juin 1796) et adjoint à l'Etat-major de l'armée d'Italie, le 2 frimaire an VIII (23 novembre 1799). Il mourut avant le 20 brumaire an XIV (11 novembre 1805). La postérité du régicide était alors représentée par deux fils : Adolphe, ancien officier de marine rentré d'émigration, et Joseph, qui avait figuré à tort sur toutes les listes d'émigrés du district de Douai qu'il n'avait pas quitté. Celui-ci était encore en réclamation le 25 messidor an III (13 juillet 1795), pour être rayé. Joseph d'Aoust paraît avoir été destiné dans sa jeunesse à l'Etat ecclésiastique. Il jouissait d'un bénéfice duquel il fut évincé par les lois révolutionnaires.

La branche qui habita Tournai possédait la terre de Francières, lez-Abbeville. Son auteur, Louis d'Aust ou d'Aoust est dit gentilhomme et natif de Douai dans une délibération des Consaux de Tournai du 16 décembre 1629. Son fils Jean-François I. *Daust*, écuyer, licencié-ès-lois (1) épousa à Notre-Dame de Tournai, le 23 mars 1640, sa première femme, Agnès-Claire *Helduvier* (ou Heldevier).

Antoine-Joseph *Daust* ou d'Aoust, écuyer, petit fils de Jean-François I et de Marie-Gabrielle Haugoubart, sa seconde femme, demeurait à Brebières, lez-Douai, lorsqu'il épousa Marie-Adrienne *Moguet*, demoiselle de Lambrechies (à Gaurain-Ramecroix), qui fut sa première femme.

Antoine d'Aoust, qui était fils de Jean-Fran-

---

(1) Archives de Tournai. *Chirographes*, Layette de 1641. Acte du 12 janvier de ladite année.

çois II et d'Anne-Claire *de Montoya*, avait quarante-sept ans de moins que sa femme. Celle-ci se déshérita le 26 novembre 1687 de son fief de Lambrechies, tenu de la principauté de Melles et qu'elle vendit à Jacques de Brecht, écuyer, issu d'un bâtard de la Maison ducale de Brabant (1).

Un autre *Antoine* d'Aoust, écuyer, seigneur de Barâtre appartenait à une autre branche de la famille. Il eut pour femme, *Barbe* de Bacquehem, héritière de Bailleul en Tournésis. De concert avec sa femme, il vendit cette terre à Marie-Claire *de Bergues-Saint-Winoc*, douairière de Maximilien-François *Bernard*, chevalier, seigneur d'Esquelmes-sur-Escaut, etc., par acte du 4 avril 1662 (2).

Appelteren (van). — Nous avons dit à la page 126 du tome I des *Notices généalogiques tournaisiennes*, en la ligne 23 (degré III, n° 2), que Thierry d'Appelteren n'avait pas laissé de postérité : C'est une erreur, Thierry fut en 1517, clerc des rejecteurs de Tournai dont le souverain chef était Jaquemart Maquet. En 1529, il était second greffier de l'échevinage de Tournai et en 1549, greffier en chef. Il mourut avant février 1550 (v. st.), laissant veuve, Jehanne *du Chambge*. Leurs deux enfants suivent :

1° Nicolas *d'Appelteren*, procureur en cour layes à Tournai en 1549, mourut avant le 21 février 1550 (51 n. st.). Il avait épousé Demoiselle Isabelle *Joseph*, qui lui survécut. Leur fille suit :

A. *Jehanne* d'Appelteren ou Dapelterre, mineure en 1551.

2° Jacques *Dappelterre*, greffier, « coulletier », priseur sermenté et ordonné sur le fait des biens meubles et héritage, huissier d'armes de l'Empereur aux bailliages de Tournai et Tournésis, eut pour collègue, comme priseur, Anthoyne Cousteau. Il épousa Annesse (Agnès) *de Helchouez*, fille d'Anthoine de Helchouez et de Jehanne Reynault, avant le 6 mai 1558 (2). Le 23 avril 1559, il était « Roi du Jardin de Monsieur Saint-Meurisse » (3). La famille de la Biche qui s'est alliée aux

---

(1) Archives de Tournai. *Comptes d'exécution testamentaire.* Compte du testament de M.-A. Moguet, 6 fév. 1096.
(2) Idem. *Chirographes de la Cité*, Layette de 1558, acte du 6 mai.
(3) Idem, ibidem, Layette de 1559.

van Appelteren, paraît être issue de *Guillaume* BICHE ou *La Biche*, ménestrel bourguignon, attaché d'abord à la cour du duc Philippe-le-Bon. Ce barde trahit son prince. Il se mit au service français et Louis XI le créa gouverneur du Soissonnais.

Au XVIe siècle, le premier représentant de cette famille au Tournésis fut *Jehan* LA BICHE, dit de la Biche, écuyer, seigneur de Cerfontaine. D'abord secrétaire de Charles de Croy, évêque de Tournai, il mourut avant le 24 juillet 1549, étant receveur général des revenus de ce prélat. Jehan était un ambitieux et un intrigant. Il se fit arrenter à bas prix, le prieuré d'Allemans en Soissonnais appartenant à l'abbaye de Saint-Ghislain en Hainaut, alors qu'il était bailli de la terre de Saint-Ghislain en 1534 (1). Il laissa de son union avec Isabeau Dappelterre, quatre enfants : Charlotte, Philippe, Jehenne et Nicolas. Leur tuteur était Pierre Cottrel, licencié-ès-droits, qui rendit ses comptes le 7 août 1559 (2). C'est d'après un crayon généalogique erroné que nous avons qualifié chevalier, Jehan La Biche.

CHARLOTTE, sa fille aînée épousa M^{tre} Gaspar *Vinc* ou *Vinck*, licencié-ès-lois. PHILIPPE, fils aîné, était en 1559, étudiant à l'université de Louvain et plus tard grand-bailli d'Avesne-sur-Helpe. Il épousa le 1er décembre 1572, Anne *Heyster* ou *de Heyster*, fille de Jehan de Heyster, écuyer, seigneur de Ghillenghien (en partie), etc., et de Gillette Delmont (3). Son fils et hoir féodal à Cerfontaine fut Michel que nous rencontrerons plus loin.

NICOLAS La Biche, fils cadet, n'était encore qu'écuyer en 1598, époque où nous le trouvons gouverneur de Heulst et Heulsterambacht au pays de Waes (4). Sa femme, Catherine *de Cambry* n'était pas fille d'une d'Assonleville, mais d'une *de Sonneville*, famille bien connue dans la Flandre et particulièrement dans les environs de Courtrai

---

(1) Dom Pierre BAUDRY. *Annales de l'abbaye de Saint-Ghislain*, p. 629. — Cet ouvrage est le tome VIII des Monuments pour servir à l'Histoire des provinces de Namur, de Hainaut et de Luxembourg publiés par le Baron de Reiffenberg.

(2) ARCHIVES DE TOURNAI. *Comptes de tutelle*. Paquet de 1559.

(3) Abbé BONIFACE. *Histoire de la commune d'Esne*, p. 260. Dans cet ouvrage l'auteur confond les *la Biche* avec les *von Bitche* ou de Bitche.

(4) ARCHIVES DE TOURNAI. *Chirographes et actes divers*, Layette de 1598.

où elle avait des fiefs. Anne de la Biche, fille de Nicolas, épousa en juin 1602, son cousin germain, Michel, que nous avons vu plus haut.

Michel de la Biche, écuyer, seigneur de Cerfontaine et de Léaucourt était en 1624, grand bailli de Comines, lorsque de concert avec sa femme, il vendit à leur parente, la dame douairière, Fleurence de Cambry, une maison de plaisance avec ferme sur un gazon de dix bonniers sis au Saulchoir, lez-Tournai, c'est-à-dire, aujourd'hui, à La Tombe sous Kain, comme on l'a vu, ci-devant, à l'article Amman (d') (1).

Leur fils, Henri de la Biche, écuyer, seigneur de Léaucourt, et leur fille, Magelon-Fleurence de la Biche, dame du Coultre sont nommés dans un registre des Consaux de Tournai sous la date de 1641.

Henri de la Biche devint chevalier. Il avait épousé Catherine *Malfait*, baptisée à Notre-Dame de Tournai, le 13 juillet 1617, fille de Robert Malfait et d'Anne Spicq.

Anne Spicq, veuve Malfait convola avec David du Rieu. C'est à la rédaction amphibologique du testament de Henri de la Biche que nous devons l'erreur commise par nous à la page 670 du t. I des Notices généalogiques tournaisiennes. Le testateur y fait de sa belle-mère, sa légataire principale en la qualifiant *amie*. Nous avons cru que c'était sa maîtresse. Ledit testament fut approuvé le 13 juin 1657 par les mayeur et échevins de Tournai. Il est visible aux Archives de cette ville.

Quant à Magelon-Fleurence de la Biche, elle épousa paraît-il, Maximilien de la Cattoire, écuyer, seigneur de Hergies, Rameignies-lez-Tourpes (dit Rameignies-lez-Quevaucamps), Audomez (à Frasnes ou Fresnes-sur-Escaut), etc., capitaine au régiment du comte de Solre (Croy), au service espagnol. Dans l'acte de baptême de leur fils Maximilien, enregistré à Saint-Julien d'Ath, le 21 juillet 1644, le nom de la mère est *Marie-Magdeleine-Florence* de la Vichte et le parrain de l'enfant est Maximilien *de la Vichte*. Toutefois dans la généalogie des de la Cattoire par Ferdinand Malotau de Villerode, son nom est *Magdeleine de la Biche* (2).

(1) Archives de Tournai. *Chirographes et actes divers*. Echevinage de Saint-Brice, Layette de 1624.

(2) Archives d'Ath, *Etat-Civil*, paroisse Saint-Julien. — Biblio-

Les armoiries des DAPPELTERRE OU VAN APPELTEREN sont *d'or au sautoir échiqueté d'argent et de gueules*, mais dans le dessin donné par la Revue tournaisienne, le sautoir paraît être *losangé* par ce que le dessinateur s'est inspiré de ses idées au lieu de suivre les dessins des anciens héraldistes. Un sautoir échiqueté doit avoir tous ses carreaux dans le sens de la bande et dans le sens de la barre et non dans le sens vertical.

Les DE LA BICHE portèrent *d'argent à la fasce d'azur*.

APPOSTOLLE (L'). — En 1474 vivait à Tournai, Maistre Gilles L'Appostolle qui portait : *d'argent à trois chevrons de gueules, le premier écimé; au chef d'azur chargé de trois clefs d'or, posées en pal, les pannetons en haut et rangées en fasce*. En 1482, il était chanoine et archidiacre de Bruges en l'église de Tournai (1). Dans une charte du 28 février 1502 (1503 n. st.), il est nommé avec Monsieur Maistre Anthonne Lappostolle, licencié en décret et avocat à la Cour de Parlement de Paris (2). Voici quelques personnages de ce nom :

1390, 16 janvier 1391 n. st., Fremin Dupont et Thiefane (*Théophanie*) Lapostole, sa femme.

1394, 27 juin. Jehan li Appostolles, fils de Jacquemes Lapostolles et d'Aëlis Larnier.

1461, 3 juillet. Robert Lapostele demeurant à Audenarde en Flandres, époux d'Ourse de Braibant, fille de feu Willeme de Braibant et de Jehenne Regnart, sa troisième femme. Ils vendent un bien à Loyquin de Braibant (3).

AQUELGHEM, ACKELGHEM, AKLEGHEM. — Ce fief sis à Espierre était tenu de la Court dudit lieu. Il comprenait sept bonniers et trois quartiers. A la fin du XVIe siècle, il appartenait à la famille MONNIER ou MOSNIER. Marie *Monnier*, dame d'Aquelghem épousa à St-Quentin de Tournai, le 13 février 1594, Samuël *Coppin*, marchand apothicaire. Celui-ci releva Aquelghem

---

THÈQUE MUNICIPALE DE DOUAI. Manuscrit généalogique, article CATTOIRE (DE LA).

(1) ARCHIVES DE TOURNAI. *Testaments*. Paquet de 1482. Testament du chanoine Jan *Artus*.

(2) Idem. *Chir. de la Cité*, Layette de 1502.

(3) Idem. *Echevinage de Saint-Brice*. Chirographes, Layettes de 1474, 1390, 1394 et 1461.

au nom de sa femme le 17 juillet 1598 (1). Marie Mosnier mourut le 17 mars 1611 en ladite paroisse de Saint-Quentin. Ce fut son deuxième fils, Georges *Coppin* qui fut son hoir féodal. Depuis, ce fief parfois nommé Halrelghem par erreur paraît avoir passé à la famille Scorion dont une branche en prit le nom.

Arbois (d'). — Philippe *d'Arbois*, bourguignon d'origine, fut évêque de Tournai de 1351 à 1377. Son sceau porte un écu dont voici le blason : *d...... à la crosse épiscopale d......, chargée d'un croissant d......, posé en abîme, et accompagnée de trois quintefeuilles d......, deux en chef, à dextre et à sénestre, et une en pointe, posée sur sa base.*

Dans la figure que donne la Revue tournaisienne, la crosse est sénestrée par erreur. De plus pour être en son ordre alphabétique, l'écusson devrait précéder les armoiries d'Arbre.

ARBRE. — Trois villages et deux hameaux portent en Belgique le nom d'Arbre, mais des ajoutes les diversifient. C'est de la commune d'Arbre-lez-Ath en Hainaut que nous voulons parler ici. Autrefois elle était réunie à sa voisine Attre, sous une même charte-loi et un même échevinage. Une famille d'ancienne chevalerie porta le nom de cette terre. Elle portait : *d...... à l'arbre sec arraché, de sept branches et de trois racines.* C'est ce qu'on nomme en héraldique, *créquier*.

En 1186, 88 et 96, vivait le seigneur *Mathieu* d'Arbre. Il avait deux fils, Hoste et Hugues (2).

Hoste ou Oston (Otto) I d'Arbre était en 1214, l'époux de Dame Béatrice. Il en avait obtenu quatre fils : Oston, Mathieu, Hugues et Nicolas. Il était seigneur de Bovegnies ou Bouvignies-lez-Ath, où il avait pour principal officier, un maire nommé Walter (3). Son troisième fils, Hugues était chevalier en 1254 (4). Il devait être cousin, sans doute germain, de Thierri *d'Arbre* vivant en 1236, dont le fils Adam d'Arbre vivait

---

(1) Archives de M^r le baron del Fosse et d'Espierres.
(2) *Cartulaire de l'Abbaye de Cambron* publié par le chanoine J.-J. De Smet, tome 2 et 3 des Monuments pour servir à l'Histoire des provinces de Namur, de Hainaut et de Luxembourg. Pages 108, 109, 113 et 354.
(3) Arm. d'Herbomez, *Les Chartes de l'Abbaye de Saint-Martin de Tournai*, t. 1, p. 235.
(4) *Cartulaire de Cambron*, p. 558.

en 1260 (1). Un autre Thierrl *d'Arbre* était surnommé *du Bos* en 1315-1319 (2).

Oston II d'Arbre laissa veuve avant 1276, Isabeau *du Maresc* qul lui avait donné un fils : *Hues* ou Hugues d'Arbre (3).

En 1343, Monseigneur Oston *d'Arbre* était chevalier. Il vivait encore èn 1350 (4). En 1507, existait D^{lle} Magne *d'Arbre*, veuve de Colart *Coppin* (5).

Nous trouvons plus tard en 1566, la seigneurie des terres d'Arbre et d'Attre entre les mains de *Louis* du Ponceau (6), écuyer, seigneur de Bougnies ou Beugnies. Il l'avait acquise du prince de Chimay (*Croï*).

Dès 1573, c'est le chef d'une branche de la nombreuse famille Franeau qui possède Arbre et Attre. Le seigneur est en 1585, Philippe *Franeau*, chevalier, aussi seigneur de Hyon.

Plus tard les deux fiefs se séparent. Attre reste aux Franeau et Arbre passe aux De le Malle, puis aux de Bozo, dont voici un fragment généalogique :

André de Bozo, capitaine-commandant au régiment du Marquis de Los Rios, né à Malaga (Andalousie), âgé de 45 ans, épousa à Saint-Julien d'Ath, le 26 décembre 1728, Marie-Jeanne-Josèphe *de Moreda*, baptisée dans ladite église, le 25 janvier 1711, fils de Bernard-François de Moreda. capitaine au régiment de Grobbendonck, et de Marie-Josèphe du Mortier, d'origine tournaisienne. Ils eurent :

1° François-Etienne-Raymond-Joseph *Bozo*, qui suivra;

2° André-François-Guillaume-Joseph-Michel de Bozo, baptisé à Saint-Julien d'Ath, le 15 novembre 1730, fut tenu sur les fonts par François-Joseph Claesmans, baron de Male, bourgmestre de Bruges, et par Marie-Josèphe du Mortier, aïeule maternelle.

François - Etienne - Raymond - Joseph Debozo d'Arbre, baptisé à Saint-Julien d'Ath avec le seul nom *Bozo*, naquit le 21 octobre 1729 et ne

---

(1) Idem, pp. 918, 327 et 328.

(2) Id., p. 187 et 198. Au milieu du XIXe siècle, le bourgmestre d'Arbre était M. Dubois.

(3) Arch. de Tournai. *Chirographes de la Cité*, Layette de 1276.

(4) Idem. *Chirographes*, Layettes de 1347 (cité) et de 1343 et 50 (Saint-Brice).

(5) Idem. *Chirographes de Saint-Brice*, Layette de 1407.

(6) Un ruisseau nommé le Ponceau baigne le territoire d'Arbre et se jette dans la Dendre.

fut présenté au baptême que le 6 novembre. Son parrain fut François, marquis de Los Rios, lieutenant-général feld-maréchal des Armées de S. M. Impériale et colonel d'un régiment, et sa marraine fut son aïeule maternelle. Il épousa dans la paroisse de Saint-Julien, mais en l'église des Récollets, étant nommé Debozo d'Arbre, le 11 décembre 1763, Marie-Thérèse-Henriette *Lolivier*, fille de Guillaume-Michel Lolivier et de Marie-Agnès Lolivier, sa parente.

En 1473-74, un fief d'un bonnier était tenu de la seignerie d'Arbre par Robert de Lausnoit (1).

ARBRE (FIEF DE L'). — Cette terre connue aussi sous le nom de *Château-Jacquerie* est située à Velaines en Hainaut. Faute de documents nous ne pouvons dire de quelle seigneurie ce fief relevait. Nous avons fait connaître, ci-devant, un fief de Larbre sis à Aix-en-Pèvele. Le 20 mars 1697, Nicolas *Jacquerie*, licencié-ès-lois fut nommé bailli de la Howarderie, de Fressy, de Labre, de le Senne et autres lieux par lettres de Robert-Antoine-Joseph du Chastel, chevalier, vicomte de la Howarderie (2). Peu de temps après nous trouvons ce bailli qualifié seigneur de Fréchies, sans doute le Fressy de sa commission de bailli, qui était un fief sis à Saméon et tenu de Bouvignies-lez-Douai. Nicolas-François Jacquerie, sixième enfant et second fils dudit bailli, est qualifié seigneur de l'Arbre et de Borgies, deux fiefs sis à Velaines et dont le second relevait de Germegnies. Après la mort de Nicolas-François, ses deux domaines passèrent à son frère aîné Jean-Gabriël, dont la postérité s'est continuée à Lille jusqu'à nos jours.

ARBRISSEAU (L'). — Ce fief sis à Blandain comprenait trois quartiers de terre. Nous avons constaté qu'il appartint un certain temps à la famille *Cazier*, dite *de Cazier*.

ARBRISSEL (L') est un lieu dit sis à Froyennes.

ARBRISSEL AU LAIT BURET (L'). — Ce lieu dit était à Ere-lez-Tournai. *Lait buret* signifie lait baratté, lait de beurre, lait battu.

---

(1) Arch. de l'Etat a Mons. Cartulaire des fiefs du Hainaut renouvelé en 1473-74.
(2) Archives de la famille Jacquerie.

ARBROIE (L'). — Cette terre située à Maulde-lez-Barry, en Hainaut a donné son nom à une famille noble. *Anselme* DE LARBROIE, chevalier, vivait en 1294 (1).

ARCHIMONT. — Ce fief comprenant château, ferme et brasserie avec un gazon de 27 bonniers est situé à Velaines (ancienne enclave de Flandre sise en Hainaut). Il relevait de la vicomté d'Ogimont qui se trouve dans la même commune et paroisse (2). Nous savons que cette belle terre appartint aux familles *Gombault, de Formanoir de la Cazerie, La Haise de Fontenelle* (par mariage) et *de Cambry de Baudimont* (par mariage). — *Oste* DARCHIMONT vivait en 1435 (3).

ARCQ-AINIÈRES. — Nous avons déjà parlé d'Ainières, l'un des fiefs dont s'est composé le nom de cette commune ; le tour d'Arcq est venu. Ce fief relevait du château d'Ath, c'est-à-dire du comté de Hainaut directement. Il appartint aux familles *de la Hamaide, de Berlaimont de Ville, de Luxembourg-Fiennes* et *d'Egmont*, par mariages successifs. Le dernier seigneur fut Casimir d'Egmont-Pignatelli, époux de la fille du célèbre maréchal duc de Richelieu, sur laquelle fut écrit un roman intitulé : *La Comtesse d'Egmont.*

On trouve sur le territoire d'Arcq-Ainières, les fiefs suivants : La Court d'Ainières, les Angries, la Chapelle, Maubrai, la Motte, Oiseaurieu dit Jaurieu, le Quesne, Renarderie, Ronneville et Rotteleur.

Louis *Bienssart* (serait-ce *Dieusart?*) était mayeur d'Arcq-Ainières au milieu du XVI° siècle (4).

Les typographes transforment, parfois, ARCQ en ORCQ et *vice versa*.

ARDENBOURG. — La cense ou ferme d'Ardenbourg était située sur le territoire de Tournai, au faubourg de Valenciennes près du ruisseau nommé le Rieu de Barges ou de la Verte eau. Ce bien était grand de six bonniers ou d'environ sept hectares

---

(1) Abbé Joachim Vos. Cartulaire de l'abbaye de Saint-Nicolas-des-Prés, dite de Saint-Médard (aussi Saint-Mard) à Tournai, p. 156.
(2) ARCHIVES DE TOURNAI. Compte de tutelle des enfants de feu Nicolas-Bernard de Formanoir, rendu en 1723.
(3) Idem. *Chirographes*, Layette de 1435.
(4) Idem. Compte de l'exécution du testament de feu Honorable homme Robert Scorion, rendu le 24 avril 1653, fol. 107.

vingt ares et comprenait comme bâtiment, une étable. En 1381, Piérart de Laffoy, tournaisien d'origine namuroise, possédait Ardenbourg.

En 1410, vivait Maistre Jourdain *Dardenbourcq* (1). On le retrouve nommé en 1425 ; mais en 1450, apparaît encore un Jourdain Dardenbourcq. Le 16 août de ladite année il reçut 30 sols pour avoir vidé avec ses compagnons, « la courtoise » ou lieu d'aisance de la maison Miquiel Moule (2).

Il était donc ouvrier de nuit ou de la Ronde œuvre selon l'expression pittoresque qui se lit dans des actes tournaisiens. Il paraît aussi avoir été exécuteur des hautes œuvres de Justice.

En 1500-1508, Philippart *Dardenbourcq*, cordonnier fut l'un des exécuteurs du testament de Jehan de Herselles l'aîné, ayant pour collègue Jehan de Herselles, quincailleur (3). Le 25 août 1515, Philippe *Dardenbourg* et Simon du Bos rendirent compte de l'exécution du testament de D^{lle} Agnès Savary, veuve de feu Jehan de Laffoy. Philippe mourut avant le 30 juillet 1522, laissant veuve, Catherine *Fouque* (4).

Jehan *Dardentbourg*, couvreur d'ardoises vivait à Tournai en 1549 et 1559 (5).

La cense d'Ardenbourg devait en rentes annuelles, cinq rasières de blé golné, de l'argent et des chapons à l'abbaye de Saint-Nicolas des Prés et trois rasières et demie dudit blé à la Maison des Pauvres aveugles. Ces rentes furent rachetées par Marc-Antoine Pally à qui Ardenbourg fut vendu à la fin du XVIe siècle par Charles de Markais, écuyer, qui devait tenir ce bien de la famille Cottrel dont il descendait.

La famille *d'Ardembourg de Gibecq* existait en Belgique au XIXe siècle.

ARGENT. — Jehan *Argent*, homme de fief du Roi à Mortagne-sur-Escaut, en 1314, portait : *d.... à la bande d....., chargée de trois roses* (besants) *d...* (6). Un autre Jehan *Argent*, bailli

---

(1) Idem. *Chirographes de la Cité*, Layette de 1410.
(2) Idem. *Chirogr. de Saint-Brice*, Layette de 1425. — Compte de la curatelle des biens des enfants de feu Miquiel *Moulle*.
(3) Idem. *Comptes d'exécution testamentaire*, paquet de 1508, compte rendu le 20 décembre de ladite année.
(4) Id., ibid. Paquet de 1515.
(5) Id., *Chirographes*, Layettes de 1549 et 1559.
(6) Douët d'Arcq. *Collection de sceaux des Archives de l'Empire français*, t. II. p. 131, N° 1012.

d'Esne en 1437 portait des armoiries semblables et cimait son timbre d'un chien (1).

ARGENTERIE (L'). — Ce fief, avec manoir, était situé à Rumegies, terre de Saint-Amand et relevait de l'abbaye dudit lieu. Cette terre, grande de six bonniers et demi, se nomma d'abord le fief des Saucelles. Elle changea de nom en devenant le bénéfice dont jouit l'argentier de l'abbaye. Au XIV⁵ siècle, elle appartenait à Jehan *de Lausnoit*, puis fut à Bauduin *de Hainaut*, dit DE BRUYELLES, écuyer, issu de la Maison d'Avesnes.

Voici ce que nous en apprennent les Archives de Saint-Amand-les-Eaux :

« Jaques *de le Houardrie*, homme liege d'un
» fief par lui acquis et acheté de Watier *Carpen-*
» *tier*, qui jadis fut Jehan de Lausnoit, depuis
» Bauduin de Bryelle, gisant à Rumegies au lieu
» qu'on dit l'Ausnoit et aux environs, contenant
» les parties suivantes : sçavoir, une pièce de
» deux bonniers et demy ou environ, tenant à la
» voye de Saint-Amand ; item, un bonnier de
» terre ou environ tenant à ladite pièce ; item, un
» bonnier et demy ou environ à Lestincelle ; item,
» trois quartiers ou environ de pâture tenant aux
» terres de l'Argenterie ; item, demy bonnier ou
» environ à Grimausart ; et doit pour chandeille....
» x ds. parisis - (2).

Watier Carpentier avait donc acheté ce bien de Bauduin de Bruyelle, puis l'avait revendu avant 1438 à Jacques de la Howarderie.

Celui-ci donna l'Argenterie à sa fille Jehanne, surnommée l'aînée, à cause de sa sœur cadette aussi prénommée Jehanne.

Jehanne *du Chastel de la Howarderie*, l'aînée épousa Jehan *Hanette*, écuyer, seigneur de Bercus. Ce fut leur second fils, Simon, qui eut en partage l'Argenterie (3). Comme il ne laissa pas d'enfant de son mariage avec Jehanne *Tawée*, ce fut sa nièce, Catherine de Bercus qui devint son héritière. Elle épousa Robert du Hem, écuyer, seigneur d'Auby. Le 19 avril 1505, Gilles *Serrurier*, de Tournai, écuyer, fournit le rapport et dénombre-

---

(1) G. DEMAY. *Inventaire des sceaux de la Flandre*, t. II, N° 5192.

(2) ARCHIVES DE SAINT-AMAND-LES-EAUX, Registres aux fiefs FF, 142, folio 110, verso, et HH, 141, fol. 67, verso.

(3) BIBLIOTHÈQUE NATIONALE à Paris. Collection Moreau, vol. 260, fol. 37, copie de Don Quinsert (communication de M. Auguste Bocquillet).

ment du fief de l'Argenterie qu'il avait acheté de Noble homme Robert du Hem. Le 20 septembre 1532, Jehan du Quesnoi, lieutenant-bailli de Saint-Amand donna récépissé du rapport et dénombrement que lui avait fourni pour le fief de l'Argenterie, Jehan *Martin*. Ce dernier agissait comme administrateur des biens de son fils Jacques Martin, qu'il avait eu de Jehanne *Serrurier*, sa femme, héritière de Gilles Serrurier (1).

Thomas *Luytens* acquit un bien à Rumegies, le dernier février 1563 (64 n. st.). Il mourut avant le 25 décembre 1566, jour où son fils Georges acheta un autre bien dans la même localité. Georges Luytens et Anne de Hollain, son épouse, achetèrent encore des terres à Rumegies (2).

Jean ou plutôt Jean-Baptiste *Luytens* et Catherine de Cordes, sa femme possédèrent l'Argenterie avant 1659 (3). Puis ce fut Guillaume *Luytens*, leur fils (4).

Au XVIIIe siècle, Jacques *de Clippele*, marchand à Tournai, époux de Marie-Joseph Grau, était seigneur de l'Argenterie. Après son décès arrivé dans la paroisse de Saint-Piat, le 17 juillet 1745, ses biens furent partagés à l'échevinage de Saint-Brice, le 27 août suivant, et le fief de l'Argenterie fut attribué à sa fille aînée, Marie-Jeanne-Josèphe *de Clippele*, femme de Philippe *Dismal*, procureur du Roi à la Monnaie de Lille (5). Ici s'arrêtent nos renseignements sur l'Argenterie.

ARGOUST (D'). — Cette famille, qui porte *d'azur à trois fasces d'or*, fut accidentellement tournaisienne de 1690 à 1705. C'est la conquête française qui l'amena chez nous. Nous en avons donné tout ce que nous ont fourni les actes d'état-civil. Nous n'avons à ajouter qu'un détail : C'est qu'à la page 129 du t. I des Not. gén. tourn., à la ligne 23 du texte, le nom Nicolas Dathie doit être remplacé par Nicolas *Palissot*, seigneur d'Athies. Le véritable nom patronymique a été omis dans l'acte où ce personnage figure comme parrain.

---

(1) Id., ibid. Vol. 263, fol. 124.
(2) Comte F.-J. de Saint-Genois de Grandbreucq. *Mémoires généalogiques*, Amsterdam, 1781, in-8°, t. ii, pp. 387-88.
(3) Archives de Tournai. *Testaments*. Testament de Jean *Luytens*, fils de Georges. Paquet de 1659.
(4) Id. Compte d'exécution du testament de J.-B. Luytens et de Catherine de Cordes, rendu le 24 déc. 1670 par Charles de Monnel, écuyer
(5) Id. Actes divers, Echevinage de Saint-Brice, Layette de 1745.

ARGY ou DARGY. — Le fief d'Argi que nous avons trouvé nommé parfois *de Dargy* est situé à Thieulain en Hainaut. Il relevait du château de Leuze. En 1200, vivait Galterus ou Gautier *Dargi* (1). En 1557, feu Gilles Dargi avait laissé veuve Ælis de Cantaing (2). Nous avons trouvé ce fief appartenant à une famille DU MONT, dont une héritière le transmit à la famille *van de Woestyne* ou *de la Woestine de Grandmetz* (3).

ARGUESSE (DARGUESSE, DIT). — Cette famille d'origine bourgeoise porte pour armoiries : *D'azur au chevron d'or, accompagné de trois mains apaumées de carnation; au chef d'or, chargé d'un cheval galopant de sable les quatre pieds levés.* Supports : *un lion et une licorne d'argent.*

L'écu surmonté d'un tortil de baron.

I. *Louis-Joseph* DARGUESSE, marchand, mourut à Bapaume le 25 juillet 1819. Il était veuf d'*Antoinette* GENELLE, morte dans la même ville, le 10 septembre 1781. Leur fils suit :

II. *Charles-François-Isidore* DARGUESSE, né à Bapaume dans la paroisse de Saint-Nicolas, le 6 septembre 1773, fut tenu sur les fonts de baptême par Charles-Isidore Legros, écuyer, seigneur de Marches et par D[lle] Charlotte-Suzanne de Wasservas d'Aplincourt. En 1823, il était chevalier de Saint-Louis, officier de la Légion d'honneur et major de dragons à la garde royale. Il obtint par lettres patentes données par le roi Charles X et datées du 1er mai 1825, le titre *personnel* de baron et à partir de ce jour, il signa *Baron d'Arguesse*. Il mourut à Paris, dans le XIIe arrondissement, le 20 avril 1830. Il avait épousé à...., le......... *Marie-Louise* LE PRESTRE DE JAUCOURT, morte âgée de 83 ans à Paris, le 8 novembre 1878. C'était une fille de François-Charles *Le Prestre de Jaucourt*, mort à Beauvais le 1er avril 1814 et de Marie-Louise-Sophie *Hannecart d'Irval*, morte à Melun, le 14 juin 1826. Leurs deux fils suivent :

1° CHARLES-LOUIS-AUGUSTE D'ARGUESSE, qui suivra, III;

2° ISIDORE-ALEXANDRE-ERNEST *d'Arguesse*,

---

(1) ARCH. DE TOURNAI. *Chirographes en volumes*, t. 1, fol. 56.
(2) Idem. *Chirographes de la Cité*, Layette de 1257.
(3) B[on] DE STEIN D'ALTENSTEIN *Annuaire de la Noblesse de Belgique*, t. 19, année 1865, Généalogie de la Maison de la Woestyne.

écuyer, né à Melun le 21 décembre 1825, propriétaire à Presles et à Boves (Aisne), maire de Quessy (Aisne) de 1859 à 1863. Il épousa à Saint-Quentin en Vermandois, le 4 mai 1852, *Hortense-Marie-Charlotte* PICARD, née dans ladite ville, le 8 septembre 1827, fille de Charles-François-Victor *Picard*, chevalier de la Légion d'honneur, ancien maire de Saint-Quentin, et de Marie-Hortense *Jarossay*. Par décret impérial du 19 novembre 1859, il obtint ainsi que son frère Charles, l'autorisation à conserver la signature *d'Arguesse* dont ils avaient usé constamment.

III. *Charles-Louis-Auguste* D'ARGUESSE, écuyer et depuis baron d'Arguesse, naquit à Compiègne le 16 septembre 1823. Il était lieutenant d'infanterie depuis 1852, lorsqu'il devint l'un des officiers d'ordonnance de l'empereur Napoléon III. Il fut ensuite chef de bataillon de zouaves et quand il mourut à Versailles, le 16 mars 1901, il était général de brigade, officier de la Légion d'honneur, officier de l'ordre des Saints Maurice et Lazare, décoré des Médailles de Crimée, d'Italie, de la valeur Militaire, et de la Médaille coloniale, etc., Il était en garnison à Oran lorsqu'il vint se marier à Renescure (Nord), le 30 juin 1863, avec *Elisabeth-Marie-Auguste-Ernestine* BARBIER DE LA SERRE, née à Lille, le 17 mai 1837, morte à Versailles, le 29 février 1896, fille d'Auguste-Louis *Barbier de la Serre*, écuyer et de Marie-Elisabeth-Georgine *Fruit des Parcqs*. Leur fils suit :

IV. Charles-Philippe-Ernest-*Georges*, baron D'ARGUESSE, né à Lille le 20 septembre 1870, épousa à Brasménil (Hainaut), le 28 novembre 1901, *Antoinette-Ferdinande-Josèphe-Marie* ERREMBAULT DU MAISNIL ET DU COUTRE, née à Tournai, le 14 mai 1863, fille de Denis-Alfred-*Joseph*-Ghislain-Marie *Errembault du Maisnil et du Coutre*, écuyer, mort en son château du Maisnil à Brasménil, le 27 août 1879, et de Marie-*Elisabeth*-Antoinette *Le Vaillant de Jollain*. Sans postérité jusqu'à ce jour.

Le nom DARGUESSE ou DERGUESSE est porté par une autre branche dans l'arrondissement d'Arras.

ARMENTIÈRES (FIEF D'). — Ce fief sis à Kain était tenu du châtelain de Tournai, Jehan de Mortagne, bien avant 1276 par l'oncle dudit châtelain, Roger de Mortagne, chevalier, sire d'Espierre. Je n'ai trouvé nulle trace de cette possession féodale dans Kain où je suis né et ai demeuré cinquante-huit ans.

Une branche de la Maison de Mortagne obtint la seigneurie de la ville d'Armentières (Nord) par le mariage de Hellin *de Mortagne*, seigneur de Sin à la Plaigne avec Clémence *d'Armentières*, héritière dudit lieu, fille de Léon, sire d'Armentières, etc., chevalier, grand-maître de la Maison du comte des Flandres.

Hellin de Mortagne était bailli de Mortagne en 1227, alors que le sire de Mortagne était son frère ainé, Everard-Radou IV, châtelain de Tournai (1). Il paraît avoir épousé en secondes noces, Béatrix de Berk. Celle-ci est dite veuve dans une charte latine datée du jour de Saint-Marc, évangéliste (25 avril) 1270. Par cette charte passée pardevant l'official de l'Evêché de Tournai, elle confirme la vente faite par Raoul de Mortagne, frère du châtelain Jehan, aux Templiers, d'un fief de 11 bonniers 12 verges, situé à Dottignies (2).

Hellin, fils de Clémence d'Armentières prit le nom du fief de sa mère et adopta pour armoiries, l'ancien écu des châtelains de Tournai en le chargeant des armoiries de son aïeule paternelle, Heldiardis de Wavrin. Il porta : *d ..... au sénestrochère de carnation, vêtu d......, avec large manche à fanon pendant, et soutenant l'écusson de Wavrin* (3). Nous disons sénestrochère par ce que le bras mouvant du flanc gauche de l'écusson nous fait voir le dessus de la main, alors qu'un dextrochère nous en montrerait la paume, s'il était dans la même situation. Il épousa une dame nommée Agnès. En 1276, Agnès est dite dame d'Armentières et mère d'un fils prénommé Hellin. Elle était donc veuve à cette date (4). Hellin III, sire d'Armentières et de Sin (à Laplaigne) épousa *Sara* D'AIGREMONT, fille de Renier d'Aigremont (*à la fasce*), avoué de Tournai, seigneur de Wez, etc., surnommé le Borgne et de Sara

---

(1) ARCH. DÉPARTEMENTALES DU NORD. *Chambre des Comptes*, série B, 1606, XI⁰ Reg. des Chartes, fol. 98.

(2) ARCHIVES NATIONALES, à Paris. Carton S. 5211.

(3) ARCHIVES DE TOURNAI. *Chartrier*. Charte de Hellin III, datée d'avril 1294, le mardi après Pâques.

(4) MÉMOIRES DE LA SOCIÉTÉ HISTORIQUE DE TOURNAI. Tome 25, Preuves de l'histoire des Châtelains de Tournai par A. d'Herbomez, p. 220.

d'Aivin ou d'Evin (1). Il fut avoué de Tournai du chef de sa femme et fit son entrée solennelle dans cette ville, le 14 avril 1289 (2).

ARNOUVILLE (PONT D'). — Ce pont, qui doit son nom à une villa bâtie par un grand seigneur prénommé Arnould, se trouve à Orcq, lez-Tournai.

« Si donne à ladite église et paroisse Notre-
» Dame, six livres flandres aussy par an, de rente
» à toujours et semblable rachapt et prendre sur
» trois quartiers de terre à labeur gisant près
» du PON DARNOUILLE, tenant au chemin allant de
» la dite ville (*Tournai*) à Blandain » (3).

ARONDEAU. — Ce fief sis à Roucourt, lez-Péruwelz, Hainaut, relevait du château de Leuze et médiatement du Comté de Hainaut à cause du château d'Ath. Son nom indique un marécage. Il a pour origine le latin *Arundo* qui signifie jonc. Souvent on le trouve écrit *Arundiel, Harundiel*. Cette terre, d'une étendue de cent bonniers ou de plus de 120 hectares, appartint d'abord à une famille de son nom.

En 1218, vivait Robert *de Arondel*, chevalier (4). Gossuin *d'Arondiel* était homme de fief du sire du Quesnoi (à Braffe) en 1242 (5).

1274. En cette année, vivait Messire Johans *de Harundiel*, chevalier (6).

1284. Grars *d'Arendiel*, fils de feu Mgr Jehan (7).

1289. Jehan Gadifier, fils de feu Monseigneur Jehan *d'Arondiel* devait neuf livres tournois à Jehan Mairiel, de Wieres (Wiers) (8).

1307. Alors Jehan Gadifier était chevalier. Sous le nom « Mesires Gadifiers *d'Arondiel*, il figure dans un acte avec Jehan de Warnierfosse (9). A la fin du XIVe siècle, c'est un bâtard de la famille

---

(1) Idem, ibidem. P. 200.
(2) TH. LEURIDAN. *Histoire de l'avouerie et des avoués de Tournai.* Il s'agit de l'avouerie du domaine temporel de l'Evêché.
(3) ARCHIVES DE TOURNAI. *Comptes d'exécution testamentaire.* Compte du testament de feu Hon. homme Jean Desfarvacques, rendu le 1er mars 1621, fol. 2, *verso*.
(4) J. LE CARPENTIER. *Histoire de Cambray*, etc., t. II, IVe partie, p. 26.
(5) A. D'HERBOMEZ. *Les Chartes de Saint-Martin de Tournai*, t. I, p. 551.
(6) J.-J. DE SMET. *Cartulaire de l'Abbaye de Cambron*, 1re partie, p. 388.
(7) ARCH. DE TOURNAI. *Actes des voirs-jurés*, paquet de 1284.
(8) Idem. *Chirographes de la Cité*, Layette de 1287.
(9) Idem., ibidem, Layette de 1307. *Warnierfosse* est à Baugnies (Hainaut.)

DE LAUNAIS, originaire de Nomain-en-Pèvele, Mgr Mahieu de Launais, chevalier, seigneur, du Les-lieu (à Saméon), qui est sire d'Arondeau. C'était un fils naturel de Jehan, sire de Launais et de Thieusies, seigneur de Rumes, lez-Tournai, par mariage, et prévôt de Mons. Ledit Mahieu avait un frère légitime portant le même prénom et qui fut seigneur de Rumes. C'est le bâtard, sire d'Arondeau qu'on trouve en 1407, bailli de Tournai et du Tournaisis. Il épousa en premières noces, l'héritière du Lès-lieu qui fut inhumée à Saméon, lez-Orchies, et en secondes noces, Marguerite *de le Pontenerie* (1), dame dudit lieu et de Grimbrie, etc., veuve de Jehan Loncle, dit de Kauchevacq, chevalier, seigneur de Jollaing, lez-Tournai. Par son premier mariage, Mahieu fut père de Jehan et de Mahieu de Launais. Celui-ci fut le 63me abbé de Saint-Amand. Il vécut assez longtemps, alors que son frère Jehan, époux de N...... *de le Vincourt* mourut avant leur père, laissant quatre enfants : 1° Olivier, seigneur du Lès-lieu, chevalier, époux de Jossine van Haverskercke; 2° Mahieu II, qu'on verra ci-après; 3° Pierre, écuyer, époux de Jehenne de Maurage ou de Maraiges, veuve de Oston de Gœgnies, et fille de Mahieu de Maurage, chevalier, seigneur de Heruinsart (2), sans hoirs; 4° Marguerite, femme de Lion de Sars, écuyer. — *Mahieu II* DE LAUNAIS, écuyer, seigneur d'Arondeau, de Péronne-en-Mélantois, etc., fut avant 1440, marié avec Anne *de Pottes*, dame de Dameries (à Grandmetz), de Pétrieu (à Béclers), etc. Il eut, au moins deux fils : 1° Olivier ou Olifart, écuyer, seigneur de Pétrieu, de Dameries, etc., fait prisonnier par les Français à Montlhéry en 1465 (3), fut tué à la guerre de Gand en 1487 (88 n. st.); 2° Mahieu III, seigneur d'Arondeau, etc., chevalier, bailli de Tournai et du Tournaisis, châtelain d'Ath, épousa Marguerite *de Cordes*, dame dudit lieu, décédée le 8 janvier 1536 (37 n. st.), inhumée près de son second mari à Saint-Julien d'Ath. Cette dame qui avait épousé d'abord Antoine de Waudripont, écuyer, était fille légitimée d'Artus, sire de Cordes, écuyer, et d'Agnès Nisse.

(1) La Pontenerie est un fief situé à Roubaix.
(2) ARCH. DE L'ETAT A MONS. Cartulaire des fiefs tenus du Comté de Hainaut, 1410-1473, folio 173. Bailliage du Rœulx, N° 896.
(3) Jehan DE HAYNIN, seigneur de Haynin et de Louvignies-lez-Bavai. *Mémoires*. Edition des Bibliophiles de Mons, t. I, p. 40.

Mahieu III fut père de **Marguerite** *de Launais*, dame d'Arondeau et de Cordes, qui épousa Jacques *de Roisin*, écuyer, seigneur de Rongy (Tournaisis), du Parcq (à Forest, Hainaut), etc., mort après le 10 octobre 1540 (1), fils de Jacques de Roisin, écuyer, seigneur de Rongy, du Brocquet-lez-Surhon, de Baissant (à Estrées, Nord), etc., et d'Isabelle Malet de Berlettes, dame du Parcq.

A partir du XVIIᵉ siècle, Arondeau fut la propriété d'une branche de la Maison de Châtillon-sur-Marne, issue par double bâtardise des Comtes de Blois et portant le nom *de Blois d'Arondeau* avec le titre de vicomte. Le vicomte d'Arondeau doit habiter encore son château à Roucourt.

ARTIMONT est un lieu dit à Forest en Hainaut. Ce nom nous paraît être la contraction d'Arturi-Mons ou Mont d'Arthur.

ARTUS. — C'est la forme romane du prénom celtique *Arthwr*, Arthour ou Arthur. La famille ARTUS, autant lilloise que tournaisienne, porte *d'or à trois couronnes de gueules, l'une au-dessus de l'autre* (2). On trouve souvent son nom écrit ARTU et ARTUT dans les actes.

1251. *Gossuin* ARTUT avait épousé Ogine N....., qui convola avant l'année 1251 avec Iernouls N...... — Gossuin fut père de Pieres Artut et de N...... Artut, femme de Jakemes N...... (3).

1268. Pieres Artus. Sa mère Ogine vivait encore en 1266, étant qualifiée Dame (4).

1272. « Sietembre. Diemence après le jour de Saint-Mahiu ». Testament de Pieron Artut, père de Jakemes (5).

1280. Jakemes Artut, fils de feu Pieres. Il vivait encore en l'année 1309 (6).

1352. Le 22 février 1351 (v. st.) Gérard dou Castiel, de Lille, fils de Jehan mit en péril d'affolure, Thumas *Artus*, fils Jehan. Il figure parmi les « *cachiés à cloques* », dans le Registre de la Loi de Tournai, pour ladite année.

(1) ARCH. DE L'ETAT A MONS. Fonds des Communes. BÉCLERS, PÉTRIEU, acte du 10 octobre 1540.
(2) Le Cimier varie. Tantôt c'est *un homme issant, habillé de gueules, au rabat d'or*, tantôt une *tête de griffon d'or entre un vol du même*.
(3) ARCH. DE TOURNAI. *Chirographes de la Cité*, Layette de 1251.
(4) Idem. *Chirographes de Saint-Brice*. Layettes de 1266 et 1268.
(5) ARCHIVES DE TOURNAI. *Testament*, Paquet de 1272.
(6) Id., *Chirographes de la cité*. Layette de 1309.

1364. Thomas Artus, bourgeois de Lille figure avec ses concitoyens, Colart de Moussy et Jehan Tuelaine; avec les bourgeois de Tournai, Guillaume Catine, Pierre le Flamenc, Allard de Blandaing, Bauduin de Lille, Jehan de Blandaing et Mahieu du Mortier, et avec les bourgeois « habitans et marians » de Bruges et d'Ypres, Crestyen Hieudemore, Henri de Vix et Jehan du Molin (1).

1382. Watier Artus « mierchier » (2). — 1417. Jehenne Artus (3). — 1482, 12 mars 1483 n. st. Feu Maistre Jan Artus, jadis chanoine de l'église Notre-Dame à Tournai avait désigné pour exécuter son testament, vénérables et discrets seigneurs Maistre Gilles Lapostolle, chanoine et archidiacre de Bruges en l'église de Tournai et Maistre Bertrand de Tourotte, chanoine et escollatre de la même église. Ils eurent pour procureur vén. et disc. sgr Maistre Jacques de Grault aussi chanoine de Tournai (4).

1445, 55. Climent Artus, marcheteur (5).

1450. Jehan Artus, fils de feu Jehan, marcheteur (6).

FILIATION DE LA BRANCHE ANOBLIE. — II. *Robert* ARTHUS, bourgeois de Lille, par relief fait en 1375, était peut-être fils de Thomas Artus que le lecteur a rencontré plus haut.

Le 7 mars 1389 (90 n. st.), il donna, au duc de Bourgogne, rapport et dénombrement de sa terre seigneuriale d'Espaing, sise aux terroirs de Wambrechies, de Verlinghem, etc., laquelle consistait en 40 bonniers et plusieurs hommages. Le roi de France, Chartes VI, anoblit Robert *Artus* pour services rendus, par lettres de février 1390 (91 n. st.). Il épousa *Willemine* TUELAINE ou Thieulaine qui lui donna le fils qui suit, III :

III. *Jehan* I ARTUS, écuyer, seigneur d'Espaing, etc., bourgeois de Lille par relief fait le 20 février 1405 (06 n. st.), épousa en 1405, *Marie* WETIN ou WETTIN, demoiselle de le Motte et du Kesnoit (à Rongi), de Baudegnies (à Mourcourt), etc., née vers 1387, fille et enfant légitime unique de Sire Jehan *Wetin*, prévôt de Tournai à son tour, seigneur de le Motte, Kesnoit et Baudegnies, etc.,

---

(1) Idem, ibidem, Layette de 1364.
(2) Idem. *Chirographes de Saint-Brice*, Layette de 1382.
(3) Idem, ibidem, Layette de 1417.
(4) Idem, *Testaments*, Paquet de 1482.
(5) Idem. *Chirographes de la Cité*, Layettes de 1445 et 55.
(6) Idem, ibidem, Layette de 1450.

et de dame Jehanne *le Flameng*. Jehan Artus étant mort avant 1420, Marie Wetin convola avec Loys de Saint-Sauflieu, écuyer, puis chevalier, seigneur de la terre de son nom en Picardie. Voici les enfants de Jehan Artus :

1° JEHAN, qui suivra, IV ;

2° MARIE *Artus*, dite *d'Espaing*, femme avant 1436, de Jehan WETIN, bourgeois de Tournai par relief fait le 12 octobre de ladite année, et fils de Jehan *Wetin*, dit Broyefort et Muche-en-Haye, bourgeois de ladite ville, et de D^{lle} Marie Bernard. — Marie mourut veuve et sans postérité avant 1454 (1).

3° CATHERINE *Artus*, dite *d'Espaing*, damoiselle des Aumetz (2), puis, plus tard, d'Espaing, etc., fut aussi l'héritière de l'hôtel de le Tieste d'or, en haut et vis-à-vis de la rue de ce nom à Tournai, selon un chirographe de l'année 1457 (3). Elle épousa, en premières noces, avant 1438, *Jehan* COTTREL, écuyer, seigneur d'Esplechin (en partie), etc., veuf sans postérité de Marie de le Tannerie, et fils de feu M^{tre} Jacques Cottrel, seigneur d'une partie d'Esplechin et conseiller royal aux bailliages de Tournai et Tournaisis, etc., et de Catherine *du Mortier*; et en secondes noces, avant 1440, *Jehan* DE HERBAUMÈS (4), écuyer, seigneur de Herbaumès (à Marquilies), etc., fils de Gérard *de Herbaumés*, chevalier. Elle laissa quatre enfants :

A. Jehan *Cottrel*, dit l'aîné, seigneur d'Esplechin, Espaing, etc., (voyez : Notices gén. tourn., t. I, p. 577, et t. III, p. 783).

B. Gérard *de Herbaumés*, écuyer ;

C. Jaquemine *de Herbaumés*, novice à l'abbaye de Marquette, lez-Lille dès le 26 avril 1454 (5).

D. Anthonnette *de Herbaumès* épousa en 1469, *Jehan* DE SAINT-VENANT, *dit Markant*, bourgeois de Lille par relief fait le 1er février 1469 (70 n. st.). Elle fut mère de Bauduin de Saint-Venant, dit Markant, né en 1472 (6).

(1) ARCHIVES DE TOURNAI. *Chirogr. de la Cité*. Layette de 1454.
(2) Idem, *Testaments*. Testament de sire Jehan Wettin. Paquet de 1420.
(3) ARCHIVES DE TOURNAI. *Chirogr. de la Cité*. Layette de 1457.
(4) DE HERBAUMÈS : *d'argent à la fasce d'azur, chargée d'un écusson d'argent.* — C'est une branche cadette de la Maison DE MARQUILIES. Ce dernier nom existe encore en Artois. Les D'HERBOMEZ, d'Orchies, sont issus des tenanciers de la cense d'Herbomez à Lecelles, fief relevant de l'abbaye de Saint-Amand.
(5) ARCHIVES DE TOURNAI. *Chirogr. de la Cité*. Layette de 1454.
(6) Communication de Mr Henri Frémaux, propriétaire et généographe à Lille.

IV. *Jehan* II Artus, écuyer, seigneur d'Espaing, présenta rapport et dénombrement de ce fief le 18 janvier 1447 (48 n. st.). En 1450, le 9 février 1451 (n. st.), le fief de Baudegnies sis à Mourcourt dans le Petit-Brabant et tenu du château de Leuze était en litige entre Jehan Artus et Jehan de Saint-Sauflieu, son frère utérin (1). Il paraît que Jehan Artus gagna son procès et devint seigneur de Baudegnies. Mais il ne tarda pas à perdre ce fief qui lui fut confisqué pour le meurtre commis par lui en la personne de Robin de le Motte, dit Hustin (2). — Jehan Artus mourut sans alliance en 1458, laissant un fils naturel, né de D^{lle} Ysabiel Le Screp (3). Ce bâtard qu'on trouve nommé tantôt *Johannes Despain*, tantôt *Janin Artus dit d'Espaing* avait pour tuteurs le 26 septembre 1459, Jehan de Hellemmes et Jehan Le Merchier, étant alors âgé de neuf ans, car on le trouve ayant onze ans en 1461. Devenu grand, il s'expatria (4).

Dans l'année 1498, le 25 juin, Ghillebin de Froitmanoir, prénommé aussi Guillemin dans le même acte, était le procureur de D^{lle} Jehenne de le Haye, veuve de feu Philippe Artus et mère de D^{lle} *Anthonnette* Artus (femme d'Anthonne Doresmieulx), de *Jennet*, de *Jacquet* et de *Guillemot* Artus. Les tuteurs des trois derniers étaient M^{tre} Jehan de le Haye, chanoine de Saint-Piat à Seclin, Anthonne Doresmieulx et Piérart Artus, fils de feu Thomas. Tous ces Artus étaient parents de Jehan Cottrel (5).

ASCARIUS, ASCARIEUX. — Ce nom tournaisien est celui d'un rameau d'une célèbre famille atrébate qui fonda dans Arras, l'Hospice Achariots. On la trouve aussi nommée *As Kariols* ou *Aschariols*. Nous n'avons recueilli que peu de notes sur cette famille dont nous ne saurions donner une filiation suivie. Nous avons constaté qu'au XIVe siècle, elle était alliée à la Maison *du Bos-Bernard*, famille des seigneurs primitifs de Bois-Bernard, village du canton de Vimy, touchant à

---

(1) Archives de Tournai. Registre aux publications, N° 341, B, à la date du 9 février 1450.
(2) Idem. *Registre des Consaulx*, N° 167 à la date du 22 mai 1451.
(3) Id. *Cartulaire des rentes dues par Tournai en 1468*, fol. 5, R°.
(4) Idem, ibidem. Fol. 241, verso. — *Huitième compte de Quintin* Joseph.
(5) Arch. de Tournai. *Chirographes de la cité*, Layette de 1498.

Neuvireuil, lieu où nous écrivons cet article. Des du Bos-Bernard résidaient à Esplechin, lez-Tournai à la fin du XV⁰ siècle. En 1496, Simonne *Tassart* ou *Estassart* (aussi Stassart), veuve de *Mahieu* DU BOS-BERNARD, domiciliée à Esplechin, était mère de six enfants : 1° MAHIEU, surnommé *Trenchant*, comme avait été son père ; 2° JEHAN ; 3° GÉRARDE, femme de Balthazar *Carpentier ;* 4° JEHENNE, femme de Jaquemart *Malet ;* 5° MARIE, femme de Gilles *Le Bacquere* (Le Baccre ou De Backer) ; 6° JAQUELOTTE, c'est-à-dire Jacques(1).

Jak As CARIOLS, fils de feu Jehan jura sa bourgeoisie de Tournai, comme fils de bourgeois le 10 mars 1332 (33 n. st.), et *Jehan* As KARIUS, tondeur de draps, fils de Jakemes, jura sa bourgeoisie dans les mêmes conditions, le 8 octobre 1354 (2). Voici quelques extraits d'actes concernant les As Carieux :

Fin du XIII⁰ siècle, *Gilles* As CARIEUX épousa Emelot, sœur de Watier de Sor le pont. Ils eurent sept enfants qui survécurent à leur père. Ce sont : Gilles, Gontelet (Gontier), Hanekin (Jehan), Mahuet (Mathieu), Jaquemin (Jacques), Marion (Marie) et Agniès.

Jehan As CARIOULS épousa Maigne *de Leuse*, fille de Jehan et sœur de sire Mahieu de Leuse. Il mourut avant 1346 laissant douze enfants dont quatre encore mineurs. Ce sont : Sire Jaquemes, prêtre ; Mahieu, Pierre, Gossuin, Gilles, Nicolas, Maigne, Isabelle, Vincent, Jehan, Margot et Katerine. Cinq se retrouvent en 1358, le 10 juin, ce sont : Mahius, Piérart, Jehan, Ysabel femme de Jaquemart Caron et Marguerite épouse de Jehan de Lanson. Le 18 mai 1355, nous trouvons mentionné un Jehan As Kariuk, fils de Jehan, dont le père pourrait être Hanekin, fils d'Emelot de Sor le Pont, en même temps que le Jehan de l'alinéa précédent (3). C'est dans un acte de 1361 qu'on rencontre le nom complet de Maigne de Leuse (4).

Nous passons au quinzième siècle.

1436 et 1437. Feu *Willaume* As CARIEULS ou *As Carieux* avait épousé D^lle *Piéronne* GONTIER

---

(1) ARCHIVES DE TOURNAI. *Chirographes,* Layette de 1496.

(2) Id., *5e Registre de la loi*, N° 134 de l'Inventaire manuscrit, fol. 257, recto.

(3) Id. *Chirographes,* Echevinage de Saint-Brice, Layettes des années 1346, 58 et 55.

(4) Idem. *Chirographes,* Layette de 1361.

dont étaient nés : 1° JEHAN ; 2° D*lle* JAQUE épouse de Piérard *de Harlebecque;* 2° D*lle* Jehenne, femme de Jehan *Descampes* ou *Leleu* dit *de Campes;* 4° Annechon ou Agnès encore mineur (1). Chacune de ces personnes fut riche en meubles, terres, fiefs et catels selon l'acte qui nous à fourni leurs prénoms (2).

En 1448, le 20 octobre Jehan Le Prince et D*lle* Agnès Ascarieux, sa femme, se ravestirent, c'est-à-dire se firent héritiers l'un de l'autre.

Jehan As Carieux, serrurier, vivait en 1449.

Le 21 avril 1463, Jaquemart As Carieux, serrurier, comparaît pour passer acte avec Phelippart du Bos, époux de Jehenne As Karieux (3).

Nous trouvons dans les Comptes généraux de Tournai, la mort de Robin Ascarieux, arrivée le 1er octobre 1452, et celle de Jehan Ascarieux, datée du 17 mars 1458 (1459 n. st.).

Dans l'année 1468, le 21 novembre, Jaquemart Esquarrieuls, fils de Jaquemart était serrurier et avait épousé Angniès Gobert, fille de feu Symon Gobert (4).

AS CLOKETTES, AS CLOQUETTES. —

1300. *Willaumes* AS CLOKETTES.

II. *Raoul* AS CLOQUETTES, écuyer, fut père d'un fils naturel qui suit :

III. *Jehan* AS CLOQUETTES, écuyer, était en 1411, époux de *Marie* DE RAISSE, dite *du Fayth.* damoiselle héritière dudit lieu (5), fille de Jehan de Raisse ou de Rasse, dit du Fayth, écuyer (6) et de sa première femme dont le nom nous est inconnu (7). Marie de Rasse convola avec Franchois de Londicq et mourut avant le 9 novembre 1437 sans laisser de postérité selon le compte de tutelle des enfants de sa sœur consanguine, Isa-

(1) Idem. *Chirographes*, Layette de 1436 et 39.

(2) Idem. *Comptes de tutelle*. Acte du 22 avril 1465 formant la couverture du Compte de tutelle des enfants d'Ogier Potier rendu en 1475.

(3) Idem. *Chirogr. de l'Echevinage de Saint-Brice*, Layettes des années 1448, 49 et 63.

(4) Idem, ibid., Layette de 1468.

(5) Le Fay fut un domaine grand de 38 bonniers, tenu en fief de la baronnie de Bouvignies, lez-Douai. Il gît à Cobrieux, Nord.

(6) ARCH. DE TOURNAI. Acte du 28 août 1389 en la layette de ladite année. — Jehan de Raisse, dit du Fay ne doit pas être confondu avec Jehan du Fay, chevalier, originaire de Picardie, premier époux de Marie de Mortagne-Audenarde.

(7) La seconde femme de Jehan de Raisse épousée par contrat du 24 mai 1391, fut Maigne Taintenier, fille de Jacques et de Jehenne Blanchard.

biel de Rasse, dite du Fay, morte après avoir épousé Gérard du Marès, écuyer, seigneur du Marès à Blandain (1).

N'ayant pas d'enfants, Marie de Rasse et son premier époux vendirent le Fay par acte du 15 février 1411 (12 n. st.) à Jehan du Mez, dit de Croix, écuyer, fils de Jehan du Mez, chevalier, seigneur de Croix, lez-Roubaix, etc., et d'Isabeau Le Prévost de Capinghem, sa femme, pour lui en jouir viagèrement durant la vie d'iceux vendeurs dénommés. Selon feu Amaury Louys DE LA GRANGE-AUX-ORMES, Raoul As Cloquettes père de Jehan avait un frère prénommé Gérard. Celui-ci, sans doute de beaucoup le plus jeune, épousa en premières noces, Marie de Merbes, dont vint un fils nommés Thomas, et en secondes noces, *Jehanne* DU MEZ, dite *de Croix*, sœur de l'acquéreur du Fay.

Cette dernière devint héritière de son frère (2).

IIbis. *Gérard* AS CLOQUETTES, écuyer, mentionné dans une charte de 1445 (3) et *Jehenne* DU MEZ, dite *de Croix* laissèrent deux filles :

1° CONSTANCE, héritière du Fay épousa *Anthonne* DE HAINAUT dit *de Bruyelles*, écuyer, seigneur de Plainville, etc., cinquième fils de Bauduin *de Hainaut*, dit de Bruyelles, écuyer, seigneur de Lannoy (à Hollain), du Petit-Lannoy (à Rumegies), etc., et de Marguerite *de Rouvroy*, dite de Saint-Simon. Leur fils, Hector de Hainaut, dit de Bruyelles, chevalier, seigneur de Plainville, du Fay, etc., épousa Huette du Chastel, dame héritière de la Howarderie, d'Aix-en-Pèvele, etc.,. Ce fut Anthoine de Hainaut-Bruyelles, fils d'Hector et d'Huette qui vendit le Fay par acte du 12 mars 1512 (1513 n. st.) à Guillaume de Landas, écuyer. Cette vente est indiquée dans le compte du testament de Charles Grenut, écuyer, seigneur du Fay, etc., rendu à Tournai, le 5 août 1614 (4).

2° ALIÉNORE ou LÉONORE, femme de *Regnault* DE LE WARVANE, écuyer, avant le 20 octobre 1462 (5).

---

(1) ARCHIVES DE TOURNAI. *Comptes de tutelle*. Compte rendu le 29 mars 1440 (1441 n. st.).
(2) La vente du 15 février 1412 fut faite pour le prix de 355 livres tournois. — Archives du château du Fay à Cobrieux, carton II.
(3) ACH. DE TOURNAI, *Chirogr. de Saint-Brice*, Layette de 1445.
(4) Id., *Comptes d'exécution testamentaire*, Paquet de 1614.
(5) Id., *Chirogr. de la Cité*, Layette de 1462.

Le 4 novembre 1360 fut approuvé à Tournai le testament de D{elle} *Marie As Cloquettes*, béghine. Ses légataires furent : D{elle} Agniès de Condet, femme de Seigneur Jaquemes Davelin; D{elle} Isabiel Davelin, fille du susdit seigneur; D{elle} Jehenne de Kevaucamp et D{elle} Isabiel Prévost. La testatrice était parente de D{elle} Margherite As Cloquettes, femme mariée ayant des enfants (1).

1443. *Belotte* ou *Isabelle* As Cloquettes est nommée sous la date de 1443 dans le Registre de la Loi pour cette date.

Les armoiries des As Cloquettes ont varié. Selon Douët d'Arcq, elles furent tantôt *D.... à la cloche d....*; tantôt : *D.... à trois clochettes d....* (2); selon Demay : *D.... à une clochette d.... sur le premier canton de l'écu, à une quinte feuille d...., sur le deuxième, et à une clochette d.... en pointe* (3).

Nous les avons trouvées dans un vieil armorial manuscrit. Elles y sont blasonnées : *D'argent à trois cloches battaillées d'azur*.

Le qualificatif *battaillées* signifie que les cloches sont dessinées chacune avec son battant.

AS POIS. Cette famille qui a donné son nom à une rue du haut de la ville est plus lilloise que tournaisienne. Dans les festivités qui se fesaient annuellement à Lille sous la désignation de Tournoi de l'Epinette, deux membres de la famille de Has, prénommés Jehan y obtinrent le prix d'honneur et y furent proclamés roi, l'un en 1399, l'autre en 1455 (4). Germain Demay dans l'*Inventaire des Sceaux de la Flandre* a décrit le sceau d'un *Jehan* As pois sous le N° 4857.

Les armoiries de cette famille sont : *D'azur à trois gerbes d'or*. Le cimier du casque est un *vol* (c'est-à-dire deux ailes) *d'or*.

1329. Jehan de Has vivait à Tournai. — Le 14 janvier 1331 (32 n. st.), Jehan *de Has*, fils de « jadis Jehan », tisserand, releva sa bourgeoisie comme fils de bourgeois (5). Ce fut, sans doute, en 1331 qu'il épousa Maigne *Pietrekin*, veuve de

---

(1) Id., *Testaments*, Paquet de 1360.
(2) *Collection de Sceaux des Archives de l'Empire français*.
(3) *Inventaire des Sceaux de la Flandre.*
(4) F.-J. Bozière. *Armorial de Tournai et du Tournaisis*, p. 29.
(5) Archives de Tournai. *Chirographes*, Layette de 1329, Echevinage de la Cité. — *Deuxième registre de la Loi*, folio 109, recto.

Jehan de Haynnau (1). Ces époux se ravestirent en janvier 1361 ou 1362 n. st. (2).

Jakemes DE HAS, chaudronnier (*cauderlier* en roman tournaisien) était bourgeois de Tournai, car son fils JAKEMES releva sa bourgeoisie, le 20 août 1330, dans l'année de son mariage (3), et son autre fils, JEHAN la releva le 28 septembre 1345 (4).

Jakemes DE HAS, le fils, épousa donc en 1330, D^{elle} *Mehaut* FRANCHOISE, qui, devenue veuve avant 1348, convola avec Simon Balart (5). Jakemes et Mehaut laissèrent :

1° JEHANNE *de Has*, mariée avant 1349 à Willaume *Gavé*;

2° HANEKIN ou Jehan *de Has* indiqué dans un acte de 1350, comme fils de D^{elle} Mehaut;

3° COLIN ou Nicolas *de Has* (6).

Un Colars ou Nicolas de Has « taneres » ou tanneur, assurément parent des précédents, fut reçu à faire relief de bourgeoisie comme fils de bourgeois, le 4 septembre 1342 (7).

Un Jehan de Has, fils de feu Colart fut reçu bourgeois de Tournai, le 24 août 1379 et fut échevin de Saint-Brice en ladite année puis en 1380, 81 et 83 (8).

Nous trouvons en 1400, un Jehan de Has, cuvelier, qui diffère de l'échevin *Jehan* DE HAS, car celui-ci dut épouser en 1378 ou 79, D^{elle} *Marguerite* CHRISTOPHLE qui devint veuve avant le onze février 1393 ou 94 n. st. (9).

Dans l'année 1410, vivait D^{elle} *Maigne* DE HAZ, veuve de Godefroid MELINCQ (10).

AS ROSIÈRES est le nom d'un manoir situé à Orcq. — En 1387, Sare *de Riès*, veuve de Pierre *Bacheler*, et ses enfants Pierre, Jehan, Biétris et Jehane Bacheler vendirent le manoir dit As Rosières à Pierre dou Sauçoir, fils de feu Jehan (11).

(1) Idem, *Chirographes de Saint-Brice*, Layette de 1345.
(2) Idem, ibidem. Layette de 1361; aussi layette de la Cité, 1371.
(3) Idem, *Deuxième registre de la Loi*, folio 70, recto.
(4) Idem, *Cinquième registre de la Loi*, folio 103, recto.
(5) Idem, *Chirographes de la Cité*, Layette de 1348.
(6) Idem, *Chirographes de la Cité*, Layettes de 1348 et 1349.
(7) Idem, *Cinquième registre de la Loi*, folio 30, recto.
(8) Idem, *Sixième registre de la Loi*.
(9) Idem, *Chirographes de la Cité*, Layette de 1400; *Chirographes de Saint-Brice*, Layette de 1393.
(10) Idem, *Chirographes de Saint-Brice*, Layette de 1410.
(11) Idem, *Chirographes de la Cité*, Layette de 1387.

ASSÉ, ASSET. — *Nicaise* Assé « bailliu de « Notre-Dame au nom est pour le capitle de « ladite église » selon un compte de tutelle en rouleau daté de 1334, fut père de *Jehan* Assé, mort avant 1366, époux de *Marguerite* Gargatte et père de Maignon et de Caisin *Assé*, dont la tutrice était leur tante, D^elle Marguerite Assé (1). — *Nicaise* Assé avait épousé une fille de Sire Gossuin Le Louchier, car nous lisons dans un acte de l'échevinage de Saint-Brice, daté de 1367, que le mardi en la « peneuse « semaine » (semaine sainte), Nichaises Assé était père de trois enfants, Lotart (Gilles), Huet (Hugues) et Kaisin (Nicaise) dont le tayon (aïeul) était ledit Sire Gossuin, et l'oncle, Jacques Le Louchier. Cette charte fut scellée par Guillaume Mauterne, prévôt royal et par Jehan dou Puch et Jaquemes de Piéronne (2).

Ce peut être en 1342 qu'eut lieu le mariage de Nicaise Assé, le Vieux, car il fut reçu bourgeois de Tournai pour « nient » (néant, rien) le 28 septembre 1342 (3). Aussi croyons-nous que c'est d'une première union qu'il obtint les deux enfants, Jehan et Marguerite cités en tête de cet article.

Un Jehan Assé, fils de Jehan releva sa bourgeoisie de Tournai, le 12 septembre 1343 (4). Etant fils de bourgeois, il ne peut être considéré comme frère de Nicaise, celui-ci paraissant avoir été étranger à la ville avant son admission à la bourgeoisie. En 1391, vivaient Jehan Assé et Catherine, sa sœur germaine, veuve de Biertrand de Havines (5). A la fin du XVe siècle vivait *Pierre* Asset, fils de Simon *Asset* et de Jehenne *Le Willart*. Seigneur d'Agny, etc., et conseiller au Conseil d'Artois, il devint Président de cette assemblée. Il avait épousé *Anne* van der Moten (ou de le Motte aux hamaides), fille de Jehan *van der Moten*, écuyer, seigneur de Bruyelles, lez-Antoing, etc., et de Jacqueline *de le Vincourt*, — Comme conseiller d'Artois, il était noble et chevalier par le fait même. Ses armoiries étaient D..... *au lambel de trois pendants d*......

---

(1) Idem, ibidem. Layette de 1366.
(2) Idem, *Chirographes de Saint-Brice*, Layette de 1367.
(3) Idem, *Cinquième registre de la Loi*, folio 30, *verso*.
(4) Idem, ibidem, folio 53, *recto*.
(5) Idem, *Chirographes de la Cité*, Layette de 1391.

ASSEGNIES (d'). — Nous avons parlé de cette famille bourgeoise dans le tome I des Notices gén. tourn. dès la page 130, et nous y avons recommandé à la page 134 de se garder de confondre les *Dassegnies* qui se dirent d'Assignies avec la Maison chevaleresque artésienne des seigneurs primitifs du lieu portant ce dernier nom. Cette chose importante fut méconnue par Hoverlant de Bauwelaere en son *Essai chronologique pour servir à l'histoire de Tournai*, t. 75, p. 12.

Deux familles Dassegnies, l'une originaire du Hainaut, l'autre de la Châtellenie de Lille vinrent s'établir à Tournai. Toutes deux exerçaient la profession de coutelier. C'est la première citée par nous qui est la moins ancienne en Tournaisis. En effet, Jehan Dassegnies n'est prouvé « manant » de Tournai qu'en 1516 (1), alors que le chef de l'autre famille était déjà fixé dans notre ville dans le dernier quart du XVe siècle.

Pour la descendance placée en tête de la notice, nous n'avons qu'une chose à y ajouter à la fin. C'est que le 16 mai 1584, Sébastien de Crehem, batteur de feuilles d'or rendit compte de l'exécution du testament de D^{elle} Jehenne Dassegnies, jadis femme de Jacques de Crehem (2).

Mais pour la seconde famille, la moisson de renseignements nouveaux est plus abondante. Ainsi nous avons trouvé que *Mathieu* Dassegnies, aussi *Daissegnies*, coutelier et sa première épouse *Estienne* (Stéphanie) Gérard se ravestirent le 15 janvier 1493 (94 n. st.). Ce Mathieu est dit « marchand de carbon » dans un acte passé en 1489 (3). Il eut pour seconde femme, *Jehenne* Carnoye, qui est prénommée Catherine par erreur, dans un acte datant du 23 janvier 1535 (36 n. st.). Celle-ci devenue veuve avant janvier 1528 (29 n. st.), convola avec Jehan *de Vernez*, de Vernes ou de Vergne, étant mère de Marion *Dassegnies* (4).

Mathieu était parent de Jehan Dassegnies, mort avant 1508, ayant eu pour femme Denise Du Clocq (5), dont Piéronne *Dassegnies*. Outre les deux fils, Jehau et Jacques que nous lui avons attribués avec raison, et qui étaient nés du premier

(1) Idem, *Chirographes de la Cité*, Layette de 1516.
(2) Idem, *Compte d'exécution testamentaire*, Paquet de 1584.
(3) Idem, *Chirographes de la Cité*, Layettes de 1493 et 1489.
(4) Idem, ibidem. Layettes de 1535 et 1528.
(5) Idem, ibidem. Layette de 1508.

mariage, Mathieu laissa deux filles dont l'aînée, MARGUERITE, sœur germaine des fils, épousa *Jacques* DAVID, bonnetier, et la cadette, MARIE, née du second lit, épousa son parent, *Laurent* CARNOYE, filletier (1).

JACQUES, fils cadet de Mathieu était membre de la Confrérie de Notre-Dame en l'église de Saint-Piat en Tournai dans l'année 1537 (2). Nous savons aujourd'hui qu'il ne fut jamais noble ni chevalier comme le dit Hoverlant, mais qu'il épousa *Catherine* Charlart, l'une des filles de Jacques *Charlart* « maire héritable de Bauldour-lès Saint-Guillain » (3) et d'Isabeau *Benoist*. Il mourut avant 1574, laissant veuve Catherine Charlart avec laquelle il résidait à Saint-Ghislain en Hainaut (4). Leurs six enfants suivent :

1° JEHENNE, mariée à *Jehan* LE FEBURE, domicilié à Saint-Ghislain ;

2° MARIE, femme de *Jehan* ROUSSEAU ;

3° MAGDELEINE, femme de *Jehan* DE CHIPLY ;

4° Jacques, bourgeois de Tournai par rachat fait pour 8 livres flandres en 1579 ;

5° FRANCHOISE ;

6° CHARLOTTE (5).

Thiéri Dassegnies, marchand, contemporain du degré III, fut pendu comme hérétique, le 30 juin 1578 (6).

III. *Jehan* DASSEGNIES-*du Chambge* était en 1543, receveur des biens, cens et rentes de l'abbaye de Saint-Martin en Tournai (7).

IV. Honorable homme *Jaspar* DASSEGNIES fut grand doyen des stils et métiers. Il était marchand en 1590 et habitait la paroisse de Saint-Quentin. Il vivait encore en 1616 (8). Sa femme, *Marie* BERNARD était fille d'Antoine *Bernard* (à l'épée), marchand, bourgeois de Tournai, et de

---

(1) Idem, ibidem. Layettes de 1528 et de 1535.

(2) Idem, ibidem. Layette de 1537.

(3) *Jacques* CHARLART était parent de Maître Jehan Charlart qui, le 30 décembre 1531, étant domicilié à Hautrages en Hainaut, fut procureur pour son frère Anthoine Charlart, marchand à Cambrai. Ceux-ci avaient un autre frère, Maître Nicolas Charlart, prêtre, chanoine et pénitencier de l'Eglise Notre-Dame de Tournai. La sœur de Jacques, prénommée Charlotte, avait épousé Anthoine *Bernard*, marchand à Tournai, issu d'une branche non anoblie de la famille *Bernard (à l'épée)*. — ARCHIVES DE TOURNAI, *Chirographes de la Cité*, Layette de 1531.

(4) ARCHIVES DE TOURNAI. *Chirographes de la Cité*. Layette de 1574.

(5) Idem, ibidem. idem.

(6) NICOLAS LE SOLDOYER. *Mémoires*, p. 291.

(7 à 8) ARCHIVES DE TOURNAI. *Chirographes de la Cité*, Layettes

Charlotte *Charlart* (1). Pour la fin du XVI° siècle, nous avons encore trouvé que le 25 mai 1577, D^{elle} *Jehenne* DASSEGNIES avait épousé *Nicolas* DU HEM, tondeur de grandes « forces ». C'est peut-être une tante ou une sœur de Jaspar (2).

V. Honorable homme *Antoine* DASSEGNIES était en 1630, capitaine du serment de Saint-Georges (3). Il eut un fils prénommé NICOLAS qui vivait en 1659 (4). Adrien, quatrième fils, suit :

VI. *Adrien* DASSEGNIES, marchand drapier, vivait encore en 1649. Sa femme *Claire-Hélène* BAUDUIN était fille de Lupart *Bauduin* et de…… *Hoghet*. Lupart Bauduin mourut avant le 5 mai 1635 (5).

Léopard, troisième fils d'Adrien était marchand.

VII. *Nicolas* DASSEGNIES, marchand, fils aîné d'Adrien paraît avoir fait faillite. Le 8 janvier 1667, Jacques Roty, Jaspard Mourcourt et Estienne-Bruno Hersecap étaient curateurs commis aux biens vacants et abandonnés de Nicolas Dassegnies fugitif de Tournai « depuis passé « quelque temps » (6).

VIII. Le premier fils de ce degré, GASPARD eut pour épouse *Françoise-Gabrielle* DE LE BURI. Il vivait encore en 1747 (7).

LÉOPARD-JOSEPH, cinquième enfant, qui figure à la ligne 17 de la page 133 du tome I des Notices généalogiques tournaisiennes est le seul guerrier qu'ait produit la famille. Un acte passé à Tournai le 18 janvier 1714, nous le montre dragon au service de France en garnison sur la frontière allemande (8). Nous le trouvons prénommé *Léonard* dans un acte du 20 novembre 1747. Dans cette année-là, sa sœur, ELISABETH-ANGÉ-LIQUE-JOSÈPHE est dite veuve de Marc-Antoine *Midavaine*. L'époux de leur sœur, Marie-Catherine-Josèphe, le Sr Jean-Dominique *Le Riche* est prénommé Joseph dans ledit acte de 1747 (9).

IX. *Jean* D'ASSIGNIES demeurait à Renaix en 1714. Sa fille cadette, MARIE-CATHERINE-JOSÈPHE vivait en 1747 (10).

Nous avons fait dessiner le chiffre de marchand qui forme les armes des Dassegnies conformément au blason qu'en donne d'Hozier dans l'Armorial

---

des années 1543, 1590, 1616, 1577, 1630, 1659, 1649, 1635, 1667, 1747.

(1 à 7) Idem, ibidem, idem.
(8 à 10) Idem, ibidem, Layettes des années 1714 et 1747.

général de France, Registre Flandre, p. 273, N° 393 de la publication qu'en a faite André Borel d'Hauterive (1).

ASSONLEVILLE, d'ASSONNEVILLE, d'ASSONVILLE (d'). — Dans la généalogie de la famille du Chastel de la Howarderie, nous avons cru devoir corriger l'attribution que nous avions faite à Jacques du Chastel, dit Houart de la paternité du bâtard Jacques du Chastel, dit aussi Jacques de Louvignies, qui fut prévôt de Bavay : Nous avions tort. Un acte est venu nous le prouver d'une façon décisive. C'est notre première manière qui était la bonne. Or ce Jacques eut aussi un bâtard dont le prénom nous est inconnu et que divers actes nous ont appris être l'auteur des *de Louvignies* des XVe, XVIe et XVIIe siècles. Mais outre ce fils, Jacques du Chastel, dit de Louvignies (pour avoir été nourri et élevé audit lieu) laissa deux filles, Jehenne l'aînée et Jehenne la cadette. La première épousa Jehan Hanette, écuyer, sire de Bercus (à Mouchin, Nord), et la seconde fut la femme du noble écuyer *Robert* Dassonville (2). Nous devons dire qu'un lieu dénommé Assonleville gît à Rumegies, lez-la Howarderie (Arch. de Saint Amand, FF. 54, 30 mai 1410).

Robert Dassonville ou Dazonville, et *Jehenne* de le Houardrie, sa femme, se ravestirent selon ce que témoigne un acte original daté du 9 novembre 1473 où Jehenne est dite veuve (3).

Robert est qualifié seigneur de Saint-Crespin. Voici une charte concernant sa femme :

- « Sacent tout cil qui cest escript veront ou orront que
« pardevant et en la présence des eschevins de la ville de
« Saint-Amand en Pevele cy desoubs nommés sont venus
« et comparus en leurs propres personnes Demoiselle Je-
« henne *du Castiel* ditte *de le Houardrie* et vefve de feu
« Robert Dazonville d'une part. Et Nicolas *de Louve-*
« *gnies*, dit *de le Houardrie*, nepveu (4) dicelle Demoi-
« selle Jehenne d'aultre part. Et illecq la ditte Demoi-
« selle Jehenne non lyée de mariaige ne d'enffans, en

(1) Paris, Dentu, 1856, un volume in-8°.
(2) Archives de Saint-Amand-les-Eaux. Série FF. 61. — Actes du 5 décembre 1475 et du 25 février 1480 (81 n. st.). — La famille *de Louvignies* ou *de Louvegnies*, issue par bâtardise d'un bâtard de la Howarderie doit exister encore avec ou sans la particule.
(3) Archives de Valenciennes. Carton 97.
(4) Archives de Saint-Amand-les-Eaux. FF. 59. Acte du 5 juillet 1458, renfermant copie d'un acte passé le 15 janvier 1437 (38 n. st.).

« point et en estat que bien faire le pooit de sa bonne et
« franche volunté sans constrainte aucune, dist, congneut
« et confessa que tant pour la vraye amour naturele quelle
« avoit, pooit et devoit avoir de raison audit Nicolas de
« Louvegnies, son nepveu comme pour les bons et aggréa-
« bles services, plaisirs et amistiés que icelui Nicolas luy
« avoit fait ja piéça, faisait de jour en jour et espéroit
« que faire lui devist en temps advenir. Elle avoit donné,
« cédé et transporté et de habondant en la présence desdis
« eschevins donna, céda et transporta en droit et pur don
« irrévocable dentre vifs audit Nicolas de Louvegnies, son
« nepveu, deux frans. xxxiiij gros monnoie de Flandre
« pour le francq de soubz rente hiretière et perpétuelle,
« franche et nette que Denis *Vaillant* demourant en la
« paroische de Rumegies, doibt chacun an, moitiet au
« terme du Noël et moitiet au jour et terme de Saint-
« Jehan-Baptiste sur son manoir, gardin et héritaige
« gisant audit lieu de Rumegies en la rue du Fontenil
« contenant X^c de héritaige ou environ, tenant au manoir
« et héritaige Tassart *Prévost* d'une part et au manoir et
« héritaige Piérart *Savreulx*, d'aultre part. Et sur ung
« aultre gardin à luy appartenant, contenant iij^c d'héri-
« taige ou environ, gisant audit lieu du Fontenil, assez
« près du manoir dessus déclaré, tenant d'une part au
« manoir et héritaige de Pierre Savreulx et d'aultre part
« à l'héritaige de la ditte demoiselle Jehenne du Castel
« donnateresse, etc., etc. Ce fu fait en lostel au Cerf
« situé emprès l'église Saint-Martin en ladite ville de
« Saint-Amand, le cinquième jour du mois de décembre
« lan mil quatre cens soixante et quinze. » — Hue *Jacobe*
et Anthonne *Jourdain*, échevins de Saint-Amand (1).

Le 9 juillet 1511, fut rendu le compte de la tutelle de *Jacquet* d'Assonneville, fils de feu Jehan d'Assonneville et de D^{elle} Jehenne de Ladesoubz, par les héritiers du tuteur qui était feu Anthonne de Lannoy, écuyer, seigneur de la Mottrie, demeurant, soi vivant à Wasnes en la paroisse de Toufflers (2).

Le nom d'*Asson-le-Ville* signifie au son (*sommet*) de la ville. Nous avons donné quelques degrés de la famille d'Assonleville à la page 135 du tome I des Notices généalogiques tournaisiennes. Nous pouvons y ajouter que Pontus d'Assonleville (qui en forme le degré IV) était seigneur de Hollay à Celles-Molembais en Hainaut ; qu'en 1637, il était chef du Magistrat de Douai ; qu'en 1638, il habitait à Tournai, car sa femme et lui s'y ravestirent le 6 octobre (1).

(1) Archives de Saint-Amand-les-Eaux. Série FF. 61. Actes de 1471 à 1490.
(2) Archives de Tournai. *Comptes de tutelle*, Paquet de 1511.
(3) Idem, *Chirographes de la Cité, actes divers*, Layette de 1638.

Se sœur Isabelle eut pour second mari, Jehan de la Kéthulle, écuyer, seigneur de Stock, etc., que nous avons trouvé nommé *George Cateule* dans le Registre des Consaulx de Tournai de l'année 1605 (1). Ces époux demeuraient à Douai en 1615 (2). Le 11 septembre 1628, le Petit-Chastelet, sis à Helchin fut vendu par André Catulle, chanoine et official de Tournai, au dit seigneur de Stock (3).

ATTICHE. — Le fief d'Attiche est situé dans le terroir de la commune de Bourghelles (Nord). Peut-être fit-il partie de l'apanage d'un cadet des sires d'Attiches ou Athis-lez-Dour en Hainaut? En 1190, vivaient Renier et Hugues *d'Attiches*, chevaliers (4). Robert *d'Astices*, écuyer, vivait en 1284 (5). Juste au milieu du XIVe siècle, nous trouvons un Guillaume *d'Astiches*, chevalier, père de Margherite d'Astiches, femme d'Eustache d'Aubercicourt, fils de l'écuyer Gilles d'Aubercicourt, bailli de Busigny et de Prémont en Cambraisis, etc., et d'Agnès de Louvignies, son épouse (6). Nous avons donné une partie de la filiation des d'Astiches en appendice à notre travail sur la famille d'Aymeries, dite d'Aumeries. On y trouve comme alliances directes les noms suivants : *de Hellin de le Warwane, Ruffault, de Cassel, d'Hérignies, Muissart* et *Marquant, dit de Saint-Venant*. — ATTICHES porte : *D'or à la bande échiquetée d'argent et de gueules de trois traits*.

Le fief qui donne lieu à cet articulet était possédé en 1439 par D^{elle} Isabiel DASTICHES, parente de Jehan d'Astiches. Elle y demeurait avec son époux Mahieu *Le Thérier* ou *Le Théry* (7). Au XVIIe siècle, ce bien était à *Jacqueline* DE BERLOT qui épousa à Saint-Pierre de Tournai le 13 septembre 1625, *Jacques* BÉGHIN, marchand-

---

(1) Idem, *Registre 99 de l'Inventaire manuscrit*, folio 76, *verso*.
(2) Idem, *Chirographes de la Cité*, Layette de 1615.
(3) Communication de Mr Marcel *Catulle*, étudiant en droit, domicilié à Bruges.
(4) Dom Pierre BAUDRY. *Annales de l'abbaye de Saint-Ghislain* publiées par le chanoine J.-J. De Smet, volume in-4°, p. 391.
(5) *Cartulaire du Hainaut*, pp. 367 et 400. C'est le tome I des Monuments publiés sous la direction du Baron de Reiffenberg, format in-4°.
(6) J. LE CARPENTIER. *Histoire de Cambray et du Cambrésis*, t. I, partie III, p. 114.
(7) ARCHIVES DE TOURNAI. *Chirographes de la Cité*, Layette de 1439.

apothicaire, veuf de Jeanne Helle. En décédant paroisse de Saint-Piat, le 24 août 1668, elle laissa son fief d'Athice à son fils *Jacques* Béghin. Celui-ci et son frère germain, Denis *Béghin*, étant morts sans hoirs directs, le fief échut à leur sœur consanguine, née de Jeanne Helle, *Françoise* Béghin. Celle-ci avait épousé Jacques du Mortier, marchand, établi dans la paroisse de Saint-Quentin à Tournai. Ce fut leur fille, *Françoise* du Mortier, demoiselle héritière d'Athice ou d'Attiche (1), qui porta ce bien en dot à Pierre *De Clippele*, négociant, qu'elle épousa à Saint-Quentin de Tournai, le 14 mai 1669. Françoise Béghin dont nous venons de parler mourut à Tournai sur la paroisse de Saint Quentin, le 28 avril 1679, et sa fille, Françoise *du Mortier* décéda dans la paroisse de Notre-Dame en la même ville, le 4 mars 1717. A partir de là, nous trouvons comme seigneur, *Jacques* De Clippele, fils aîné de Françoise du Mortier, lequel mourut à Tournai sur la paroisse de Saint-Piat, le 17 juillet 1745, laissant pour fils aîné Paul-François, qui lui succéda en la terre d'Attiche, fut prêtre et mourut curé de Warcoing, le 19 mai 1757.

C'est dans le partage des biens de Jacques De Clippele passé à Tournai pardevant les échevins de Saint-Brice, le 27 août 1745, que nous trouvons l'étendue du fief d'Attiche ou d'Athise, laquelle était de deux bonniers six cents verges, soit environ deux hectares quatre-vingts ares. C'est à une sœur du curé de Warcoing que revint le fief. *Jeanne-Françoise* De Clippele, dame de la Puillerie (à Kain), etc., veuve de Maturin Mallet devint femme de *Hubert-Géry* Bury. Celui-ci perdit son épouse le 9 mars 1777, mais il fut sans doute seigneur viager du fief dont nous parlons car il signait *Bury d'Attiche* (2).

ATTRE. — Cette commune de l'arrondissement d'Ath se trouvait jadis dans la châtellenie de cette ville, mais sous le rapport judiciaire dépendit toujours de la Cour de Mons. Ce ne fut primiti-

---

(1) Dans la généalogie de la famille De Clippele au tome I des Notices généalogiques tournaisiennes, nous avons commis une grosse erreur en donnant à la p. 529, l. 17, Jean *du Mortier* et Claire *Le Veau* pour père et mère de *Françoise* du Mortier qui ne pouvait hériter du fief d'Attiche sans être fille d'une Béghin, comme cela est vrai.

(2) Voyez : *Notices généalogiques tournaisiennes*, tome II, p. 700 et tome I, pp. 529 à 531.

vement qu'un hameau d'Arbre. Les notes que nous avons recueillies sur cette terre ne concernent que les deux dernières familles seigneuriales, *Franeau d'Hyon et Gomegnies et du Val de Beaulieu.* Ce qu'il y a de très-curieux dans ce village est la grotte artificielle extraordinairement originale qu'un comte Franeau de Gomegnies y fit ériger. On en lit une description très-bien faite dans le Dictionnaire encyclopédique de géographie historique du Royaume de Belgique par Auguste Jourdain, capitaine pensionné (1), p. 50 du tome I. On trouvait à Attre, le fief de Venise (2).

Attre ne doit pas être confondue avec ARTRE, commune du département du Nord dont les anciens seigneurs furent alliés aux *de Hainaut* dits *de Bruyelles.*

AUBECHIES. — Cette paroisse comprenait un fief de son nom tenu de la pairie de Silly (3). Dans les actes tournaisiens, Aubechies est parfois orthographié *Abechies* et *Abecies*. Anciennement enclavée dans la châtellenie d'Ath, cette commune fait partie de l'arrondissement dont ladite ville est le chef-lieu, mais relève judiciairement du tribunal de Tournai. — En 1093 et 1110, vivaient *Gautier* et *Hubert* D'AUBECHIES, frères (4). 1107, *Hubert* et *Paganus* (Payen) D'AUBECHIES, chevaliers étaient frères; nous les retrouvons en 1120 (5). Hubert existait encore en 1133 (6). Dans l'année 1197, Damoiselle *Elisabeth* DE AUBECHIES était chanoinesse de Mons (7).

Une charte de l'année 1201, nous apprend que *Jehan* DE FLORENTVILLE, dit L'ARDENNOIS, chevalier, était alors seigneur d'Aubechies, et en 1300, son fils, Jehan L'ARDENNOIS lui avait succédé (8). Par la suite, la terre d'Aubechies appartint aux

---

(1) Bruxelles, F. Vromant, 1868-69, 2 volumes in-8º.
(2) Em. PRUD'HOMME. *Les Echevins et leurs actes dans la province de Hainaut.* Mons, Dequesne-Masquelier, 1891, in-8º, p. 17.
(3) Ern. MATTHIEU. *La pairie de Silly et ses fiefs* (Annales du Cercle archéologique d'Enghien, tome IV, p. 58).
(4) *Cartulaire d'Eenham* publié par Ch. PIOT en 1881 (Société d'Emulation de Bruges), p. 9.
(5) Dom P. BAUDRY, *Annales de l'abbaye de Saint-Ghislain*, Bruxelles, Hayez, 1848, in-4º. Page 336.
(6) Ch. DUVIVIER. *Actes et documents intéressant la Belgique*, 1903, in-8º, p. 27.
(7) *Cartulaire de Cambron* publié par J.-J. DE SMET, p. 314.
(8) Dom P. BAUDRY. *Annales de l'abbaye de Saint-Ghislain*, pp. 439 et 440.

barons DE LIGNE dont l'un des héritiers la vendit en 1579 au chef d'une branche de la famille patricienne valenciennoise VIVIEN (1). Puis vinrent successivement par droit d'héritage, les familles DU PARCQ, DE HELDEWIER et BOURGEOIS. Celle-ci eut Aubechies par le mariage de *Philippe* DE HELDEWIER, fille de *Gilles* DE HELDEWIER, seigneur d'Aubechies, Vivier-Coulon, Montreuil, etc., avec *Jérôme* BOURGEOIS (2).

Nous avons rencontré parmi les voirs-jurés de Tournai en l'année 1277, Colart (Nicolas) *dou Parc*, fils de feu *Nicolon* DABECIES (3). Le 14 avril 1348, *Lotars* (Gilles) DABECHIES, fils de Gillion, dit de Laval, fut reçu bourgeois de Tournai en payant six écus (4).

Jehan DABECHIES épousa avant le 8 juin 1356, Jehanne *Mouton*, l'une des filles de Sire Jaquemes Mouton, dit Baucant et d'Ælis Naicure. Ces époux moururent avant le 12 octobre 1378, laissant trois enfants :

A. MARIE *Dabechies*, femme avant octobre 1378, de *Jak* CUFFART ou *Chuffart*;

B. JEHAN *Dabechies*, mineur d'ans ainsi que sa sœur Jehenne, à ladite époque. Ils avaient pour tuteurs, Gilles Dabechies, Colart Naicure et Jehan de Mauffait « torgier d'oille » ou tordeur d'huile ;

C. JEHENNE *Dabechies* (5).

AUBEIGNY, D'AUBIGNY (D'). Le 6 octobre 1442, *Jehan* DAUBEIGNY, écuyer et Damoiselle Catine *de le Houssière*, son épouse, se ravestirent par don mutuel de leurs biens (6).

AUBENTON. Cette commune du Département de l'Aisne et de l'Arrondissement de Vervins a laissé trace dans les archives tournaisiennes. En 1305, c'est *Lambiert* DE AUBENTON, frère de Monseigneur Jehan, priestre, curé de Vaux (Vaulx) qui vient passer une convention pardevant les Echevins de Saint-Brice. Puis le 24 mai 1476, comparaît devant le même échevinage,

---

(1) L'acte d'achat fut passé le 10 novembre 1579.
(2) Cte DE SAINT-GENOIS. *Monuments anciens*, t. II, p. 278 en bas.
(3) ARCHIVES DE TOURNAI. Actes des Voirs-Jurés, Layette de 1277.
(4) ARCHIVES DE TOURNAI. *Cinquième registre de la Loi* (N° 134 de l'Inventaire manuscrit), folio 174, *recto*.
(5) Idem, *Chirographes de la Cité*, Layettes de 1356 et 1378.
(6) Idem, *Chirographes de Saint-Brice*, Layette de 1442.

Anthoine Danthigny, écuyer, bailli de Rumigny (en Thiérache), *d'Aubenton*, de Martigny, d'Agnies et Wastfalle de par « très hault et puissant prince « et mon très-redoubté seigneur Monseigneur « René, duc de Lorraine, comte de Waudemont, « comte de Harrecourt, seigneur de Joinville et « des susdites terres » (1).

Les personnes instruites connaissent toutes le nom du célèbre naturaliste DAUBENTON. Ce savant descendait, sans doute, des seigneurs primitifs de la terre dont nous venons de parler.

AUBERBUS. — Ce nom qui se traduit par *Bois d'Aubert* (ou d'Albert) est celui de plusieurs fiefs situés dans le Tournaisis et le Petit-Brabant, soit à gauche et à droite de l'Escaut.

Sur la rive gauche, nous trouvons un Auberbus à Evregnies sur lequel nous n'avons aucun renseignement, tandis que les détails sont plus copieux sur Auberbus sis à Estaimbourg et Templeuve-lez-Dossemer. Celui-ci tenu de Templeuve à dix livres flandres de relief comprenait trente bonniers. En 1303, le dimanche 14 avril, Jehan *dou Biès* (de Pecq) emprunta trois cents livres tournois que lui prêta Sandrart (Alexandre) *de Valenciennes*. Les cautions de l'emprunteur furent Monseigneur Jehan, seigneur d'Ere ; Monseigneur Jehan, seigneur de Haudion ; *Monseigneur Biernart, seigneur* D'AUBIERBUS ; Monseigneur Oston Le Brun de Trasegnies (c'était le seigneur de Bailleul en Tournaisis), Monseigneur Thumas dou Frasnoit, seigneur de Léaucourt (à Hérinnes, lez-Pecq), tous chevaliers, et Willaumes de Pescq (Pecq-sur-Escaut) et Jehan de Baalli (de Bailli, à Celles-Molembais).

Jehan dou Biès qui était issu de la Maison de Haudion, avait un bel entourage.

En 1326 vivait D^{lle} Marie *d'Aubierbus* qui est encore nommée en 1329. Durant ces années et encore en 1334, Monseigneur Biernart d'Aubierbus figure dans des chartes (2).

En 1360, *Gérard* DE MALVOISIN, chevalier, seigneur de Soriel et Madame Katherine *de Chin*, son épouse, vendirent leur franc alleu d'Auberbus

---

(1) Idem, ibidem. Layettes de 1305 et 1476.

(2) ARCHIVES DE TOURNAI. *Chirographes de la Cité*, Layette de 1303, 1326, 1329 et 1334 ; *Chirographes de Saint-Brice*, Layette de 1326. Le domaine du sire d'Aubierbus était en partie fief et en partie franc-alleu.

à *Jehan* DE WERCHIN, chevalier, sire de Werchin, de Chercq, etc., sénéchal héréditaire de Hainaut. Celui-ci donna ce domaine au couvent des Chartreux du Mont-Saint-André à Chercq qu'il avait fondé. L'acte de donation daté du 26 janvier 1376 (77 n. st.), fait partie du fonds des Chartreux aux Archives de l'Etat à Mons. Il fut scellé par cinq francs-échevins du Roi pour les alleus du Tournaisis. C'étaient « Mgr Robiers, sires de Lannoit » et de Lis; Mgr Jaques de Halluin, sires de » Cantin et de Le Bourde, Mgr Jaquemes dou » Castiel, sires de Le Houarderie; Mgr Jehans, » sires de Lauwart, et Mgr Jehan de le Plache », tous chevaliers (1).

En 1478, Pierre de le Grange, d'Auberbus, sans doute censier de ce lieu, avait épousé Marguerite Fourligniet (2). *Jaquemart* DAUBERBUS demeurait à Estaimbourg en 1507 (3).

Auberbus est aussi nommé *le Berbus*. Le 14 avril 1559 fut passé à Tournai pardevant Maîtres Pasquier de le Barre et Gérard Joseph, tabellions royaux, le contrat de mariage de Jehan *du Plich*, seigneur de Berbus avec Marie *de Waele*, sœur de Philippe de Waele (4).

Ce fait prouverait que les Chartreux auraient engagé leur terre d'Auberbus à celui qui s'en qualifiait seigneur ou à ses ascendants ou prédécesseurs, si nous ne savions que près du franc-alleu se trouvait un fief du même nom. Le 25 octobre de ladite année 1559, Jehan du Plich donna commission de bailli à Gilles du Bus, de Néchin (5). Or nous lisons dans les Mémoires relatifs aux troubles religieux du Tournaisis que le 30 juin 1568, Gilles du Bus, bailli d'Ennechin (c'est-à-dire de Néchin) fut brûlé vif pour hérésie.

Sur la rive droite de l'Escaut se rencontre un autre *Auberbus* situé sur la seigneurie de Pottes dont il relevait. Il appartenait aux *de Mortagne d'Espierres* avant 1460. Il passa depuis dans le

---

(1) Nous avons indiqué cette charte dans notre brochure intitulée *Essai de filiation sur la famille des seigneurs de Calonne-lez-Tournai*. Tournai, Vasseur-Delmée, 1895, in-8°. — On l'y trouve dès la page 66, avec reproductions de sceaux.

(2) ARCH. DE TOURNAI. *Comptes d'exécution testamentaire, tutelle*, etc., Compte du testament de Gilles de Courchelles dans le paquet de 1478.

(3) Idem, ibid., compte de tutelle de Jeanon Dupont, dans le paquet de 1507.

(4) Id., *Contrats de mariage*.

(5) Id., *Chartrier*, Pièces scellées.

domaine des *du Chastel de la Howarderie*. Une partie qui en fut éclissée (séparée) appartenait en 1793 à M⁀ Jean-Baptiste *Catelle*.

AUBERCHICOURT (d'). — Cette famille est une branche de la Maison des châtelains de Douai dont elle porta les armoiries *De sinople au chef d'hermine*, qu'elle *brisa* d'une *bordure engrêlée de gueules*. Il est utile de remarquer qu'il y eut une autre famille d'Auberchicourt qui demeura étrangère au Tournaisis. Celle-ci porta *D'hermine à trois hamaides* (fasces alésées) *de gueules*.

L'auteur des *de Douai*, dits *d'Auberchicourt* est Wautoul (Waltold), quatrième fils de Wautier II, châtelain de Douai et de Dame Adèle, son épouse (1). Ce personnage vivait en 1160. Il reçut en apanage le fief d'Auberchicourt, tenu du château de Bouchain en Ostrevant. En 1209, nous rencontrons un *Wautier* d'Auberchicourt, époux de Heluidis, dame de Wasnes. C'est sans doute, le fils du précédent (2). Dans le milieu du XIII⁰ siècle, apparaît Messire *Bauduin* d'Auberchicourt, chevalier, époux d'Ermengarde et déjà père en 1251. Si Bauduin, le père peut encore être considéré comme vivant en 1268, ce n'est certes plus à lui qu'étaient redevables d'une certaine somme en 1277, Evrart A le Take, Jehan Naicure et Rogier Warison (3). Ce n'est plus évidemment le chevalier Bauduin II, vivant majeur en 1251, qui vint mourir à la bataille de Groeninghe, lez-Courtrai en 1302. Ce doit être Bauduin III, le même qui fut époux de Dame *Yolente* de Roisin, fille de Baudri IX, sire et baron *de Roisin*, etc., et de Pierronne *de Jauche*, dite de Saint-Amand, sœur cadette de l'héritière de Rongi (4) dont ses descendants héritèrent à leur tour.

En 1297, le bailli de Messire Bauduin d'Auberchicourt à Estaimbourg, était Jakemes dou Toit (5).

Bauduin III, mort à Groeninghe le 10 juillet 1302 avait pour contemporain et assurément pour frère, « Monseigneur *Ernoul* Dobecicourt » que

---

(1) F. Brassart. *Histoire du Château et de la Châtellenie de Douai*, t. i, p. 106.

(2) Id., ibid., p. 121.

(3) Id., ibid., pp. 131, 138; t. ii, pp. 565, 566. Arch. de Tournai. *Chirographes*, Layette de 1277.

(4) Cte de Saint-Genois, *Mon. anc.*, t. i, p. 335, col. 2. — L'héritière de Rongi et de la Prévôté de Saint-Amand était Béatrix de Jauche qui épousa Jehan II d'Antoing, chevalier, sire de Buri.

(5) Arch. de Tournai. *Chirog. de la Cité*, Layette de 1297.

nous signalent des chartes de 1301 et 1303 (1). Ernoul était en 1309, seigneur de la Beuvrière à Bailleul en Tournaisis et y avait pour fermier, Jehan Li Contes (2). Comme la Beuvrière continua pendant plus de quatre siècles à demeurer unie à la Seigneurie d'Estaimbourg, nous pourrions croire qu'Ernoul fut l'héritier féodal de son frère Bauduin IV, mais il n'en est rien. Ernoul avait épousé *Isabelle* RICOUART qui testa à Tournai en avril 1303 en faveur de ses trois enfants, JEHAN, MARION et JEHANNE *Dobecicourt*. Nous n'avons pu découvrir la destinée des enfants d'Arnould d'Auberchicourt, mais nous savons qu'en 1321 vivait Jehan Dobecicourt, clerc, et qu'en 1332, vivait aussi à Tournai, Jehan Daubrechicourt, écuyer (3). Un acte de 1345, nous dit que feu *Jehan* DAUBRECHICOURT avait été l'héritier de feu Martin de Karihem, et un autre de 1347, nous apprend que *Isabiau* DE GHOGUEL, veuve dudit Jehan Daubrechicourt avait convolé avec Evrart de Florgies, étant mère de THUMAS, de JEHAN et de JEHANNE *Daubrechicourt* (1). Comme le prénom Thumas ou Thomas fut usité dans une branche de la famille établie dans le Comté d'Ostrevant et à Valenciennes, nous sommes amené à supposer que c'est à l'un des fils d'Isabelle de Ghoguel qu'il faut en rapporter l'origine (2). Il se pourrait aussi que *Maryen* DOBECICOURT, mariée avec Henri *de Scin* ou *de Sin*, et citée avec son époux dans des actes de 1304, 1312 et 1321, fut une sœur de Bauduin III et d'Ernoul (3). Bauduin IV, fils de Bauduin III épousa *Jehanne* LE BORGNE, fille de Baudon *Le Borgne*, bourgeois de Lille et veuve de Jehan de Marbais, seigneur du Breucq à Flers, lez-Lille. Il eut du chef de sa femme, la pairie du Breucq à Lille, constituée avec la dot de ladite épouse, et 40 bonniers de terres à labour avec 37 hommages

---

(1) Idem, ibidem. Layettes de 1301 et de 1303.
(2) Idem, ibidem, Layette de 1309.
(3) ARCHIVES DE TOURNAI. *Testaments*. Paquets de 1000. — *Chirographes de la Cité*, Layettes de 1306, 21 et 32.
(4) Idem, *Chirographes de la Cité*, Layettes de 1345 et 1347.
(5) En 1468, *Thomas* Daubrecicourt demeurait à Valenciennes. Il pouvait être le petit-fils ou le petit-neveu du Thumas de 1347. — ARCH. DE SAINT-AMAND-lez-EAUX. FF. 60. — Plus anciennement un Thomas *Dauberchicourt* avait un fief à Aubrechicourt en la Châtellenie de Bouchain. Il était père d'Ernoul. — ARCH. DE L'ETAT A MONS. *Cartulaire des fiefs tenus du comte de Hainaut en 1410*, renouvelé en 1473.
(6) ARCH. DE TOURNAI. *Chirographes de la cité*, Layettes de 1304, 1321 ; *Chirographes de Saint-Brice*, Layette de 1312.

à Fives par ce que la moitié du fief du Breucq avait été vendue par Gérard III de Marbais père de Jehan à Baudon Le Borgne (1). Ce doit être *Bauduin* IV d'Auberchicourt, le seigneur d'Estaimbourg qui, combattant pour le roi de France, défit un parti de Flamands et d'Anglais qui ravageait le Tournaisis en 1340, époque où ce seigneur devait avoir environ 60 ans.

Il nous faut arriver à l'année 1372 pour rencontrer encore un sire d'Estaimbourg, qui possédait aussi la pairie du Breucq. C'est un Bauduin et certainement le cinquième. Il servit le dénombrement de sa pairie le 2 mars 1372 (73 n. st.). Ce fief passa depuis à Jehan Canart, évêque d'Arras qui le dénombra en 1405 (2). *Bauduin* V d'Auberchicourt, chevalier, épousa avant 1340, *Marie* de Mortagne, dite *de Landas*, fille de Jehan, baron de Landas et de Bouvignies, lez-Douai, etc., et de Marie de Landas, dite de Sainghin (en Mélantois). Ce doit être leur fils, Bauduin VI, chevalier, seigneur d'Estaimbourg, de Bernissart, de la Beuvrière, etc., qui fit dénombrement de sa seigneurie d'Estaimbourg, le 15 novembre 1389. Bauduin VI est le chevalier qui alla au Tournoi de Bruxelles en 1376 et qui vendit par acte passé à l'Echevinage de St-Brice et du Bruile en 1381, à Noble homme Grard Despiere, chevalier, seigneur de Cavrines, une maison sise en la rue Castelaine ou du Château à Tournai, tenant à l'héritage de Coppart Copperiel et à celui de l'hôpital Notre-Dame. Il était le demi-beau-frère de ce seigneur, car il avait épousé *Agnès* de Bourghelles, dite *de Hem*, dame de Le Rive (à Ascq et Forest), fille de Jehan, sire de Hem, chevalier, et de Katherine de Pottes, dame de Cavrines, veuve d'Alart I de Mortagne, chevalier, sire d'Espierres, etc., Bauduin VI d'Auberchicourt ne paraît pas avoir laissé de postérité et ses sœurs lui succédèrent.

L'aînée, *Isabeau* d'Auberchicourt, dame et baronne de Bouvignies comme héritière de sa tante Marguerite *de Mortagne*, dite *de Landas*, devint dame d'Estaimbourg, de la Beuvrière, etc. Elle eut pour époux en premières noces, *Gérard* d'Antoing, chevalier, seigneur de Gondecourt,

---

(1) *Bulletin de la Société d'études de la province de Cambrai*, t. v, p. 141.

(2) Dom Caffiaux, *Trésor généalogique*, t. i, p. 334.

gouverneur d'Artois, veuf de Marie de Bailleul, dame du Plaissiet, et en secondes noces, *Jacques* d'Ollehain, seigneur du Grand-Rullecourt. Selon Dom Caffiaux, le second mari aurait servi le dénombrement de la Beuvrière en 1456. Cela est erroné. L'auteur du dénombrement est *Jacques d'Ollehain, arrière petit-fils* d'Isabeau d'Auberchicourt (1).

La cadette, *Marie* d'Auberchicourt, dite *d'Estaimbourg*, dame de Bernissart, épousa *Sohier* dou Risoit, chevalier, issu de la Maison de Trazegnies-Silly, seigneur du Risoit, Risoir, ou en flamand Rysoor et Ryst (à Haute-Croix, Brabant). Nous les avons trouvés nommés dans des actes tournaisiens en 1397 et 1404 (2).

Bauduin V d'Auberchicourt avait un frère, Jehan dit *Froissart* qui suivra, et une sœur utérine, Mahaud *de Marbais*, mariée à Jean van Rodes, chevalier, seigneur d'Englemoustier (Ingelmunster) en Flandre.

VII. *Jehan* d'Auberchicourt, dit *d'Estaimbourg*, surnommé *Froissart*, écuyer, puis chevalier lors de la défense d'Audenarde en 1379, était seigneur du Marez (à Nomaing) et du Casteler (à Genech) lorsqu'il épousa *Marie* Clenquet ou Clinquet, dame héritière de Mouchin, avec laquelle nous le trouvons nommé dans des actes passés en 1383 et 1393 (3). Il est cité parmi les défenseurs d'Audenarde contre les Gantois révoltés, avec le sire de Briffeuil, Messire Aubert de Blicquy, Messire Mahieu de Vuarlain (de Warlaing), Messire Thierry de le Hamaide et Messire Gilles Birouces (4).

Il fut père de huit enfants qui suivent :

1° Alard *d'Auberchicourt*, dit d'Estaimbourg, écuyer, épousa après 1401, *Agnès* de l'Espée, veuve de Jehan de Camphaing, mercier, et de Jehan Coppet dit le Monne. Il acheta sa bourgeoisie de Lille pour 60 florins, le 8 mai 1408 et mourut sans postérité avant 1419 (5);

(1) Id., ibid., p. 335. — Cte P.-A. du Chastel de la Howarderie. *Notices gén. tourn.*, t. II, p. 285, degré VI.
(2) Arch. de Tournai. *Chirographes de la Cité*, Layettes de 1397 et 1404.
(3) Dom Caffiaux donne le nom d'*Anne Clugnet* à Marie *Clinquet*. — La famille *Clinquet de Mouchin* existe encore dans le Tournaisis, particulièrement à Taintegnies. Elle porte : *D'argent au chef vairé d'or et de gueules*.
(4) Froissart. *Chroniques.*
(5) Arch. de Tournai. Le compte de l'exécution du testament de

2° Pierre d'Auberchicourt, dit d'Estaimbourg, qui suivra, VIII;

3° Mathieu d'*Auberchicourt*, dit d'Estaimbourg, écuyer, seigneur de Ruterie, etc., était en 1429 l'un des procureurs de N. H. Daniel de le Motte (van der Moten), écuyer, époux de Clémence de Hainaut, dite de Bruyelles, héritière dudit lieu. Il épousa *Jehenne* de le Motte, parente dudit Daniël et en obtint une fille :

A. N...... mariée à N...... van Guchten selon un ancien crayon généalogique, ou à N......, van der Gracht, selon une autre filiation.

4° Marguerite d'*Auberchicourt*, dite d'Estaimbourg, épousa *Jehan* des Wastines, dit Wastinois, écuyer, seigneur de Roupy (à Nomaing). Elle était veuve avant septembre 1444 (1). Le 15 octobre 1447, elle servit le dénombrement du fief du Casteler (à Genech) qu'elle avait acheté de ses frères (2). Nous la trouvons en octobre 1455, consœur de la Confrairie de Saint-Nicolas nouvellement établie dans l'église de Saint-Nicolas du Bruille en Tournai (3). Ses enfants connus sont :

A. Roland *des Wastines*, écuyer, filleul de Roland du Chastel dit de le Houarderie;

B. Jehanne *des Wastines*, femme de Gilles *du Fresnoy*, dit *de Loyaucourt*, écuyer, seigneur des Grand et Petit Carnois (à Anserœul), de Mauroy (à Saint-Léger), etc., fils de *Gilles* du Fresnoy, dit *de Loyaucourt*, chevalier, seigneur de Loyaucourt, du Fresnoi, etc., et de *Jehenne* Parée ou *Paret*, que les anciens généalogistes ont nommée Marie de Rasparre ou de Lesparre, par erreur (4).

C. Marguerite *des Wastines*, femme de *Louis* de Montmorency, chevalier, baron de Fosseux, mort, en 1490, étant conseiller et chambellan du roi de France Charles VIII. C'était le second fils

---

de D^{lle} Agnès *de l'Espée*, sa veuve, fut rendu le 1er février 1439 (1440 n. st.).

(1) Arch. de Tournai. *Chirog. de Saint-Brice*, Layette de 1444.
(2) Dom Caffiaux. *Trésor gén.*, t. i, p. 335.
(3) Arch. de Tournai. *Chirog. de Saint-Brice*, Layette de 1455.
(4) Idem. *Chirographes de la Cité*, Layette de 1445. — Le 15 mars 1445 (46 n. st.), pardevant les échevins de Tournai, comparu Clarembault *de Proissy*, écuyer, au nom de sa femme Jehenne du Frasnoit, dite de Loyaucourt ; de sa belle-mère Noble Dame Madame Jehenne Parée, dame de Loyaucourt, et de ses beaux-frères Jehan et Gilles du Frasnoit, dits de Loyaucourt, écuyer, pour vendre à Honorable homme Miquiel Bernard, bourgeois de Tournai, 38 sols de rente hiretable (heritable).

de Jehan II, baron de Montmorency, etc., chevalier et de Jehanne de Fosseux, héritière dudit lieu, de Nevele, lez-Gand, etc. De cette alliance, sont venus les Montmorency, ducs de Piney et de Luxembourg, éteints au XIXe siècle.

D. N...... *des Wastines*, mariée au seigneur d'Escoivres ou d'Escoives.

5° CATHERINE *d'Auberchicourt*, dite d'Estaimbourg, épousa *Gilles* ANETTE (aussi *Anete*), écuyer, seigneur de Bercus (à Mouchin), mort le 17 novembre 1429 (1), fils de Gilles *Anete*, qui testa à Tournai le 4 août 1378, et de Clémence *Fiévée*, nièce de Jehan Fiévet, chevalier, en son temps sire de Bercus. De cette alliance, est venue une postérité dont les derniers degrés actuels sont représentés par des Altesses impériales, royales et sérénissimes, qui toutes descendent de Jehan Anete ou Hanete, navieur (batelier), reçu bourgeois de Tournai, comme fils de bourgeois, le 25 janvier 1332 (33 n. st.), ainsi qu'il est dit au folio 10 verso du troisième Registre de la Loi (2).

6° MARIE *d'Auberchicourt*, dite d'Estaimbourg épousa *Jehan* DE LANDAS, écuyer.

7° JEHANNE *d'Auberchicourt*, dite d'Estaimbourg épousa *Jehan* DE PREUX. Nous avons vu aussi *Jean le Preux* dans un crayon généalogique moderne; mais, *Preux* étant un nom de lieu tout aussi bien qu'un adjectif qualificatif, c'est à ceux qui trouveront un acte relatif à cette union à décider la question. Serait-ce : *Le Prou?*

8° AGNÈS *d'Auberchicourt*, dite d'Estaimbourg épousa *Eustache* D'AIGREMONT (3).

VIII. *Pierre* D'AUBERCHICOURT, dit D'ESTAIMBOURG, écuyer, seigneur du Marez (à Nomaing), de Hem (à Bachy), de Tournemine (à Mouchin), etc., vendit en 1418 à Willaume de Moriaumès. écuyer, une maison sise à Tournai, rue de France (4).

Le 26 septembre 1434, il donna, de concert avec sa femme, à leur fille Agnès, une rente sur son fief du Marez tenu de Bouvignies. Il eut en partage avec son frère Alard, le fief du Casteler (à Genech), qui fut acheté depuis par leur sœur

---

(1) ARCHIVES DE TOURNAI. *Comptes généraux*.
(2) Id., Registre n° 132 de l'Inventaire manuscrit.
(3) BIBLIOTHÈQUE DE DOUAI. *Fonds Brassart*. Maison de Douai, Rameau d'Auberchicourt-Estaimbourg, folio 400.
(4) ARCH. DE TOURNAI. *Chirographes de la cité*. Layette de 1418.

Marguerite. Sa femme fut *Jehanne* VILETTE. Leurs deux enfants suivent :

1° JEHAN D'AUBERCHICOURT, dit D'ESTAIMBOURG, qui suivra, IX;

2° Agnès épousa en premières noces, par contrat passé à Douai, le 1er septembre 1439, *Jehan* SÉGARD, bourgeois de Douai (1), et en secondes noces, *Mahieu* DE FACHES, dit *Joveniel*.

IX. *Jehan* D'AUBERCHICOURT, dit D'ESTAIMBOURG, écuyer, seigneur du Marez (à Nomaing), etc., demeurait à Mouchin. Nous rencontrons dans les archives tournaisiennes une charte de ravestissement passée le 17 avril 1437 entre un Jehan *Destainbourg* et D[lle] *Jehanne* DE RECQ, sa femme (2). S'agirait-il d'un premier mariage de Jehan d'Auberchicourt? Nous ne savons, mais nous avons constaté qu'avant le 6 octobre 1439, il était marié (soit en secondes noces) avec *Catherine* CROQUEVILAIN, fille de Willaume *Croquevilain*, tournaisien, et de Marie *de Halluin*, héritière du fief de le Bourde (à Wattrelos). Catherine, qui était née vers 1419-20 (3), mourut le 19 mai 1452. Alors Jehan convola (ou reconvola) avec *Catherine* DE DOUAI, dit *Audefroy*, qui, devenue veuve, convola avec Nicolas dit Elyon d'Aix, écuyer.

De Catherine Croquevilain, vint :

1° HAQUINET ou JEHAN D'AUBERCHICOURT, dit D'ESTAIMBOURG, qui suivra X;

De Catherine de Douai, dit Audefroy, vint :

2° JENNET ou *Jehan le Jeune*.

X. *Jehan* D'AUBERCHICOURT, dit D'ESTAIMBOURT, écuyer, seigneur du Marez, domicilié à Mouchin, se trouve nommé avec ses père et mère dans le testament de Catherine Villain, veuve d'Ernoul de Cuinghien, écuyer, acte approuvé à Tournai, le 14 mai 1449 (4). Dans un acte du 23 août 1518, c'est avec sa femme qu'il est nommé (5). Il épousa *Marguerite* VINCHANT, fille d'Arnould *Vinchant* et de Catherine *des Farvacques* et sœur de M[tre] Pierre, de Georges et d'Angniès Vinchant, femme de Jehan de Lannoy, écuyer, seigneur du

---

(1) ARCH. DE DOUAI. *Contrats de Mariage*.
(2) ARCHIVES DE TOURNAI, *Chirog. de la Cité*. Layette de 1437.
(3) Idem. Cartulaire des rentes dues par Tournai en 1429-34, folio 14, verso. — *Comptes généraux* pour le décès.
(4) Idem. *Testaments*. Paquet de 1449.
(5) Idem. *Chirographes de la Cité*, Layette de 1518.

Marès (à Aix, lez-Orchies) (1). Georges Vinchant, son beau-frère, fut tué à Tournai, le 16 juin 1510 en la Taverne de la Pomme d'Or, au bas de la rue de le Lormerie (ou des Chapeliers) par Thurien de Bercus, fils de feu Messire Quintin de Bercus, chevalier, aidé par Anthoine de Le Hóuarderie, fils naturel de feu Messire Lion, chevalier, seigneur de Le Houarderie (2). Marguerite Vinchant avait encore un frère plus jeune prénommé Robert car un acte du 26 février 1518 (19 n. st.), nous montre Jehan de Lannoy, écuyer, demeurant à Eis (*Aix*) en Pèvele, comme receveur des revenus de Robert Vinchant, fils mineur de feu Arnould (3). Haquinet ou Jehan d'Auberchicourt dit d'Estaimbourg laissa une fille, qui suit. XI.

XI. *Annestaize* ou *Anastasie* D'AUBERCHICOURT, dite D'ESTAIMBOURG, damoiselle du Marès, épousa, en premières noces, *Gérard* SOURDIEL, SOURDIAU ou SOURDEAU, seigneur de Tournibus (à Rumes), issu d'une famille de laboureurs, hommes de fief dont était Jehan *de Sourdiaus*, de Nomaing, vivant en 1366 (4). Gérard Sourdeau testa pardevant Mᵉ Jehan Wardavoir, notaire apostolique et impérial à Tournai, le 9 février 1518 (1519 n. st.) et mourut peu après (5). Devenue veuve, Annestaize d'Auberchicourt convola avant 1521 avec *Noël* LE PROU, laboureur (6).

AUTRES D'AUBERCHICOURT. 1439. Jaquemart Destaimbourg, dit Benoist, pireman ou pilote de l'Escaut, car PIRE veut dire *passage, chenal*, et MAN, homme. — 1446, 22 octobre. Bauduin Destaimbourg, dit Benoist. — 1468, 1469. Phelippart, Jaquemart et Jehan Destainbourg, dits Benoist, frères (7).

1468. *Bertrant* DAUBRECHICOURT, écuyer avait épousé avant le 4 juillet 1460, Dˡˡᵉ *Margherite*

---

(1) Idem. *Chirographes de Saint-Brice.* Layette de 1509. Acte du 21 mars 1509 (1510 n. st.).

(2) ARCHIVES DE TOURNAI. *Registres de la Loi.* 10ᵉ Registre ou nº 146 de l'Inventaire manuscrit, 1510 à 1539, fol. 338, recto.

(3) Idem. *Chirogr. de la Cité*, Layette de 1518.

(4) Idem, ibidem. Layette de 1366.

(5) ARCHIVES DU CHATEAU DE CHIN, *Testament original* portant pour suscription : « *Testament de Gérard* SOURDEAU, *écuier, seigneur de Tournibus* ». Le fief du Tournibus à Rumes relevait du fief de Marque sis audit lieu.

(6) ARCHIVES DE TOURNAI. *Chirographes de la Cité.* Acte du 29 janvier 1526 (1537 n. st.) en la layette de 1536.

(7) Idem, ibid., Layettes de 1439 et 1469. — *Chirog. de Saint Brice*, Layettes de 1446 et 1468.

Le Poivre. — D'après l'acte on voit que Pierre Le Poivre, bourgeois de Valencienne avait épousé en premières noces, Leurence du Gardin, et en secondes, Catherine Bougier. De la première étaient nés *Pierre* Le Poivre; *Jacques* Le Poivre et *Marie* Le Poivre, femme de Thiéri de Morcipont (Morchipont), écuyer; et de la deuxième avaient pris naissance, *Jehan* Le Poivre; *Jehenne* Le Poivre femme d'Aimery Grebert, le Jeune; *Catherine* Le Poivre, femme de Jehan Grebert, frère dudit Aimery, et *Margherite* Le Poivre, femme de Bertran Daubrechicourt (1).

1460. Mahieu ou Mathieu *Destainbourg*, marcheteur. Il avait épousé Agnès *de le Bosquielle*, fille de Bernard de le Bosquielle et de feue Catherine Despiere, sa femme (2).

1461. Jehan Daubrechicourt, prêtre.

1470 (20 mars 1471 n. st.). D^lle *Margherite* Daubecicourt, dite *d'Estaimbourg*, avait épousé *Estienne Cousart*, fils de Jehan *Cousart* et de Catherine *van Brackele* (3). La famille Cousart existe encore dans le Tournaisis et le Courtraisis(4).

1483. Roland de Le Barre, curé de Bruyelles, vend un bien-fonds à Mahieu *Destainbourg*, lequel vivait encore en 1488 (5).

1490. En cette année vivait « *Willemme* Daubecicourt, *machon* » (soit architecte) que nous trouvons « retordeur de filet » en 1498, lorsqu'avec sa femme, Marie Hallet, il passa un acte de ravestissement le 16 janvier 1499 n. st., car il est mentionné comme « machon » et avec sa dite femme en 1518. — Le 21 mars 1505 (1506 n. st.), il était avec Sire Urbain Desmarès, curé de Sainte-Catherine, tuteur de Bellotte (Isabelle) et Urbain Le Groult, enfants de feu Jacques Le Groult, jadis clerc de Sainte-Catherine et de vivante Jehenne Le Prince (6).

1521, 18 mars (1522 n. st.). *Simon* d'Estaimbourg, *dit* Daubicicourt achète une pièce de 500 verges en la couture des Trois-Quartiers que lui vend Rogier Le Grand pour 42 livres flandres (7).

---

(1) Id., *Chirographes de la Cité*, Layette de 1460.
(2) Id., ibid., idem.
(3) Idem, ibidem, Layette de 1470.
(4) Cousart : *Coupé cousu de sinople à la tour d'argent et de gueules à la fasce d'argent*.
(5) Arch. de Tournai, *Chirogr. de la Cité*. Layettes de 1483 et 1488.
(6) Id., ibid., idem.
(7) Archives de Saint-Amand-les-Eaux. Série FF. Paquet 67, 1521 à 1526, 486 actes.

1551. Valentin Destainbourg, hautelisseur.

1575, 28 novembre à Sainte-Marie-Magdeleine de Tournai, mariage de *Marguerite* Daubicicourt avec Denis *Taffin* (1).

1582. Le 19 octobre de cette année, fut approuvé à Tournai, le testament de Françoise *Moicturier*, veuve de *Blaze* (Blaise) Daubicicourt (2).

Auberchicourt. — Un fief de ce nom est situé sur les territoires de Rumegies et Saméon. Il relevait de la baronnie de Bouvignies, lez-Orchies. Il appartint primitivement à la famille d'Auberchicourt qui lui laissa son nom. On le retrouve plus tard dans le domaine de la famille du Chastel de La Howarderie.

1er avril 1634. Lettres de complainte obtenues par l'abbé de Saint-Amand et données par Philippe IV, roi d'Espagne, contre le Sr de Houardrye au sujet des entreprises par lui faites sur la justice dudit Saint-Amand à Rumegies et Saméon à cause de son fief d'Oberchicourt situé aux dits lieux, relevant ce fief de la terre de Bouvignies près la ville d'Orchies.

« Malgré ces lettres (dit Dom Queinsert dans
» sa notice datée du 11 janvier 1773 et accompa-
» gnant sa copie), le Sr du Chatelet (*sic*) de La
» Houarderie ne cessa, ainsi que ses successeurs,
» de causer le trouble pour quoi l'abbaye s'était
» complaint. Il ne cessa que par un traité et
» accord passé il y a quelques années entre la dite
» abbaye et le Sr du Chatelet de La Houarderie
» actuellement vivant (*Ferdinand-Eugène*), par
» lequel accord ladite abbaye pour le bien de la
» paix, céda à sa partie adverse bien des droits
» qu'elle auroit pu conserver » (3).

L'abbaye n'aurait guère conservé ses droits que jusqu'en 1789, année où la justice féodale fut abolie en France.

Une personne de la famille de le Vigne d'Angy, *Anne-Marie*, baptisée à Notre-Dame de Tournai, le 21 décembre 1671, morte, paroisse de Saint-Nicolas de la même ville, le 9 avril 1743, est qualifiée *Demoiselle d'Auberchicourt* (4). Nous n'avons pu identifier son fief.

---

(1) Idem. *Chirog. de la Cité*, Layette de 1551. — *Arch.d'Etat-Civil.*
(2) Idem, *Testaments*, Paquet de 1582.
(3) Bibl. nationale, à Paris *Collection Moreau*, vol. 271, fol. 100.
(4) *Notices gén. tourn.*, t. iii, p. 612, degré iii, n° 4.

AUBERLOY. — Ce fief dont nous n'avons pu trouver l'emplacement porte aussi les noms de fief du Berloy et d'Oberloy. Il appartenait à la fin du XVIe siècle à *Michel* LE CLERCQ, licencié-ès-lois de l'Université de Douai, bourgeois, échevin et juré de Tournai de 1586 à 1623. Michel, fils du précédent, aussi qualifié seigneur d'Oberloy, mourut âgé de 26 ans dans la paroisse de Saint-Jacques à Tournai, le 15 février 1634 (1).

AUBERMEZ. — Nous connaissons trois fiefs de ce nom.

Le premier comprenait au XVIIe siècle, un manoir, jardin, pâture et vingt et un bonniers de terre. Il gît à Blicquy, lez-Ath. Son fermier était avant 1639, Gilles Doutreman dont la veuve y était fermière en ladite année. Durant les XVIe, XVIIe et XVIIIe siècles, ce domaine appartint à la famille DENNETIÈRES ou D'ENNETIÈRES (*aux trois écussons*).

Lorsque Messire Pierre Dennetières, chevalier, seigneur de la Grugeonnerie (à Fromelles), etc., testa à Tournai, le 28 juin 1639, il légua sa terre d'Aubermez à son troisième fils, Maximilien (2).

En 1788, Madame Jeanne-Agnès-Antoinette-Josèphe Pollart de Warnifosse, née Cossée était dame d'Aubermez.

Le second fief d'Aubermez, nommé souvent d'Obertmès, dou Biermès ou d'Oubiermès est situé à Flobecq. C'est de lui que prenaient leur nom Colart de Obiertmès vivant en 1284 (3) et Henri dou Biermès, grand bailli de Flobecq et de Lessines en 1388-90.

Au XVe siècle, ce domaine appartenait à la Maison de Bousies-Vertaing.

Le troisième fief se trouve à Popuelles et porte les noms de fief du Bermez et d'Hubermez dans certains actes. A la fin du XVIe siècle, il appartenait a Charles de Maldéré, chevalier, dont l'épitaphe, qui se trouve dans l'église de Saint-Jacques de Tournai prouve qu'il mourut le 17 avril 1643 et que son nom de famille est bien DE MALDERÉ, jadis écrit *Maledeurée*; ce que certains paléographes ont lu *Maledenrée*, soit *mauvaise denrée*.

(1) Idem., t. I, p. 519, lignes 12 et 31.
(2) ARCHIVES DE TOURNAI. *Testaments*. Paquet de 1639.
(3) Cartulaire de l'abbaye de Cambron, p. 715.

AUBERMONT (D). — Nous savons qu'un fief d'Hubermont avec château se trouve à Ellezelles et appartint jadis à des familles de la plus haute noblesse, mais nous n'avons pas rencontré dans le Tournaisis ou dans les environs de cette province un lieu dit Aubermont.

Un généalogie des d'Aubermont fut rédigée par Jean de Launay, le célèbre faussaire. On la trouve dès la page 399 du tome I des œuvres manuscrites de ce héraut d'armes conservées dans la Bibliothèque de M. le baron Stiénon du Pré, bourgmestre de Tournai.

Nous sommes auteur d'une généalogie où nous avons relevé, dans une préface, les erreurs de de Launay et de Dom Caffiaux, mais notre travail est loin d'être parfait. C'est dans le tome XXII des Bulletins de la Société historique et littéraire de Tournai qu'il a été publié. Nous donnons ici ce que de nouvelles recherches nous ont fournis de corrections :

Branche aînée, degré VI. — Aux enfants de Gorgon d'Aubermont, ajoutez : *Frère* Jacques, religieux de l'Ordre de Sainte-Croix en 1512 (1). Ce devait être le fils aîné.

Le quatrième enfant, Franchois épousa avant le 14 novembre 1525, *Adrienne* de Garsigan, veuve de Jehan Hanart. Jérosme Hauvarlet et Pierre Daubermont furent tuteurs des enfants de ladite Adrienne (2).

Le degré VII est *Haquinot* ou *Jehan*. Il était tavernier du « Capiau d'Or » en la paroisse de Saint-Brice à Tournai. Il mourut avant le 9 février 1541 (3). Le compte de l'exécution du testament de sa fille Anne, épouse de Fernand Duvivier, fut rendu à Tournai le 14 août 1619 (4).

Deuxième branche cadette. Degré III^{ter} N° 2°. — Ce fut en 1412 que Catherine Daubermont épousa *Jehan* Le Flameng qui releva sa bourgeoisie de Tournai, le 20 décembre de ladite année (5). C'était le fils né du second mariage que

---

(1) Archives de Tournai. *Comptes d'exécution testamentaire*. Compte du testament de Jehenne du Fresne morte en la paroisse de Saint-Jean des Cauffours, rendu le 16 novembre 1610.

(2) Archives de Saint-Amand-les-Eaux, FF. 67. — Et acte du 16 décembre 1534 dans FF. 69.

(3) Archives de Tournai, *Chirographes de Saint-Brice*, Layette de 1541.

(4) Idem. *Comptes d'exécution testamentaire*. Paquet de 1619.

(5) Archives de Tournai, *Neuvième registre de la Loi* (N° 139), fol. 7, *verso*.

Leurent Le Flameng, veuf de Maigne de Bourgon, avait contracté avec Katherine de le Val, dite Le Flamenghe.

Degrés V et VI. Dans le compte de la tutelle de Miquiel Daubermont rendu le 15 août 1461, sa mère est nommée Jehenne *de Wameus* (1). En février 1454 (55 n. st.), les tuteurs de Michel Daubermont achetèrent de Mgr Jehan de Saint-Sauflieu, chevalier, les fiefs de la Motte et du Quesnoit situés à Rongi et qui avaient été possédés jadis par la famille Wettin (2). Ces fiefs passèrent à Nicolas, fils de Michel, puis à Pontus, neuvième enfant de Nicolas ; à Messire Adrien, second fils de Pontus, et enfin à Adrien, fils aîné d'Adrien. Le second Adrien eut pour héritière sa sœur Robertine, épouse de Charles van Coornhuyse, écuyer, seigneur d'Oost et de West-Coornhuyse.

Second rameau de la deuxième branche.

VIII^{ter}. — Antoine d'Aubermont ne fut seigneur qu'en partie de la terre du Laibray, dont Magdeleine, sa sœur, épouse de François van der Moten ou de la Motte, seigneur de Bruyelles, eut le reste.

Pour la descendance complète du chevalier *Nicolas* d'Aubermont et de *Marie* Henneron, sa première femme, il faut lire *Le livre de Raison de la famille d'Aubermont* publié dans le tome I des Annales de la Société historique et archéologique de Tournai. Dans cette publication, nous avons donné à la fin, huit pages d'additions et de corrections pour la généalogie.

Guillaume d'Aubermont, cinquième enfant de Nicolas et de Marie Henneron, prénommé Gilles dans les anciens crayons erronés, eut pour parrain Monsieur le gouverneur, seigneur de......., selon son père. Nous avions bien pensé que c'était le Sire William de Mountjoy, mais nous perfectionnons notre phrase en le nommant *William* Blount, *lord* of Mountjoy, *gouverneur de Tournai et du Tournaisis pour Henri VIII d'Angleterre, en 1516-17.*

A la fin de cette seconde notice sur les d'Aubermont, nous disions ignorer la situation du Château

---

(1) Idem. *Comptes de tutelle*. Paquet de 1461.

(2) Idem. *Comptes de tutelle, curatelle.* Compte de tutelle de Miquelet Daubermont, rendu les 12 et 15 mars 1455 (56 n. st.). — Lettres d'achat rédigées par Jehan *Hovine*, de Pacq, conformément à la coutume usitée à Rongi.

de leur nom, mais depuis nous l'avons découverte. Le fief et château d'Aubermont relevait du château de La Fère, lez-Laon (Aisne). Il appartenait en 1425 à *Perceval* DE COUCY, fils naturel d'Enguerrand VII, sire de Coucy, de la Maison de Gand-Guines-Coucy. Cela se lit dans l'*Histoire généalogique de la Maison de France*, etc., par les PÈRES ANSELME, ANGE ET SIMPLICIEN, au tome VIII, *Maison de Coucy*.

AUBERT. — Ce prénom est l'abrégé d'Adalbert, jadis Adelbert ou Ethelbert signifiant Noble chef. Nous avons lu dans la Belgique héraldique de Charles Poplimont que la famille Obert était issue tout à la fois d'Obert, évêque de Liége et d'Obert Grimaldi, seigneur de Monaco. Il y a des généalogistes qui aiment à joindre l'impossible à l'invraisemblable et obtiennent par là des effets de haut comique. On ne peut pas toujours être sérieux.

Olivier AUBERT, avocat au Conseil provincial de Hainaut en 1657 et franc-alleutier à Antoing en ladite année, scellait en 1659 comme homme de fief de Hainaut (1). Il porta : *D...... au chevron d......, accompagné en chef de deux étoiles à six rais d...... et en pointe d'une quintefeuille d......* Il avait épousé *Antoinette* DE LE VIGNE, fille de Christophe *de le Vigne*, bailli de Ghiberchies pour Messire Lancelot de Haudion, chevalier, et de Melles, Herquegies et Bourgies pour le Chapitre de Notre-Dame de Tournai, etc., et de Hélène *Hennebert*.

AUBI, D'AUBY (D'). — Aubi est le nom d'une commune située près de Douai, et d'un hameau du village de Flers en Escrebieu. Y eut-il quatre ou trois familles chevaleresques qui s'en surnommèrent ? C'est ce que nous ne pouvons affirmer. Nous trouvons en effet deux chevaliers contemporains, Evrart et Gérard d'Aubi. Ne serait-ce pas un seul personnage ? Le prénom Evrart alterne dans certains actes avec celui de Jeurart. Or de Jeurart à Gérard la distance orthographique est bien minime et, en parole, c'est le même son : donc ces prénoms prêtent à la confusion. Selon nous, *Gérard* D'AUBI qui vivait en 1264 et portait pour armoiries, *D...... à la croix d......; l'écu brisé*

---

(1) ARCHIVES DE L'ETAT A MONS. *Greffe de Havinnes.*

d'un lambel de cinq pendants, est un représentant des seigneurs primitifs de l'un ou l'autre Aubi. S'il est identique à Evrart, c'est un de Douai, et alors il n'y a que trois familles du nom d'Aubi, s'il ne l'est pas, il y a alors quatre familles. C'est la Maison d'Aubi sortie des châtelains de Douai qui fut possessionnée dans le Tournaisis au XIIIe siècle (1).

Une autre Maison d'Aubi peut être une branche de la Maison de Wavrin. Elle était représentée en 1207 par le chevalier Barthélemy et en 1243 par le chevalier Aléaume (2). Depuis elle fut connue sous les noms *de Villers, dit du Sauchoy; de Villers-au-Tertre* et *de Wavrin-Villers au-Tertre*. Elle existe encore en Belgique. Enfin des cadets des sires de Saint-Aubin, lez-Douai (de nos jours Saint-Albin en Douai) possédèrent Auby à Flers et en prirent le nom, sans toutefois abandonner celui de leur famille. Ils signèrent *de Saint-Aubin, dit d'Auby* (3). Un acte passé le jour où l'on « chierkemanna » les jardins à Tournai en février 1259 (60 n. st.). nous montre le chevalier *Evrart* D'AUBI, de la Maison de Douai, époux de la fille de Waukier (Galcerus, Gaucher) le Sauvage, vendant dix livres parisis de rente à Jakemon del Casteler (4).

Nous ne pouvons faute de documents, blasonner l'écusson des *de Douai* qui adoptèrent le nom *d'Auby*, à moins que ce ne soit l'écu à la croix et au lambel signalé plus haut ; mais pour les *d'Aubi*, sans doute issus des de Wavrin, c'est autre chose. Ils portèrent d'abord l'écu de Wavrin brisé d'une cotice de gueules mise en bande, puis semèrent leurs armoiries de billettes, ce qui donna ce blason : *D'azur semé de billettes d'argent à l'écusson du même posé en abîme* (5).

Feu Félix Brassart, l'érudit archiviste douaisien, a trouvé une affinité qu'il n'a pu déterminer entre le chevalier Gérard d'Aubi et Dame Boussarde ou Boucharde de Bourghelles, dame d'Auby et de

---

(1) F. BRASSART. *Histoire du Château et de la Châtellenie de Douai*, t. II, p. 804, t. I, p. 139. — G. DEMAY. *Inventaire des sceaux de la Flandre*, t. I, N° 453.

(2) F. BRASSART, *Hist. du Château de Douai*, etc., t. I, pp. 119, 123 et 127.

(3) Idem, ibidem, t. II, p. 693.

(4) ARCHIVES DE TOURNAI. *Chirographes en volume*, t. II, folios 19 et 21.

(5) F. BRASSART. *Histoire du Château de Douai*, t. II, p. 765. — G. DEMAY. *Inventaire des sceaux de la Flandre*, t. I, N° 451.

Belleforière : nous n'avons pas été plus heureux(1).

Les *d'Aubi*, de la Maison de Douai, eurent des terres à Blandain et aux environs. Or les *de Calonne*, issus par alliance d'une *Païen*, laquelle épousa aussi un *Le Sauvage*, avaient leur sépulture à Blandain et des fiefs au dit lieu ainsi que non loin de là, à Camphin-en-Pèvele, localité bien proche de Bourghelles. Il serait bien intéressant d'avoir un travail complet sur les familles ayant pour armoiries un *plain* sous un *chef*, telles que les de Bourghelles, de Roubaix, de Hem, de Baissi ou de Bachy, d'Escuevenghien (2), de Skarlinbruec, de Pironmès, de Quiquempois, de Baudimont, de Semerpont, de Lille, de Douai, de Péronne (Vermandois), de Hamel-Bellenglise, de Chastillon (a Hertaing, Tournaisis), etc., sans parler des de Resves (en latin *de Rava*) qui sont les ainés de Bourghelles, seigneurs dudit lieu et de Resves.

Mahieu d'Aubi, dit *de Marquette* était en 1338, le mari de D^{elle} *Katherine* DE ERE (3). Ce gentilhomme doit se rattacher à la famille *d'Auby*, issue de celle *de Wavrin*. Il fut père de Mahieu d'Aubi, dit de Marquette qui acheta en 1364, un manoir sis à Hollain que lui vendit son beau-frère, Gilles Herghot époux de Katherine d'Aubi, dite de Marquette. Cette dernière s'était mariée par contrat du 4 janvier 1359 (1360 n. st.). Elle mourut à Tournai dans la paroisse de Sainte-Marguerite, le 10 décembre 1414, après avoir testé le 21 novembre. Cette damoiselle avait trois nièces, filles de son frère Mahieu. C'étaient Leurence, Jehanne l'aînée et Jehanne la cadette. L'une des deux Jehanne était femme de Jehan de Lattre et mère de Catron ou Catherine de Lattre, mais l'autre, Jehanne(ou Leurence), devait épouser Roland *de Mangny*. L'unique enfant de Gilles Hergot et de Catherine d'Aubi, dite de Marquette fut Agnès *Hergot*, dame du Daruth (à Baisieux, lez-Lille), qui épousa vers 1386, Jehan *de Saint-Aubin*, écuyer, de la Maison douaisienne de ce nom, seigneur du Fresnoi (à Willems), etc., fils de Gossuin de Saint-Aubin, chevalier, seigneur

---

(1) F. Brassart. *Histoire du Château de Douai*, t. II, p. 804.

(2) Ce nom nous paraît être la traduction romane du flamand *van Sweveqhem*.

(3) Archives de Tournai. *Testaments*. Paquet de 1349. Katherine Dère testa le 29 septembre de ladite année.

du Fresnoi, etc., et de N...... Pourchiel de Frémicourt. C'est par le testament d'Agnès Hergot, approuvé à Tournai le 14 juillet 1438, que nous avons constaté l'alliance d'une de ses cousines avec un *de Mangny* ou de Maugny (1).

AUBUISSON, HAUT-BUISSON. — Ce fief est situé à Chercq. Il nous paraît avoir passé de la famille *Cocquiel, dit le Merchier* à la famille *Lambert*, et de celle-ci à la famille *Béghein* qui le transmit à la famille *Falligan* qui le possédait à la fin du XVIIIe siècle.

AUCHY. Village près d'Orchies qui a donné son nom à une famille dont le nom s'est écrit Dauchy et Dochy. Ce qui fait que ses membres se croient parents ou étrangers les uns aux autres, selon l'orthographe adoptée par les scribes ecclésiastiques ou municipaux des localités où ils sont nés. Les sires d'Auchy portèrent D...... *à la croix d......; l'écu brisé d'un lambel de trois pendants.*

Par acte de janvier 1330 (31 n. st.), la petite dîme d'Auchy fut vendue au doyen et au chapitre de Notre-Dame de Tournai par Jehan dou Wiket qui la tenait en fief du comte de Flandre *et marquis de Namur?* (2). — *Jehan* DAUCHY, père de Jehan et de Rogier Dauchy portait sur son scel un écusson chargé d'un D que traversait perpendiculairement un I sommé d'une couronne à cinq fleurons visibles, selon sceau pendu à une quittance du 30 octobre 1402 (3).

Honorable homme *Jehan* DAUCHY était sergent du Roi au bailliage de Tournaisis en 1362 (4). Son fils, ou du moins son parent, Jehan fut clerc et devint bourgeois de Tournai en payant 50 sols parisis, le 10 octobre 1380 (5). Nous le croyons celui dont il a été question plus haut comme père de Jehan et de Rogier.

1441, 27 mai. Daniel Rewe, mari de D[elle] Ansne Dauchi, sœur de Ghillain Dauchi.

1458, 14 octobre. Colart Le Cordier, mari de D[elle] Jacqueline Dauchi demeurait à Bruges (6).

---

(1) ARCHIVES DE TOURNAI. *Testaments*. Paquet de 1414 et troisième paquet de 1438.
(2) Idem. *Chartrier*.
(3) Idem. *Pièces scellées*.
(4) ARCHIVES DE TOURNAI. *Chirographes de Saint-Brice*. Layettes de 1362.
(5) Idem. *Sixième Registre de la Loi*, (N° 136), fol. 24, verso.
(6) Idem. *Chirographes de Saint-Brice*, Layettes de 1441 et 1458.

AUDEMERIEL. — Ce lieu dit était à Wasmes-Audemetz-Briffeuil. *Mainsens* d'Audemeriel vivait en 1241 (1). Le 6 décembre 1391, *Jehan* Daudemeriel, demeurant en le Court d'Alaing fut reçu bourgeois de Tournai en payant quatre livres tournois (2). Ce devait être le censier ou fermier de la cense qu'avait l'abbaye de Saint-Amand à Alaing. Il épousa en premières noces, Marie *Desfarvacques*, et en secondes noces, Jehanne *Doisiaurieu*, qui convola avec Mahieu Pottrie ou Potterie. On le surnommait *Mauplacquet*.

Il fonda deux obits en l'église de Saint-Pierre à Tournai, selon un chirographe de la Cité daté du 2 janvier 1439 (1440 n. st.).

AUDEMETZ, AUDONMÈS. — Ce hameau de Wasmes-Audemetz-Briffeuil, dont le nom signifie manoir d'Odo, comme Audemeriel veut dire demeure d'Omer, a son pendant dans l'Ostrevant sous la forme Odomez trouvée souvent écrite Doumès ou *Donmès* (3). Il est difficile de distinguer les seigneurs de ces fiefs sans avoir d'indications spéciales. *Walter* d'Audemetz vivait en 1170 (4). *Gérard* d'Audomez, chevalier apparaît en 1215 (5). A la fin du XIIIe siècle, des seigneurs d'Audonmez sont des *de Pierfontaine*. Une charte nous a fourni ce crayon :

I. *N......*, sire de Pierfontaine (à Bettignies, lez-Maubeuge) était parent de Jehan de Pierfontaine, chevalier, qui devint grand-bailli de Hainaut de 1348 à 1352. Il laissa trois enfants légitimes :

1° Monseigneur Gilles *de Pierfontaine*, seigneur dudit lieu, chevalier ;

2° Bauduin DE PIERFONTAINE, qui suivra, II ;

---

(1) J. Vos. *Cartulaire de l'abbaye de Saint-Médard, dite de Saint-Nicolas des Prés, lez Tournai*, p. 232.

(2) Archives de Tournai. *Septième Registre de la Loi* (N° 137), fol. 17.

(3) On trouve dans les Chirographes de Saint-Brice à Tournai, dans la Layette de l'année 1377, un acte daté du 27 juin où sont nommés Très haut et noble Messire Wllefars (Olifart, Olivier) *de Ghistielle*, chevalier, sire de Houdaing et de Wadin-Praiau ; Haute et noble Dame *Phelippe* de Donmès de Rumines, son épouse, et Noble Damoiselle Aelis *de Ghistielle*, leur fille.

(4) J. Vos. *Cartulaire de l'abbaye de Saint-Médard*, pp. 69 et 160. — En 1237, Monseigneur Watier (Gautier) *d'Avesnes* avait parmi ses hommes de fief, Watier del Caisnoit (à Braffe), *Ghérart* d'Audonmès, Jakemes de Lausnoit et Jehan Rousiel de Breuse selon un chirographe des archives de Tournai.

(5) Idem, ibidem.

3° Isabiaus ou Isabelle *de Pierfontaine*.

II. *Bauduin* de Pierfontaine, écuyer, seigneur d'Audonmès, etc., mourut avant 1344. Il épousa vers 1331, *Margherite* de Clermès, née vers 1307, propriétaire de trois bonniers et de trois septièmes de bonnier dans les Bois de Clermès (à Taintegnies, Tournaisis), fille de Willaumes *de Clermès*, bourgeois et échevin de Tournai, propriétaire de 24 bonniers dans les Bois de son nom, et de Sare *de Falempin*, sa seconde femme. Ils eurent trois enfants, savoir :

1° Bauduin II *de Pierfontaine*, écuyer, seigneur d'Audonmès, etc., vivant en 1355 ;

2° Jakemes *de Pierfontaine*, écuyer, vivant en 1356 ;

3° Isabiel *de Pierfontaine*, mariée avant 1360, à *Jehan* de Montegny, écuyer (1).

La famille de Pierfontaine porte pour armoiries : *D'azur au lion d'argent, à la bordure cousue de gueules autour de l'écu*, et aussi : *D'azur semé de billettes d'argent, au lion du même, armé et lampassé de gueules, brochant sur le tout*.

Comme seigneurs à Audonmez du fief qui eut la famille du Porcq nous trouvons d'abord *Dierin* dou Porck dont la fille Marie avait épousé avant 1351, *Watier* Hanière, écuyer, qui mourut avant janvier 1365 (1366 n. st.).

En 1351, Watier Hanière possédait 22 bonniers à Audonmès près de Callenielle et tenait ce fief de l'hoir de Mgr Henri d'Antoing. Il laissa cinq enfants nés de Marie du Porcq. C'étaient : 1° Dierin *Hanière* ; 2° Marie *Hanière*, femme de Jehan Descleppes (d'Esclaibes) ; 3° Jehan *Hanière* ; 4° Watier *Hanière* ; 5° Mariette *Hanière*.

Le 28 janvier 1365 (1366 n. st.), Dierin Hanière s'engagea à ne vendre ni engager un fief nommé, sis à Audomès, tenu du sénéchal de Hainaut que par le consentement de Ramaiges de Mastaing. A cet acte, furent témoins : Willes Boinebroque, Jehans Makès et Collars Riqwars (2).

AUFFAY (d'). La commune d'Auffay non loin de Dieppe en Normandie a donné son nom à une famille qui s'est fait connaître dans l'Artois, la

---

(1) Arch. de Tournai. *Chir. de la Cité*, Layettes de 1344, 1331, 1355, 1356 et 1360.

(2) Idem, ibidem, Layettes de 1351 et 1365.

Flandre et le Tournaisis. Les d'Auffay ont possédé entre autres terres seigneuriales, Lambres, lez-Douai et Acquenbroune, et se sont alliés aux familles de Genevières, Cottrel, de Carnin, De Cerf, d'Assignies, etc... Ils portèrent d'abord un écu *D'argent à trois buires* (ou *Jarres*) *de sable, le manche à sénestre*, puis leur écusson fut écartelé aux 1 et 4, des armes primitives, et *aux 2 et 3, de sable semé de billettes d'or, au lion du même brochant.*

La famille Hardy, dite Le Hardy a essayé, mais vainement, de se faire descendre des d'Auffay.

Jehan Dauffay, procureur général de la ville de Tournai jura sa bourgeoisie par grâce le 6 mai 1395 (1). En 1405, il était avocat et conseiller du Roi en notre ville où il mourut avant 1413, ayant épousé D^{elle} *Crestienne* Quarée, d'une famille d'origine italienne dont les derniers représentants portèrent le titre de Comte (2).

Nous ne savons si Jehan était issu d'une famille établie à Tournai, mais voici des Dauffay dont un lui est antérieur :

1333, jour de Saint-Luc (18 octobre). Feu Simon *Daufait* laissait pour héritiers, ses frère et sœur, Théri et Mehaut.

1410, 29 novembre. Jehan *Dauffay* demeurait à Havinnes.

1436, 10 janvier (1437 n. st.). D^{elle} Marguerite de Monstrœul dernièrement veuve de Jehan *Daufay* vend la moitié d'une maison à Piérart *Daufay*, tanneur. Celui-ci mourut avant le 22 juin 1462 (3).

1441, 20 mars (1442 n. st.). D^{elle} Marguerite van der Heulle, veuve de Jehan *Dauffay* demeurait à Lille. Elle acheta une rente sur Tournai au nom de sa fille, Isabiel Dauffay, âgée de 19 ans, et de son gendre, Pierre de Warlain, âgé de 38 ans, époux d'Isabiel (4).

Dans le Cartulaire des rentes dues par Tournai en 1468, on lit au folio 223, *verso*, qu'en 1441, Marguerite van der Heullen avait pour fils

---

(1) Arch. de Tournai. *Huitième Registre de la Loi*, (N° 138), fol. 9, recto.
(2) de Vegiano. *Nobiliaire des Pays-Bas*, Edit. du baron de Herckenrode, p. 1602. — Arch. de Tournai, *Chirographes de la Cité*, Layettes de 1405 et 1413.
(3) Arch. de Tournai. *Chirographes de Saint-Brice*, Layettes de 1333, 1410, 1436 et 1441.
(4) Idem, *Cartulaire des rentes dues par Tournai en 1441.*

Haquinet *Dauffay*, alors âgé de 14 ans, et qui sous le nom de Jehan Dauffay mourut le 28 avril 1477, ayant donc 50 ans. Au folio 224, *recto*, se trouve le prénom d'un autre fils, Bertelot (soit Berthold ou Bertelmieu) *Dauffay*.

AU LAICT, AULET. — Nous trouvons deux familles ainsi dénommées. L'une porte pour armoiries : *D......, au chevron de vair (ou vairé d...... et d......), accompagné de trois coquilles d......* (1) ; l'autre porte : *De sable à trois couronnes de feuillage d'or*. Celle-ci s'est alliée aux DE BARY et aux BRIENNE OU DE BRIENNE.

Un chirographe de l'échevinage de Saint-Brice, daté du 12 juin 1351, nomme *Sainte* AULET, veuve de Jaquemes de Bary, qu'un autre acte du même échevinage, daté du 28 juin 1347 ne désigne que par le prénom Saintain. — *Barbette* AU LAICT fut femme de Gilles Bryenne, mort à Tournai, paroissien de Saint-Nicaise, le 24 octobre 1557 (2).

AULENGHIEN (D'). — Ce nom est la traduction romane du nom flamand *van Avelghem*, comme Isenghien traduit Iseghem, Rollenghien ou Raulenghien, Rolleghem, etc., — Jehan DAULENGHIEN fut reçu bourgeois de Tournai en 1279 (3). — Un acte de 1282 cite Henri de Lusenbourc, oncle de la Damoiselle *d'Aulenghien* qui demeure à Hiestrut (4). — 1308, 1316, 1327. D^{elle} *Aelis* DAULENGHIEN, fille de N...... et de D^{elle} Aelis de N......, avait épousé Jehan *Au Poch*, bourgeois de Tournai (5). — D^{elle} *Maigne* DAULENGHIEN, veuve de Grart *Le Flameng* acheta des rentes viagères sur Tournai en 1386. Elle était mère de Rogier Le Flameng, prêtre, et de Dom Franchois Le Flameng, moine en l'abbaye de Saint-Martin de Tournai (6).

AULNEAUX (FIEF DES). — Ce fief était situé à Pottes. Comme tous les Aulnoit, Lannoit, Launoit, Launais, Lannais, etc., il prend son nom

---

(1) G. DEMAY. *Inventaire des sceaux de la Flandre*, t. I, N° 3196, et t. II, N° 5467.
(2) ARCH. DE TOURNAI. *Testaments*. Paquet de 1557.
(3) BIBLIOTHÈQUE DE LA VILLE DE TOURNAI. *Manuscrit CCXVI*, fol. 26, *verso*, col. 2.
(4) ARCH. DE TOURNAI. *Chirographes de la Cité*, Layette de 1282.
(5) Idem, ibidem. Layettes de 1308, 1316 et 1327.
(6) Idem, *Cartulaire des rentes vendues par Tournai en 1386*, fol. 9, *recto*.

des Aulnes qui croissaient sur son terroir. Il appartenait au début du XVIe siècle à *Jehan* DE WAUDRIPONT, écuyer, seigneur de Waudripont. du Foresteau, etc., qui avait épousé en premières noces, *Waudru* LE FEBVRE, et en secondes, Bonne *d'Azincourt*. C'est du premier mariage que naquit *Jacques* DE WAUDRIPONT, qui, fils cadet, obtint pour partage Le Foresteau, Les Aulneaux, etc.,. Il mourut avant le 19 décembre 1545, laissant veuve *Agnès* TAFFIN (1). C'est à leur fille aînée, MARGUERITE que le fief des Aulneaux fut accordé, car en 1550, il était aux mains de Philippe de Pontrowart, écuyer, époux de *Ghertrude* DE LE PLANCQUE, fille de Jehan de le Plancque, chevalier, baron de Gavrelle, lez-Arras, etc., et de ladite *Marguerite* DE WAUDRIPONT, alors remariée à Jehan d'Aubermont, chevalier, seigneur de Raimbaucourt, lez-Raches. *Catherine* DE WAUDRIPONT, sœur cadette de Marguerite survécut à toute sa famille dont elle devint l'héritière totale. Elle mourut le 18 janvier 1599, ayant environ 85 ans, car son portrait qui se trouve dans le fumoir du château de Beauvoorde à Wulveringhem porte une inscription où elle est dite âgée de 75 ans en 1589, le 13 novembre. Alors qu'elle était pauvrement dotée, elle épousa en 1534, un bourgeois de Tournai, *Jehan* VAILLANT, qui demeurait à Pottes où il possédait un manoir et des fiefs. Ce personnage, dont on a voulu faire le descendant d'une famille chevaleresque, est qualifié dans un acte du 22 avril 1554, Jehan Vaillant, seigneur de la Vallée demeurant a Pottes. En 1559, le 23 septembre, comparaissant dans un acte avec son beau-frère, Messire Jehan Daubermont, il figure comme « *Honorable homme Jehan* VAILLANT, bourgeois de Tournai » (2).

Nous n'avons pas la suite des seigneurs des Aulneaux mais nous savons qu'en 1793, ce fief appartenait à Mr *Benoît* CROMBEZ, écuyer, dont la descendance mâle existe encore à Orcq, au Château de la Marlière, et à Taintegnies. Il relevait de la seigneurie de Le Motte à Maulde en Hainaut.

AULNES (FIEF DES). — Cette terre, tenue du château de Leuze gît à Chapelle-à-Oie. En 1151,

---

(1) ARCHIVES DE TOURNAI, *Chirographes de la Cité*, Layette de 1545.

(2) Idem, ibidem. Layettes de 1550, 1554 et 1559.

vivaient *Hugues* et *Gontier* des Alnes ou d'Alnes, frères (1). Un autre *Hugues* des Aunes, chevalier, vassal du sire de Leuze vivait en 1248 (2).

Dans la seconde moitié du XV° siècle, le seigneur des Aulnes était Arnould de Maulde, écuyer, qui avait pour ses huits quartiers de noblesse : de Maulde, de Waudripont, de Haynin, de Pottes; de Haudion-Ghiberchies, de le Motte, d'Antoing dit de Briffœuil, de Luckes (di Lucca). De sa première femme Jehanne des Rosières, il eut entre autres enfants, un fils que les généalogistes prénomment tantôt Roland, tantôt Robert, mais à qui tous donnent pour épouse une Catherine de Lannoy (*ex matre* : Desprez ou des Prez). Le troisième enfant de ce Robert ou Roland fut *Agnès* de Maulde, damoiselle des Aulnes, qui épousa Simon de Valières, écuyer. Leur fils, *François* de Valières, écuyer, seigneur des Aulnes, etc., bailli de la terre et baronnie d'Antoing, ayant refusé d'obéir aux ordres de Don Juan d'Autriche, gouverneur des Pays-Bas, fut pendu à Mons par ordre de Philippe, comte de Lalaing et grand-bailli de Hainaut. Il avait épousé Louise *Hespel*, de la famille dite aujourd'hui d'Hespel. Elle était fille de Pierre Hespel, licencié-ès-lois, seigneur du Bus, de la Court, etc., conseiller au Conseil d'Artois, et de Jacqueline Boulengier. Nous ne savons lequel de leurs quatre enfants laissa postérité, mais nous croyons que leur fils aîné *Adrien* de Valières fut seigneur des Aulnes. Au dix-huitième siècle, ce fief appartenait à la famille Falligan.

AULNES ou DES AUNES (Fief des). — Ce fief est situé à Escanaffles. 1248. *Wauthon* des Aunes vivait en ladite année et nous le retrouvons en 1260, avec le prénom de *Watier*. Lui et *Jehan* des Aunes sont alors qualifiés homme de fief du sire de Germingni (3).

En 1649, Ernest-Lamorald de Landas, vicomte de Fleurival, etc., était seigneur des Aunes. Il

---

(1) Dom Pierre Baudry. *Annales de l'abbaye de Saint-Ghislain* (tome VIII des Monuments publiés en format in-4° par le Baron de Reiffenberg), p. 371.

(2) Armand d'Herbomez. *Les Chartes de Saint-Martin*, t. II, p. 40.

(3) Idem, ibidem, idem, pp. 39 et 203. — La cour féodale de Germingni ou de Ghermegnies s'étendait sur Herinnes, Pottes, Escanaffles, Celles, Molembais, Anserœul, etc., Son chef-lieu était la cense de Ghermegnies à Pottes.

nomma pour receveur de ses cens et rentes, Anthoine Ollivier, marchand orfèvre à Tournai (1).

Les Aunes furent dès 1679, la propriété de Philippe-Mathias ANDRÉ qui en fît le relief, le 13 août de ladite année (2).

AULNOIT (FIEF ET CENSE DE L'). — Ce domaine qu'on trouve à Béclers relevait du château de Leuze. Il appartenait en 1248 à Gilles de Launoit (Egidius de Alneto), chevalier, époux de Dame Marote (3). Nous n'avons pu nous procurer la liste des seigneurs qui le possédèrent, mais à la fin du XIXe siècle, en 1897, il était propriété indivise entre Napoléon et Alodie Herchuez, issus de l'ancienne famille de He:chouwès, dite de Herchouez. En 1906, c'était Melle Le Screp qui le possédait et le fermier y demeurant était Mr Jules de Rasse, fils de Gaspard-Louis de Rasse, fermier de Florent sous Taintegnies. Dans la nuit du dimanche 8 juillet de ladite année, un incendie dû à la malveillance y réduisit en cendres quinze mille kilos de foin, deux chariots, divers instruments de culture et les toits des écuries et bergeries.

Il se peut que le fief de l'Aulnoit à Béclers ait appartenu au commencement du XVIIe siècle à une branche des *Bernards (à l'épée)* qui possédait aussi la terre de Taintegnies.

AULNOIT (FIEF ET CENSE DE L'). Situé à Havinnes, ce fief appartint à une famille de Launoit et il est nommé, de nos jours, Cense de Launoy.

En 1350, cette terre était la propriété de *Colart* ou Nicolas DE LAUNOIT, surnommé Butor. Ce personnage avait épousé Maigne *de N......* Il en avait eu au moins six enfants :

1° JAKEMART ou JACQUES reçut toutes les terres que son père avait à Havinnes ;

2° JEHAN reçut de son père les quatre bonniers et demi de terre venant du don fait par D^{lle} Jehane

---

(1) ARCHIVES DE TOURNAI. *Etat*, Fouds nouveau, composé de dons et trouvailles.
(2) ARCHIVES DE TOURNAI. *Comptes d'exécution testamentaire, tutelle, etc.*,. — Compte de curation des biens dudit Philippe-Mathias André rendu le 4 décembre 1697 par François *Bisman*.
(3) Armand D'HERBOMEZ, *Les Chartes de l'abbaye de Saint-Martin*, t. II, p. 39.

Colemer veuve de Seigneur Dierin Pourret et qui étaient situés en la justice de Wez, de Merlaing et de Tournai;

3° ISABIEL fut mariée après le 20 novembre 1341 à *Jehan* DE RASSONCAMP, fils de Colard *de le Haye de Maulde* (1);

4° Lotart ou Gilles;

5° JEHANNE (2);

6° Dame AGNIÈS, religieuse au Sauchoit, lez-Tournai.

Nous n'avons pas fait la filiation de la famille de Launoit qui paraît encore exister aux environs de Tournai dans les villages entourant Havinnes. Cela ne nous permet pas d'expliquer comment la cense de Launoit ou l'Aulnoit passa dans le domaine d'une branche de la famille des BERNARDS *(à l'épée)*, qui la conserva durant quelques générations.

AULNOIT, à Hollain, dit LANNOY en Tournaisis (FIEF ET CHATEAU DE L'). — Il y eut comme seigneurs primitifs de cette terre des cadets de Mortagne qui portèrent pour armoiries : *D'hermine à la croix d......* Dans la seconde moitié du XIIIe siècle, *Nicolas* DE LAUNOY fut bailli du Sire de Mortagne châtelain de Tournai pour ses possessions du Tournaisis. Le 10 septembre 1288, *Marie* DE LAUSNOIT, de Holaing, fit différents legs. Elle donna une pièce de serge à sa nièce Isabiel, et une pièce de toile à l'autel de Holaing. Elle choisit pour « testamenteresses », Anniès de Baisci, Katherine de le Vigne, Maryen Danvaing et Emelot Louvette (3).

Nous avons dit ci-devant page 62 que Maistre Gilles *Pourret*, mayeur des échevins de Tournai, posséda à Hollain Lannoit et qu'il

---

(1) ARCH. DE TOURNAI. *Testaments. Donations.* Paquet de 1341.
(2) Idem, ibidem. Paquet de 1350. *Testament fait le 7 mai 1350.*
(3) Idem. *Testaments.* Paquet de 1288. — L'écusson *d'hermine à la croix* se trouve sur un sceau du Chartrier de Tournai. Une autre famille portait *Bandé d..... et d..... de six pièces ; à la bordure engrêlée d.....*, autour de l'écu. — A cette dernière appartenait *Jehan* D'AUSNOIT dit *Gringnart*, peintre, bourgeois de Valenciennes, rentier de Tournai en 1403, âgé alors de 56 ans, époux de Marie Seelin et père de Pierart d'Ausnoit, âgé de 6 ans (ARCH. DE TOURNAI. *Cartulaire des rentes dues en 1405*, folio 7, verso). Il scella sous le nom *d'Aulnoit*, une quittance le 29 novembre 1407. On y voit sa femme nommée Soekin et l'indication de leur parenté avec Pierre des Prés, peintre, époux d'Isabelle Gillokin et père de Hanin ou Jehan des Près. — Le dessin donné planche V de notre Armorial du Tournaisis, est erroné au lieu de *trois bandes* formant *sept divisions*, il fallait un *bandé* de *six divisions* ou pièces.

donna ce fief à son neveu Pierre *de Melle* par son testament du 18 janvier 1336 (37 n. st.). Depuis nous trouvons ce fief entre les mains de *Bauduin* de Hainaut, dit *de Bruyelles*, écuyer, qui le céda dans le premier quart du XVe siècle à *Roland* du Gardin, écuyer. Celui-ci épousa deux Isabelle. D'abord Isabelle du Casteler et ensuite Isabelle de Waudripont, veuve du chevalier Pierre Cottrel tué à la bataille d'Azincourt, le 25 octobre 1415. C'est du premier lit que naquirent deux enfants, *Arnould* et *Isabelle* du Gardin (1). Arnould épousa *Marie* du Mez. Il fut seigneur de Lannoy dans Hollain et bailli de Gruson pour le seigneur de Cysoing avant et en 1471 (2). Sa fille, *Jehanne* du Gardin, damoiselle des Cavées (à Celles-Molembais) et de Lannoy épousa François *d'Allennes*, écuyer, dont la mère, Jehanne de la Tramerie, veuve de Jehan dit Morelet d'Allennes, demeurait à Antoing en 1474 (3). Jehanne eut pour héritier féodal son fils *François* d'Allennes, écuyer, qui fut seigneur de Lannoy, de Merlain, du Goblet à Pont (sous Jollain-Merlain), etc.,. — Nous ne savons laquelle des quatre filles du second François d'Allennes et de Catherine de Dion hérita de Lannoy. Elles vivaient au milieu du XVIe siècle et ce n'est que dans la première moitié du XVIIe que nous retrouvons un seigneur de Lannoy dans la personne de *Jacques* des Enffans, anobli par le comte d'Ostrevant, Philippe IV, roi d'Espagne, le 13 mai 1642. Après Jacques, mort à Valenciennes, le 1er avril 1650, vint son fils Simon, né de Marie-Jeanne *de Haynin-Warlaing*.

Simon décéda à Tournai, paroissien de Saint-Jacques, le 2 septembre 1673. C'est de sa seconde femme, Antoinette-Catherine *Le Varlet* dit *Haccart*, qu'il eut pour fils aîné, *Jean-François* des Enffans, écuyer, seigneur de Lannoy, qui épousa *Marie-Barbe* de Bargibant, mourut le 26 août 1719 à

---

(1) Archives de Saint-Amand-les-Eaux. FF. 56. Acte du 26 mai 1430. — Roland du Gardin était en 1436, bailli de la justice et seigneurie de Monstrel (Monstreul) à Tressin en la paroisse de Chéreng. Sa famille, originaire de Celles en Hainaut, portait, pour armoiries, *De sabbe à la croix d'or, cantonnée de 8 billettes du même, 2 dans chaque canton.*

(2) Archives de Tournai. *Comptes d'exécution testamentaire, tutelle, etc.,.* Compte de la curatelle de D^{lle} Angniès Danvaing, rendu à Tournai, le 8 avril 1472.

(3) *Souvenirs de la Flandre wallonne*, t. xi, Douai, Crépin, 1871, in-8°, p. 14.

Hollain, et eut pour hoir à Lannoy, son fils aîné, JEAN-FRANÇOIS, second des prénoms. Celui-ci, mort célibataire à Hollain, le 14 décembre 1738, laissa Lannoy et ses autres terres à son frère cadet, *Philippe François* DES ENFFANS, époux de Marie-Françoise-Josèphe *Liot d'Eglegatte*. Philippe-François des Enffans, testa à Tournai, le 9 mars 1763 se qualifiant seigneur du Fermont (à Grand-metz) et de Lannoy. Un autre testament fut fait par sa femme le 16 mars 1770 (1). Cette dame se qualifie Dame de le Vincourt et de Galliardrie (à Mons-en-Pèvele). Leur fils aîné, un second PHILIPPE-FRANÇOIS, mourut à Tournai, le premier pluviose an VII (20 janvier 1799), dans sa 58me année, ayant épousé Anne-Angéline-Thérèse-Philippine DE LA CROIX DE MAUBRAY, dame du Recq (à Jollain). Leur fille aînée, demeurée héritière unique, naquit à Tournai, dans la paroisse de Saint-Jacques, le 25 septembre 1773. Elle épousa à Hollain, le 25 août 1786, n'ayant pas encore treize ans, le comte Robert-Charles-*Henri*-Marie DU CHASTEL DE LA HOWARDERIE, officier supérieur au service espagnol. Depuis sa mort arrivée à Tournai, le 30 décembre 1813, Lannoy n'a pas cessé d'appartenir à sa descendance. On trouve encastrées dans les murs de chaque côté de l'entrée principale du château de Lannoy, les armoiries des D'ALLENNES, *aux dix losanges*, et celles des DE HALLUIN, *aux trois lions couronnés*. Feu Bozière a cru que ces sculptures étaient les écussons des *de Lalaing* et des *de Lannoy*, dont les charges, sinon les émaux, sont identiques.

AULNOIT ou DE L'AUNOIS (FIEF DE). — Il y eut à Lamain, un fief de ce nom, grand de sept bonniers et relevant de la terre et baronnie de Rumes. Il appartenait au commencement du XVIe siècle à une branche de la famille BERNARD *(à l'épée)* et passa par mariages successifs aux *de la Fosse, dits Pitthem* et aux *d'Ennetières d'Aubermez*

Nicolas MOURCOU, issu des *de Mourcourt* qui furent messagers de Tournai vers Lille, était banquier dans cette dernière ville lorsqu'il acheta le fief de l'Aulnoit en Lamain vers 1740. Peu après le comte de Lannoy de Rainval fit le retrait lignager de ce fief selon acte du 28 avril 1742.

(1) ARCHIVES DE TOURNAI. *Testament*, Paquet de 1770.

AULNOIT (Cense du Petit). — Cette terre avait pour fermier en 1557, *Bertrand* Casié ou Casier. En ce lieu, situé le long de la route de Tournai à Renaix, sur le territoire de Velaines près de Mourcourt et qui comprenait un vieux bonnier en étendue, s'élevait un manoir avec grange. Il s'y trouvait aussi un bosquet d'aulnes. Le propriétaire était *Pierre* Pottier, fils de Jacques *Pottier* et de Catherine *David*, sa première femme. Etant mineur à cette époque, il avait pour tuteurs, Jacques van Horst, concierge de l'hôpital de Saint-Nicolas en Tournai, et Jacques Le Ricque, marchand détailleur de draps (1).

AULTREBOS ou d'OULTREBOS, dit *le Dieule* (d'). — La famille *d'Oultrebos* surnommée *le Dieule* ou *le Diable* s'est fait connaître à Tournai au XVe siècle. Le 22 septembre 1439, Pierre Daultrebos, dit le Dieule acheta un bien situé à Tournai dans l'échevinage de Saint-Brice et qui lui fut vendu par Gilles de le Croix, vinier, époux de Jehenne Daultrebos, dit le Dieule, et par Jehan de le Croix, époux d'Angniès Daultrebos dit le Dieule. — En octobre 1454, Gilles de Léaucourt, écuyer, est procureur de Pierre Doutrebos dit le Dieule et de son fils Jehan. Il comparaît en leur nom avec Baltasart de la Ramonerie, époux de Margherite Doutrebos, dit le Dieule, fille dudit Pierre, et Jehan Hacquart, craisseur, tuteur de Martinet Doutrebos dit le Dieule, fils cadet dudit Pierre (2).

AUMERIE. — Ce nom, de même que Audemeriel veut dire domaine d'Audomar ou d'Odomer, noms dont sont venus par contraction Aymar, Aymer, Omer. Souvent il fut orthographié Aimeries, Aymeries, Omeries, Dameries, Dameuries, dou Meries, etc.,. Dans le Tournaisis, à Kain, village qui a pour patron Saint-Omer, on trouve le hameau d'Aumerie avec château du nom, et dans l'ancien comté de Hainaut, il y a Damerie à Grandmetz, Aymeries sous Chièvre, Aimeries à Houdeng-Aimeries, et Aymeries, commune de la partie devenue française par

(1) Archives de Tournai. *Comptes d'exécution testamentaire*, de *tutelle, etc.,.* Paquet de 1557.
(2) Idem. *Chirographes de Saint-Brice*, Layettes de 1439 et 1454.

la conquête qu'en fit Louis XIV. Un armorial, daté de 1463 et dû à la plume du héraut d'armes du Comte de Saint-Pol, appartint à feu Emile Desmazières, le bibliophile tournaisien bien connu, puis à M. Adolphe Hocquet, conservateur des Archives et de la Bibliothèque de Tournai, puis à M. Camille Vyt, libraire à Gand, chez qui l'acheta feu Pierre-Joseph Daumerie, fermier et brasseur à Anserœul qui le publia (1). Nous y avons lu en texte original :

« *Le seigneur de Dameurie : D'or à la bande eschecquettée d'argent et de gheulle, crie :* LINGNE ! »
— Ailleurs la bande est dite *échiquetée d'or et de gueules*. Nous eûmes sous les yeux un moulage d'un sceau de Martin *Daimeri*, chevalier. Il avait été appendu à un acte de 1212 selon ce qui nous fut dit et il portait un écusson piriforme aux armes blasonnées ci-dessus (2). On voit dans l'ouvrage d'Aubert Le Mire (MIRÆUS) intitulé *Opera diplomatica*, au tome III, p. 73, col. 2, que Martin Daimeri est du nombre des chevaliers de la Flandre et du Hainaut qui, en 1202, jurèrent d'accompagner à la croisade le comte Bauduin IX, dit, depuis, de Constantinople.

En 1438, vivait à Kain un Martin *Daimeri* dont le nom est orthographié *Daumerie* dans les actes. Il portait sur son scel un écu *Ecartelé : aux 1 et 4, d...... à la bande échiquetée d...... et d......; aux 2 et 3, d...... à l'étoile à six rais d......*

L'histoire de son sceau vaut la peine d'être contée. Lors de la vente du mobilier que possédait en son château de Grandbreucq à Escanaffles, le comte F. J. DE SAINT-GENOIS, auteur des *Monuments anciens*, M. Daumerie, d'Anserœul, père de ceux que j'ai connus, acheta toutes les Archives, puis se donna le singulier plaisir d'enlever les sceaux aux actes pour en faire collection. Il eut pourtant l'attention d'inscrire sur la queue des sceaux, les dates et les lieux portés dans les chartes d'où ils provenaient. C'est ainsi que nous pûmes apprendre que le sceau de Martin Daumerie attestait un acte passé à Kain, dans l'abbaye du Saulchoit en 1438. L'existence de ce second Martin nous est encore affirmée par son testa-

---

(1) Nous avons annoté et corrigé un exemplaire de cet ouvrage.
(2) ARCHIVES DE L'ABBAYE D'ANCHIN. Accord entre Martin Daimeri et Gérard de Jauche, tous deux chevaliers sur une question de dîmes dues à l'abbaye d'Anchin. Charte du 2 mai 1212.

ment qui fut approuvé à Tournai en 1462 et y fut inventorié dans la première moitié du XIX⁰ siècle par l'archiviste Frédéric Hennebert, plus de soixante ans avant que feu Pierre-Joseph Daumerie et moi en ayons eu connaissance.

Des sceaux des Daumerie, tous *à la bande échiquetée*, existent nombreux à Ath où ils sont conservés parmi les Archives. Malheureusement encore pour les preuves de la famille, un génie malencontreux les a enlevés aux actes où ils étaient appendus pour les réunir en tas. Il est vrai qu'ainsi nous avons pu plus facilement les trouver pour les reproduire en image. Dans le croquis que nous avons fourni pour graver l'écusson de Martin Daumerie, nous avons mis la bande *en champ d'or*, mais le dessinateur a préféré mettre ce champ sous l'étoile : C'est une erreur.

La grande publication in-quarto que nous avons faite sur la famille d'Aymeries, dite d'Aumerie, nous dispense de plus amples explications.

Le premier fief d'Aumerie, qui est dit d'Aymeries et d'Aulmerie se trouve à Chièvres. Il comprend des terres avec manoir. Il appartenait en 1178 à Fastred *de Dameries*, issu de la Maison de Ligne et domicilié à Grandmetz. Au XVI⁰ siècle, il était possédé par la famille DE BOUSSU (*aux feuilles de buis*) et passa par alliance à la famille *van Dam*, dite *de Dam*.

On rencontre d'autres fiefs d'Aimeries à Erbaut, à Haine-Saint-Pierre et à Haine-Saint-Paul, à Mignault, à Gages et à Saint-Vaast. Cela provient de ce que les descendants du célèbre chancelier de Bourgogne, Nicolas Rolin, eurent des terres dans ces communes, alors qu'ils possédaient comme fief principal en Hainaut, la paroisse et village d'Aymeries, aujourd'hui dans le département du Nord.

Une terre nommée DAMERIES faisait partie du terroir de Béclers. En 1258, *Gillos*, qu'on dit DE DAMERIES devait deux cents livres paresis à Tumas de Morcourt (1).

Le grand fief de DAMERIES, dit aussi *Daumeries* et *Damouries* se composait de terres situées sur Grandmetz, Moustier et Chapelle-à-Wattines, au milieu desquelles s'élevait un vaste manoir. En

---

(1) ARCHIVES DE TOURNAI. *Chirographes en volumes*, t. II, folio 7.

1473, il comprenait maison, bassecourt et deux bonniers d'enclos, 52 bonniers de terres labourables, 60 bonniers et demi de prés et pâtures, 40 bonniers de bois et aulnois, trois viviers et des rentes, le tout tenu de la baronnie de Ligne et médiatement du château d'Ath (1). Il paraît avoir été plus tard englobé dans le Bailliage de Flobecq (2).

En 1178, *Fastred* DE DAMERIES fut présent à un asservissement fait à l'abbaye de Saint-Ghislain par Marguerite de Rebais (3). — En juillet 1250, le petit-fils du précédent, aussi prénommé *Fastred*, était chevalier et déclarait tenir de Watier, sire de Ligne, chevalier, cinq bonniers de terre sis à Grandmetz au lieu dit Bierikesne (4), et un bonnier et vingt-cinq verges de pré, même paroisse, sous la Cour de Dameries et tenant au Bois de Saint-Martin acheté jadis par l'abbaye de Saint-Martin de Tournai, d'Estiévenart de Lausnoit. Cette terre de cinq bonniers et ce pré furent vendus par Fastred à ladite abbaye et, en juin 1252, Fastred se reconnut homme lige de l'abbaye pour les bonniers de Bierikesne (5). — *Huart* ou Hugues DE DAMERIES et sa femme Hauwis firent des donations à la susdite abbaye par acte passé à Dameries, le 2 juin 1262, pardevant les échevins d'Ath, Huon de le Court et Nicholon de Bevrene (6).

Au XIVe siècle, Dameries avait pour seigneurs les sires de Pottes-sur-Escaut, héritiers des *de Pétrieu*. Louis *de Pottes*, chevalier, seigneur de Pottes, Pétrieu, Aumerie, etc., épousa Marie de Robersart. Leur fille, Anne de Pottes fut mariée d'abord à Guillaume *de Stavele*, chevalier, seigneur de Crombeek, etc., vicomte de Furnes, et ensuite avant 1440, à Mahieu *de Lausnais*, chevalier, seigneur d'Arondeau (à Roucourt), etc., fils de feu Jehan de Lausnais, écuyer, et de N.... de le Vincourt; petit-fils de Mahieu, dit Matouflart, bâtard de Lausnais, seigneur du Lezlieu (à Saméon), d'Arondeau, etc., chevalier, bailli de

---

(1) ARCHIVES DE L'ETAT A MONS. *Cartulaire des fiefs du Hainaut*, 1473-74, t. II, folio 1.
(2) Cte DE SAINT-GENOIS. *Monuments anciens*, t. II, p. 313, col. 1.
(3) Dom BAUDRY. *Annales de l'abbaye de Saint-Ghislain*, à la date. — Bibl. nat. de France, Ms. français 33050, fol. 225, *verso*. *Trésor généalogique* de DOM CAFFIAUX. A. D.
(4) A. D'HERBOMEZ. *Les Chartes de Saint-Martin*, tome II, p. 68.
(5) Idem, ibidem, idem, p. 68 et p. 93.
(6) Idem, ibidem, idem, p. 225.

Tournai et du Tournaisis, et d'Angniès de le Court, dit de Rosnais, sa première femme. En 1473, Messire Mahieu de Lausnais déclare tenir la seigneurie de Dameries de celle de Ligne que Messire Jehan de Ligne avoue tenir de la Châtellenie d'Ath (1). A Mahieu succéda son fils, Olifart ou Olivier de Lausnais, écuyer, qui, fait prisonnier par les Français à Montlhéry en 1465, devint chevalier et fut tué à la guerre de Gand à la fin de 1487 (1488 n. st.). Celui-ci eut pour héritière sa sœur utérine, Catherine *de Stavele*, dame douairière de Dudzeele, et le 22 avril 1517, le sire de Dameries était Antoine de Ghistelles, écuyer, seigneur de Gheluwe, de Pétrieu, etc., échanson de l'Empereur Charles V et grand-bailli de Furnes. Il mourut le 9 mars 1537 (38 n. st.), et fut inhumé à Furnes. De sa femme, Isabelle de Schoore, il laissa postérité.

En 1566, le seigneur de Dameries est Louis *de Gavre*, écuyer (2).

Au XVIIIᵉ siècle, c'est à la famille *Robert de Choisy* qu'appartient Dameries. Jérome-Alexis *Robert* relève ce fief en 1733. Il avait épousé Marie-Barbe-Florence de Broïde. Par leur avis de père et de mère daté du 11 octobre 1748, ils transmirent le fief à leur fils, Charles-Pierre *Robert*, qui devint baron de Saint-Symphorien (3).

Depuis Daumeries passa aux barons *de Zinzerling* et aux *de Pierpont* (de Mettet, Namur).

Dameries avait mayeur et échevins (4).

Passons maintenant à la seigneurie d'AUMERIE ou d'OUMERIES située au pied du Mont-Saint-Aubert à Kain, lez-Tournai, entre Kain (Place) au Nord et Petit-Kain, au Sud. Elle comprenait château, bassecour et 17 à 18 bonniers de terres labourables et pâtures. Son suzerain était l'abbé de Saint-Martin de Tournai en tant que seigneur de Kain.

En 1257, vivaient Alis, veuve de *Symon* DOUMERIES et Jakemin *Doumeries*, son fils. Ce sont les plus anciens personnages que nous ayons trouvé de cette famille qui porta pour armoiries, *d'azur à trois têtes de léopard d'or*. Phelippron

---

(1) ARCHIVES DE L'ETAT A MONS. *Cartulaire des fiefs tenus du comté de Hainaut* en 1473-74, folio 1.
(2) Cᵗᵉ DE SAINT-GENOIS. *Monuments anciens*, t. II, p. 313.
(3) Idem, ibidem, idem, t. II, p. 908.
(4) Emile PRUD'HOMME. *Les Echevins et leurs actes dans la province de Hainaut*, p. 395.

dou Meries dit *dou Sauçoit* avait une fille prénommée Maryen qui fut son héritière et demeurait au Sauçoit ou Saulchoir à Kain. Cette demoiselle racheta une rente de trois sols qui était due par sa maison dou Sauçoit à Jehan Amourris. L'acte est de septembre 1323 (1). Le nom du créancier ressemble assez, il faut l'avouer à celui de Jehan Doumeries ou d'Omeries, dont nous allons parler.

Par la combinaison d'actes passés à l'Echevinage de la Cité de Tournai en 1355, 1362, 1404 et 1416, et à l'Echevinage de Saint-Brice en 1328, 1338, 1382, 1395, 1398 avec des testaments datés de 1337, 1349, 1362 et 1409, en y ajoutant des extraits du compte de l'exécution du testament de Jehan dou Meries ou d'Omeries rendu en 1355 par Nicolas Piétart, Mahius de Leuse et Hues Domeries, on obtient la filiation qui suit :

I. *Jehan* Domeries, dou Meries ou Dommeries, bourgeois de Tournai possédait le domaine d'Omeries. Il mourut avant 1337, laissant veuve *Jehane* d'Esplechin dont le testament fut approuvé le 21 octobre de la même année. Ils eurent six enfants :

1° Jehan DOMERIES, qui suivra, II ;

2° Hues ou Hugues *Domeries* releva sa bourgeoisie de Tournai comme fils de bourgeois né en bourgeoisie, le 21 août 1342 (2). Il mourut sans enfants avant le lundi 16 novembre 1362, après avoir testé le 20 septembre de ladite année. Il avait épousé en 1342, *Isabiel* Ricouwart que nous avons encore trouvée mentionnée dans un acte de l'échevinage de Saint-Brice du 3 août 1398. C'était une fille de Jakemes Ricouwart et de Maroie Makait. On la trouve nommée Billon, parmi ses frères et sœurs, dans une charte de la cité de Tournai datée de 1327. Feu Amaury Louys de la Grange aux Ormes a publié des extraits curieux du testament de Hues Dommeries. Nous avons nous-même pris dans cet acte ce qui suit : Le testateur ne donne que le prénom de sa femme. Il nomme sa sœur Maigne Dommeries ; ses neveux, Leurin, Hues et Grart Le Flamenck ;

(1) Archives de Tournai. *Greffe de Saint-Brice*, Chirographes, Layette de 1323. — Bibliothèque de Tournai. *Ms. CCXXVII*, folio 370 *(ancien)* ou 343 *(moderne)*.

(2) Archives de Tournai. *Cinquième registre de la Loi*, (N° 134), folio 30, *recto*.

son neveu, Colart Piétart, qui reçoit un heaume, un bachinet avec kamail et colerette, un harnas de Chambli (1), pans et manches et les bonnes plates, les meilleurs bras de fier et les avant-bras ; un quiseu et un poulain des meilleurs, un wantelait ; — Colart Buche eut un bachinet à kamail de fier de Chambli, la meilleure des cottes de fier (2), une colerette, un wantelait de fier, sorlers, quisseus et greves dachier et un jaque s'il veut le prendre ; — M^{tre} Jak de Lauwe eut un fort kamail dachier, une cotte de fier, un sorisos et un wantelait ; — Jehan de Leuwe eut un esmail de pierles ; — aux enfants de Daniel Le Louchier, de Jehan Cotriel et de Jakemart Le Flamenc, furent faits aussi des legs.

3° KATHERINE *Domeries* morte avant 1339, femme de *Jehan* VILLAIN dit le Cras, fils de Colart (Nicolas) Villain, qu'elle avait épousé en 1327 ;

4° MARGHERITE *Domeries*, mariée à *Jaquemes* LE FLAMENCK ;

5° JEHANE *Domeries*, femme de *Colart* (Nicolas) BUCHE ;

6° MAIGNE *Domeries*, femme de *Colart* PIÉTART.

II. *Jehan* DOMERIES, seigneur d'Omeries, etc., mourut de la peste en même temps que sa femme, que sa fille aînée et que Margherite de Hiertaing, sœur de sa femme vers la Saint-Martin d'Hiver (11 novembre) 1349, selon le compte de l'exécution de son testament, rendu en 1355. Il avait épousé *Katherine* DE HIERTAING, fille de Jak de Hiertaing, le père. Ils eurent :

1° JEHANNE, morte de la peste en novembre 1349 ;

2° MAIGNE *Domeries*, héritière dudit lieu, morte le 31 juillet 1409 (3). Elle avait épousé *Mahieu* D'ESTRAYELLES par contrat du 3 juin 1362 (4). C'était le fils cadet de Caron *d'Estrayelles*, seigneur de le Baillerie en Esquelmes-sur-Escaut, etc., et de Marie *de Maire*, demoiselle tréfoncière de Maire-lez-Tournai. Mahieu d'Estrayelles mourut le 13 janvier 1385 (86 n. st.). — Ces époux furent inhumés dans l'église

---

(1) Eude *de Chambli* fut un célèbre armurier, peut-être issu des sires de Chambly.

(2) Nous avons toujours trouvé ridicules les historiens qui donnent le surnom de *Côte de fer* au roi anglo-saxon, Edmond II, qui se revêtait d'une cotte de fer.

(3) ARCHIVES DE TOURNAI. *Testaments*. Paquet de 1409.

(4) Idem. *Contrats de mariage*.

de Saint-Jacques à Tournai où se voyait leur épitaphe (1).

C'est par le compte de curation des biens de Arnould-Louis *Bernard*, écuyer, seigneur du Moulin (à Fretin) et de la Baronnie de Taintegnies que nous avons trouvé le prénom de Margherite Dommeries, femme de Jaquemes Le Flamenck. Dans la partie très-considérable consacrée aux Archives de la famille Bernard de Taintegnies, est analysé un acte passé pardevant les Bailli et échevins de la seigneurie du Carnoit au Mont-Saint-Aubert. Par cette charte, datée du 10 novembre 1344, Hues Dommeries et Isabeau Ricouwarde, sa femme; Colart Piétart et D^{lle} Maigne Dommeries, sa femme; Jaquemes le Flamenc et D^{lle} Marguerite Dommeries, sa femme vendent à Jehan Dommeries, leur frère, tous les héritages a eux échus par la mort de Jehan Dommeries, leur père, de Jehanne Desplechin, leur mère, et de feue Catherine, leur sœur, femme de Jehan Villain, et tous les héritages qu'ils pouvaient avoir dans la juridiction de ladite seigneurie du Carnoit (2).

L'héritier de Maigne *Domeries* fut son fils cadet *Mahieu* d'Estrayelles qui mourut le 9 avril 1429, après avoir été reçu bourgeois de Tournai le 16 août 1409, année de son mariage avec *Isabiel* Bourgois dont le testament fut approuvé à Tournai le 7 décembre 1423 (3). Mahieu qui avait été juré, éwardeur et échevin de Tournai, à plusieurs reprises de 1404 à 1425 ne laissa pas d'enfants et son frère aîné, sire Caron fut son hoir féodal. Celui-ci, qui fut second prévôt de Tournai en 1422-23, testa le 13 mars 1449 (50 n. st.) et mourut à Tournai, paroissien de Saint-Jacques, le 7 octobre 1453 (4). D'Amalrica, dite Mourée *de Quartes*, sa seconde épouse, naquit Jacques d'Estrayelles, seigneur de Mouchin, lez-Orchies, d'Omeries, etc., qui épousa D^{lle} Agnès *Grebert* dont le testament fut approuvé à Tournai le 22 décembre 1488. La dame d'Omeries déclara vouloir être enterrée à Saint-Jacques,

---

(1) Bibliothèque de Tournai. *Ms. CCXXVII*, folio 343, numéro moderne.

(2) Archives de Tournai. *Comptes d'exécution testamentaire*, etc., Compte rendu en 1724, folio 180, *recto et verso*.

(3) Idem. *Neuvième registre de la Loi*, folio 15, *recto*. — *Testaments*, Paquet de 1423.

(4) Archives de Tournai. *Testaments*. Paquet de 1453.

dans la Chapelle de la Conception, devant l'autel Budée. Jacques d'Estrayelles, que nous trouvons souvent qualifié sire Jacques, ne fut pas juré de Tournai en 1491 et échevin de Saint-Brice en 1492 et 1505, comme il nous est peut-être arrivé de le dire d'après des notes erronées, car c'est à son oncle Jacques et aux dates de 1391, 1392 et 1405, que ces magistratures doivent être attribuées. Jacques, le neveu, testa le 13 juin 1496 et mourut avant le 27 dudit mois. Il n'eut pas de descendance légitime, mais de ses servantes. Catherine *de Templeuve* et Calotte (Catherine) Buée ou Buec, il laissa des bâtards dont plusieurs furent légitimés (1). De ceux-ci furent Caron et Micquiel (2). Ce dernier, qui était mineur encore le 4 février 1509 (1510 n. st.), avait pour tuteurs Pasquier Tévelin, Guillaume de Landas et Gilles Le Micquiel, demeurant à Lille. Par acte passé à Gand, le 9 décembre 1531, *Micquiel* D'ESTRAYELLES, seigneur d'Omeries, etc., abandonna ladite seigneurie à Catherine *de Landas*, veuve de son frère Caron, pour obtenir en échange la seigneurie de Mouchin, beaucoup plus importante (3).

Devenue dame d'Omeries, *Catherine* DE LANDAS, douairière de Mouchin pouvait désormais agir en propriétaire. Aussi lorsqu'elle mourut le 27 juillet 1574 en la paroisse de Saint-Jacques à Tournai, son héritier testamentaire fut le quinzième enfant de sa sœur Jehanne de Landas, *Antoine* BERNARD, écuyer.

La famille Dare avait aussi des droits sur une partie d'Omerie. Le 11 septembre 1554, pardevant les hommes de loi de Kain, Honorable personne Jacques Dare, bourgeois de Tournai et y demeurant en la paroisse de Saint-Jacques, d'accord avec son épouse, D^lle Agnès Le Louchier (fille de feu Pierre), fait une donation à leur unique fils, Laurent Dare (4), dont la sœur aînée,

---

(1) Idem. *Cartulaire des rentes dues par Tournai en 1493*, t. I, p. 32.

(2) Caron et Micquiel avaient pour mère, Catherine de Templeuve.

(3) ARCHIVES DE TOURNAI. *Comptes d'exécution testamentaire, tutelle*, etc.,. Compte de la tutelle des enfants du comte de Builleul (de la Maison BERNARD, *à l'épée*), rendu en 1721, paquet du ladite année.

(4) ARCHIVES DE TOURNAI. *Comptes d'exécution testamentaire*, etc., Paquet de 1721. Compte de la curation des biens de feu Arnould-Louis *Bernard*, écuyer, seigneur du Moulin et de la baronnie de Taintegnies, folio 48, *verso*.

Gertrude Dare, avait épousé Antoine *Bernard* nommé plus haut. Malheureusement pour être l'héritier, Laurent Dare se fit protestant et fut évincé de la succession par sa mère, dernière vivante du couple Dare-Le Louchier (1).

Antoine BERNARD, écuyer, seigneur de Taintegnies, d'Omeries, etc., et Gertrude Dare, laissèrent pour hoir féodal aîné, *Pierre* BERNARD. Celui-ci fut seigneur de Taintegnies et autres lieux, mais Omeries fut attribué à ses sœurs, MARIE et AGNÈS. La première épousa Henri du Mortier, écuyer, seigneur du Sartel (à Wattrelos) et n'en eut point d'enfants ; la seconde ne se maria pas. Le 7 septembre 1630, ces deux dames d'Omeries indivisément firent une donation d'entre-vifs de leurs biens sis à Kain et à Petit-Kain à leur neveu, *Arnould* BERNARD, écuyer, dixième enfant de leur frère Pierre.

Arnould BERNARD devint aussi seigneur de Taintegnies et mourut à Tournai, paroissien de Saint-Jacques, le 17 août 1679, après avoir épousé dans ladite église, le 30 mai 1648, Yolande *de Formanoir de Merlain*. Il laissa, entre autres enfants, deux fils prénommés Louis-Arnould, mais dont l'aîné était désigné comme LOUIS et le second comme ARNOULD. Celui-ci était le septième enfant. Il hérita de son frère Louis, mort sans alliance, et mourut lui-même en la paroisse de Saint-Jacques à Tournai, le 24 février 1723, dernier hoir mâle de la branche des Bernards dite de Taintegnies, et n'ayant eu que deux filles mortes avant 1723, de l'union qu'il avait contractée à Saint-Piat de notre ville, le 26 septembre 1690, avec Marie-Jeanne-Thérèse *de Gaest de Warcoinbel*.

Omeries fut alors acquis par *François-Dominique* DU MORTIER, conseiller assesseur, garde-scel au Bailliage de Tournai et Tournaisis, qui mourut à Tournai, dans la paroisse de Sainte-Marie-Magdeleine, le 1ᵉʳ juillet 1759.

Philippe-Hubert-Alexandre DU MORTIER, fils du précédent et de Marie-Catherine d'Hellin, échevin de Tournai en 1743, conseiller, lieutenant particulier au siège royal du Bailliage de

---

(1) Idem. *Testaments*, Paquet de 1577. Testament d'Agnès *Le Louchier*.

(2) Idem, *Compte de curation des biens de feu Arnould-Louis* BERNARD, rendu en 1724, folio 68.

Tournaisis, mourut le 13 mai 1764 en la paroisse de Sainte-Marie-Magdeleine où il avait été baptisé le 21 novembre 1713. Il avait épousé à Saint-Brice de Tournai, le 24 octobre 1740, Marie-Rose-Norbertine de Wavrans qui décéda dans notre ville le 24 mars 1810.

On trouve dans l'Essai chronologique pour servir à l'Histoire de Tournai, célèbre ouvrage du fameux Hoverlant de Bauwelaere, au tome LXII, pp. 213 et suivantes, un procès curieux entre M. Alexandre de Gouy d'Anserœul, époux de Catherine du Mortier, et sa belle-tante à la mode de Bretagne, la veuve de Philippe-Hubert-Alexandre du Mortier. Celle-ci gagna la cause, car son adversaire n'était que l'époux de la petite-fille d'Antoine-Joseph du Mortier, l'un des frères aînés de François-Dominique, acquéreur d'Omeries que nous avons vu plus haut.

Depuis lors, Omeries appartint à M. Scarsez, à M. Desmons-Scarsez, à M. Delacenserie, à M. Bérard, à M. Kerkove-Castelain et à M. Kerkove-Mesplomb. Actuellement, c'est la maison-mère de la Congrégation des religieuses de la Sainte-Union des Sacrés-Cœurs, jadis à Douai.

Dans le milieu du XVIII° siècle, le censier d'Omerie qui prenait la qualité de Bailli était Pierre *Mercier*, natif de Mourcourt. Il mourut le 13 janvier 1769 et fut enterré dans l'église de Kain. De sa femme, Anne-Jeanne Delecroix, décédée en janvier 1771, il avait des enfants. Ce doit être un de ses fils que Pierre-Joseph *Mercier*, aussi natif de Mourcourt et censier d'Omerie, dont l'épouse Eléonore-Josèphe Wicart, native de Marquette près de Lille, mourut le 10 février 1777 et fut inhumée dans la prédite église.

En 1795, le château d'Omerie était loué 591 francs 37 centimes et la ferme 691 francs 44 centimes, plus cinquante hectolitres de houille (1).

AUMONT. — Lieu dit sis à Ere, lequel avec un autre lieu nommé *le Frasniel* fut vendu à la ville de Tournai par Jehan de Haudion, le 17 juillet 1293. La charte d'achat se trouve au Chartrier de Tournai.

AUMOSNIER (L'). — Martin *Laumosnier*,

(1) Hoverlant de Bauwelaere. *Essai chronologique*, t. LXII, p. 152.

homme de fief de Hainaut à Viès-Condet (Vieux-Condé) en 1551 portait pour armoires *D......au chêne arraché d......* La légende de son scel était : S. Martin Laumonnier. En 1721, vivait Jehan *Lasmonier*.

AU PATIN. Ce nom vient assurément d'une enseigne. *Symphorien* Au Patin fut échevin de Lille en 1499, et en 1604, *Pierre* Au Patin était à Tournai, « hostelent » de l'Aigle d'or. Cet hôtel situé dans la rue de Pont avait issue dans la rue Catrice (1). Au Patin fut marié deux fois. Il épousa en premières noces, Marguerite *Plouvier* et en secondes, Agnès *De Steenwerper*, veuve de feu Jean Le Maire et fille de Guillaume De Steenwerper (en français Le Frondeur), procureur-général de la ville de Tournai, et de Barbe van Bouchout. Cette seconde union fut célébrée en l'église de Saint-Quentin, le 15 janvier 1620, et le 14 juillet 1622, l'épousée était déjà morte. Elle laissait quatre enfants. D'abord Antoine et Catherine Le Maire dont les tuteurs étaient Jacques Le Maire et Guillaume de Steenwerper, procureur-général; puis Guillaume et Barbe Au Patin, tous deux au berceau.

Le testament de Pierre au Patin approuvé à Tournai, le 18 juillet 1644, à l'Echevinage de Saint-Brice, nous fait connaître les enfants nés de son premier mariage, Georges, Jean et Marie Au Patin.

Pierre Au Patin fut échevin de Saint-Brice en 1616 (2).

AU POCH. — Ce nom patricien signifiant Au Pouce provient, sans doute, d'une difformité. La famille Au Poch porte *D'or à la croix pattée et alésée de pourpre.*

Jehan *au Poc* fut échevin de Tournai en 1265, 66 et Maïeur en 1272-73. Il avait épousé Dame Ogivain, selon un chirographe de 1267 (3).

Rogier *au Poc* était décédé laissant une fille, Agnès au Poc vivante en 1292 (4).

La famille Au Poch paraît originaire du pays

---

(1) Archives de Tournai. *Comptes d'exécution testamentaire.* Compte du testament de Guillaume du Pret, censier de le Pillerie à Kain, rendu en 1604.
(2) Idem. *Registre des Consaulx*, Reg. N° 201, folio 154, *verso.*
(3) Arch. de Tournai. *Chirographes de la Cité*, Layettes de 1265, 66, 67 et 72.
(4) Idem, ibidem. Layette de 1292.

de Dossemer où elle se refixa à la fin du XIV⁰ siècle. Ce fait est cause de la solution de continuité existant dans la filiation.

I. N...... au Poc laissa trois enfants légitimes ; savoir :

1° Nicolas Vilain AU POC, qui suivra, II ;

2° Thumas AU POLC ou AU POSCH, qui suivra, IIbis ;

3° Margherite fut veuve avant 1300 de *Henri* dou Casteler. Elle laissa entre autres enfants, Sire Jakemes dou Casteler, prêtre, chapelain perpétuel en l'église cathédrale de Notre-Dame de Tournai. Celui-ci testa deux fois : Le 11 septembre 1359 et le 10 avril 1364. Dans ces testaments, il fait connaître son oncle Thumas au Posch et son cousin Jehan, fils dudit Thumas (1).

II. *Nicolas* Vilain au Poc possédait le fief du Casteler au village d'Anechin (Néchin) et avait des terres à Templeuve-Dossemer. Il fut échevin de Saint-Brice en 1277 et de la Cité de Tournai en 1278, 83, 86, 88, 90, 91, 92, 96, 97 et 1308. En 1289, il était maïeur des échevins, et il fut juré en 1280-81. Nous le trouvons aussi l'un des rewarts de la Bonne Maison de le Val en 1295, époque où son collègue était Michel de Froïane (2). Par un acte de donation passé le mercredi avant la fête de Saint-Jean-Baptiste en l'année 1301 (21 juin), nous apprenons qu'il avait épousé *Maroie* N...... et qu'il avait pour sœur, Margherite, veuve de Henri dou Casteler (3). — Il fut père de deux enfants qui suivent :

1° Jehan Vileniel AU POCH, qui suivra, III.

2° Margherite, morte avant 1301, avait épousé *Gilles* Maket dont elle avait eu une fille : Maryen *Makette*.

III. *Jehan* Vileniel ou Vilain au Poch, seigneur du Casteler, etc., épousa avant 1280, une sœur de Gilles Païen le jeune et de Colart Païen (4). Il fut père de cinq enfants qui suivent :

1° Jehan AU POCH, l'aîné, qui suivra, IV ;

---

(1) Idem, ibidem. Layette de 1300. — *Testaments*, Paquets de 1359 et 1364.

(2) Idem. *Chirographes de Saint-Brice*. Layette de 1277 ; *Chirogr. de la Cité*. Layettes de 1278, 88, 95, 96, 97.

(3) Idem. *Testaments, donations*. Paquet de 1301.

(4) Le mariage est mentionné en 1306. L'épouse était-elle une sœur germaine des frères Païen ? Nous ne le savons pas ; mais en 1308, nous trouvons Jehan *Au Poch*, marié à D^{lle} Aelis *Dolenghien*, fille de D^{lle} Aelis Daulenghien (van Avelghem). *Chirographes de la Cité de Tournai*, Layettes des années susdites.

2° JEHAN *au Poch*, le jeune, prénommé Hanekin et dit « menredans » ou mineur d'ans, dans l'acte de donation fait par son aïeul en 1301, est cité avec ses deux frères dans un acte de 1318. Il mourut avant 1355, ayant eu pour femme, *Margherite* DESPLECHIN ou *d'Esplechin*, fille de Watier et sœur d'autre Watier et de Jehan Desplechin (1).

Il en laissa un fils, savoir :

A. *Watier* AU POCH, qui est dit neveu de Jehan Desplechin dans un acte de 1382 (2).

3° JAKEMES *au Poch*, prénommé Jakemin en 1301, est cité avec ses frères Jehan, l'aîné, et Jehan, le cadet, dans un chirographe de 1318. C'est peut-être lui qui épousa une fille de Jehan de Mortagne, drapier, suivant un acte de l'an 1350 (3) ;

4° N... *au Poch*, femme de *Gilles* D'ESTAIMBOURG ;

5° MAROIE *au Poch* (4).

IV. *Jehan* AU POCH, l'aîné, seigneur du Casteler, est nommé dans des actes de 1310, 18, 24, 26, 34. Par le chirographe de 1326, on apprend qu'il a pour fille, Dame Sarain au Poch, religieuse au Sauçoit, lez-Tournai, et qu'il a pour parents, sire Jakemes dou Casteler, Simon de Princes, Jehan au Poc, fils de Thumas et de D^{lle} Katerine de Bourgiele (5). Selon un acte de 1343, il avait épousé une fille d'Adrien, dit le Camus de le Loquerie. En 1342, il donna à bail à Jehan au Poch, dit Godart, deux bonniers et demi de terre gisants à Templeuve, lez-Dossemer (6).

Jehan laissa quatre enfants :

1° JEHAN *au Poch*, clerc, nommé avec ses frère et sœurs dans un acte de 1338 (7). Nous ne savons si c'est lui, son père ou son cousin qui fut reçu bourgeois de Tournai à la volonté du gouverneur, le 15 juin 1333 (8) et qui en 1346 fut échevin de Saint-Brice ;

2° JAKEMES *au Poc*, clerc ;

3° SARE, dit Sarain *au Poch*, nonne en l'abbaye du Sauçoit, est nommée dans des chirographes

---

(1) ARCH. DE TOURNAI, *Chirogr. de la Cité*. Layette de 1318, et *Chirographes de Saint-Brice*, Layette de 1355 ; *Chirographes de la Cité*, Layette de 1381.
(2) Idem, *Chirographes de la Cité*, Layette de 1382.
(3) Idem, *Chirographes de la Cité*, Layettes de 1318 et 1350.
(4) Idem, ibidem. Layette de 1318.
(5) Idem, ibidem. Layettes de 1310, 18, 24, 26, 34.
(6) Idem, ibidem. Layettes de 1342 et de 1343.
(7) ARCH. DE TOURNAI. *Chirog. de Saint-Brice*. Layette de 1338.
(8) ARCHIVES DE TOURNAI, *Troisième registre de la Loi* (N° 132), fol. 9, recto.

de 1326 (cité), 1338 (Saint-Brice) et 1354 (cité).

4° N. *au Poch*, femme de *Jehan* DE RUMES et mère d'Ernoul *de Rumes* (1).

II^(bis). *Thumas* AU POLC, *au Poch* ou *au Pok* fut bourgeois de Tournai et échevin de cette ville 1281, 1292. 1293, 1303-4, 10 et 12 (2). Il épousa *Magritain*, dite aussi *Maigne* DOU FRAYSNOIT et en obtint, au moins, trois enfants, savoir :

1° JEHAN AU POCH, qui suivra, III ;

2° THUMAS *au Poch*, marié à Katerine de Bourghielle, qui lui donna un fils :

A. *Jehan* AU POCH.

3° MAROTE ou MARIE *au Poch* (3).

III. *Jehan* AU POCH, dit *du Ploïs* était seigneur du Ploïch ou Plouy à Templeuve en Dossemer. Il est mentionné, avec ses père et mère, dans le testament fait par son cousin, sire Jakemes dou Casteler, le 10 avril 1364. Il épousa vers 1335, *Margherite* LE MUISIE, veuve avec un fils de Jakemes le Paret et fille de Pierre *Le Muisi*, échevin de Saint-Brice, et de Katherine N......, remariée à Jehan Floket, bourgeois de Tournai et propriétaire du manoir Floket à Vezon. Jehan mourut avant 1355 et sa femme lui survécut (4).

C'est sans doute de ce *Jehan*, dit *du Ploïs* que descendaient *Jacques* AU POCH, époux avant octobre 1472, de D^(lle) Marguerite *de le Hamaide* (5) et *Jaspard* AU POCH ou OPOCHE, écuyer, seigneur du Plouich et des Parqueaux (à Templeuve-lez-Dossemer) qui vivait au milieu du XVI° siècle et était fils d'un autre Jehan. D'après d'anciens Mémoriaux, c'était un homme d'un caractère sombre et chagrin. Son existence est rappelée dans le compte du testament de feu Pierre Hovine, censier d'Allain, rendu le dernier février 1588. Il épousa *Mariette* ou *Marie* D'ESTRAYELLE, l'une des filles naturelles que Jacques *d'Estrayelles*, écuyer, seigneur de Mouchin, etc., avait eues par sa servante, Catherine *de Templeuve*. De ce mariage, vinrent deux filles :

1° BARBE *au Poch*, damoiselle héritière du

---

(1) Idem, *Chirographes de la Cité*, Layette de 1326 ; *Chirographes de Saint-Brice*, Layette de 1338.

(2) Idem, *Chirographes de la Cité*. Layettes de 1281, 1304, 10, 12.

(3) Idem, ibidem, Layette de 1326 ; *Testaments*. Paquet de 1359. Test. de Sire Jakemes dou Casteler.

(4) Idem, ibidem. Layettes de 1355 ; *Chirographes de Saint-Brice*, Layette de 1356 ; *Testaments*. Paquet de 1364.

(5) ARCH. DE SAINT-AMAND lez-EAUX. Série FF. Layette FF, 61, actes de 1471 à 1480. Acte du 2 octobre 1472.

Plouïch et des Parqueaux, épousa à Ellezelles en 1543, *Jehan* DE LA HAMAIDE, écuyer, seigneur de Lussegnies (en partie), etc., fils cadet de Jehan *de la Hamaide*, écuyer, seigneur de Lussegnies (à Frasnes, lez-Buissenal) et de Marguerite *des Prets*, dame de Gameraige (1).

Dans le tome I des Notices gén. tournaisiennes, à la page 582, note 3, nous avons mentionné une Barbe Au Poch ou Opiche comme épouse d'un de la Hamaide, à propos d'une autre Barbe Opoche mariée à un Pierre Cottrel : cela se lit dans les généalogies Cottrel et de la Hamaide, publiées dans l'Annuaire de la Noblesse de Belgique que dirigeait alors, au nom du baron de Stein d'Altenstein, le baron de T'Serclaes. Comme à l'époque où parut notre premier volume nous n'étions pas très avancé dans nos recherches, nous ne pûmes faire d'observations plus amples. Aujourd'hui nous savons que l'épouse de Pierre Cottrel fut Marie au Poch, sœur de Barbe.

2° MARIE *Au Poch* épousa, en premières noces, à Saint-Jacques de Tournai, le 18 février 1555 (56 n. st.), *Pierre* COTTREL, licencié-ès-lois, fils naturel du chanoine Nicolas *Cottrel* et de Béatrix *de le Grave*. Ce personnage ayant été brûlé vif pour cause d'hérésie et ses biens ayant été confisqués en 1566, Marie au Poch convola avec *Luc* CLERBOU ou CLERBOUT, bourgeois de Tournai, mort avant juillet 1583. Selon un acte du pénultième dudit mois, Marie avait pour enfants du premier lit, *Nicolas*, *Pierre*, *Jehan*, *Barbe* et *Marguerite* COTTREL, dont l'aîné était majeur et tuteur de ses freres et sœurs avec Jacques de Haluwin, écuyer. Les enfants du second lit nommés dans le même acte, sont *Franchois* et *Marie* CLERBOU dont les tuteurs étaient leurs oncles d'alliance, Martin Briquier « machon » ou sans doute architecte, et Jehan Ségard.

Il y eut des *Au Poch* qui furent artisans à

(1) Selon les filiations erronées de la Maison DE LA HAMAIDE, Jehan *de le Hamaide*, écuyer, seigneur de Luchin, etc., aurait eu de son épouse, Valentine *de Velaine*, un fils prénommé Jehan, qui aurait épousé Barbe Opoche ou Opiche : cela est faux. Les seuls enfants de Valentine de Velaine furent : 1° *Philippe* DE LE HAMAIDE, seigneur de Luchin (à Camphin en Pèvele), de Nieuregies (à Havinnes), etc., domicilié à Rumes en 1540 et mort sans postérité de son mariage avec Quintine Le Sellier ; 2° *Marguerite* femme de Jehan *Ballet* ; 3° *Anne*, femme de Simon *de Landas*, seigneur de Preux, d'Ivergnies, etc., 4° *Jehanne*, femme de Nicolas *du Pret*, seigneur de Triettres ; 5° *Catherine*, mariée à Jacques *de Boulongne*, seigneur du Moulinel et bailli de Cysoing, mort le 6 mai 1540.

Tournai. Nous citons comme exemple, Jehan au Poc, tisserand de drap en 1315, année où un autre Jehan était chaussetier ; Jehan au Poch, vairier ou fourreur en 1328; Jehan au Poch, drapier en 1371 et Jehan au Poch, tondeur de grandes forces en 1378. Plusieurs d'entre eux se confondent sans doute avec les nombreux Jehan dont nous avons parlé plus haut.

Robert au Poc, domicilié à la « Maselaine » (paroisse de Sainte-Marie-Magdeleine) en 1318 mourut avant 1342, car dans un chirographe de la dite année, sa veuve *Aëlis* de Boussut est citée avec son fils Willaume, et en 1351, nous trouvons sire Willaume au Poch, prêtre, comparaissant dans un acte avec sire Jehan de Maire, curé de « Hersiaus ». — Willaume testa le nuit de Saint-Mikiel (29 septembre) 1360. Il fit un legs à Jehan *Le Povre*, chevalier, domicilié rue « dou Gardin », paroisse de Saint-Brice. Les au Poch, dits *Godart* durent peut-être leur nom à la possession du fief de Godart à Blandain. Ils résidaient à Templeuve ou près dudit lieu en 1340, année où feu Jehan *Au Poch* dit *Godart* avait laissé deux fils : Jakemes et Jehan (1). C'est le dernier qui devint locataire de Jean au Poch, seigneur du Casteler, pour deux bonniers et demi en 1342.

Jehan au Poch dit *dou Busck* avait épousé « *Margrite* Dorque » avant le 20 avril 1352, selon acte passé au greffe de Saint-Brice.

AUREN, AVREN, HAVRON ou HONNEVAING. — Cette cour féodale avait juridiction sur un territoire situé entre Blandain et Froyennes. Elle relevait de la cour de Maire et possédait Maison de cens ou Ferme, Maison de plaids et prison.

En 1226, vivait *Nicolas* de Honnevaing, chevalier (2).

Philippe, évêque de Tournai reconnut par une charte d'avril 1278, que, bien qu'il eut acheté de son cher ami, Jean, seigneur de Mortagne et châtelain de Tournai, toute justice sur sa maison et sur tout ce qui lui appartenait à Hosnevaing

---

(1) Archives de Tournai. *Chirographes de la Cité*. Layettes de 1315, 18, 28, 40, 42, 51, 71, 78. — Le nom patronymique de la veuve de Robert, est donné par un chirographe de Saint-Brice daté du 21 octobre 1347. — *Testaments*. Paquet de 1360.

(2) Archives du Chapitre de Notre-Dame de Tournai.

consistant en 28 bonniers ou environ, il ne pourra pas garder plus de trois jours sans faire justice, quelqu'un qui serait venu se réfugier sur ses terres après avoir commis un crime sur celles du seigneur de Mortagne (1). Une famille du Havron posséda une partie de Honnevain.

Jehan DU HAVRON vendit son fief de Honnevain à *Pierre I* DE PREYS (2). Celui-ci mourut à Tournai dans la paroisse de Saint-Jacques, le 24 février 1556 (57 n. st.). Nous ne savons lequel des enfants de Pierre I de Preys recueillit en héritage le fief du Havron, car dès le XVIIe siècle, nous voyons les *de Calonne de Beaufayt*, les *Hendrick*, les *de la Grange de Nédonchel*, les *Desmartin*, puis les *de Lossy de Froyennes* se qualifier seigneur de Havron, dit Honnevaing, alors qu'au XVIIIe siècle, le Président de Pollinchove prenait le titre de seigneur de Honnevain et du Porcq (à Blandain).

Deux baillis de Honnevain nous sont connus, ce sont Charles *de Hecq* en 1634 et Jean *Taintigny* en 1714, encore celui-ci n'était-il alors que lieutenant-bailli. Plusieurs baillis de Froyennes le furent aussi de Honnevain dit Havron. C'est une erreur de lecture qui a fait écrire AUREN et HAURON.

AUSQUE (D'). — La famille *d'Aux*, *d'Auseque* ou *d'Ausque* est originaire du nord de l'Artois. Elle porte *d'argent à la quinte feuille de sable percée du champ*. Dans le croquis que nous avions donné de ces armoiries nous avions indiqué les hachures, mais le graveur a jugé bon de laisser l'écusson dans l'état où il se rencontre sur les pierres tombales des XVIe et XVIIe siècles.

Jehan DAUX ou DAUSEQUE, chevalier, seigneur d'Aux et d'Oudezeele épousa Michelle *de Harchies*, fille d'Arnould de Harchies, chevalier, seigneur de Milomez, Hallenne, Erquinghem-le-Sec, etc., grand-prévôt de Tournai en 1567, et de Guillemette de Clèves-Ravenstein. Cette dame testa à Lille, le 7 juillet 1618 et fut inhumée à Saint-Jacques de Tournai, le 2 février 1619; son testament fut approuvé le 4 février (3).

(1) Cte DE SAINT GENOIS. *Monuments anciens*, t. I, 2e partie, p. 664, col. 2. — Charte française, Cartulaire de Namur, pièce 86.
(2) ARCHIVES DE TOURNAI. *Comptes de tutelle*, etc... Compte de la tutelle des enfants de feu sire Pierre de Preys, rendu le 13 août 1561.
(3) ARCHIVES DE TOURNAI. *Testaments*. Paquets de 1619.

Noble et discret seigneur Monsieur Maistre *Claude* DAUX ou DAUSQUE, licencié en la Sainte-Théologie, prêtre, chanoine de l'église cathédrale Notre-Dame de Tournai était seigneur de Floïecque, Lusquel, etc., selon un acte du 16 octobre 1621 (1).

AUTEL (CENSE DE L'). — Cette ferme est située à Maulde en Hainaut. Le 18 octobre 1758, mourut à Kain, âgé de 32 ans, Amand-Joseph *Houssier*, natif de ladite paroisse et censier de l'Autel.

AUTEUX ou DES HOTEUX (Fief DES). — Ce fief est situé à Néchin. Il a été l'objet d'un alinéa dans la Notice sur Néchin, publiée par feu Théodore Leuridan, archiviste et bibliothécaire de Roubaix et insérée dans les Bulletins de la Société historique et littéraire de Tournai, tome 25, p. 92. Le chantre de la cathédrale de Tournai était seigneur de l'église de Néchin à cause de sa seigneurie des Hoteux. Cela dura jusqu'en 1649, époque où le prince de Ligne, marquis de Roubaix donna sept bonniers et demi de terre pour avoir ce fief.

AUTHIE (D'). — Cette famille est originaire de la paroisse et commune d'Authie, lez-Doullens. C'est une branche cadette des anciens seigneurs de ce village. Elle alla s'établir à Montreuil-sur-Mer où de ses membres furent du Magistrat, puis elle acquit par des alliances quelques fiefs dans le Hainaut et le Tournaisis. Ses armoiries, *de gueules au chevron d'or, accompagné de trois aiglettes d'argent*, ont été reprises par ses descendants du nom de LE CAPPELIER qui, pour se différencier, firent leurs aiglettes *à deux têtes* et les *becquèrent et membrèrent d'or* (2).

I. *Adrien* D'AUTHIE, écuyer, bourgeois et échevin de Montreuil-sur-Mer, épousa *Jehanne* DE FAUTREL, dame de Frize, lez-Bouchain (3), de Chelers, etc.,. Leur fils suit :

---

(1) Id., *Chirographes et actes divers de la Cité*, Layette de 1621.
(2) La famille LE CAPPELIER porta, primitivement, *D'argent à trois fers de pique en forme de fleur de lis au naturel ou gris de fer*.
(3) Le fief de Frize, dont une partie fut incorporée dans les fortifications de Bouchain, passa des *d'Authie* aux *Le Cappelier* et, de ceux-ci, aux comtes *de Saint-Genois de Grandbreucq*. Il consistait en prairies et droits de pêcherie sur l'Escaut depuis les écluses du Pont de pierre jusqu'au moulin de Ronville. Le revenu en 1727 était de 60 livres, et en 1786, de cent livres.

II. *Jehan* d'Authie, écuyer, seigneur de Frize, etc., épousa *Jehanne* de Lannoy (*aux trois lions couronnés*), dame du Bray (à Rumes) et du Maretz (à Willemeau), fille d'Anthoine de Lannoy, issu d'un rameau bâtard de la famille comtale de ce nom. Leurs quatre enfants suivent :

1° Anthoine *d'Authie*, écuyer, seigneur du Bray, du Maretz, etc., fut bourgeois et échevin de Tournai selon les listes des magistrats que donnent les Registres de la Loi, aux dates de 1539 et 1544. Il mourut sans alliance ;

2° Jehan *d'Authie*, écuyer, prêtre, chapelain des hautes formes de la cathédrale de Tournai, mourut avant février 1580 (81 n. st.), suivant un acte du troisième jour dudit mois passé à l'échevinage de la ville ;

3° Marguerite *d'Authie* épousa *Hugues* Cappelier, homme de fief du comté de Hainaut à Frasnes en 1528, marchand et bailli de Melle en 1529, qui le 9 mars 1525 (26 n. st.) avait acheté une maison sise rue de Pont à Tournai que lui vendirent Marguerite de Gand, veuve de Michiel Cocquiel, dit le Merchier l'aîné, et Jacques Cocquiel, dit le Merchier, son fils. Le 22 septembre 1537, Jehan Desfarvacques, dit Haultgardin et Isabeau Bonte, sa femme, vendirent à « Murgheurite Dautie », veuve de feu Hughes Cappellier, en son vivant brasseur, une maison avec grange, étable, cour, jardin, puits et héritage gisant entre les deux portes Morel. Le 24 septembre 1555, Marguerite d'Authie testa à Rumes pardevant Quintin Alegambe, licencié-ès-lois, conseiller et avocat de l'Empereur, ès bailliages de Tournai et Tournaisis, et bailli-général de la justice et seigneurie de Rumes, Marcq Herman, Anthoine Esclepont, Pierre de Marcques et Anthoine Coutteau, manouvrier, hommes de fief, les échevins étant les susdits Esclepont, Coutteau, de Marcques et Pierre Touvel. Par son testament, ladite demoiselle voulut que sa cense du Vray (*Bray*) comprenant maison, granges, étables, cour, jardin, prés, pâtures, bois et terres labourables, formant ensemble 31 bonniers, le fief y étant de douze cents et demi, serait à son fils Phédricq Capellier (1) ;

4° Christiane ou Chrestienne *d'Authie* épousa

(1) Archives de Tournai. *Testaments*. Paquet de 1555.

Philippe Hennebert, censier du Grand-Marvis (à Hérinnes), seigneur des Morœulx (à Popuelles), marchand-épicier à Tournai en 1538 et 1550, fils de sire Jehan *Hennebert*, maïeur des échevins et grand-prévôt de Tournai à son tour, et d'Agniès Bondifflart.

AUTIGHEM. — Le fief de ce nom dit aussi de la Vieille-Croix est situé à Celles-lez-Molembais et relevait de la seigneurie de la Mouillerie à Anserœul. Il était grand de six bonniers et demi et son propriétaire avait droit de justice haute, moyenne et basse. Il appartint primitivement à la famille flamande *van Autighem* dite *de Haultighem*, dont des membres devinrent bourgeois et marchands à Tournai. Jacques *d'Autighem* vivait en 1565 dans notre ville où en 1581, dame Piéronne *de Autighem* était abbesse de Notre-Dame du Conseil dite Abbaye des Prés porcins ou aux Nonnains de l'ordre de Saint-Victor (1).

Jehan de Haultighem, marchand, demeurant à Valenciennes, vendit ledit fief à *Pierre* Cazier, le 4 juillet 1584 par acte passé pardevant les Bailli et gens de loi de la Mouillerie (2).

En 1636, la cense d'Autighem, avec 28 à 29 bonniers et une petite maison y joignant, était louée à Jean Delbecq, laboureur, pour 480 livres flandres, 20 rasières de froment et 13 razières de soucréon (scourgeon ou orge) comme cela se lit au folio 293 du compte d'exécution du testament de Pierre Cazier, en son vivant greffier des échevinages de Tournai (3).

Au XVIII° siècle, Autighem appartint à Noble Dame *Marie-Albertine* Wasselin de Pronville, morte à Tournai, paroissienne de Saint-Brice, le 13 décembre 1744, veuve depuis le 22 avril 1708, de Henri-François-Albert *de Neufforge*, baron de la Neuville, comte de Thihange, etc.

Un autre fief d'Autighem était tenu du comté du Grandbreucq à Escanaffles. Il consistait en un droit de terrage sur quatorze ou quinze bonniers de terres labourables. Ce fief *en l'air*, qui nous paraît avoir appartenu aux *de Monnel* est mentionné dans l'acte

---

(1) Arch. de Tournai. *Actes divers de la Cité*, Layettes de 1565 et 1581.

(2) Archives de Tournai. *Comptes d'exécution testamentaire*, etc., Compte du testament de Pierre Cazier, rendu le 21 octobre 1636, fol. 106.

(3) Idem, ibidem.

de partage passé au greffe de l'Echevinage de Saint-Brice à Tournai en 1754 entre les comtes de Sainte-Aldegonde-Noircarmes. Il fit partie du lot adjugé au comte Philippe-Charles-Alexandre.

AU TOUPET. — Cette famille de bouchers tournaisiens devait être dévouée à la France car son sceau porte *une hure de sanglier couronnée, accompagnée de trois fleurs de lis*. Nous n'en connaissons pas les émaux.

I. *Jehan* AU TOUPET, le boucher ou le Macekelier fut reçu bourgeois de Tournai en 1280 (1) et fut échevin de cette ville en 1282. Nous l'avons trouvé cité dans un chirographe de 1278 (2) et au folio 15, verso du Registre des Faides ou des Paix et trèves. En 1284, il avait pour beau-frère un personnage prénommé Mikius ou Mikiel (3). Cette circonstance nous porte à croire qu'il fut père du suivant :

II. *Mikiel* AU TOUPET qualifié seigneur dans certains actes a dû être prévôt de Tournai. Nous l'avons trouvé échevin en 1332, 33, 34 et 35, juré en 1339, 41, 45, 48 et 50 ; éwardeur et connétable pour la paroisse de Saint-Pierre en 1332. Il avait acheté sa bourgeoisie pour 40 sols le 25 novembre 1320. Son fils légitime suit :

III. *Jehan* AU TOUPET, boucher, releva sa bourgeoisie comme fils de bourgeois le 24 mai 1350 (4). Il fut esliseur à Saint-Pierre en 1364, éwardeur en 1371, 74, 77, 79, 81, 84 et 86. Il mourut avant avril 1394, laissant veuve *Jehenne* DANECHIN ou DE NÉCHIN, fille de Jehan (5). De ce mariage, contracté en 1349, vinrent un grand nombre d'enfants dont trois survécurent ; ce sont :

1° JEHAN AU TOUPET, qui suivra, IV.

2° JEHANNE *au Toupet*, née vers 1364, épousa en 1380, *Sohier* GROUL, boucher, bourgeois de Tournai par relief fait le 14 mai 1381, qui fut second prévôt de la ville en 1423-24. Elle mourut veuve à Tournai, le 18 août 1438 (6), et gît à Saint-Brice devant l'autel de Sainte Catherine.

3° COLART ou NICOLAS *au Toupet*, l'aîné,

(1) ARCHIVES DE TOURNAI. *Fragment d'un registre de la loi.*
(2 et 3) ARCHIVES DE TOURNAI. *Chirog. de la Cité*, Layettes de 1278, 1282 et 1284.
(4) Id., 5ᵉ Registre de la Loi (N° 134), fol. 233, *recto*.
(5) Idem, *Chirographes de Saint-Brice*, Layette de 1394.
(6) Id., *Testaments*. Paquet de 1438. Testament fait le 17 août 1483, approuvé le 20. — Une annotation tirée des comptes généraux dit, par erreur, que Jehanne mourut le 26 janvier 1436 (37 n. st.)

boucher, fut reçu bourgeois de Tournai comme fils de bourgeois le 22 avril 1394 (1). Il était boucher et devint échevin de Saint-Brice en 1400, remplaçant Willaume Dennetières, décédé. Nous le trouvons ensuite éwardeur dans ledit échevinage à diverses reprises de 1401 à 1431 et juré de la ville en 1402, 8, 9, 10, 12, 13. 17, 18, 22, 24, 29 et 30. Il épousa en 1393, *Agnès* KAKIN, *Caquin* ou *Quaquin*, fille de Jacques *Quaquin* et de Jehanne *de le Motte* (2). En 1409, il était membre de la confrérie de l'Hôpital dit de Saint-Jacques à Tournai (3). Le 15 janvier 1420 (21 n. st.) par un jeudi, Colart et sa femme se ravestirent (4). Colart testa dans la paroisse de Saint-Brice le 25 novembre 1431 et mourut avant le 12 décembre, jour où son testament fut approuvé. Nous remarquons dans cet acte, le legs d'un signet d'or valant six écus qu'il fit à son neveu Sohier au Touppet lequel avait sans doute le goût des livres. Nicolas n'avait pas de postérité légitime, mais il laissa une fille naturelle :

A. *Catron* ou Catherine *au Touppet* (5).

IV. *Jehan* AU TOUPET, boucher fut reçu bourgeois de Tournai comme fils de bourgeois dans l'année de son mariage, le 19 juillet 1384 (6). Il fut du Magistrat comme éwardeur en la paroisse de Saint-Pierre en 1393, 96 et 98, mourut en 1400, année de peste et fut remplacé dans ses fonctions par Jehan de Tuns. Il épousa *Maigne* ou *Marie* CAQUIN, comme le prouve le Cartulaire des rentes dues par Tournai de 1404 à 1414, aux folio 6, *verso*, et 26, *recto*. Elle lui donna les cinq enfants légitimes qui suivent :

1° JEHAN *au Toupet*, boucher releva sa bourgeoisie de Tournai, le 24 novembre 1412 (7). Il fut juré de la ville en 1413, 14, 26, 27, 33, 34, 35, 36, 37. 39 et 40 ; éwardeur à Saint-Brice en 1422, 23 et 37, échevin dudit lieu en 1423, 24, 28 et 29 et maïeur des échevins en 1429, 30, 32, 33. Il mourut le 15 octobre 1442 (8). Nous n'avons pu trouver le nom de sa femme, épousée

---

(1) Idem. *Huitième registre de la Loi*, fol 8, *recto*.
(2) Id., *Chirographes de la Cité*, Layette de 1410. Agnès *Caquin* vivait encore eu 1437.
(3) Id., ibid., Layette de 1409.
(4) Id., *Chirog. de Saint-Brice*, Layette de 1420.
(5) Id., *Testaments*. Paquet de 1431.
(6) Id., *Sixième registre de la Loi*, fol. 129, *verso*.
(7) Id., *Neuvième registre de la Loi*, fol. 17, *recto*.
(8) Id., *Comptes généraux de Tournai*.

avant le relief de sa bourgeoisie. Toutefois nous voyons par le testament de D^lle Marie de Moriaumès fait en la paroisse de Saint-Brice, le 6 août 1426 et y approuvé le 16 août, que cette demoiselle, veuve du célèbre jurisconsulte Jehan Boutillier et de Jehan de Haluin, écuyer, avait eu de sa seconde union, une fille, *Marie* DE HALUIN, mariée à Jehan au Touppet le Jeune, fils du maïeur des échevins de Saint-Brice, et que de cette union était né Haquinet au Touppet. D'un autre côté, nous lisons dans les Comptes généraux sous la date de 1428, que Jehan au Touppet, fils de feu Jehan était père d'un fils naturel nommé Haquinet qu'il avait obtenu de ses relations avec D^elle Marie de Moriaumez. — Nous lisons dans le Cartulaire des rentes dues par Tournai de 1404 à 1414, folio 26 *verso*, qu'en 1413-14, Jehan au Touppet, fils de feu Jehan et de Maigne Caquine avait 28 ans. Cela met sa naissance en 1385, ce qui coïncide bien avec le mariage de son père dont il était le premier né. Il avait donc 57 ans environ lors de son décès. Son testament fait le 12 octobre 1442, fut approuvé le 17 dudit mois. En plus de ses parents survivants, il parle dans cet acte de ses trois enfants naturels qui sont :

Enfants nés de Catherine *Le Pesqueresse* :
A. *Haquinet* AU TOUPPET;
B. *Phlippotte* AU TOUPPET.

Fille née de Colle *Le Marissielle* :
C. *Belotte* ou Isabelle AU TOUPPET (1).

2° JEHENNE *au Toupet*, née vers 1389 est dite âgée de 23 ans en 1413 (2), Elle épousa avant 1420, *Mahieu* POTTRIE ou *Potterie*, qui convola avec Jehenne Doisiaurieu, veuve de Jehan Daudemeriel dit Mauplacquet.

3° COLIN ou COLART *Au Toupet*, le Jeune est ainsi surnommé à cause de son oncle Colart l'aîné, son contemporain. Il jura sa bourgeoisie de Tournai, le 30 avril 1423 (3), dans l'année de son mariage avec D^elle *Marie* CANONNE, fille d'Anxiel *Canonne* et de D^elle Gille *Grigore* (4). Colart au Touppet, le Jeune fut éwardeur en la paroisse de Saint-Pierre en 1424-25 et échevin de Tournai en 1425-26. Il était né vers 1394 (5) et mourut sans postérité

---

(1) Id., *Testaments*. Paquet de 1442.
(2) Id., *Cartulaire des rentes dues de 1404 à 1414*, fol. 32, recto.
(3) Id., *Dixième registre de la Loi*, fol. 20, recto.
(4) Id., *Chirographes de la Cité*, Layettes de 1423 et 1425.
(5) *Cart. des rentes dues par Tournai de 1404 à 1414*, fol. 26, verso.

avant l'année 1439, époque où sa femme était remariée avec Josse de Lattre (1);

4° Sohier AU TOUPET, qui suivra, V;

5° Simone *au Toupet*, née vers 1397, mourut veuve avant le 8 juin 1463, jour où fut approuvé à Tournai, le testament qu'elle y avait fait le 28 décembre 1442 (2). Elle avait épousé *Jehan* Touart ou de Touwart, apothicaire et marchand épicier, bourgeois de Tournai par achat fait pour cent sols tournois le lundi, dernier jour de février 1417 (1418 n. st.). Ce personnage fut éwardeur pour la paroisse de Notre-Dame en 1433 et 35. On trouve l'acquisition de sa bourgeoisie au folio 13, recto, du dixième registre de la Loi. Il était fils de Colart de Touwart, né à Touwart dans Capelle en Pèvele et y résidant,

V. *Sohier* au Toupet naquit à Tournai vers 1395 (3) et y fut admis à la bourgeoisie le 2 juillet 1431 (4). Il fut marié deux fois. Sa première femme est nommée dans le testament de son oncle, Colart au Toupet, l'aîné, et y est dite décédée avant novembre 1431. Elle se nommait *Catherine* Poutrebacq. Et la seconde, d'après un chirographe de la cité, daté du 23 novembre 1439, fut *Catherine* Le Merchier. Sohier et sa seconde femme étaient morts avant cette dernière date, car le même chirographe indique Jehan au Toupet; Jehan de Thouart, espissier, époux de D^{lle} Simonne au Toupet; Josse de Lattre, époux de D^{lle} Maigne Canonne, veuve de feu Colart au Toupet, et Oste le Merchier (5), comme tuteurs de Haquinet et Maignon, enfants du second mariage dudit Sohier. Ses deux enfants suivent :

1° Haquinet ou Jehan AU TOUPET, qui suivra, VI.,

2° Maignon ou Marie-Magdeleine *au Toupet*.

VI. *Haquinet* ou *Jehan* au Toupet, marchand détailleur de draps releva sa bourgeoisie de Tournai dans l'année de son mariage, le 1er juin 1461. Nous n'avons plus trouvé trace de la famille au Toupet dans les archives de Tournai après cette date.

---

(1) Archives de Tournai. *Chirog. de la Cité*, Layette de 1439.
(2) Idem. *Cartulaire des rentes dues par Tournai en 1405-6*, fol. 6. verso. — *Testaments* Paquet de 1463.
(3) Id., *Cartulaire des rentes dues en 1405-6*, fol. 6. verso.
(4) Sohier *au Toupet* paya 50 sols parisis pour n'avoir pas relevé sa bourgeoisie dans l'année de son mariage.
(5) Oste *le Merchier* était contemporain de Oste *Coquiel* dit *le Merchier*.

Un *Jehan* AU TOUPET, surnommé Le Blon est dit par un chirographe de la Cité daté de 1283, époux de la sœur de Mahius de Lestokoit. Serait-il téméraire de croire que ce Lestokoit ait été oncle et parrain de *Mahius* AU TOUPET qui racheta sa bourgeoisie de Tournai pour 30 sols le 17 décembre 1320? — En 1331, Mahius *au Toupet*, Jehan de Malines et Jehan Roberie, tous les trois bouchers devaient 90 livres tournois à Monseigneur Eustasse de Montigni, chevalier. Le même Mahius ou Mathieu est nommé dans un chirographe de 1323 avec son frère Jehan *au Toupet*(1).

Un *Nicaise* AU TOUPET releva sa bourgeoisie de Tournai le 4 janvier 1342 (43 n. st.). Il est qualifié boucher dans un chirographe de la Cité daté de 1350 (2). Il fut père de *Jehan* AU TOUPET, qui releva sa bourgeoisie le 14 juillet 1378, assurément dans l'année de son mariage (3).

Un *Pierre* AU TOUPET avait pour femme, D^{elle} *Maigne* VITOULLE. Ces époux moururent avant 1366, laissant un fils prénommé JEHAN (4), époux de *Marie* N...

Un second *Pierre* AU TOUPET vivant en 1333, avait épousé *N*.... DE BRAIBANT, l'une des filles de Katherine Noblette (Noblet). Il fut juré de Tournai en 1355 et échevin de la ville en 1362. 63, 70, 71 et 72.

Nous constatons qu'un *Jacquemart* AU TOUPET, boucher, fils de Piéron, jura sa bourgeoisie de Tournai, le 4 septembre 1388 (5).

Hanette AU TOUPPET, dite fille mineure de Pierre au Touppet en 1363, pourrait être sœur de Jacquemart (6).

Jehan AU TOUPPET, fils Piéron, nommé dans des actes de 1370 et de 1399, comme fils de Piéron, puis comme fils de feu Pierre, fut échevin de Tournai en 1379 et 1382. Il épousa D^{elle} Biétrix *de Phalempin*, sœur de Jehenne de Phalempin, morte avant 1385, épouse de Jaques Coteriel. Dans des actes, nous avons trouvé le prénom de Jaques substitué à celui de Jehan pour l'époux de Béatrix.

(1) Idem. *Chirographes de la Cité*. Layettes de 1283, 1323 et 1331. — *Premier registre de la Loi* (N° 130).
(2) Id., *Cinquième registre de la Loi* (N° 134), fol. 55, verso, — Chirographes de la Cité, Layette de 1350.
(3) Id., *Sixième registre de la Loi*, fol. 23, verso.
(4) Id., *Chirographes de Saint-Brice*, Layette de 1366.
(5) Id., *Cinquième et Sixième reg. de la Loi*. Magistratures. — *Septième registre de la Loi*, fol. 16, recto.
(6) Id., *Chirographes de la Cité*, Layette de 1363.

Cela est certainement une erreur car si Jaques au Touppet avait été marié en 1385, il n'aurait pu relever sa bourgeoisie en 1388, mais aurait dû la racheter. Nous n'avons pas trouvé la date du relief de la bourgeoisie de Jehan au Touppet, mais peut-être fut-elle omise dans les inscriptions au sixième registre, ou l'avons-nous passée sans la remarquer dans nos recherches : cela est possible.

Jaquemart ou Jaques AU TOUPPET testa le 10 septembre 1400 et mourut le même jour car son testament fut approuvé le lendemain. Il voulut être enterré dans le cimetière de la paroisse de Saint-Pierre. Nous voyons par son testament, que son frère se nommait Jehan ; que Jehan était père de Haquinet au Touppet lequel reçut de son oncle, un jaserand, un bachinet à camail et une grande hache ; qu'un autre Jehan au Touppet, fils d'un autre Jehan reçut une grande épée à deux mains. Il existait alors un Haquinet Noblet, dit au Touppet qui présenta le testament aux échevins étant assisté par sire Jacques de Puyvinaige, curé de Saint-Pierre (1). Ce Noblet pourrait être le père du suivant.

Mikiel AU TOUPPET, dit Noblet, vivant en 1440(2), devait se rattacher à la descendance de Pierre au Touppet, gendre de Katherine Noblette.

En 1400, vivait *Catherine* AU TOUPPET, veuve de Jehan de Soubrechies, le père (3).

Le 23 juillet 1421, fut approuvé le testament fait le 20 dudit mois par Evrard *Despiere* et Mengne *au Touppet*, sa femme, qui furent tous deux enterrés dans l'église de Saint-Pierre en Tournai. Ils avaient eu pour filles, Marie *Despiere*, morte épouse avec enfants, de Colart *de Bary*, et Hennette ou Jehanne *Despiere*, encore vivante (4).

AUTREPPE. — Ce nom d'une commune du canton de Dour en Hainaut s'applique aussi à deux hameaux des terroirs de Blicquy et d'Ormeignies. Au dix-huitième siècle, ces hameaux étaient fiefs. L'un appartenait à la famille Charlez qui s'en surnomma et qui devait y demeurer avant d'aller habiter Wiers et Callenelle.

Autreppe en Ormeignies fut vendu, en 1904

---

(1) Id., ibidem, Layettes de 1370, 1399. — *Testaments*. Paquet de 1400.
(2) Id., *Chiroy. de la Cité*, Layette de 1440.
(3) Id., ibid., Layette de 1400.
(4) Id., ibid., *Testaments*, Paquet de 1421.

ou 5, aux Pères blancs d'Algérie par le Comte de La Barre d'Erquelines.

AUTRIVE ou AUTRYVE. — La paroisse d'Autryve dans le canton d'Avelghem, Flandre occidentale, eut des seigneurs de son nom. Leur famille, qui existe encore sous le nom de *van Autryve*, porte des armoiries de concession au lieu de l'écusson *d'azur au lion d'argent* qu'eurent ses glorieux ancêtres. La raison en est qu'elle a demeuré durant le cours des siècles dans de petites villes ou des communes rurales dont les archives ont disparu en partie. De là provient dans la filiation, une solution de continuité désormais irréparable si un hasard des plus rares ne vient point fournir les documents indispensables pour la combler. Ce cas se rencontre pour maintes familles chevaleresques tombées en roture par infortune ou négligence et à qui il ne reste qu'un beau nom pour preuve de la haute situation qu'eurent leurs aïeux.

Les D'AUTRIVE possédèrent aussi une terre enclavée dans le territoire de Pottes en Hainaut, mais tenue du Comté de Flandres. Ce fief a pris leur nom et avait la qualification de terre franche de Flandres. En son Armorial de Tournai et du Tournaisis, F.-J. BOZIÈRE a placé sous le nom *d'Autrive*, une famille DUBOIS qui fut jadis la famille *du Bos dit d'Audenarde* et s'est alliée aux Savary, aux du Molin, Scrytsche, Le Brun, de Bary, Testelin, Bourgeois et Restiel ou Rastiel (1), de Lesplucq et de Bolloy (2).

Voici ce que nous savons sur les anciens sires d'Autryve : 1124, 1138. Elnard *de Oterive*. — 1219. Rogier *de Hauterive*; 1231, Henri *de Hautherive*; — 1236 Jehan *d'Autryve*, fils de feu Bauduin, fils de Henri sire d'Autryve. En ladite année, Jehan était marié (3).

1287. Bauduin *d'Autrerive*, chevalier est l'un des légataires de Willaume de le Porte, bourgeois de Tournai (4).

1325, 14 janvier 1326 (n. st.). Un écuyer nommé Ghérars *de Hautrive*, avec la complicité

---

(1) *Notices gén. tourn.*, t. III, p. 469.
(2) ARCH. DE TOURNAI. *Chirographes de la Cité*, Layette de 1519.
(3) Ch. PIOT. *Cartulaire d'Eenham*, pp. 25, 100, 161, 190, 192 et 193.
(4) ARCH. DE TOURNAI. *Testaments*. Testament de Willaumes de Le Porte. Paquet de 1287.

de Colin des Campiaus, répandait de la fausse monnaie dans Tournai (1).

Jehan Dauterive, écuyer, mort chevalier avant 1371, était seigneur d'Autryve. Il épousa avant 1349, *Aelis* Mouton, fille de Sire Jacquemes *Mouton*, dit Baucant, clerc, échevin de Saint-Brice en Tournai, peut-être prévôt de Tournai à son tour, etc, et de Aelis *Naicure*. Ils eurent sept enfants, savoir :

1° Riquewars ou Richard *d'Auterive*, écuyer, bailli de Douai en 1381 (2);

2° Jehan *d'Auterive*, écuyer;

3° Rogier *d'Autrive*, écuyer en 1378, chevalier en 1388, épousa avant 1383, *Marie* de Floraing, veuve avec une fille de Jacques de Wannehaing, écuyer, seigneur dudit lieu. et fille de Martin *de Floraing* (issu sans doute des seigneurs primitifs de Floraing sous Taintegnies) et de Maigne ou Marie-Magdeleine *Hocquet* (3); Rogier mourut avant le 24 avril 1402 (4).

4° Katherine *d'Auterive* épousa avant 1378, *Jehan* Gobiert, fils de feu Grard, issu de la famille des seigneurs de Corbion au Mont-Saint-Aubert (Hainaut), (5);

5° Marguerite *d'Auterive* épousa *Alart* de le Borguerie, écuyer, seigneur dudit lieu à Luingne (Flandre occidentale);

6° Biétris *d'Auterive*;

7° Fierin ou Olivier *d'Auterive*, écuyer.

Les deux derniers étaient mineurs le 4 juin 1371, sous la tutelle de Pierre Derbaudrenghien et de Colart, dit Bridoul de Calonne (6).

Jehan d'Auterive, le père, avait pour frère, *Rogier* d'Auterive, écuyer, bailli d'Ypres, qui fut tué à Gand en 1378 (7). Nous ne savons quel fut le père de *Hostes* ou *Ostes* Dauterive, écuyer, qui épousa *Jehanne* de Wannehaing, damoiselle héritière dudit lieu. Celle-ci en devint veuve avant 1407 et convola avec Gilles *de Le Cessoye*, écuyer. Comme

---

(1) Idem. *Premier Registre de la Loi* (N° 130), partie ii (N° 130b), fol, 262, *verso*. — C'était sans doute, des monnaies du roi Philippe IV le Bel.

(2) G. Demay. *Inventaire des Sceaux de la Flandre*, t. ii, N° 4993.

(3) Arch. de Tournai. *Testaments*. Paquet de 1383. Testament de Maigne Hocquette (Hocquet).

(4) Idem. *Chirographes de la Cité*, Layette de 1402.

(5) Idem, ibidem. Layette de 1378.

(6) Idem, ibidem. Layette de 1371.

(7) Kervyn de Lettenhove. *Istore et Chroniques de Flandre*. Bruxelles, Hayez, 1880, in-4°, t. 2 p. 163.

elle n'eut d'enfants survivants que du second lit, ce fut ainsi que la seigneurie de Wannehaing passa aux de Le Cessoye et, par mariages successifs, de ceux-ci aux de Landas, aux d'Ennetière et enfin aux de Lalaing de la Mouillerie et de Thildonck, qui en possèdent encore le domaine utile. Jehanne de Wannehaing était la fille du premier lit, de Marie de Floraing épouse de Rogier d'Auterive, le neveu qu'on a vu plus haut (1), comme fils d'Aelis Mouton.

En 1304, vivait *Ames* ou *Amé* DAUTERIVE, dit *de Biernes*, d'après un lieu dit situé près d'Escanaffles, et en 1318, nous trouvons *Biertoul* DAUTERIVE (2).

1343. Feu *Jehan* DAUTERIVE laissait veuve *Marguerite* N..... Leur fils Bertrand et leur fille Katherine suivent :

1° BERTRAND *Dauterive*, mort avant 1403, épousa en premières noces, *Maigne* LE FAUSSE (*Le Faux*), morte avant 1361 ; et, en secondes noces, *Isabiel* DAUTERIVE, veuve de Jacquemes Hanousie mort avant 1359.

Du premier lit :

A. *Katherine* DAUTERIVE, mariée avant 1381 à Jorge RUFFIN, de Cambrai (3).

Du second lit :

B. *Hanekin* ou *Jehan* DAUTERIVE, marchand crassier ou de savon, graisse et huile en 1403, qualifié aumucheur en 1409, épousa avant le 19 février 1403 (1404 n. st.), *Jehanne* THUEPAIN, dit PETIT, sœur de Pierre et fille de Jehan *Thuepain*, dit *Petit* et d'une femme ayant pour armoiries une bande de cinq losanges (4). Nous n'avons pas trouvé sa postérité.

C. *Katherine* DAUTERIVE épousa avant 1409, *Jehan* LE FRANCQ, taintenier de wedde ou de gaude.

2° KATHERINE *Dauterive* épousa avant 1347, *Jehan* MORIAU ou MORIEL, dit *au Poch*, qui, en 1381, était le procureur de son neveu par alliance Jorge *Ruffin* (5).

Nous avons encore trouvé concernant ce nom :

---

(1) ARCH. DE TOURNAI. *Chirographes de la Cité*, Layette de 1407.
(2) Idem. *Chirographes de Saint-Brice*, Layettes de 1304 et 1318.
(3) Idem. *Chirographes de la Cité*, Layettes de 1343, 1403, 1361. 1359 et 1381.
(4) ARCH. DE TOURNAI. *Chirographes de la Cité*, Layettes de 1403 et 1409. — BIBLIOTHÈQUE DE LA VILLE. Ms. CCXXVII, fol. 416.
(5) ARCH. DE TOURNAI. *Chir. de la Cité*, Layettes de 1409, 1347 1381.

1296. Jehan DAUTERIVE, époux de la fille de Rogier *Anxiel*.

1315. *Jakemes* Dauterive et sa femme *Marguerite* WAROKIER se ravestirent.

1346. 20 juillet. Feu seigneur « *Climent* » PETILLON avait pour neveux et nièces : 1° Jehan DORQUE dit *Petillon*; 2° Jakemes *Petillon*, frère du précédent; 3° Maruen DORQUE, sœur desdits et femme de Jehan *dou Busch*, dit au Poch; 4° Jehenne DORQUE, sœur desdits et femme de *Jaquemes* DAUTERIVE; 6° Katherine DORQUE, sœur desdits et femme de Jehan Wikave ou Wikane? (1).

1365-66. *Lotart* ou *Gilles* DAUTERIVE, l'un des neuf hommes de la Foulenie.

1393. *Jehan* DE HAULTERIVE, dit *Picart*.

1453. Sohier *de Haulterive*, noble écuyer (2).

Mathius DAUTERIVE releva sa bourgeoisis de Tournai comme fils de bourgeois le 14 avril 1344, et *Biertremieus* (Barthélemy) DAUTERIVE en fit autant, le 4 octobre 1350 (3).

AVELAIN ou AVELIN. Ce fief avec bois était situé à Taintegnies. Il tenait de tous côtés aux terres du chapitre de la Cathédrale de Tournai. Son nom lui vient de ce qu'il fut possédé par des seigneurs issus de la Maison chevaleresque qui eut pour fief d'origine la commune d'Avelin (Nord, France). Une branche cadette de cette Maison devint bourgeoise à Tournai tout en ayant encore des terres en Avelin et le fief, dont nous parlons ici, qu'elle dénomma désormais pour toute la durée du régime féodal. Plus tard ce fief passa des *d'Avelin* aux *des Aveules* par mariage, puis des *des Aveules* aux *Bernards* (à l'épée), par achat.

Avelain relevait de la Vicomté d'Hérinnes, lez-Pecq. Il avait pour seigneur en 1683, *Philippe-François* BERNARD ET DU BOIS, prêtre, baron de Taintegnies Celui-ci présenta le 18 décembre de la dite année, rapport et dénombrement d'Avelain à son suzerain, Louis-Joseph *Damman*, écuyer, vicomte d'Hérinnes (4).

(1) Id., ibid., Layettes de 1296, 1315, 1346.
(2) Id., ibid., Layettes de 1393 et 1453. — *Liste des Magistrats*, 6ᵉ Reg. de la Loi.
(3) Idem. *Cinquième registre de la Loi* (N° 134), folio 78, *verso*, et 252, *recto*.
(4) ARCH. DE TOURNAI. *Comptes d'exécution testamentaire*. Compte de curation des biens de feu Louis-*Arnould* BERNARD DU MOULIN, seigneur de la baronnie de Taintegnies. Paquet de 1724.

AVELIN (D'). — Cette famille porte : *D'azur au sautoir d'or chargé de cinq guses* (tourteaux de gueules) *dont une en cœur.*

I. *N.* D'AVELIN, seigneur en Avelin, lez-Lille, eut au moins trois enfants légitimes, qui suivent :

1° GÉRARD D'AVELIN, qui suivra, II ;

2° JEHAN *d'Avelin*, teinturier paraît dans des actes de 1287, 1299, 1309, passés au greffe de la Cité de Tournai, et de 1305 et 1314, passés au greffe de Saint-Brice. Il épousa avant 1305, une fille de Pierre *de Tresin*. Nous n'avons pas trouvé sa descendance.

3° MARGHERITE *d'Avelin* morte avant 1320, avait épousé en premières noces, *N.* TRIKART, et en secondes noces, Jakemes *Sandrart*, qui avait convolé avec Marie Moriel et était mort avant 1326 (1). Du premier lit, vint, Agniès Trikarde, qui épousa Jakemes Le Vilain, de Saint-Piat, et du second lit, vint Agniès Sandrarde, qui épousa Jehan des Aveules, teinturier.

II. *Grart* ou *Gérard* D'AVELIN, bourgeois et damoiseau de Tournai est mentionné dans le Registre de Faides ou des Paix et Trèves, au fol. 25, recto. Nous le retrouvons dans des actes de la Cité, datés de 1308, 1318 et 1331. Son testament fut fait en avril 1323 (1324 n. st.). Il désigna pour exécuteurs testamentaires, Colart de Saint-Piat ; Margherite Le Flamenghe, dou Berfroit, mère de Willaumes Le Flameng, et Angniès, sa nièce, femme de Jakemes Le Vilain, de Saint-Piat. De son épouse, *Juliane* N.... (2), il avait obtenu entre autres enfants, les quatre qui suivent :

1° JAQUEMES D'AVELIN, qui suivra, III.

2° N.... *d'Avelin* épousa avant 1322, Jehan DE LEUZE, le Jeune, bourgeois de Tournai par rachat le 7 décembre 1322 (3), drapier de son métier, fils de Jehan *de Leuse*, l'aîné et de Marguerite *Wibiert*, sa première femme. De cette alliance, est issue la famille patricienne des *de Leusc* dont les ancêtres devaient êtres aux XIIe et XIIIe siècles, maires héréditaires de la ville de Leuze.

3° KATHERINE *d'Avelin* épousa en 1325, Jakemes COLEMER, bourgeois de Tournai par relief fait le 3 janvier 1325 (26 n. st.). Il était fils de Jak

---

(1) Idem. *Chirographes de la Cité*, Layettes de 1287, 1299, 1309, 1320, 1326 ; *Chirog. de Saint-Brice*, Layettes de 1305 et 1314.
(2) ARCH. DE TOURNAI. *Testaments*, Paquet de 1323.
(3) Id., *Premier registre de la Loi* (N° 130), fol. 152, *verso*.

Colemer et, dans l'année de son mariage, il fut nommé l'un des tuteurs de sa belle-sœur. Annecon ou Agnès d'Avelin (1).

4° AGNIÈS *d'Avelin* vivait encore en 1355. Comme nous avons trouvé un chirographe de Saint-Brice daté du 15 décembre 1352, où un Jehan *de Baelly* est dit serourge de Jaquemes d'Avelin et qu'il vient au troisième rang, c'est-à-dire à la suite de Jehan de Leuze et de Jaquemes Collemer, nous le croyons époux d'Agnès d'Avelin (2).

III. *Jaquemes* D'AVELIN, propriétaire de fiefs en Avelin et à Taintegnies, bourgeois ds Tournai par relief fait le 9 juillet 1325 (3) fut « taintegnier de wedde » ou teinturier de gaude. Il fut aussi du Magistrat de Tournai comme éwardeur et voir-juré à Saint-Jacques en 1332, 33, 34 et 38 ; juré en 1333, 34, 35, 36, 37, 38, 39, 40, 42 ; échevin de la ville en 1341, 44, 47, 49, 50, 53 et 56 ; maire des échevins en 1352 ; deuxième prévôt en 1355, et délégué aux receptes en 1348. Nous le trouvons encore connétable à Saint-Brice en 1332, à moins qu'il ne s'agisse là de Jaquemes Davelin, le charpentier. Sire Jaquemes *d'Avelin* prit part au tournoi des XXXI rois donné en 1331. Sous le nom de *Roi Erech*, il est le douzième de la liste. Il fut marié deux fois. Sa première femme fut *Jehanne* PAÏEN, fille de Jehan *Païen*, selon un acte de 1325 (4), et prénommée Jehanne, selon un chirographe de 1351 (5). La seconde, épousée avant 1345, fut *Angniès* DE CONDET, sœur de Jehanne de Condet, veuve de Willaume de Kevaucamp. Voici les enfants de Sire Jaquemes :

Du premier lit ;

1° MAIGNE ou MARIE-MAGDELEINE d'Avelin, citée dans des actes de 1338, 1351, 1386 et 1392, épousa, en premières noces, avant 1351, *Jaques* DES AVEULES, teinturier, bourgeois de Tournai par achat fait pour 50 sols, le 30 août 1349 (6), élu de la paroisse de Saint-Jacques en 1364-65, juré en 1364-66, mort peu après, fils de Jehan

---

(1) Id., ibid., fol. 243, *verso*.
(2) Id., *Chirog. de la Cité*. Paquet de 1355 ; *Chirog. de Saint-Brice*. Paquet de 1352.
(3) Id., *Premier registre de la Loi*, fol. 217, *verso*
(4) ARCH. DE TOURNAI, *Chirog. de la Cité*, Layette de 1325.
(5) Id., ibid., Layette de 1351.
(6) Id., *Cinquième registre de la Loi*, fol. 198, *recto*.

des Aveules et d'Angniès Sandrart, fille de Jakemes Sandrart, et de Marguerite Davelin; et en secondes noces, *Jaques*, dit Rifflart DE CALONNE, écuyer, châtelain du château de Dossemer pour le roi de France en 1378, puis chevalier, seigneur de Calonne, mort assassiné le 23 juillet 1385, dans la rue de Courtrai, entre la rue des Fossés et la rue Dame Odile à le Take (1). Il était veuf en premières noces de Marie d'Antoing dite de Briffuel et de Florench, et était fils de Colart *de Calonne*, écuyer, et d'Agniès don Pret. Le fils du premier lit de Maigne d'Avelin épousa la fille du premier lit de Jaques de Calonne, comme on le verra à l'article DES AVEULES.

2° JEHAN *d'Avelin* mourut vers 1382-83. Un chirographe de la Cité nous montre Noble homme Mg^r Jaques des Aveules, chevalier, seigneur de Floreng. etc., Théri Prévost et Jacques de Bailli exécutant son testament (2).

Du second lit :

3° ISABIEL *d'Avelin* épousa en 1351. *Ernoul* ou *Arnould* TUSCAP, bourgeois de Tournai par relief fait le 16 mai 1352, esliseur à Saint-Jacques en 1366-67, éwardeur en la même paroisse en 1383-84, y décédé avant ou en 1387, fils de Willaumes *Tuscap*, bourgeois de Tournai, et de Maigne *de le Cambe*, dite *Boins a feme* ; dont postérité alliée aux familles Hanocque, Alous, de Grantmont, de Le Chambre (van der Camere) et Savary (3).

4° JEHANNE *d Avelin* épousa avant 1386, *Jehan* WARISON, bourgeois de Tournai par rachat fait pour 4 livres tournois, le 18 février 1389 (90 n. st.) à cause qu'il n'avait pas relevé dans l'année de son mariage. Jehan Warison fut juré de la ville en 1392, 93, 94, 96 et 1401, éwardeur en 1398 et 1402. Il mourut le 28 août 1402 et Jak Desplancques le remplaça dans sa fonction. C'était un fils de Sire Jehan *Warison*, qui fut second prévôt de la ville en 1352, et de Maigne *de Trit* (4).

(1) Id., *Septième reg. de la Loi*, 1384-1393, folio 189, recto; 24 juillet et 9 août 1385.

(2) Id., *Chirog. de la Cité*. Layette de 1383.

(3) ARCH. DE TOURNAI. *Cinquième registre de la Loi* fol. 254, recto. — *Testamens*. Paquet de 1345. Testament de Jehanne *de Condet*, veuve de Willaumes de Kevaucamp. Cette demoiselle fait un legs à sa nièce, Isabelle *Davelin*.

(4) Id., *Septième registre de la Loi*, fol. 17, recto — *Chirographes de la Cité*, Layette de 1386.

Jakemes DAVELIN, le carpentier acheta sa bourgeoisie de Tournai pour 50 sols paresis, le 23 octobre 1343, et paraît en un acte de 1348. Il épousa soit une des Rosières, soit une de Rassoncamp, et en tous cas, une personne alliée à ces rameaux de la Maison de Maulde. En 1386, sa fille, *Jehanne* DAVELIN, dite *le Carpentière*, était veuve de *Bauduin* DU CASTELER et avait pour parents, Simon, des Rosières et Jaques de Rassoncamp. Elle convola avant 1392, avec *Jaques* CARON, qui fut échevin de Tournai en 1393. Celui-ci mourut avant le 15 mars 1402 (1403 n. st.) et Jehanne vivait encore en 1406 (1).

AVENELLES (D'). — Quand le premier des d'Avenel, — Norman-Ulric reçut la vie, — l'étoile à ses destins unie — brilla dans la voûte du ciel. Telle est une traduction des premiers vers d'une de ces ballades improvisées ou recueillies par Sir Walter Scott et introduites dans les splendides romans de ce grand homme. Si ce célèbre écrivain a cru inventer un Roland d'Avenel, nous en avons trouvé un réel, chronologiquement antérieur d'un siècle et demi à son ombre écossaise. Il vivait à la fin du XIV* siècle et au commencement du XV* en Hainaut et à Tournai. Il était vrai normand de Normandie, comme furent les de Briouze (of Bruce), les de Percy (of Piercy), les de Bailleul (of Balliol). Ses armoiries sont : *De gueules à trois aiglettes d'argent*.

Le 19 avril 1421, noble homme Roland *du Gardin*, écuyer, seigneur de Lannoit (dans Hollain) vendit à noble homme *Roland* D'AVENIELLES, écuyer, une maison qui avait appartenu à Jaques Brassart et qui était sise à Tournai, rue au Viel ou au Veau, aujourd'hui rue des Bouchers-Saint-Jacques. Roland *d'Avenelles* qui mourut avant 1426 (2), avait épousé Damoiselle Catherine *du Ploïch*, veuve de Noble homme Jehan du Plasnoit, écuyer, seigneur du Plasnoit (à Thieulain), etc., et mère de Hanette ou Jehanne *du Plasnoit* (3). La famille du Plasnoit était un rameau cadet de

(1) Id., *Cinquième reg. de la Loi*, fol. 78 *verso* — *Chirog. de la Cité*, Layettes de 1386, 1392, 1402 et 1406.

(2) ARCH. DE TOURNAI. *Chirographes de la Cité*, Layettes de 1421 et 1426.

(3) Dans la seconde moitié du XV* siècle, le Plasnoit ou Plesnoit (lieu planté de *planes* ou *sycomores*) était possédé par une branche cadette de la Maison de Maulde.

la Maison de Ligne. — Il est à remarquer que les épouses du Roland réel et du Roland imaginaire furent prénommées Catherine.

AVESNES (D'). Il ne peut être question de l'illustre Maison D'AVESNES qui donna des comtes souverains au Hainaut, des reines à l'Angleterre. et à la Germanie, un prince à l'Achaïe, des comtes souverains à la Hollande et à la Frise occidentale, car sa généalogie appartient à la Grande Histoire et nous ne nous occupons que de la très-petite. Les familles d'*Avesnes*, ou dites d'Avesnes que nous donnons ci-dessous, sont d'origine bourgeoise aussi loin que nous avons pu les remonter. La dernière qui fit partie de la Noblesse tournaisienne s'appelait primitivement *Mahieu* et date son premier degré de la fin du XVI° siècle.

Première famille. ARMES : *D'azur à trois épées d'argent mises en bandes, les pointes basses ; au chef de gueules chargé de trois étoiles à cinq rais d'argent rangées.* Cimier : *une étoile à cinq rais d'argent entre deux proboscides de gueules et d'azur.* Support *à dextre, un lion.* Tenant *à sénestre, un homme sauvage.*

Ces armoiries se lisent sur un sceau attaché à une quittance donnée par Jaques d'Avesnes en 1407. Les émaux sont fournis par l'épitaphe dudit Jaques en l'église de Saint-Jacques à Tournai où les armoiries étaient peintes. F.-J. Bozière en son Armorial de Tournai et du Tournésis dit les épées mises *en barre* et donne aux étoiles 6 raies, soit 6 rayures ou 6 poissons plats, au lieu de 6 rais ou rayons.

I. *Jehan* DAVESNES, le taintenier ou teinturier vivait à Tournai en 1282 (1). Son fils suit :

II. *Gontier* DAVESNES, teinturier, bourgeois de Tournai, conseiller pour la guerre en 1313-14, l'un des trente maïeurs en 1315, 16, 17, 18, 19, 20 et 21, fut échevin de Saint-Brice en 1315, 16, 19 et 20. Il mourut avant 1325, ayant été marié deux fois. Sa première femme fut *Aelis* DE PIESNES (van Peene), sœur de Mikiel, de Jakemes et de Willaumes de Piesnes ; la seconde fut Marguerite dont le nom patronymique est ignoré.

Gontier était contemporain d'un Jehan *Davesnes*

---

(1) L'épouse de ce Jehan *Davesnes*, prénommée Isabelle testa en février 1312 (1313 n. st.). Leur fille unique avait épousé Jehan *Dostich* ou d'Ostiches.

« parkeminier », qui fut peut-être son frère (1). Les enfants de Gontier suivent au nombre de sept; ce sont :

Du premier lit :

1° Mikiel DAVESNES, qui suivra III ;

2° Jehan *Davesnes* testa le lundi avant le jour Saint-André, 28 novembre 1328. Dans son testament, tous ses frères et ses sœurs sont nommés (2) ;

3° Maroie *Davesnes*, femme de *Mahieu* Fachon ;

4° Jehane *Davesnes*, femme de *Jehan* de le Kokerie ;

Du second lit :

5° Jakemes *Davesnes;*

6° Gontier *Davesnes* jura sa bourgeoisie de Tournai comme fils de bourgeois le 10 octobre 1348 (3) ;

7° Odile Davesnes.

III. *Mikiel* I Davesnes, teinturier racheta sa bourgeoisie de Tournai, le 11 décembre 1324 (4). Il fut nommé l'un des cinq hommes à le boulle (experts de la teinture à chaud) en 1335-36. Sa femme, épousée avant 1324, fut *Coulombe* Le Pouletière, fille de Colart *Le Pouletier* et de N... *Lenfumé*. Devenue veuve vers 1339, elle convola avec Jehan de Saint-Genois, teinturier. En 1355, ses quatre fils Davesnes avaient pour frère et sœur, mineurs d'ans, Hanekin (Jehan) et Coulombine de Saint-Genois (5).

Mikiel I Davesnes laissa quatre fils ; savoir :

1° Jehan *Davesnes* releva sa bourgeoisie de Tournai, le 11 août 1347 (6), année où il avait épousé *Katherine* Le Muisi, fille de Jehan *Le Muisi* et de Juliane *Villain*. Il fut éwardeur dans la paroisse de Saint-Jacques en 1355, 73, 74, 75, 76; échevin de Tournai en 1358, 59, 61, 71, 74, 75, 76, 77, 78; esliseur dans la paroisse de Saint-Jacques en 1367-68; l'un des quatre procureurs de la ville en 1368-69; juré en 1370-71, 72, 73, 74. Il testa le 22 avril 1383 et son testament fut approuvé le lendemain de son décès, le lundi, 7 septembre de la même année. Il fut père de cinq enfants légitimes et d'un fils naturel. Les six enfants suivent :

A. *Hanekin* ou Jehan Davesnes mourut avant

(1 et 2) Arch. de Tournai. *Testaments*. Paquet de 1328.
(3) Id., *Cinquième registre de la Loi* (N° 134), fol. 197, verso.
(4) Id., *Premier registre de la Loi* (N° 130), fol. 194, verso.
(5) Id., *Chirographes de la Cité*, Layettes de 1339 et 1355.
(6) Id., *Cinquième registre de la Loi*, fol. 150, verso.

1383. Il est rappelé dans le testament de son père;

B. *Katherine* DAVESNES mourut le 8 septembre 1400 (1). Elle avait épousé *Jaques* LE MIQUIEL, fils de Willaumes. Ces époux se ravestirent en 1388 et 1393. Jaques Le Miquiel dut mourir peu après et Catherine convola en 1397 avec Gossart Le Douch fils de Gossart avec qui elle passa un acte de ravestissement, le 16 janvier 1398 n. st. — Gossart ou Gossuin Le Douch, qui releva sa bourgeoisie de Tournai le vendredi 8 novembre 1398, fut l'un des administrateurs des biens de la Confrairie Notre-Dame, établie en l'église de Saint-Jacques à Tournai, et devint échevin de cette ville en 1405, 7 et 8 (2);

C. *Maigne* DAVESNES épousa en 1368, *Jaquemes* CAUWELIER, dit *Caulier*, bourgeois de Tournai par relief fait le 6 juillet 1369, endéans l'année de son mariage (3). C'était un fils de Jehan *Cauwelier* et de Katherine *de Rumes*. Maigne fut veuve avant 1412 et mourut en 1430 (4);

D. Dame *Coulombe* DAVESNES, religieuse à Ath, mourut le 4 avril 1418 (5);

E. Dame *Jehane* DAVESNES, aussi religieuse à Ath, mourut le 13 juillet 1438 (6).

Le fils naturel fut :

F. *Pierre* Davesnes.

2° MIKIEL II *Davesnes*, teinturier racheta sa bourgeoisie de Tournai pour dix écus le 3 octobre 1354, car il ne l'avait pas relevé endéans l'année de son mariage (7). Il épousa *Jehanne* DE MOUCHIN et mourut avant le 4 octobre 1360, jour où son testament fut approuvé (8). Il désigna ses trois frères comme exécuteurs de ses dernières volontés. Sa femme testa en faveur de leurs quatre filles, le 10 octobre 1360 (9), et désigna son frère, Jehan de Mouchin, comme l'un de ses exécuteurs testamentaires. Leurs cinq enfants suivent :

A. *Colart* ou Nicolas DAVESNES demeura céliba-

---

(1) ARCH. DE TOURNAI, *Comptes généraux*.

(2) Id., *Chir. de la Cité*, Layettes de 1388, 1393 et 1397. — 8e *Registre de la Loi*, fol. 12, verso.

(3) Id., *Sixième Registre de la Loi*, fol. 18 verso.

(4) Id., *Cartulaire des rentes dues de 1405 à 1406*, fol. 69, recto; — *Cart. des rentes dues en 1422*, fol. 38, verso. — Maigney figure avec sa sœur, Dame Jehane, au fol. 39, recto. Elles sont désignées comme filles de feu Jehan. — Comptes généraux, pour le décès.

(5 et 6). Id., *Comptes généraux*.

(7) Id., *Cinquième Reg. de la Loi*, fol. 257, recto.

(8 et 9) Id., *Testaments*, Paquet de 1360.

taire ce qui ne l'empêcha pas d'être éwardeur à Saint-Jacques en 1397 et 1401, et aussi juré en 1402. Il mourut en fonction et fut remplacé par Gilles Le Moulekinier. Son testament fait le 10 décembre 1402 et approuvé le 12 décembre après décès, donna lieu à un compte d'exécution qui ne fut rendu que le 15 décembre 1405 (1). Il ne laissa qu'un bâtard prénommé comme certain oiseau échassier ; ce fut :

a. Butor Davesnes.

B. *Maigne* Davesnes épousa avant 1382, *Vinchent* Le Flameng, teinturier, puis détailleur de draps, éwardeur pour la paroisse de Saint-Quentin, au lieu de Colard Croquevilain décédé, en 1400, 1403, 11, 13, 16 et 22. Il mourut en 1422 et fut remplacé le 23 novembre par Miquiel de Crespelaines. C'était un fils de Pierre *Le Flameng*, bourgeois de Tournai, et de Biétris *Dare* (2) ;

C. *Margot* ou *Marguerite* Davesnes épousa en 1379, *Colart* ou Nicolas Ghontier, dit de Hornut, le fils tanneur, échevin de Saint-Brice en 1384, 1396 et 98, éwardeur pour ladite paroisse en 1397 et 1400, qui avait relevé sa bourgeoisie de Tournai le 7 mars de l'année de son mariage (1380 n. st.). Colart de Hornut, qui mourut le 17 janvier 1400 (1401 n. st.), année de peste, était fils de Colart *de Hornut* ou *Gonthier dit de Hornut* le père, et de Maigne *Tabbarde* (Tabart), morte avant le 22 novembre 1386 (3) ;

D. *Coulombe* Davesnes, morte en décembre 1397, épousa en premières noces, Maistre *Jehan* Bachelier, licencié-ès-lois, mort avant 1388 (4), et, en secondes noces, Maistre *Jehan* Clobart, aussi licencié-ès-lois (5) ;

E. *Hanette* ou *Jehanne* Davesnes.

3° Pieres ou Pierre DAVESNES, qui suivra, IV ;

4° Jaquemes *Davesnes*, teinturier, dut relever sa

(1) Arch. de Tournai. *Testaments*, Paquet de 1402. — *Comptes d'exécution testamentaire*, Paquet de 1405.

(2) Id., *Chirographes de la Cité*, Layettes de 1382 et de 1422.

(4) *Sixième Registre de la Loi*, Fol. 24, verso. — *Chirog. de Saint-Brice*, Layette de 1386. — La généalogie des Ghontier, dit de Hornut demande à être remaniée. Cela provient de ce que le prénom de Colart a été trop employé. C'est ainsi que *Colart le fils* ou *le Jeune* né de Colart le père, né de Colart l'aïeul, a pour oncle à la mode de Bretagne, *Colart l'aîné*, qui, étant sans postérité de Sainte Le Boucq, dite de Brouxielles, fut tué le 5 novembre 1397 (*Registre de cuir noir* fol. 122).

(4 et 5) Arch. de Tournai. *Chirographes de la Cité*. Layettes de 1388, 1390 ; *Chirographes de Saint-Brice*, Layette de 1399.

bourgeoisie à l'époque pour laquelle le Registre de la Loi qui devrait être le vrai sixième et porter le N° 135 dans l'Inventaire manuscrit, n'existe plus au dépôt des archives de Tournai. Nous l'avons trouvé dans la Magistrature comme échevin de Tournai en 1363, 64, 73, 74, 75, 76, 77, 78, 79, 80, 81, 82, 83, 84, 85, 86, 89, 90, 95, 96, 97, 1400, 1401, 2, 5, 6 et 8 ; esliseur à Saint-Jacques en 1366-67; conseiller du prévôt en 1367 68 ; délégué au teint en 1374-1375 ; mayeur des XIII hommes de la Draperie en 1387, 88 ; mayeur de la Cité en 1391, 92, 93, 1407 ; éwardeur à Saint-Jacques en 1371-72, 78-79, 80-81, 82-83, 84-85, 89-90, 91, 94, 99, et 1404 ; juré en 1403, 9. Il décéda juré le 21 décembre 1409 et fut remplacé le 24 décembre par Jehan *Dère* ou *d'Ere*. Jaquemes ou Jaques Davesnes mourut âgé de 75 ans, car il avait 72 ans en 1406 (1). Son testament fut approuvé le 9 février 1409 n. st. (1410). La femme de Jaques fut *Catherine* DE CRESPELAINES dit Haviel qui testa le 12 août 1411 (2). Elle était fille de Gilles *de Crespelaines* et de Marguerite *Haviel*. Les époux Davesnes-de Crespelaines gisent à Saint-Jacques de Tournai, dans la chapelle de Saint-Roch.

IV. *Piérart* ou *Pierre* DAVESNES, bourgeois de Tournai fut membre du Magistrat comme conseiller du gouverneur en 1367-68, esliseur à Notre-Dame en 1368-69, à Saint-Brice en 69-70 ; éwardeur en 1370-71, éwardeur à Notre-Dame de 1372-73 à 1375-76 ; délégué au teint en 1377-78 et 79-80, enfin juré en 1378-79. Teinturier de son métier, il épousa *Angniès* LE FLAMENG, fille de Jehan *Le Flameng* et d'Angniès *Roche*, petite-fille de Jehan Le Flameng, détailleur de drap, juré de Tournai dès 1332. Ce mariage est prouvé par un acte du greffe de la Cité daté de 1362 (3).

Pierre laissa au moins, un fils légitime qui suit, V.

V. *Jehan* DAVESNES, bourgeois de Tournai par relief fait le 30 avril 1400 (4) (ce qui prouve la bourgeoisie de son père), fut du Magistrat comme éwardeur à Saint-Jacques de 1404 à 1411, devint échevin en 1411 et mourut en fonction, le lundi

---

(1) Idem. *Cartulaire des rentes de 1405-6*, fol. 17 verso.
(2) Id., *Testaments*. Paquets de 1409 et 1411.
(3) ARCH. DE TOURNAI. *Chirog. de la Cité*. Layette de 1362.
(4) Idem, *Huitième Reg. de la Loi*, fol. 14, verso.

5 août 1412. Mahieu *Destrayelles* le remplaça. Jehan avait épousé en 1399, *Catherine* Crissembien(Cressimbeni), damoiselle héritière du Ponthois (à Baisieux, lez-Lille), fille de Pierre *Crissembien*, bourgeois de Tournai, teinturier seigneur du Ponthois. etc., et de Marguerite *de Crespelaines* dit *Haviel*. Devenue veuve, Catherine Crissembien convola avec Quintin du Mortier, bourgeois de Tournai (issu des seigneurs de Péruwelz, branche des seigneurs du Mortier à Roucourt). — Jehan Davesnes fut père de cinq enfants :

1° Jaquelotte ou Jacques *Davesnes*, orfèvre.

2° Haquinet ou Jehan *Davesnes*, majeur en 1429 (1), fut père de deux enfants naturels :

A. *Jaquelot* ou *Jaques* Davesnes ;

B. *Margot* ou *Marguerite* Davesnes, religieuse à Beaupret, lez-Grammont en Flandre.

3° Marie *Davesnes*, abbesse de Beaupret avait été déclarée majeure le 8 avril 1423 (2).

4° Catron ou Catherine *Davesnes*, damoiselle héritière du Ponthois avait 28 ans en 1437 (3). Elle épousa, en premières noces, vers 1424, *Jehan*, dit *Bauduin* de Semerpont, écuyer, seigneur de Semerpont (à Warcoing), personnage issu de la Maison de Bourghelles (4). Avant 1443, elle était veuve et convola peu après, avec Sire *Miquiel* (Ghontier dit) de Hornut, bourgeois de Tournai, ancien second prévôt de cette ville et qui en fut prévôt suprême en 1441-42. Il était veuf de *Marie Pietdavaine* et fils de Jehan *de Hornut*, le fils, mercier, et d'Angniès *de Randegnies*. Miquiel de Hornut fut encore souverain prévôt en 1449-50, mayeur des échevins en 1450-51 et juré dès 1451. Il mourut en fonction, le 7 novembre 1452 et peu après, avant le 31 mai 1454, sa veuve reconvola avec *Mahieu* Botoul, fils de Pierre *Botoul* et de Damoiselle Marie *de Maulde des Carnes*. Elle mourut, veuve pour la troisième fois, avant 1492 n'ayant eu que deux filles nées de son premier mariage et toutes deux prénommées Catherine. L'aînée, qui fut dame du Ponthois, épousa Arnould de Hornut, fils de Miquiel et de Marie Pietdavaine, sa première femme, et la seconde Catherine.

---

(1) Idem, *Chir. de la Cité*, Layette de 1429.
(2) Idem, ibidem. Layette de 1423.
(3) Archives de Tournai. *Chirographes de la Cité*, Layette de 1424.
(4) Idem. *Registre de la Loi pour 1452*. Selon les Comptes généraux, c'est le 16 novembre que mourut Miquiel de Hornut.

dite Catelotte *de Semerpont* épousa en premières noces avant 1386, Gilles du Fresnoi, dit de Loyaucourt, écuyer, seigneur des Grand et petit Carnois (à Anseroeul), de Mauroy (à Saint-Léger), etc., veuf de Jehane des Wastines et d'Agnès de Bary, mort avant le 27 mai 1491, et en secondes noces, avant juin 1492, Monseigneur de Heuchin, chevalier, issu de la Maison picarde *Kiéret* (1).

5° Maigne *Davesnes* est nommée dans le testament de Catherine de Crespelaines, dite Haviel, sa grand'tante, fait en 1411.

AVESNE dit de le Bove (d'). — *Jehan* Davesne dit *de le Boue*, écuyer, époux de Jehanne de Lyauwe est nommé dans un chirographe de la Cité de Tournai, daté de 1362.

AVESNES (Mahieu, dit d'). Armes : *D'or au chevron de gueules, accompagné de trois hures de sanglier de sable, défendues d'argent, éclairées de gueules.*

Cette famille dont le nom primitif était *Mahieu*, se donna celui du fief d'Avesnes à Loos, lez-Lille qu'elle obtint par le mariage de son premier auteur connu. Une généalogie erronée, chronologiquement absurde, véritable œuvre de faussaire ignorant a été insérée par le Comte F.-J. de Saint-Genois dans le tome II de ses Monuments anciens, pp. 130-131. Voici la vérité :

I. *Michel* Mahieu, militaire d'origine inconnue épousa clandestinement Noble Damoiselle *Eléonore* de Bonnières, dite de Souastre, dame d'Avesnes (à Loos) et fille de Noble homme Jacques *de Bonnières*, dit *de Souastre*, écuyer, seigneur des Frennes (à Loos), d'Avesnes, etc., mort avant le 23 décembre 1546, et de Barbe *de Landas-Chin*, encore vivante en 1588. — *Michel* Mahieu se disant écuyer en vertu de l'édit du roi Philippe II, comte de Flandre, en date de 1595, mourut avant le 25 février 1601 (2). Eléonore de Bonnières demeura veuve avec un fils, qui suit :

II. *Guillaume* Mahieu, dit *d'Avesnes*, écuyer, seigneur d'Avesnes (à Loos), etc., épousa *Christiane* ou Chrestienne de le Flie (van der Vliet),

(1) *Chirog. de Saint-Brice*, Layette de 1491 ; *Chir. de la Cité*. Layette de 1492.
(2) Archives de Tournai. *Chirographes de la Cité*, Layettes de 1588 et 1601.

dame d'Ennevelin. Ils eurent, entre autres enfants, un fils qui suit :

III. *Florent* d'AVESNES, écuyer, seigneur d'Avesnes, d'Ennevelin, etc., lieutenant-colonel au service de S. M. Catholique, Philippe IV, souverain des Pays-Bas, épousa *Jeanne* MANSEMANS. Parmi leurs enfants, nous distinguons un fils qui suit :

IV. *Guillaume* d'AVESNES, écuyer, seigneur d'Ennevelin, etc., capitaine au service impérial allemand, épousa, en premières noces, *Marie-Antoinette* DE SAILLY, et en secondes noces, à Saint-Jacques de Tournai, le 26 avril 1678, *Marie-Isberghe* DE MONGET, dame du Petit-Rongy, dit Roncy à Aix, lez-Orchies, fille de Roland-François *de Monget*, écuyer, seigneur de Leslieu (à Saméon), des Tournins (à Bas-Warneton), de Fouberghe (à Houthem, lez-Ypres), de Clavenne (à Orcq, lez-Tournai), etc., et d'Anne *Grenut*, damoiselle de Roncy, du Fay (à Saméon), etc.,. Devenue veuve, Marie-Isberghe de Monget convola en la chapelle de l'hôpital de le Plancque dans la paroisse de Saint-Nicolas à Tournai, le 17 mai 1692, avec Alexandre-François de Cambry, écuyer, seigneur de Baudimont, veuf de Marie-Françoise de Bargibant et de Marie Madeleine de Vulder. Guillaume d'Avesnes laissa trois enfants qui suivent :

Du premier lit :

1° MARIE-ANTOINETTE *d'Avesnes*, dame d'Ennevelin, etc.. épousa à Lille en 1700, *Robert-François* IMBERT, écuyer, seigneur de la Phalecque, de Sénéchal, etc., rewart et mayeur de Lille à son tour, fils de François *Imbert*, écuyer, seigneur de Warenghien, etc., et d'Anne *Le Prévost, dit de Basserode*.

Du second lit :

2° JEAN-FRANÇOIS *d'Avesnes*, écuyer, est mentionné dans le testament de sa mère. Nous ignorons sa destinée après 1704, époque ou il est qualifié seigneur d'Avesnes (1).

3° ADRIEN-EMMANUËL D'AVESNES, qui suit, V.

V. *Adrien-Emmanuël* D'AVESNES, écuyer, puis chevalier, fut seigneur de Roncy, des Forseaux, de Grœnenbrœck, du fief de l'Abbaye, etc., capitaine

---

(1) Il eut pour tuteur son parrain, Jean-François *des Enffans*, écuyer, seigneur du Fermont (à Grandmetz), etc.,. — ARCH. DE TOURNAI. *Chirographes de la Cité.* Layette de 1704.

d'infanterie au service de S. M. Catholique. Il mourut à Tournai dans la paroisse de Saint-Jacques, le 31 mai 1733, âgé de 52 ans. Sa femme, épousée dans l'église de la dite paroisse, le 21 février 1732, fut *Thérèse-Joséphine* LUYTENS, baptisée à Sainte-Marie-Magdeleine de Tournai, le 28 juin 1704, morte dans la même ville, paroissienne de Saint-Nicolas, le 3 mars 1752, après avoir convolé à Saint-Jacques, le 25 février 1734 avec Léon-Antoine de Formanoir, écuyer, seigneur d'Archimont, de Méaulne, etc... — Adrien-Emmanuël laissa un fils, qui suit :

VI. *Antoine-Joseph-Emmanuël* D'AVESNES, chevalier, seigneur de Roncy, des Forseaux, de Grœnenbrœck, etc., chevalier de l'Ordre de Saint-Jacques, fut baptisé à Saint-Jacques de Tournai, le 9 mars 1733. Il fut tenu sur les fonts par Antoine-François *del Fosse*, baron d'Espierres et par Antoinette *d'Avesnes*. Voici l'article, erroné quant aux prénoms et au titre que lui consacre le Colonel GUILLAUME à la page 397 de son *Histoire des gardes wallonnes* : « Jacques-Joseph d'Avesnes,
« baron de Roncy fut nommé enseigne le 10 juil-
« let 1751 ; enseigne de grenadiers, le 28 février
« 1756 ; sous-lieutenant le 7 avril 1760 ; prit part
« à l'expédition de Portugal ; devint sous-lieute-
« nant de grenadiers le 15 juin 1764 ; lieutenant
« le 31 janvier 1767. Il se retira en Flandre
« en 1769 avec jouissance des appointements de
« lieutenant-colonel ». — Dans sa retraite, le chevalier d'Avesnes s'occupa de travaux historiques et généalogiques. Il mourut à Tournai, le 21 mars 1814. C'est lui qui donna au Comte F. J. de Saint-Genois de Grandbreucq, le goût des études paléographiques. Ses œuvres sont restées manuscrites et font partie de la splendide bibliothèque du Baron Suénon du Pré, bourgmestre de Tournai, qui les tient par succession de la noble famille du Pré.

AVEULES (DES). — Cette famille porta : *De sable au candélabre à sept branches d'argent, chaque branche allumée d'or*, qu'on peut aussi blasonner : *De sable au crecquier à sept branches d'argent, les branches fruitées d'or. Cimier : un écusson aux armes de l'écu entre deux cornes de buffle, l'une d'or, l'autre de sable.*

I. *Jehan* I DES AVEULES, teinturier fut l'un des

trente maïeurs de Tournai en 1323, éwardeur en 1324, 25, 27 et 30, et juré en 1326, 28, 29, 31 et 32. Il mourut avant 1334, année où nous lisons dans un chirographe, Anniès, veuve de Jehan *des Avugles*. Nous l'avons trouvé en 1327, avec Ernoul Le Douch pour collègue, et en 1330, avec Jaques de Gand, administrateur des biens des pauvres de la paroisse de Saint-Piat. Un acte de l'année 1326 prouve que sa femme fut *Agniès* SANDRARDE, fille de feu Jakemes *Sandrart* et de Magritain *Davelin*, sa première femme ; que ladite Agniès était sœur germaine de Jakemart Sandrard et sœur consanguine de Daniel Sandrard, fils de feu Jakemes et de Maroie Moriel, sa seconde épouse remariée à Jakemes de Hergies. Le testament d'Agniès Sandrard fut approuvé à Tournai le 17 avril 1361 et le 22 janvier 1363 (64 n. st.) par les mayeur et échevins (1). Selon un chirographe de la Cité de Tournai, daté de 1359, Jehan laissa quatre enfants qui suivent :

1° JAKEMES DES AVEULES, qui suivra, II.

2° JEHAN II *des Aveules* mourut avant le 14 mars 1361 (1362 n. st.). Il avait épousé *Maigne* BOINENFANT, fille de Jakemes *Boinenfant*, bourgeois de Tournai, et de Maigne *Colemer*. En 1361, elle avait déjà convolé avec Pierre Centmars, le fils. — Jehan ne laissa pas de descendance légitime. Son fils naturel suit :

A. Hanequin ou Jehan des Aveules nommé parmi les légataires d'Agnès Sandrart, son aïeule paternelle (2).

3° MAIGNE *des Aveules* épousa en 1340, *Hellin* LE DOUCH, bourgeois de Tournai par relief fait le 16 mai 1341 (3), échevin de cette ville en 1364, 65, 66, 73, 74 et 75, fils de Jehan *Le Douch*.

4° ANNIÈS *des Aveules* est nommée dans le testament de Jakemes de Hiergies, second époux de la belle-mère de sa mère, Agniès Sandrart. Cet acte est daté du 14 avril 1336 (4). Anniès épousa en 1348, *Willaumes* DE BOURGHIELLE, drapier, bourgeois de Tournai par relief fait le 5 novembre 1348 (5), fils de Willaumes *de Bourghielle*,

---

(1) ARCH. DE TOURNAI. *Chir. de la Cité*, Layettes de 1326, 27, 30, 34. — *Testaments*. Paquets de 1361 et 1363.
(2) Idem. *Chirog. de la Cité*, Layettes de 1359, 1361. — *Testaments*. Paquets de 1361 et 63.
(3) ARCH. DE TOURNAI. *Cinquième Reg. de la Loi*, fol. 3, recto.
(4) Id., *Testaments*. Paquet de 1336.
(5) Id., *Cinquième Reg. de la Loi*, fol. 197, verso.

bourgeois de Tournai et de Maroie *N*...... — Philippe de Bourghielle, qui fut receveur de la ville est leur fils. En 1370, il avait pour tuteurs, Héllin Le Douch et Willaumes Le Boistelier (1).

II. *Jakemes* DES AVEULES, teinturier, fut reçu bourgeois de Tournai en payant 50 sols, le 30 août 1349 (2). Il fut juré de notre ville en 1364 et 66. Son décès arriva avant 1370. Sa femme fut Maigne DAVELIN, fille de Sire Jakemes *Davelin*, qui fut prévôt de Tournai, et de Jehane Païen, sa première femme. Devenue veuve, elle convola avec Jaques de Calonne, surnommé Rifflart, écuyer, qui devint chevalier et succéda à la seigneurie de Calonne-sur-l'Escaut. — Jakemes ne laissa qu'un fils pour unique enfant. Ce fils suit, III.

III. *Jaquemes* ou *Jaques* DES AVEULES, écuyer dut être anobli par le roi de France, souverain du Tournaisis, et dut être créé chevalier à la bataille de Roosebeke où il se distingua. Il fut reçu bourgeois de Tournai par relief fait endéans l'année de son mariage, le lundi 28 avril 1371 (3). Nous le trouvons dans un acte passé en 1378 où il est nommé Jaques des Aveulles, fils de feu Jaquemon. Il y est en compagnie de Bernard de Mauffayt, procureur de Jaques de Calonne, dit Rifflart, second époux de sa mère (4). Il est avec sa femme dans des actes de 1401, 3, 6 15 (5). Il épousa en 1370, *Isabiel* DE CALONNE, damoiselle de Floraing et de Taintegnies, née de la première union que Jaques, dit Rifflart *de Calonne* avait contractée avec Marie *d'Antoing*, dite *de Briffuel* et *de Florench*, héritière desdites seigneuries. Bien qu'une annotation d'un épitaphier puisse faire croire que Jaques mourut le 25 mars 1416 v. st., nous avons constaté depuis qu'il mourut avant le 1er mars 1414 (1415 n. st.). Il fut enterré à Saint-Jacques de Tournai dans la chapelle de Notre-Dame de la Gésine dite de la Verte priorée.

Ce ne fut qu'après la mort violente de son beau-père, assassiné le 23 juillet 1385, que Jaques des Aveules se titra seigneur de Florench et de Taintegnies, fiefs qu'il détint du chef de sa femme (6).

(1) Id., *Chirographes de la Cité*, Layettes de 1370 et 1372.
(2) Id., *Cinquième Reg. de la Loi*, fol. 198, *recto*.
(3) ARCH. DE TOURNAI. *Sixième registre de la Loi*, (N° 136), fol. 20 verso.
(4) Idem. *Chirographes de la Cité*, Layette de 1378.
(5) Idem, ibidem. Layettes de 1401, 3, 6, 15.
(6) Id., ibid., Layette de 1401. Dans l'acte, on voit qu'à cause de sa

Il laissa deux fils :

1° Arnould DES AVEULES, qui suivra, IV;

2° Jehan *des Aveules*, bourgeois de Tournai par relief fait le 9 octobre 1395, endéans l'année de son mariage (1), fit partie de la Magistrature tournaisienne. Il fut éwardeur en la paroisse de Saint-Quentin en 1409, 10 et 11, et juré en 1413. Le 29 novembre 1397, il fut blessé dans une rixe par Loys *du Quesnoi*, chevalier, seigneur du Quesnoi (à Braffe), de Braffe, de Brillon, etc.,. On le trouve mentionné dans des chirographes de 1397, 99, 1400, 1408 et 1438 (2) Comme dans sa jeunesse, il était plus connu sous le nom de Jehan *de Florench* que sous celui de *des Aveules*, c'est comme de Florench, qu'il avait relevé sa bourgeoisie en 1395. Or, en février 1414 v. st., une enquête fut faite relativement à ce relief et il fut prouvé que Jehan de Florench, fils de *feu* Jacques des Aveulles, dit de Florench, chevalier, avait relevé sa bourgeoisie de Tournai, comme fils de bourgeois, dix-sept ans auparavant. Pour être exact, c'était dix-neuf ans et quatre mois qu'il fallait dire. Nous devons constater aussi que le 1er mars 1414, jour où l'enquête fut close et enregistrée, le chevalier Jacques des Aveules est dit défunt (3). En 1400, Jehan de Floreng, écuyer subit une condamnation pour avoir fait rentrer sur le territoire de la ville, Jehan Vredelot qui en était banni (4). Jehan des Aveules dit de Florench devint chevalier et fut un de ceux qui assistèrent à la conclusion de la paix faite à Arras, le 28 juillet 1435 entre le Roi de France et le duc de Bourgogne (5). Il fut seigneur de Florench ou Floraing, et épousa en 1394 (95 n. st.), *Jehane* DE HEM, issue de la Maison de Bourghielles, veuve d'Olivier de Cuinghien, écuyer jadis seigneur de Bachy, et fille de feu Allard *de Hem*, écuyer, seigneur de Bachy, et

---

femme, Messire Jaques des Aveules, chevalier, seigneur de Florench et de Taintegnies avait des droits sur une pièce de terre gisante sur les fossés de la ville proche de la porte Fiérain. C'était une partie de ce que Jaques dit Rifflart *de Calonne* avait acheté de Messire Robert de *Lannoy*, sire de Lannoy et de Lys, et de son épouse Dame Béatrix, née *Le Sauvage*, dit *de Calonne*, le 20 septembre 1372 (Arch. de Tournai. *Chirog. de la Cité*, Layette de 1372).

(1) Id., *Huitième registre de la Loi* (N° 138). fol. 11, *recto* ; aussi *Dixième Registre* (N° 140), fol. 95, *verso*.

(2) Id., *Chirog. de la Cité*. Layettes de 1397, 99, 1400, 1408 et 1438.

(3) Arch. de Tournai. *Dixième registre de la Loi*, fol. 11, recto.

(4) Id., *Huitième registre de la Loi*, fol. 95, *verso*.

(5) J. Le Fèvre de Saint-Remy. *Chronique* publiée par la Société de l'Histoire de France en 1881, t. II, p. 309.

de Jehenne *Coppestart* remariée à Roger de Cuinghien (1). Il vivait encore en 1438, veuf depuis 1406. Il ne laissa pas de postérité.

IV. *Arnould* DES AVEULES, dit *de Florench*, écuyer fut reçu bourgeois de Tournai par relief fait le 21 janvier 1417 (18 n. st.), étant alors qualifié « Ernoul des Aveulles dit de Florench, escuïer, « fils de feu Monseigneur Jaques des Aveulles, « dit de Florench, chevalier, seigneur de Taintegnies et de Florench » (2).

Il fut juré de Tournai en 1418 et 22, ainsi qu'éwardeur en 1420, dans la paroisse de Saint-Jacques où il habitait l'hôtel paternel. On le trouve qualifié chevalier dès 1436 (3) et son décès arriva avant novembre 1459 (4). Il avait épousé en 1417, *Marie* DE CAUDEBORCH (van Kaldenburg), dame de Padescot, avoeresse de Tielrode, etc. (5). Cette dame testa à Tournai, dans la paroisse de Saint-Jacques, le 1er septembre 1460 et mourut avant le 22 août 1461, jour de l'approbation de son testament par les mayeur et échevins (6). Elle voulut être inhumée *en habit d'Augustin*, dans la chapelle de Saint-Antoine du Couvent des Augustins, rue d'Audenarde (depuis dite des Augustins). Dans un chirographe de la Cité, on lit que le 26 novembre 1459, Jehan de Guignies était procureur de Noble Dame Marie de Coudeborch, dame de Florens et de Taintegnies (7).

Arnould des Aveules ne laissa qu'une fille et unique héritière, qui suit :

V. *Clare* ou *Claire* DES AVEULES dite *de Flourens*, dame de Floraing, dit Florent, de Taintegnies, etc., fut mariée trois fois. Elle épousa, en premières noces, *Anthoine* DE HARDENTHUN, écuyer, seigneur de Maison-Ponthieu, etc. (8); en secondes noces,

---

(1) ARCHIVES DE TOURNAI. *Comptes d'exécution testamentaire.* Rouleaux. Inventaire fait le jeudi 24 février 1406 (1407 n. st.) de tous les titres trouvés en la Maison sise près de la porte « Coqueriel » (de Lille) où avaient résidé feu D^{elle} Jehane de Hem et son époux Jehan de Florench, écuyer.

(2) Id., *Dixième Registre de la Loi*, fol. 13, *recto*.

(3) ARCH. DE TOURNAI. *Chirographes de la Cité*, Layette de 1436.

(4) Idem, ibidem. Layette de 1459.

(5) J.-TH. DE RAADT. *Les Sceaux armoriés des Pays-Bas*, etc., tome II, p. 258, au nom COUDERBORCH (VAN DER).

(6) ARCH. DE TOURNAI. *Testaments*. Paquet de 1461. — Les témoins de ce testament furent Maistre Pierre Bancq, pasteur de Notre-Dame à Tournai, Willaume de Cassiel, Jehan *Moiturier* (originaire de Taintegnies), et Jehan Maresquoix; ceux-ci paroissiens de Saint Jacques.

(7) Id., *Chirographes de la Cité*, Layette de 1459.

(8) Ce personnage était de la Maison d'*Anvin de Hardenthun*.

le 27 juillet 1440, *Colart* (Nicolas) DE MAILLY, chevalier, seigneur de Conti, Saint-Huyn (dit Saint-Ouen), Blangi-sur-Somme, Hamel, etc., sénéchal de Vermandois, mort avant mai 1460, sans postérité, fils de Jehan *de Mailly*, chevalier, seigneur de Saint-Huyn, Talmas, Buire-au-bois, etc., et de Jehanne *de Querecques* (de Cresecques) ; enfin, en troisièmes noces, Roland ALAERTS, dit *de Dixmude*, chevalier, vicomte de Dixmude, seigneur de Bavelinghem, etc., mort avant le 9 septembre 1465, fils de Jan *Alaerts*, dit Perceval, écuyer, et de Marguerite *van der Beerts*, vicomtesse héritière de Dixmude par sa mère, née van Beveren-Dixmude.

Clare des Aveules logea dans son Hôtel de Disquemue à Amiens, Marguerite d'Autriche, fille de Maximilien, roi des Romains, qui avait été sur le point d'épouser le roi de France Charles VIII, et qu'une politique ondoyante et diverse renvoyait aux Pays-Bas. Elle n'eut d'enfant d'aucun de ses maris « qu'elle survescut longtemps demeurant en
« la ville d'Amiens et y passant sa vuidité ès
« exercices de piété et de charité envers les églises
« et les pauvres comme on le voit de notre Nécro-
« loge où elle a son obit fondé » (1). Son décès arriva le 22 décembre 1501. Elle fut inhumée dans l'abbaye de Saint-Martin-aux-Jumeaux à Amiens. Sa pierre tombale où se trouvaient sculptées les armoiries de ses trois époux jointes aux siennes, fut enlevée à sa première destination et employée à former le couvercle d'un puits abandonné sis à Amiens, rue de la Porte de Paris, n° 40. Outre un sujet pieux et les armoiries devant dites, on y lisait cette inscription :

CHI DEVANT GÎT NOBLE DAME CLARE DE FLOURENS, QUI EN SON VIVANT FUT FEMME DE DEFFUNCT ANTHOINE DE HARDANTHUN, MESS. COLART DE MAILLY ET MESS. ROLAND DE DESQUEMUE. *qui* TRESPASSA LAN MIL (*cinq cent et un*), XXII° (*décembre, priés*) POUR SON AME (2).

Ce fut le *quatre novembre quatorze cent quatre vingt-treize* que Dame Clare *des Aveules* vendit ses terres de Taintegnies et Florench à Arnould

---

(1) DE LA MORLIÈRE. *Recueil de plusieurs nobles illustres maisons vivantes et éteintes dans l'étendue du diocèse d'Amiens.* Paris, Sébastien Cramoisy, 1643, pp. 214 et suivantes.

(2) A. JANVIER. *Les Clabault, famille municipale d'Amiens.* Amiens. Hecquet-Decobert, 1889, in-4°, p. 181.

Bernard, écuyer, comme le portent les lettres de werp et d'adhéritement en faveur dudit Arnould et de deshéritement de la dite dame (1).

AVION (D'). — Avion est une commune du Pas de Calais connue par ses mines de houille. Les descendants de ses seigneurs primitifs se sont dispersés de tous côtés. Il n'y a rien de surprenant d'apprendre que quelques-uns ont passé par le Tournaisis.

Jehan DAVION, lieutenant de Jehan de Clermès, bailli pour le Chapitre de Notre-Dame de Tournai à Camphaing-en-Pèvele en 1436, portait sur son sceau, un écu *D..... au croissant montant d...... accompagné en chef d'une étoile à six rais d...* (2).
Un acte du 28 décembre 1428, passé à l'Echevinage de Saint-Amand-les-Eaux, nous apprend que *Gérard* DAVION avait épousé D^{elle} *Catherine* DE MARQUE, fille de Jehan *de Marque*, échevin de Saint-Amand, mort avant le 17 février 1414 (15 n. st.) et de Clare *Carette*, fille de Jehan Carette, seigneur de la Bouteillerie (à Wattrelos), laquelle Clare Carette était remariée avec Piettre Jacob (3).

Le 12 août 1604, fut baptisé à Saint-Brice en Tournai, *Louis* DAVION, fils de Guillaume Parrain : Louis Zivert. Marraine : Catherine Zivert (4).

On sait que les Zivert appartenaient au patriciat tournaisien.

Le 8 avril 1720, feu *N*. DAVION laissa trois enfants : 1° MARIE-MARGUERITE *Davion*, femme d'Antoine-Joseph *Ternois*; 2° Jean-Baptiste *Davion*; 3° JACQUES-JOSEPH *Davion*. Les deux derniers mineurs d'ans sous la tutelle de Pierre-Joseph Foulon (5).

Nous avons trouvé plusieurs familles *Ternois* portant des armoiries en recueillant nos généalogies tournaisiennes. On voit par là que les DAVION

---

(1) ARCH. DE TOURNAI. *Comptes d'exécution testamentaire*. COMPTE DE LA CURATION DES BIENS DE FEU LOUIS-*Arnould* BERNARD, écuyer, dernier seigneur de Taintegnies de son nom, rendu en 1724, fol. 134, recto. — *Bulletin de la Société des antiquaires de Picardie*, t. XI, pp. 304 et suivantes.

(2) ARCHIVES DE L'ÉTAT A MONS. *Fonds des abbayes et couvents*. Couvent des Croisiers de Tournai. Acte scellé daté de 1436.

(3) ARCH. DE SAINT-AMAND-LES-EAUX. FF. 55, (acte de 1414); FF. 56 actes du 28 déc. 1428 et du 16 décembre 1430.

(4) ETAT-CIVIL DE TOURNAI. *Registres des paroisses*. Saint-Brice, Baptêmes.

(5) ARCH. DE TOURNAI. *Greffe de Saint-Brice*. Layette de 1720.

eurent encore de belles alliances alors qu'ils n'étaient plus connus dans la noblesse seigneuriale.

AVOUERIE DE TOURNAI (Fief de l'). — Les avoués n'étaient pas au moyen-âge des manœuvres d'avocats, mais bien le bras temporel et militaire de seigneurs ecclésiastiques ou de communautés laïques. C'étaient aussi des lieutenants de seigneur, des vice-seigneurs. Voilà pourquoi, on les rencontre souvent désignés par les épithètes ou titres de vidomne, vidame. Les avoyers suisses n'étaient pas autre chose que des avoués. Leur fonction était aussi *d'avoir la voix et de parler pour*. Dans certains vieux textes nous avons trouvé les avocats désignés par les mots *amparlier* et *chevalier de lois*. A Tournai, les avoués tenaient en fief de l'Evêché le droit d'exercer la justice dans la Cité (1). Ils appartinrent aux familles *d'Avesnes*, *d'Oisi*, *d'Aigremont*, *de Mortagne-Armentières* et encore *d'Aigremont*. Feu Théodore LEURIDAN, le savant archiviste roubaisien a publié leur histoire dans le tome IV des *Annales de la Société historique et archéologique de Tournai*.

En 1217, au mois de Juillet, Gossuin, avoué de Tournai était très malade. L'annotation qui constate ce fait nous apprend qu'il avait pour frère, Gilles d'*Egremont* ou d'*Aigremont*.

AYASSASA (d'). — Originaire de la Biscaye, cette famille porte pour armoiries, *D'argent au chêne terrassé de sinople, chargé de noix de galle au naturel; à un loup de sable, armé et lampassé de gueules passant devant le chêne; le tout entouré d'une chaîne de fer au naturel* (2).

C'est par son alliance avec l'héritière du comte de Cuvelier et d'Orroir que le chef de la lignée belge des d'Ayassasa devint hennuyer d'abord et tournaisien ensuite.

François-Gaston *Cuvelier*, conseiller régent du Conseil suprême des Pays-Bas à Vienne obtint à raison de ses services, le titre de comte pour lui et ses descendants des deux sexes applicable sur telle terre seigneuriale qu'ils auraient aux Pays-Bas.

---

(1) J. COUSIN. *Histoire de Tournai*. Malo et Levasseur, 1868, in-8°, vol. 2, t. 3, p. 260.

(2) Dans le dessin que l'Armorial figuré de Tournai et du Tournaisis nous présente pour AYASSASA, nous devons faire remarquer que le loup a un peu trop l'aspect d'un lion. La queue n'est pas assez touffue.

C'est sur la terre d'Orroir que le titre fut mis, et Monsieur Le Conseiller-régent devint Comte de Cuvelier et d'Orroir en vertu de lettres-patentes datées du 24 juin 1733. Son petit-fils fut *François-Gaston-Joseph* D'AYASSASA, né à Mons le 2 mai 1714. Celui-ci vint épouser à Saint-Nicolas de Tournai le 29 avril 1742, Marie-*Françoise*-Alexie-Ferdinande LE VAILLANT qui avait été baptisée en ladite église le 27 octobre 1714. Le comte d'Ayassasa et d'Orroir fut du Magistrat de Tournai de 1743 à 1757, année où il mourut dans la paroisse de Saint-Nicolas, le 25 juillet. BOZIÈRE dit qu'il fut Grand-prévôt, mais l'Archiviste de Tournai, feu HENRI VAN DEN BROECK, en sa MAGISTRATURE TOURNAISIENNE a omis de faire précéder le nom d'Ayassasa de l'astérisque indiquant la Grande Prévôté (1) La comtesse d'Orroir, née Le Vaillant mourut, aussi dans la paroisse de Saint-Nicolas, le 19 novembre 1780. Elle avait donné à son époux, neuf enfants qui suivent:

1° LÉOPOLDINE-JOSÉPHINE, baptisée à Saint-Nicolas, le 23 novembre 1743, épousa dans cette paroisse, le 2 octobre 1763, *Antoine* ERREMBAULT DE DUDZEELE, écuyer. Elle mourut en ladite paroisse, le 27 mai 1776 et fut inhumée dans l'église de Grandmetz;

2° MARIE-CAROLINE-JOSÈPHE, baptisée à Saint-Nicaise, le 27 décembre 1744;

3° GASTON-FRANÇOIS-ADRIEN, baptisé à Saint-Nicolas, le 20 mai 1746, est décédé dans cette paroisse, le 2 juin 1747;

4° MARIE-CHARLOTTE-ALEXIE, baptisée à Saint-Nicolas, le 17 décembre 1748, mourut sur cette paroisse, le 20 mai 1750;

5° MARIE-JOSÈPHE, baptisée dans la même église, le 14 novembre 1749, y épousa le 31 janvier 1775, *Alexandre-Philippe-Joseph* VAN DE KERCHOVE, écuyer, seigneur d'Hallebast, etc., (2), baptisé à Saint-Jacques de Tournai sous le nom de *de Kerchove*, le 19 octobre 1735, fils de Charles-François *van de Kerchove*, écuyer, sei-

---

(1) F.-J. BOZIÈRE. *Armorial de Tournai et du Tournaisis*. Tournai, Malo et Levasseur, in-8°, p. 34. — Henri VAN DEN BROECK. *La Magistrature tournaisienne*. Tournai, Malo et Levasseur in-8°, p. 117.

(2) Alexandre *van de Kerchove* avait eu pour première femme, Amélie-Rose *de le Vielleuze* ou DE LE VIÈS-LEUZE, soit *du Vieux-Leuse*. Dans les actes des XIII°, XIV° et XV° siècles, on trouve toujours ce nom écrit *de le Viès Leuse*. On avait alors le respect des noms et l'on connaissait leur origine.

gneur van der Hulst, etc., et d'Alexandrine-Josèphe De Pape, héritière d'Hallebast (à Dickebusch). — Titrée *comtesse* dans son acte de mariage, elle mourut à Tournai, le 21 mai 1831;

6° Thérèse-Albertine Josèphe, baptisée aussi à Saint-Nicolas, le 13 avril 1752, mourut sur cette paroisse, le 6 septembre 1753;

7° Adélaïde-Marie-Josèphe, baptisée dans la même église, le 23 mai 1754, décéda dans ladite paroisse, le 29 mai 1778;

8° Gaston-Joseph-Jean-Népomucène, baptisé dans la même église, le 4 novembre 1755;

9° Françoise-Agnès-Félicie-Cordule, baptisée aussi à Saint-Nicolas, le 10 janvier 1758, décéda dans cette paroisse, le 29 mai 1776.

Le comte François-Joseph avait pour sœur, *Léopoldine-Marie Anne* d'Ayassasa, qui épousa à Saint-Nicolas de Tournai, le 10 mai 1739, Denis-Louis Errembault de Dudzeele, écuyer.

AYNES, ou DU PETIT-EYNE (Fief dit Baronnie d'). — Eyne, village très ancien eut des seigneurs dont la descendance s'est illustrée sous des noms divers. Ils se sont dénommés *de Mortagne* et ont été châtelains de Tournai; ils se sont dénommés *de Landas* et ont donné paraît-il, le nom d'Esnes à l'une de leurs seigneuries du Cambrésis. Mais ce n'est pas de la belle commune d'Eyne que nous avons à nous occuper ici, mais d'un petit hameau d'Hérinnes, lez-Pecq, qui dut recevoir son nom pour avoir été la possession des sires et barons du Grand-Eyne. De là vint l'idée à l'un de ses seigneurs plus modernes de qualifier baronnie, le minuscule fief qu'il relevait du perron d'Audenarde et dont relevait le fief de Godebrie. C'est en qualité de descendants des anciens barons d'Eyne par les *de Mortagne* qu'à la fin du XVIe siècle, Nicolas *du Chastel de la Howarderie*, chevalier, seigneur de la Howarderie, de Cavrines, etc., se qualifia seigneur du Petit-Eyne qui lui était échu en héritage. Sa famille posséda ce fief pendant le XVIIe siècle. A la page 381 de la grande édition de son Dictionnaire historique du Hainaut, Th. Bernier écrit, *Petit-Tyne* pour Petit-Eyne.

En 1637, Pierre de Thouars était le bailli d'Antoine du Chastel de la Howarderie, vicomte de Haubourdin et d'Emmerin au Petit-Eyne.

Il avait pour lieutenant, André de Lagaiche.

Dans l'année 1640, sous le Vicomte Jean-Marc-Antoine, l'Echevinage du Petit-Eyne avait pour mayeur, Louis Paret, licencié-ès-lois, avocat de la Cour de Mons, bailli de Cavrines et du Petit-Eyne. Les échevins étaient André de Lagaiche, Philippe Houfflin, Nicolas de Le Venne, Pierre du Quesne, Pierre Regnart, Denis du Moulin et Jean Pietres (1).

Jehan DAISNE, dit au Laict « batteur à larket » fut reçu bourgeois de Tournai en payant 20 sols, le 1ᵉʳ décembre 1320 (2).

(1) ARCHIVES DE LA FAMILLE DU CHASTEL DE LA HOWARDERIF. *Documents vus par hasard.*
(2) ARCH. DE TOURNAI. *Premier registre de la Loi* (N° 130), fol. 106, *verso.*

Additions et corrections.

ADIN. Ligne 42. Au lieu de *points*, lisez : *pointe*.

AIGREMONT. L. 38. Au lieu de *Mahant*, lisez : *Mahaut* ou *Mehaut*.

ALAING. L. 19. Au lieu de *étail*, lisez : *était*.

ANGI. Lignes 17 et 18. Bien que les actes lus portent le nom *Soimon*, il faut lire : *de Loimont*, comme à la sixième ligne de la filiation LIEPPUT dans l'article A LE TAKE.

ANOST. L. 6. Lisez : *Pierre-Antoine.*

ANTOING. BRANCHE D'EPPEGHEM, note 4. Au lieu de MAÉS, lisez : MAES. — Même branche, degré XI, note 6. Au lieu de *Kuinre*, lisez : *Kuunre*, et au lieu de J.-O. LYON, lisez : J.-M. LION. — BRANCHE DE BRIFFŒUIL, degré VIII.^{ter}, 1. 15, lisez : En 1280. — Idem. 4°, lettre A, note 5, l. 2. Après le mot *léopards*, intercalez : *d'or*. — Idem, degré X. lisez : *Alard* II DE BRIFFUEL, chevalier, seigneur de Briffuel, etc., l'un des héros des Chroniques de Froissart, accompagna, etc... — Idem. Degré X. Selon un ancien crayon généalogique. ALARD II épousa *Jehanne* DE ROCHEFORT, dite *de Walcourt*, et leur fils ne fut pas *Alard*, mais WÉRI ou *Géry*. — BRANCHE DE LE VINCOURT, degré XI, note 1, l. 10. Au lieu de *Bernardine*, lisez : *Bénédictine*. — BRANCHE DE BELLONNE, degré VIII^{quater}, 3°, note 6, dernière ligne : Au lieu de *Chartre use*, lisez : *Chartreuse*. — Idem, A, l. 6. En 1913, une ferme de Sainte-Aldegonde est encore à Oxelaere. — BRANCHE D'ASSEVENT, note 5, l. 2. Après 347, mettez une virgule.

ANVAING (MAISON D'). L. 70. Au lieu de *Théri*, lisez : *Thiéri*. — Crayon des D'ANVAING tournaisiens, degré IV, suite, l. 27, p. 156, Lisez : *Rasse d'Anvaing, que nous ne savons à quel rameau rattacher*.

ARBRE. Dans la ligne 28 et avant les mots : En 1507, intercalez : *Gilles* D'ARBRE était échevin

du Bourg de Saint-Brice, lez-Tournai en 1361.
— L. 41 Ce n'est pas d'Arbre, paroisse que les *de Le Malle* furent seigneurs, mais bien d'un fief d'Arbre situé au lieu dit La Trahison, au faubourg de Bruxelles a Ath. Mr J. de Wert, archiviste de cette ville, m'a fait connaître deux actes athois. L'un, daté du 14 février 1488 (89 n. st.), est le testament de Jehan *de Le Malle*, dit le Cordonnier et de Jehanne de Froymont, sa femme, bourgeois et marchands à Ath. Il fait savoir que le fief d'Arbre, tenu du château de Mons « se comprend « en seigneurie foncière, cens et rentes d'argent, « d'avoine et de chappons, deues sur plusieurs « maisons et hiretaiges gisans en la dite ville « d'Ath et au terroir d'icelle ». — L'autre acte, passé le 16 septembre 1496, commence ainsi :

« Par devant le mayeur de la tenanche et « seigneurie dépendant du fief d'Arbre que tient « en bail la vefve de Jehan de Le Malle, dit Le « Cordonnier ».

Il est à supposer que ce fief doit son nom aux sires d'Arbre ou à leurs cadets qui le possédèrent antérieurement au XVe siècle.

Idem, note 6. Ajoutez : ARCHIVES DE L'ETAT A MONS *Cartulaire des fiefs tenus du comté de Hainaut en 1566*, folio 126. — *Annales du Cercle archéologique de Mons*, t. XXXIII, p. 209.

AS CLOKETTES. Dernière ligne. Au lieu de *avec*, lisez : *ayant*.

AUBERCHICOURT. A la fin de l'article concernant le fief de ce nom, supprimez : *Nous n'avons pu identifier ce fief* et mettez :

Cette demoiselle posséda l'un des deux fiefs d'Auberchicourt situés à Rumegies et Saméon; c'était celui relevant de Bouvignies et consistant en douze quartiers de terre en deux pièces, hommages, rentes et justice vicomtière, que Messire Claude-Honoré-Maximilien *du Chastel de La Howarderie* avait vendu en 1678 à Dame Catherine *Malfait*, douairière de Messire Henri de La Biche, seigneur de Léaucourt, et à la nièce de cette dame, Anne-Catherine *Cantaloup*, dame de Bernicourt, etc., respectivement héritières de leur mère et aïeule, Dlle Anne *Spicq*, veuve en dernières noces, de David du Rieu. L'autre fief était tenu de l'Abbaye de Saint Amand et consistait en trois bonniers et demi en deux pièces.

Ces fiefs, autrefois réunis sous un même tenancier, avaient passé des d'*Auberchicourt* aux *Hanette de Bercus* par mariage. Vers 1500, ils appartenaient à Thurien de Bercus, écuyer, fils de feu Messire Quentin. Ce cadet de famille mourut sans alliance et fut enterré dans l'église de Rumegies, devant l'autel de Saint-Jean. Sa nièce, Antoinette de Bercus, héritière du fief d'Auberchicourt épousa, en premières noces, Louis de Harchies (1), écuyer, seigneur de Sars-la-Bruyère, veuf de Marguerite des Prets. C'est ainsi qu'en 1550, le fief est dit tenu par Louis de Harchies (2). C'est vers 1600, que le seigneur de La Howarderie acheta les deux fiefs. Son fils, Anthoine du Chastel, chevalier, deuxième vicomte de Haubourdin et Emmerin, servit à l'abbaye de Saint-Amand, le dénombrement du fief des trois bonniers et demi, le 27 avril 1618.

En 1715, le fief de douze quartiers, soit trois bonniers, relevant de Bouvignies était tenu par la veuve du conseiller des « appellations » de Tournai, Jérôme-François de Le Vigne, qui était Marie-Barbe *de Calonne* (aux aigles), ou *Oston*, dit *de Calonne*. Elle partageait cette terre avec sa sœur, D^{lle} Anne-Marie *de le Vigne* dite *Mademoiselle d'Auberchicourt*.

Il paraît d'après les pièces du procès qui dura près de cent-soixante-dix ans entre l'abbaye de Saint-Amand et la famille du Chastel de La Howarderie, que le différend consistait en droits de justice : L'abbaye voulait avoir la justice vicomtière, même sur le fief mouvant immédiatement de Bouvignies et médiatement du château de Douai (2).

AULNOIT, à Hollain. Ligne 17, après Hollain, mettez virgule. — Ligne 29 ; note 1, l. 5. Au lieu de *sabbe*, lisez : *sable*.

AU TOUPPET. Dernière note (2). Lisez : 1400·

---

(1) Comme il n'y eut jamais de MOUTON DE HARCHIES, il faut dans les *Notices généalogiques tournaisiennes* supprimer le mot MOUTON quand il se trouve devant celui de HARCHIES.

(2) BIBLIOTHÈQUE NATIONALE DE FRANCE, à Paris. *Collection Moreau*, vol. 271, folio 100.

www.ingramcontent.com/pod-product-compliance
Lightning Source LLC
Chambersburg PA
CBHW050648170426
43200CB00008B/1204